中国外经贸改革与发展
2022

主　编　金　旭
副主编　边振瑚　李　钢
执行主编　郝宝生

中国商务出版社
CHINA COMMERCE AND TRADE PRESS

图书在版编目（CIP）数据

中国外经贸改革与发展 . 2022 / 金旭主编；边振瑚，李钢副主编 . — 北京：中国商务出版社，2023.3

中 ISBN 978-7-5103-4648-4

中Ⅰ.①中…Ⅱ.①金…②边…③李…Ⅲ.①对外贸易—中国—文集Ⅳ.① F752-53

中中国国家版本馆 CIP 数据核字 (2023) 第 044201 号

中国外经贸改革与发展 2022
ZHONGGUO WAIJINGMAO GAIGE YU FAZHAN 2022

主　　编　金　旭　　副主编　边振瑚　李　钢
执行主编　郝宝生

出　　　版	中国商务出版社
地　　　址	北京市东城区安外东后巷 28 号　邮　编：100710
责任部门	教育事业部（010-64243016）
责任编辑	刘姝辰
总　发　行	中国商务出版社发行部（010-64208388　64515150）
网购零售	中国商务出版社考培部（010-64286917）
网　　　址	http://www.cctpress.com
网　　　店	http://shop595663922.taobao.com
邮　　　箱	349183847@qq.com
开　　　本	710 毫米 × 1000 毫米　1/16
印　　　张	28.75	字　数：436 千字
版　　　次	2023 年 3 月第 1 版	印　次：2023 年 3 月第 1 次印刷
书　　　号	ISBN978-7-5103-4648-4
定　　　价	85.00 元

凡所购本版图书有印装质量问题，请与本社印制部联系（电话：010-64248236）
版权所有　　盗版必究（盗版侵权举报可发邮件到邮箱：1025941260@qq.com）

PREFACE | 前　言

2022年，我们经历了百年变局加速推进，地缘政治冲突急剧升温，世纪疫情延宕冲击，全球产业链供应链被动重构。我国经济发展在需求萎缩、供给冲击、预期转弱三重重压下，按照党中央国务院的要求"稳字当头，稳中求进"，依然保持了3%的增长。开放型经济更是为稳增长、保民生做出了重大贡献：货物贸易达到42.1万亿元，增长7.7%（折合6.31万亿美元，增长4.4%）；服务贸易达到5.98万亿元，增长12.9%（折合8969亿美元，增长9.2%）；吸收外资1.23万亿元，增长6.3%（折合1891.3亿美元，增长8%）；对外非金融类直接投资7859.4亿元，增长7.2%（折合1168.5亿美元，增长2.8%）。

2022年，中国国际贸易学会继续举办了第三十六届"中国外经贸发展与改革"征文活动，主题是"扩大高水平对外开放与外经贸高质量平稳发展"。在广大作者、征文评审委员和广州外语外贸大学的大力支持下，本届征文共收到来自全国21个省市自治区以及国外的征文投稿221篇，经审核确认有效征文稿件208篇，经过评审委员会三轮严格评审，确定了各个奖项，征文活动取得了圆满成功。本年度论文集收录相关专家学者的若干重要文章和年度征文获奖者的作品。但由于篇幅的限制不能全部收录，也不可避免地留有遗珠之憾。

论文集共分为四个部分：第一部分，新变局带来的新挑战；第二部分，价值链、产业链和供应链发展；第三部分，数字贸易；第四部分，多双边贸易。

2023年，中国国际贸易学会将按照党的二十大报告以及中央经济工作会议、全国商务工作会议的部署要求，以昂扬的斗志，绰力奋发，凝聚广大会员，为推进高水平对外开放，加快建设贸易强国贡献更多的智慧之果。

值此《中国外经贸改革与发展2022》付梓之际，中国国际贸易学会谨对广东外语外贸大学在疫情期间对学会征文活动的大力支持表示由衷的感谢；对中国商务出版社领导和责任编辑的鼎力支持与付出表示真诚的谢意，并向一直以来对我会给予厚爱与支持的领导和社会各界人士表示诚挚的感谢！

中国国际贸易学会会长

二〇二三年二月廿八日

CONTENTS | 目　录

第一部分　新变局带来的新挑战 …………………………………………… 1
新变局对我国开放型经济带来的挑战 / 叶辅靖 …………………………… 2
中国对外贸易发展的形势分析与预测 / 林桂军 …………………………… 13

第二部分　价值链、产业链和供应链发展 …………………………… 27
监管政策异质性对双边价值链关联的影响
　　——基于数字服务行业的实证研究 / 齐俊妍　李月辉 …………… 28
跨境电商与出口企业供应链风险平抑：理论与经验 / 张鹏杨　刘蕙嘉 … 51
数字化投入对制造业全球价值链复杂参与度的影响研究 /
　　王岚　解鸣　邓朋 ………………………………………………… 70
中国产业链高质量发展面临的困境及对策 / 刘阳　冯阔　俞峰 ………… 89
产业政策对企业出口国内附加值率的影响
　　——基于五年规划分析 / 李宏　贺家帅 ………………………… 106
从全球供应链发展趋势探讨全球贸易治理路径 /
　　王燕　邵欣楠　陈锡亮 …………………………………………… 123
技术规制、中间品进口与出口企业市场势力 / 田云华　周燕萍　陈珏任 … 139

第三部分　数字贸易 ……………………………………………………… 173
跨境电商服务生态体系新趋势 / 诸子怡　王健 ………………………… 174
数字服务贸易政策、产业数字化与出口技术复杂度 /
　　崔馨月　齐俊妍　张梦佳 ………………………………………… 188
中国加快服务贸易数字化进程分析 / 郭舒怡 …………………………… 213

数字经济保障我国产业链安全的体系构建与对策研究 /
　　裘莹　晏晨景　郭周明……………………………………… 225

基于规则文本深度测算的 RCEP 与 DEPA 数字贸易规则比较 /
　　陈伟雄　卓友嵩……………………………………………… 245

中国数字交付服务贸易的本地市场效应及其作用机制
　　——基于数字基建与 DSTRI 视角 / 万璐　王蕊　付亦重……… 259

数字服务贸易壁垒对服务贸易进口的影响分析 / 王维薇　傅宇轩…… 282

第四部分　多双边贸易 ……………………………………… 303

积极稳妥推动中欧经贸关系发展 / 夏翔………………………… 304

中美经贸摩擦下全球芯片供应链调整的新动向及中国应对 /
　　李宏兵　赵路犇　翟瑞瑞…………………………………… 310

介于 TPP 和 CPTPP 之间的印太经济框架
　　——美国的另起炉灶、日本的追随与中国的应对 / 王卓………… 325

区域贸易协定条款深度对中国企业 OFDI 影响的实证分析 /
　　李春顶　李董林……………………………………………… 341

中国对非洲出口贸易效率及其影响机制 / 陈玮冰　郭晴………… 377

"伙伴外交"能促进中国出口吗？/ 孙楚仁　刘雅莹…………… 397

WTO《贸易便利化协定》在我国实施的现状、问题与对策
　　——基于企业感受的调研 / 宋海川　顾凡　贾越……………… 432

中国国际贸易学会 2022 年"中国外经贸发展与改革"征文获奖名单……… 445

第一部分　新变局带来的新挑战

新变局对我国开放型经济带来的挑战

——在"2021年中国国际贸易学会年会暨国际贸易发展论坛"上的演讲

叶辅靖[*]

俄乌冲突目前尚在继续,未来将以什么样的方式收场,现在还没有定论,它对世界格局的影响究竟是颠覆性的还是扰动性的,还需要继续观察。目前对于这个事件,主流普遍关心的是这么几个问题:第一个是俄罗斯会不会倒下,第二个是美国等西方国家的空前抱团是否能够持久,美国有意对我们进行打压,但它是否有打压的能力,需要继续观察。

我的演讲分为两个部分,第一个部分,主要不是从格局方面,而是从格局背后的一些新的情况、新的现象来考虑,这些现象直接影响着我国开放型经济稳健发展,这个现象新在哪些方面。第二个部分,主要是从我们的内外环境对我们的开放战略本身会造成哪些影响,谈谈我们的困扰和挑战。

一、俄乌冲突引发的新变局"新"在哪里

与我国开放型经济稳健发展相关的,主要是七个方面:

第一个方面,"新"在美国全方位主导战争的新模式。第一个是俄乌冲突爆发以来,美国和北约虽没有已证实的、成建制的军事武力参与,但几乎使用了所有可能的政治、经济、舆论情报及联盟极限制裁等手段,可谓无所不包,无所不用其极。应该说俄乌冲突是一场地地道道的由美国主导的混合战、总

---

[*] 作者简介:叶辅靖 国家发展改革委宏观经济研究院对外经济研究所所长、研究员。

体战，但是美西方迄今没有像在朝鲜战争、越南战争、伊拉克战争、阿富汗战争、叙利亚战争那样直接公开地派兵参战。美国早在克里米亚事变的时候就抛弃了模糊战略，事先声明自己不会直接出兵，这次也是如此。为什么会这样？大家普遍认为美国是出于三方面的考虑：首先是忌惮俄罗斯的核武器和普京总统的行为方式，欺软怕硬，美其名曰不愿引发第三次世界大战。其次是受国内厌战、反战力量的掣肘。数十年来，美国一直在多个国家挑事，挑起战争，严重削弱了自身的实力。为了维护霸权地位，需要将更多的精力用在办好自己的事上。最后，美国认为中国是他的头号敌人，要保存实力，全力对付中国。

第二个方面，"新"在美国空前地以价值观划线党同伐异上面。美西方历来倾向把经贸关系价值观化，但冷战结束以来的大部分时间，他们大致还能秉持从自己的利益出发，保持一定程度的务实，将二者适当地分离，经贸活动总体上没有因为价值观差异而受到严重的破坏和干扰。但近年来，美西方被其传统的务实态度和做法影响，在对华经贸关系，在不听从他指挥的国家的经贸关系中，极大地嵌入了价值观、意识形态因素，国家安全泛化、极化，极大地损害了世界经济的正常运行，极大地损害了正常的经贸关系。如今美西方又介入俄乌冲突，以是否支持其对俄立场进行划线，顺之者昌，逆之则亡，严重破坏了全球的经贸秩序。

第三个方面，所谓的"新"，跟我们开放型经济稳健发展直接相关的，就是在相互依存的武器化、无底线的极限制裁方面。俄乌冲突爆发以来，美西方联手通过外交孤立、政治排挤、经济制裁、文化打压、技术封锁、体系边缘，特别是金融的"武器化"等方式持续施压俄罗斯，其力度之大、范围之广、程度之深是前所未有的，普遍认为这是美西方对华施压的预演。未来美联合盟友用经济战、金融战、科技战、政治攻击、军事围堵等极限组合拳打击对手将成为常态，冻结资产、限制美元交易、切断金融联系、禁止中资企业美元融资、全面管制高科技产品的出口，将成为极限施压的家常便饭。

第四个方面，"新"在开启了冷战结束以后新一轮的军备竞赛。俄乌冲突明显加剧了其他国家的安全恐惧，导致不少国家和相关军事集团出于安全顾虑，重启军备竞赛。美国军费创下历史新高，2023年财年将突破8000亿美元。

新的国防战略限制中俄，北约成员国一直同意增加军费支出，将军费占GDP的比重提升到2%以上。德国、比利时等国正在从经济至上转向重视地缘政治安全，日本、澳大利亚也在蠢蠢欲动，正在借助印太战略的实施，谋求加入和成立新的军事集团。随着国际军备竞赛日趋白热化，势必会诱发更多的地缘冲突事件。

第五个方面，"新"在美国利用俄乌冲突实现冷战之后与其盟友空前团结。在特朗普执政期间，美国跨大西洋同盟关系受到了严重冲击。2021年，拜登就任美国总统以后，大力修复美欧关系，在经济、技术、规则、军事、气候、人权等多个领域扩大共识。通过所谓的努力，美西方国家间的同盟关系得到了很大修复，俄乌冲突又为美西方国家抱团提供了新的契机，在美国和北约的旗帜下形成了反俄大同盟。这个联盟包括了美、欧、亚3大洲39个国家和地区，虽然数量不多，但是他们的能量不小，金融的重要性也不容忽视，这些国家的GDP约占全球的43%。

欧洲高度依赖俄罗斯能源，根据欧盟官方数据，欧盟约45%的煤炭、45%的天然气以及25%的石油是从俄罗斯进口。然而欧洲绝大多数国家甚至不惜牺牲民生，冒着断气的风险团结在美国的周围，加入对俄制裁。还有很多国家虽然没有对俄制裁，但牵制了俄罗斯，它们实际上是这个联盟的外围。不能说西方重新变成铁板一块，但分化的难度却因俄乌冲突而增加了。这一点，美西方的抱团，这种超高度政治化、军事化的抱团是难以持久的，凡是出于政治动机，出于所谓的军事安全动机，而违背经济规律的所谓团结在短期是可行的，但在长期是不具有可持续性的。

第六个方面，"新"在资本与政府紧密的、自觉的配合上面。俄乌冲突爆发以来，与俄有业务关系的各行各业的跨国企业绝大多数与政府密切配合，主动解锁或暂停在俄的业务，或者终止与俄罗斯的合作关系。如汽车行业的戴姆勒卡车公司、奔驰和沃尔沃，还有航空业、计算机行业、芯片行业、能源行业、电信运营行业等各行各业都与美西方的政府紧密配合，这对我们也有多方面的重要启示。对此不同人有不同的解读，有一种解读说，这使我们明白了别人的再好，也不如我们自己的。另一种就是认为，跨国企业的资本和跨国企业的意识形态、价值观色彩还是非常强的。但对我们的开放而言，这说明资本并非简单的角力，并非仅仅依靠强大有力的、可投的市场就能留住资本。

第七个方面，"新"表现在俄乌冲突为我们正确处理安全和发展关系上了新的一课。这次俄乌冲突是普京总统安全观的大检阅，刷新了人们对俄罗斯治理理念和效果的新认知。普京总统曾将安全利益放在第一位，但是这次俄乌冲突说明没有经济支撑，俄罗斯的复兴之路是难上加难的，没有经济持续的、强大的、安全的发展是行不通的。

这是俄乌冲突七个方面的所谓"新"的因素、"新"的现象，这些现象会给我们的开放型经济稳健发展带来一些严重的困扰和挑战。我们的开放型经济稳健发展需要良好的外部环境和内部生态，需要经贸伙伴共同认可的经贸规则，需要按效率为主的原则，推动资源要素、产品服务在全球范围内的自由便利地流动，需要本国政府更坚定不移的开放意愿和正确的开放战略。

二、困扰和影响

开放型经济的健康发展要坚决反对逆全球化，坚决反对筑墙脱钩，坚决反对营商环境的政治化，反对将国家安全泛化，反对相互依存关系的武器化。但是近年来，一些发达经济体却逆潮流而上，严重破坏了国际经济政治秩序，削弱了全球化的动能，干扰了世界经济的正常运行。俄乌冲突引发的新变局可能进一步动摇贸易自由化、便利化的基石，对我国开放型经济的健康发展带来了诸多的困扰和极大的挑战。

第一个方面，我们的外部环境可能会面临更多、更频繁的险滩恶浪。俄乌冲突增加了整个西方世界对我国的排斥情绪。俄乌冲突爆发后，美趁机捆绑西方、裹挟世界，挤压我国的国际空间，利用盟友对传统安全恐惧的加剧，将我国反对单边制裁的态度，视为支持俄罗斯。叠加2021年以来，我国与西方世界在涉台、涉港、涉疆等问题上存在较大的分歧、较大的斗争，美通过其所谓非政府组织和媒体渲染，使得整个西方世界对我国战略疑虑和排斥情绪显著上升，与我国在经贸、投资、金融技术等多个领域深化合作的意愿明显减弱。

第二个方面，逆全球化会进一步上升，全球供应链、产业链分工格局本土化、区域化、收缩化加快，世界对我国经济的依赖出现一定程度的下降。俄乌冲突将从几个方面给全球化带来新的冲击，很大程度上会改变经济全球化运行的前提条件，加剧逆全球化风潮：

一是经贸问题政治化趋势明显。美西方跨国公司在对外贸易和投资中或将主动和被动地更多考虑意识形态和价值观的因素。

二是全球产业链、价值链布局的底层逻辑正在改变，安全考量至少会与成本考量、市场考量同等重要，甚至更为重要。供应链区域化乃至本土化的趋势将更加明显。世纪疫情暴发，使各国充分认识到产业链本土化、近链化的重要性，相关产业迁回本土的意愿变得更加强烈。俄乌冲突使很多国家将产业链、供应链的安全问题提升到能不能生存和发展等前所未有的高度，安全性已经超过了经济性，成为各国布局产业的主要逻辑。不过我认为这也是暂时性的，不会是可持续的。部分国家通过加强资源整合和保护性措施减少对外依赖，关键原材料、制药、医疗器械和防疫物资等行业本土化生产成为重要趋势。还有对俄制裁严重冲击全球化规则体系，贸易投资壁垒将向更负面、更恶劣的方向发展。

三是美西方对未来高标准投资贸易规则和重要初级产品的控制力可能重新上升，我们在这个方面的风险也会加大。

四是军备竞赛重启，地缘冲突加剧，新冷战、热战的风险上升，开放型经济发展赖以依存的和平发展的时代主题正面临着严峻挑战。

五是西方世界把相互依存关系的武器化、营商环境的政治化、国家安全的泛化和极化，增加了利用外部市场、外部资源的不安全性和不确定性。经贸、科技、教育交流面临着严重的干扰。

第三个方面，对我们开放型经济稳定发展的重要冲击，在于增加了我们对外开放战略考量的扰动因素。军事对抗、极限制裁的可能性上升，按照底线思维，我们不可能不把军事斗争、安全问题放在更突出的位置，这要求我们更加注重防治"卡脖子"，更加强调自主可控，更加重视自力更生，更加需要把粮食、能源等各种饭碗端在自己手里，更加注重安全、政治、经济的统筹协调，更加看重储备和备份的作用。安全和开放的关系本身是对立统一的关系，但安全需求的上升对区域开放影响的矛盾一面可能会有所显现。如科技的自主可控不仅不会影响我们的开放，相反会强化我们开放的能力。关于如何更好地平衡开放和安全的关系，我们面临着更大的考验。

第四个方面，增加了开放中诸多两难选择的复杂性。自特朗普挑起中美贸易摩擦以来，在对美斗争的实际工作中要处理三对重要的关系：第一对关系，对美西方的挑衅，要对等反制、以牙还牙。但是如何在既打通对方，又不落入其圈套，不被其带节奏，在不入其战术圈套方面要有更精细的考虑。比如说美驱赶我企业，我也驱赶美企业，可能是正中其去脱钩的下怀，但如果不敢于亮剑，美国又会得寸进尺。所以打得一拳开、免得百拳来，但是我们必须要考虑力量对比问题，考虑我国与美西方在发展阶段任务、战略目标方面不同，相互依存的性质不同。进行坚决的反制，同时又不落入其圈套方面，需要我们做更精细的工作，做更有力的工作，在手段的选择上更有讲究。

第二对关系，在采用反制的时候既高水平地维护国家安全，又不影响正常的营商环境。最近几年美欧的商会，美欧在华的企业，对华营商环境是美西方非常关注的方面，就在于它们认为我们对国家安全的强调，实际上是增加了它们市场准入的难度。我们如何像美西方那样，把维护国家安全放在非常重要的地位上，同时确保了维护方式有效，既是天罗地网、无所不在，同时又化于无形，使得正常的、正当的经贸投资关系不受相关的影响，更有效、精准地使用国家安全工具，对我们来说也是一项非常重要的课题。

第三对关系，我们如何及早准备，积极应对类似美西方对俄的极限制裁，能够有距离地避免这种情形的发生，就是说我们不能够落入它的战略上的陷阱。在第一个方面讲的是它战术上的陷阱，第三个方面讲它战略上的陷阱。一方面，我们在实际工作中必须加紧准备，如果美国把加给俄罗斯的那种极限制裁，各方面、全方位的混合战施加于我们，我们应该怎么办？我们要早做预案，在各个方面早做准备。另一个方面，我们也要极力地避免它筹谋组织，通过斗争让它的企图在开始酝酿之时就陷于破产，把它扼杀在摇篮之中，这也是一个非常重要的战略性课题。我们要避免按照它的步骤来做，把我们的全部精力用在准备这些事情上面的时候，我们的发展和开放可能会受到很大的影响，这恰恰是陷入了它不战而胜的战略陷阱之中。这是我们要避免的问题。

第五个方面，开放的国内大生态可能会受一些负面的影响，这主要是社会舆论，现在对开放的重要性认识，包括对战争方面，它们主张尽早摊牌，主张对利用外资这个方面进行限制，或者其他各个方面的舆论开始多起来了。包括对合作伙伴的一些措施早做预案，做预案是对的，现在倡导在这个方面先夸大严重性，可能对社会氛围、社会舆论方面，就是说对发展外贸，利用外部市场、外部资源方面过度恐慌和恐惧，对我们的开放也是不利的。

第六个方面，深化与发达国家的合作遭遇到震动。发达国家在我国开放战略中占有特殊的重要性，发达国家对我国开放战略的意义不能简单地用市场和资金来衡量，它对我国战略科技、人才成长、原始创新能力的提升发挥着不可替代的作用。这需要我们立足于我们发展中国家的地位，团结广大的发展中国家和新兴市场国家，经营好"一带一路"，但同时我们不能够放弃对发达国家的开放。

对发达国家的开放是我国科技自立自强的催化剂和标志，是激发我国永葆活力的关键，是防脱钩的关键抓手，是我中有你，也是我国应对美西方可能把相互依存武器化的有效手段。发达国家对我国出口的拉动也是建立在欧美市场的强大吸附基础上的，但是现在随着他们暂时空前的抱团，经贸关系的价值观化，美西方对我国恶感增加，我国与美发达国家的经贸往来将面临更大的困难，更极端、更频繁的干扰，分化瓦解的策略也可能更难奏效。包括我们现在说我们要拉住、稳住欧洲，或者是这个方面，至少在短期之内，这个难度比以前更大。

第七个方面，我国开放的强大的国内市场基础如何不受侵蚀，也面临着考验。强大的国内市场是我们开放的底气所在，是我们开放有强大吸引力的基础，但是我们强大的国内市场与对外开放是相互成就、密不可分的，它不是与生俱来，如果离开了开放，我们强大的国内市场也会受到影响。我们强大的国内市场是伴随着开放而逐步形成和不断扩大的，通过开放，我们的产品能够销往全世界，能够面向国际市场，我们能够利用外资和国外资源、技术，我们的生产才能不断扩大，投资机会才能不断增加，才能实现充分就业，收入才能不断提高，消费需求、投资需求才会不断增强，这样我们在国内市场才会不断壮大。

如果我们现在离开了开放，如果是因为西方的原因或者我们自己在开放的战略上有所动摇的话，就失去了国际市场和国际资源，我们的市场可能会萎缩，内需也会受到严重的影响。在新变局下，如果外部需求下降，外部资源受损，我们强大国内市场的基础也会被侵蚀。比如说我们手机每年的生产能力是13亿部，我们国内的消费能达到3亿多部，如果失去了这一块的国外市场，会带来很多相关的、延伸的负面影响。

第八个方面，人民币国际化可能面临着额外的阻力。现在国内有一种倾向，认为美西方对俄罗斯的制裁会增加人民币国际化的机会，给我们带来了契机。但是实际上美国冻结俄罗斯的外汇储备，将金融"武器化"，对我们人民币的国际化也会带来严峻的冲击，这个冲击综合起来的效应可能也并不是十分乐观。

我们知道美元在各个方面的信用，同时认为其信用破产，然后大家出于外汇储备的安全性，必将开启全球去美元化的进程，对人民币国际化提供了千载难逢的重大机遇。

目前这种状态是否会加速去美元化，即使加速，是否带来了人民币的机遇，这是需要进一步讨论的。实际上，现在全球并没有其他货币能够替代美元。比如外汇储备，因为其他国家的资本市场深度都远比美国逊色，不投美元投其他货币的风险更大，惯性也是美元能够长期保持霸主地位的一个重要影响因素。相互依存的武器化时代，贸易投资伙伴更担心因为中国受连带的制裁而影响人民币的稳定，这也是它们不愿意在这种特殊环境下增持人民币的一个重要的因素。比如说中亚，本来人民币对它们有很大的吸引力，但是最近一段时间，它们对人民币的持有反而在下降，因为它们怕人民币受连带的制裁，或者受其他方面的影响。

因此，美西方对人民币国际化的警惕和打压会进一步升级，因为这是它的命根子，在目前的环境下，它比以往任何时候更不能容忍我们挑战美元的地位，更不能容忍我们利用俄乌冲突推进人民币的国际化。

另外，在技术方面，在动荡加剧的国际背景下，资本管制大幅放松的可能性是在变小的，没有资本的跨境自由流动，人民币的国际化不可能突飞猛进。因为人民币国际化和资本管制二者不可兼得，我们在国际面临的外部风险上升，现在不能够贸然地放松资本管制，我们必须要把资本管制看作维护我们金融安全的一个重要闸门。而人民币加速国际化或者扩大国际化，必然是要求资本管制的进一步放松，这与我们现实面临的金融安全方面的考虑是有所冲突的。

人民币国际化是金融深化的结果，而不是深化的前提。经贸伙伴从经济上对人民币需求的上升才是人民币国际化的根本基础，没有来自这些伙伴持续的需求，人民币国际化是不可持续的。美西方是我们的主要贸易伙伴，来自它们的阻力在增大，需求不会因俄乌冲突就大幅增加。

第九个方面，给共建"一带一路"带来了多方面的冲击，特别是对丝绸之路经济带带来了更大的挑战。一是俄乌冲突给中欧班列的畅通运行带来了挑战。受冲突的影响，所有直达乌克兰和途经俄罗斯的班列停运。其中有一个很重要的因素，欧洲方面他们不接受经过俄罗斯那个地方，货代方面不接受经过俄罗斯的中欧班列。再一个，现在保险的承保方面，它们在这种战时状态上，也不愿意给中欧班列进行承保。再就是俄罗斯被踢出 SWIFT 以后，严重影响了贸易的结算。就是货运代理公司不愿意承接发往和途经俄罗斯的货运，导致中欧班列接货效率受到了极大的冲击。看到一个新闻是西安发往欧洲的货物，没有经过俄罗斯和乌克兰，而是绕道，从土耳其那边通过，这样会极大地增加它的成本。二是美西方制裁导致俄经济的孤立并深度衰退，中蒙俄经济走廊建设和中俄经贸合作面临着停摆的风险。三是中欧的"一带一路"将笼罩更大的阴霾。美西方频繁污蔑我国在俄乌冲突问题上偏向俄罗斯，甚至炮制我国向俄罗斯提供军事援助的谣言，导致部分美欧民众对我国的误解进一步加深，特别是波兰、捷克等东欧国家长期存在对俄地缘安全的看法，近期在意识形态上又深受美国影响，效仿立陶宛、印度的做法，退出中国中东欧合作的风险上升。

这是比较重要的几个方面的挑战，这个挑战有客观的方面，也有对我们主观考虑的一些搅动。当然我们讲挑战和风险，并不是要对我国开放型经济健康发展悲观失望,而是按照总书记的要求,坚持底线思维,宁可把困难和问题想在前面、想得严重一些,以便有充分的思想准备,更好地应对挑战,从最坏处着眼,向最好处努力。

三、没有理由悲观失望

我们也要看到,本文不是主要讲机遇,但是为了平衡起见,必须看到对我国开放型经济的稳健发展没有理由悲观失望。

第一个,从战略环境上看,和平发展虽然遭遇了严峻挑战,但仍然是时代主题,这个主题的内涵可能会发生改变。一方面俄乌冲突不会从根本上改变和平和发展的时代主题,俄罗斯在对乌克兰军事打击方面的目标力度,在对乌冲突方面还是保持了一定的克制,美国对北约明确表示拒绝出兵,与俄乌发生正面冲突,我国一直呼吁斡旋止战求和,包括印度、巴西在内的全球多数国家没有跟随美西方对俄制裁,这说明主要大国之间对爆发军事对抗依然十分谨慎,求和平、反战争、谋发展依然是国际社会,特别是发展中国家中的主流。

另一方面,俄乌冲突后,各国对和平发展的诉求将更加迫切。随着美欧俄制裁、反制裁的拉锯,以及德国、意大利、日本等大国扩大防卫力量,世界百年大变局的负面冲突的破坏因素在增长,全球特别是广大发展中国家将更加渴望正面的、和平的建设性力量,而中国正是这样一个维护和平的建设性力量。只要中国坚持对外开放,坚持经济的高质量发展,我们就会为世界和平稳定,为保持时代主题的延续发挥"定海神针"的作用。

第二个,从经济环境上,俄乌冲突加剧的是美西方主导的经济全球化旧模式的衰落,但经济全球化本身不会根本逆转,各国互联互通仍然是大势所趋,这客观上给经济全球化转向新模式提供了倒逼和加速作用。

第三个,从全球格局上,中国坚持扩大开放的战略定力和强大本钱为开放型经济健康发展提供了根本的基础。继续拥抱全球化,融入全球体系和世界经济,坚持真正的多边主义,坚持拆墙不筑墙,开放而不隔绝,融合而不脱钩,避免两大集团、两个体系,这是我们党中央的既定方针。我们有坚强有力的政治领导核心、稳定的社会环境、高明的开放发展战略、成效卓著的科技自立自强，多年形成和西方世界、和全球广大发展中国家的相互依存关系，强大的国内市场，唯一健全的产业体系以及经济光明的发展前景。这些都为应对前述的各种挑战，深化经贸合作提供了关键的条件。

最后，共建"一带一路"也为我国开放型经济的健康发展提供了强大动力。八年来，共建"一带一路"已经初步开创了一条经济全球化的崭新路径，这条路径以构建人类命运共同体为目标，以互联、互通、共商、共建、共享为方法，凸显了共享发展的核心特征，正在产生越来越广泛的影响力。

可以预计，随着美西方主导的经济全球化旧模式衰落，共建"一带一路"代表经济全球化新模式将加快兴起，推动全球化真正朝开放包容、普惠平衡、发展共赢的方向发展，这个目标一定会顺利实现。

中国对外贸易发展的形势分析与预测

林桂军[*]

当前全球正处于动荡变革期，一是世纪疫情与百年变局交织带来全球经济不确定性上升；二是中美大国竞争以及单边主义、保护主义等逆全球化趋势明显；三是局部冲突、自然灾害等造成关键零部件断供和大宗商品物价飞涨，供应链风险加剧。世界动荡变革或将给中国乃至全球贸易发展带来冲击。鉴于此，2021年7月，商务部制定的《"十四五"商务发展规划》中对我国货物贸易增长制定了相对保守的规划："十四五"时期货物贸易发展的预期目标是从2020年的4.65万亿美元增长到2025年的5.1万亿美元，年均增长2%。但事实上，仅2021年，我国货物贸易进出口总额就已经达到6.05万亿美元，同比增长21.4%，这显然极大程度地超出了预期。从辩证视角看，动荡变革下的全球冲击恰恰可能也是中国蓄力发展的战略机遇期，而这种转换需要以客观分析中国对外贸易发展的形势与挑战，科学预测2022年甚至"十四五"规划期中国外贸发展为前提。

一、2021年中国对外贸易发展形势与特征分析

从近两年我国贸易的发展形势上看，进出口贸易增长势头依然强劲，呈现出外贸主体多样化和外贸地理分布多元化的特征，全球经济与国际环境已经或即将呈现出的部分利好条件会进一步助力我国贸易发展，突出表现如下：

（1）中国进出口贸易增长迅猛，占世界市场份额持续攀升。2020年，中国货物贸易进出口在全球疫情冲击下逆势增长，贸易规模达到32.16万亿元人

---

[*] 作者简介：林桂军　对外经济贸易大学学术委员会主任、教授。

民币，再创历史新高，成为全球唯一实现正增长的经济体；2021年，中国对外贸易仍保持高速增长，总贸易量、出口贸易量和进口贸易量分别为39.1万亿、21.73万亿和17.37万亿元人民币，增速分别为21.4%、21.2%和21.5%。从月度统计数据上看，2020年1月至2021年12月，我国贸易总额、进口和出口贸易在几乎所有月份均实现同比和环比增长，并不断突破新高（图1）。基于中国较大的贸易规模基数和高速增长，中国进出口贸易占世界总贸易的份额进一步上升，数值由2018年的12.08%大幅上升到2020年的14.8%，2021年仍有望进一步提高。

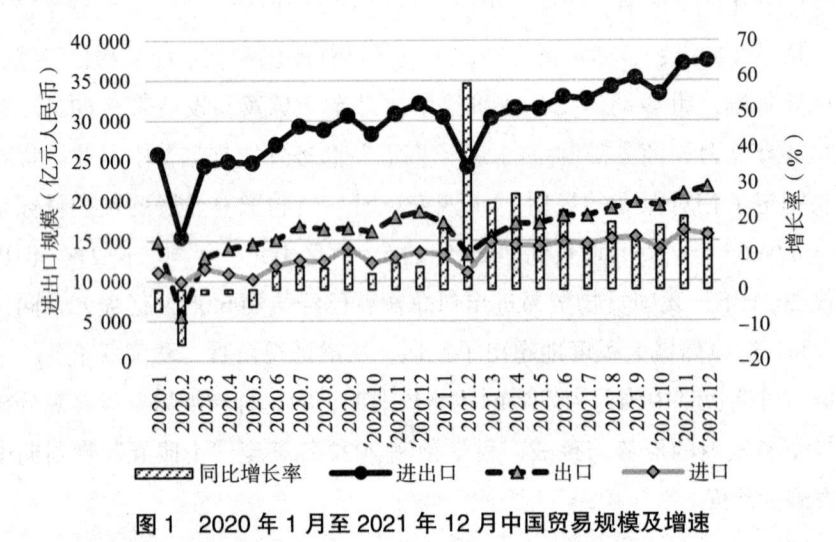

图1 2020年1月至2021年12月中国贸易规模及增速

数据来源：根据Wind数据库统计绘制。

（2）稳定外资为中国外贸增长，特别是加工贸易增长做出了突出贡献。2020年疫情冲击下，中国实现了稳定外资，实际利用外资1443.7亿美元，同比增长6.2%；2021年，引进外资步伐进一步加快，实现利用外资1659亿美元，增幅14.9%。利用外资拉动了中国近80%的加工贸易增长。进料加工贸易作为中国加工贸易最重要的组成部分，2021年，由外商投资企业拉动的进料加工贸易出口、进口分别高达3.75万亿和1.89万亿美元，贡献了进料加工贸易的76.5%，远高于其他所有制企业的拉动作用。此外，2021年，外资企业还贡献了约四分之一的一般贸易增长（24.6%）（见表1）。

表 1　2021 年不同所有制企业在不同贸易方式下的进出口贸易情况

单位：万亿人民币，%

不同方式贸易	出口贸易									
	所有类型企业总体		国有企业		外资企业		私营企业		其他性质企业	
	规模	增速%	规模	增速%	规模	增速%	规模	增速%	规模	增速%
一般贸易	13.24	24.4	1.08	21.1	2.69	27.1	9.18	24.7	0.29	7.1
来料加工装配	0.52	10.3	0.01	0.3	0.42	9.7	0.08	16.1	0.002	-28.9
进料加工贸易	4.82	9.8	0.18	13.3	3.75	7.7	0.84	18.5	0.03	40.2
出料加工贸易	0.001	-49.6	0.000	-83.1	0.000	-43.5	0.001	93.5	0.000	-97.1
其他	1.013	27.4	0.004	-61.4	0.009	65.9	0.967	30.9	0.03	-19.9

不同方式贸易	进口贸易									
	所有类型企业总体		国有企业		外资企业		私营企业		其他性质企业	
	规模	增速%	规模	增速%	规模	增速%	规模	增速%	规模	增速%
一般贸易	10.839	25	3.514	33.1	3.225	14.1	3.945	29.2	0.154	3.1
来料加工装配	0.592	11.7	0.085	21.1	0.432	8.5	0.074	22	0.001	-28.1
进料加工贸易	2.568	13.7	0.088	46.1	1.887	4.5	0.581	50.6	0.012	57.7
出料加工贸易	0.001	-40	0.000	-65.1	0.000	2	0.000	62.1	--	--
其他	0.111	9.3	0.003	37.4	0.013	12.6	0.015	-14.2	0.079	13.3

数据来源：中华人民共和国海关总署统计月报。

（3）外贸参与主体广泛，私营企业表现出巨大的经济活力和发展潜力。国企、私营、外资等多种所有制企业均为中国贸易增长做出了积极贡献，私营企业尤其表现出巨大的经济活力。私营企业在一般贸易出口中扮演了最重要的角色，贡献率近 70%（69.3%）；而私营企业在一般贸易进口方面贡献率略低，为 36.3%。同时，私营企业也展示出较大的发展潜力。在促进加工贸易发展中，2021 年，私营企业对出口和进口的拉动作用同比增长幅度分别为 18% 和 48%，远高于其他所有制形式。国有企业的贡献主要体现在一般贸易进口中，创造了一般贸易进口的 32.4%，这可能与 2021 年大宗商品进口价格大幅上涨有关。

（4）中国外贸进出口地理分布多元化特征明显增强。日益提升的地理分布多元化特征提升了中国进出口贸易的发展韧性。中国海关数据统计显示，2021

年，中国对全球231个国家中超过80%的国家实现了贸易的正增长（表2第2列），其中，对2.2%、3%的国家分别实现了超过200%和100%～200%的大幅增长。2021年，中国对多数国家贸易增长在10%～50%之间，其中，10%～20%、20%～30%、30%～40%和40%～50%的密度分别是15.2%、19%、12.1%和13%（表2第3列）。这说明中国贸易地理分布多元化趋于增强。从主要贸易对象国来看，2021年，中国与东盟的贸易规模最大，达到5.67万亿元人民币，占据同时期中国外贸总额的14.5%，越南和马来西亚是中国与东盟贸易的最大贸易伙伴国；欧盟为中国第二大贸易伙伴，贸易规模5.35万亿元人民币，增速19.1%，占据中国同期总贸易的13.7%，其中德国与中国的贸易尤其突出。从单个国家看，美国、日本、韩国等均与中国开展了较大规模的贸易，分别占中国同期总贸易的12.5%、6.1%和6.0%（见表2第6列）。地理分布多元化特征缓解了中国的外贸风险，成为动荡变革期中国外贸发展的重要特征之一。

表2　2021年中国与各贸易对象国的贸易情况

单位：万亿元人民币

(1) 增长率幅度	(2) 数量	(3) 密度 %	贸易对象国	(4) 进出口规模	(5) 增长率（同比 %）	(6) 总贸易占比 %
超过200	5	2.2	东盟	5.674	19.7	14.5
100～200	7	3.0	其中：越南	1.488	12	3.8
60～100	9	3.9	马来西亚	1.142	25.6	2.9
50～60	10	4.3	欧洲联盟	5.351	19.1	13.7
40～50	30	13.0	其中：德国	1.520	14.4	3.9
30～40	28	12.1	美国	4.883	20.2	12.5
20～30	44	19.0	日本	2.402	9.4	6.1
10～20	35	15.2	韩国	2.341	18.4	6.0
0～10	23	10.0	澳大利亚	1.495	26	3.8
−10～0	14	6.1	巴西	1.060	27	2.7
−20～−10	8	3.5	俄罗斯联邦	0.949	24	2.4
<−20	18	7.8	印度	0.812	33.9	2.1
—	—	—	英国	0.728	13.8	1.9

数据来源：中华人民共和国海关总署统计月报。

（5）全球经济与国际环境的部分利好或将成为助力外贸发展的重要动力。一是疫情以后全球经济复苏推动了中国进出口贸易发展。事实上，经济复苏的迹象在2021年就已经显现。2021年10月，OECD发布的综合领先指标（CLI）为100.9，连续7个月超过100的基准线，预示着大多数主要经济体复苏势头保持稳定；经贸方面，2021年8月WTO货物贸易晴雨表读数为110.4，达到2016年7月该指标首次发布以来的最高纪录，反映了全球贸易的强劲复苏力度；2022年2月联合国贸易和发展会议发布的《全球贸易更新报告》指出，2021年全球商品和服务贸易额增至约28万亿美元，较疫情暴发前的2019年增长11%，或创下历史新高。具体到各国，2021年美国、欧盟、日本货物贸易已经累计同比增长22.13%、20.12%、21.2%，达到近五年来贸易增速的最高水平。二是全球需求缺口也为中国贸易增长提供了利好条件。一方面，制造业采购经理人指数反映了全球需求，从2019—2021年的PMI指数看，相比2019年的稳定较低水平和2020年的波动上升，2021年美国、欧元区、日本与韩国的PMI稳居高位，这说明以上主要国家2021年制造业活动连续处于扩张区间，对国外原材料、中间品需求较大；另一方面，美国和欧元区国家仍处于新一轮库存周期，需要不断补充库存。此外，2021年，全球外资快速流向中国，使得中国成为缓解国际供需缺口的重要源地，获得了大量海外贸易订单需求。三是RCEP实施、"一带一路"沿线合作等国际环境利好也释放了中国贸易增长潜力，推动了中国进出口贸易发展。

二、2022年中国对外贸易发展可能面临的挑战

世界处于动荡变革期是当前全球经贸发展共同面对的大背景，中国亦不例外。地缘政治博弈、疫情以及供给冲击或将是影响中国贸易发展的重要方面，具体如下：

第一，地缘政治博弈加剧全球经济贸易的不确定性。一是，中美大国的经济发展和科技创新进入全面竞争的战略碰撞期，贸易摩擦和技术封锁持续升级。美国以国家安全为借口限制对中国贸易、投资、金融和科技进行了限制和制裁，加剧了全球贸易不确定性，影响全球经贸发展；二是，俄罗斯—乌克兰

等局部冲突、战争以及全球对俄罗斯的制裁，加剧全球能源、粮食安全问题，提升了全球经济不确定性。据 UNTCAD 数据库统计显示，俄罗斯出口的石油及其制品、煤、小麦、大麦和镍（金属）分别占据全球同类产品出口的 11%、14%、16%、11%、12%；乌克兰方面，玉米、小麦、大麦的出口分别占据全球同类产品出口的 14.6%、9%、10.3%，俄乌战争中对上游原料产品的冲击将影响到包括中国在内的全球经济，特别是欧盟对俄罗斯的依赖程度超过 40%，或将面临更大的冲击。欧盟作为中国的第二大贸易伙伴，其遭受影响势必会波及中国贸易。

第二，中国及海外疫情反复或将加剧中国贸易的负面冲击。进入 2022 年，广东、吉林、上海、山东等国内多地区疫情扩散在一定程度上影响了地区经济增长和贸易发展，特别是经贸发展程度较高的地区；海外疫情反复也增加了对中国贸易甚至亚洲全球价值链的影响（邓世专和林桂军等，2020）。欧美地区疫情仍在持续性周期性暴发。事实上，2021 年，海外就已经出现多轮暴发高潮，从美国方面，2021 年 11 月中旬以后，新冠感染人数快速增多，成为继 2020 年 11 月—2021 年 1 月、2021 年 8 月—10 月两次暴发高潮以后的第三次暴发高潮；欧洲方面，疫情也达到前所未有的严峻。政府采取隔离政策，甚至一些拉动经济增长的西方重要节日如圣诞节、新年等也无法正常开展，直接减少对中国产品的需求。

第三，全球范围内的供给冲击也将给中国外贸发展带来挑战。从 2021 年开始，全球范围内的供给冲击已经开始蔓延。供给冲击虽然是暂时的，但却并非在短期能够解决，俄乌冲突下将进一步加剧。全球供给冲击主要表现在：一是，突发性因素或长期因素造成原材料价格大幅上升或供给不足带来的原材料供给冲击，表现为大宗商品的供给减少和价格暴涨，特别是俄乌冲突导致石油、天然气价格暴涨超过 30%，国际粮食和饲料价格上涨 8%～20%；二是，疫情防控等原因实施的社会活动和交通禁令造成的短期内劳动力短缺，同时老龄化、收入结构变化等也导致劳动意愿下降；三是，重要零部件如芯片断供、港口效率低下、航运堵塞等造成的供应链风险加剧。以上部分供给冲击或将是长期化的供给冲击。全球供给冲击带来了原材料以及多数商品价格的快速上涨，降低了中国进口需求；人为切断供应链也阻碍了进口增长；同时，供给冲击造成运费高企也制约了中国企业出口。据上海黄金交易所统计显示，2022年3月，中国出口集装箱运价综合指数3 366点，较2021年同期上升12.2%，较2020年同期上升81.9%。

三、贸易预测模型及对2022年中国贸易的预测

基于中国当前的外贸发展形势，并适当考虑到中国外贸可能面临的挑战，本部分尝试构建贸易预测模型并对2022年中国进出口贸易规模与增速进行预测。

（一）已有贸易、经济预测模型的举例与评述

经济预测是科学前瞻经济发展趋势的重要手段，当前的预测模型广泛存在。国内关注较多的是中国科学院和中国社会科学院的两套预测模型，国际方面，以世界银行的经济预测模型使用最广泛。

（1）中国科学院的贸易预测模型（后简称"中科院"模型）。该模型实现了对贸易的专门预测。模型偏向于使用较多的科学方法、纳入考虑更多的指标，从定量出发以具体预测各类贸易组成从而实现对总体贸易的预测。具体而言，参考魏云捷等（2020），"中科院"模型主要分为贸易总额预测体系和贸易分国别、分贸易方式、分产品的分别预测再加总的体系。在贸易总额预测体系中，借鉴相关文献选取引力模型指标、宏观经济指标等，使用时变模型平均、区间模型等多模型组合对贸易总体展开预测；在分类贸易预测再加总体系中，采用自下而上的逻辑，针对中国进出口在国家来源、贸易方式和产品类型的不同特征，使用基于机器学习等方法选择相应的影响因素构建模型分别预测。从预测效果评价而言，该模型尝试使用更多科学的方法，从更加精准的贸易分类、构成进行专门贸易预测，具有进步性，然而，恰恰可能是这种企图对每一部分贸易类型的预测，造成了每一类型上的偏差，进而扩大了总体预测偏差。基于"中科院"模型，2021年预测下贸易规模的乐观估计与真实贸易偏差约20%。

（2）中国社会科学院的经济预测模型（后简称"社科院"模型）。"社科院"模型并非是对中国贸易的专门预测模型，而是对中国宏观经济情况进行系统预测的模型，如GDP实际增长、工业增加值实际增长率、全国固定资产投资增长率、居民消费价格（CPI）上涨率等，贸易只是其中的一个部分。该模型更偏向于从定性出发考虑中国的经济先行指数，从整体对经济情况展开预测。具体而言，参考《经济蓝皮书》（谢伏瞻，2022），社科院预测模型主要通过中国社科院数量经济技术经济研究所的中国经济先行指数来判断经济运行趋势，在定性与定量相结合的基础上更偏重于定性分析和趋势预测，本质是一种结合对经济形势展望而形成的一种预测。从预测效果上看，该指标对经济整体的增长预测是符合预期的，如2018年该指标测度中国经济增长率为6.7%，与实际增长率一致；2019年预测经济增速6.2%，与实际增长6%偏差0.2个百分点。从经济系统的分项看，其预测值与真实具有相似性，但也具有一定差距，以出口和进口贸易为例，2021年增长率预测分别为30.2%和28%，但真实增长率为29.9%和30.1%，增长率偏差分别为0.3和2.1个百分点。但从该模型下可以得到两点重要启示：一是，预测模型的精准与否更需要依赖于经济发展形势和现实而并非数字本身；二是，贸易规模预测极大程度上依赖于对经济增长的预测，以上两点将在本文预测模型中进行吸收。

（3）世界银行的经济预测模型（后简称"世界银行"模型）。该模型并非是对贸易的专门预测模型，主要是对全球经济增长的预测。该模型系统具有两方面特点：一是基于经济政策、汇率、商品价格等因素不变的假设下进行，该预测结果严格依赖于假设；二是该预测是季度调整的实时修订更新的预测。具体而言，首先，"世界银行"模型开始于发达经济体经济增长和大宗商品价格，这些成为预测新兴市场、发展中国家增长的条件假设；其次，在设定以上假设基础上，使用宏观经济模型、核算框架以确保国家账户可识别和主要经济体的全球经济增长溢出效应；最后，在宏观经济监测和与国家当局对话的基础上确定对新兴市场、发展中国家的预测（World Bank，2022）。该预测具有较大的主观性，同时也可能会忽视新兴经济体、发展中国家的原始作用效果。但目前为止，该模型也是当前预测全球各国经济增长较为普遍可信的模型之一。

（二）本文贸易预测模型构建的基本思路

本文提出专门对贸易进行预测的方法，主要包括两种方法：一是基于历史数据的经济增长和贸易预测；二是基于部分经济先行指数结合历史数据的贸易直接预测。此外，还以两个模型为基础，定性分析中国外贸挑战可能带来的影响，以实现模型校准。具体如下：

（1）基于历史数据的经济增长和贸易预测思路

以历史数据预测未来的关键是寻找到一种长期的固定不变或者变化较小的中间指标。贸易依存度一定程度上反映了一国的资源禀赋稀缺、丰裕程度和一国的开放程度，受到一国的优势和开放政策影响。前者一国的优势在短期内变化较小，后者开放政策在中国具有稳定性，短期也不会发生明显变化，因此贸易依存度是短期内变动较小的指标，可以根据历史的贸易依存度进行预测，事实上，对中国贸易依存度的测算表明确实保持了长期稳定性（见图2）。根据"中国对外贸易＝中国贸易依存度×GDP经济规模"的关系，需要首先对GDP经济规模进行预测。由于经济增长规模具有季节周期性，因此在此次预测GDP中使用季度预测并进行加总得到年度预测。

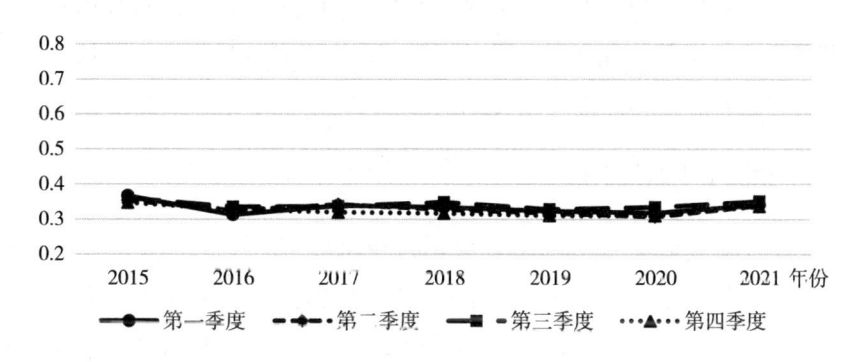

图2 2015—2021年各个季度的中国贸易依存度

数据来源：作者测算。

以历史数据预测经济增长和贸易，需要根据历史数据预测两个指标，一是，各个季度的中国贸易依存度。历史时间区间选取为2015—2021年，原因是2015年以后中国贸易发展进入新常态，中国开始实施贸易高质量开放政策。通过对图2历年各个季度的中国贸易依存度对比，将中国第一至第四季度贸易依存度选取为以下区间：32.5%～34%、32%～34%、33%～35%和31%～33%。二是估计各个季度的环比GDP增长率指标（相对于前一个季度），主要是第二至第四季度的环比增长率，而每年第一季度是基期，其经济规模根据CPI、PPI等指标进行预测。根据历史各年各个季度相对稳定的增长率进行预测，估计第二至第四季度的环比增长率分别介于11.5%～12.5%、3.5%～4.5%、10%～11%。

（2）基于部分经济先行指数结合历史数据的贸易直接预测思路

此次不再从考虑GDP与贸易的关系展开，而是直接对贸易进行预测。一般来说，制造业PMI新出口订单分项和制造业PMI进口分项与出口、进口贸易之间存在3～4个月的时滞，是一个经济先行指标。2021年的该经济先行指标可以预测到2022年第一季度的贸易，以第一季度为基期，结合历年各季度贸易的环比增长率估计可以预测各个季度贸易并形成全年贸易预测。该方法下需要估计一个数值，即各季度的环比增长率，通过历史数据，确定第二季度、第三季度、第四季度的环比增长率介于9%～12%、6%～8%、4%～5%。

（3）部分外部冲击挑战的调整和校准

基于以上两个基准模型，考虑到2022年可能面临的三方面潜在风险，即俄乌冲突；中国以及海外疫情反复；供给冲击特别是价格上涨，定性分析对中国贸易的影响，进行模型校准。

（三）预测基本结果汇报

（1）基于历史数据的经济增长和贸易预测的结论

本部分结果汇报分为三步，一是对模型的准确性进行检验；二是在证明模型准确的基础上对2022年经济增长和贸易进行预测；三是对进口、出口贸易分别预测。

首先，检验模型预测的准确性。使用本模型对2019—2021年的中国经济增长和贸易进行预测，并与真实贸易做对比以确定预测准确性，结果在表3汇报。表3第1行表明：2019年，以本模型预测的第一至第四季度GDP规模分别为21.7万亿元人民币、24.3万亿元人民币、25.3万亿元人民币和28万亿元人民币，全年GDP增长预测为99.6万亿元人民币。与真实值对比，2019年，真实GDP规模为98.6万亿元人民币，本模型与真实值误差为1%；同样的方法，2021年，GDP的真实值与本模型预测值相差也仅为0.7%（表3第9行）。仅2020年出现无法预期的疫情造成了模型预测偏差。整体而言，模型对经济的预测是准确的。接下来，对贸易数据预测值与真实进行对比。表3对各个季度贸易规模的预测和真实值对比，2019—2021年预测值与真实值的偏差仅为3.6%、3.4%和3.2%。

表3　2022年中国经济与对外贸易规模的预测

单位：万亿元人民币

年份	指标	第一季度 GDP	第一季度 贸易	第二季度 GDP	第二季度 贸易	第三季度 GDP	第三季度 贸易	第四季度 GDP	第四季度 贸易	全年 GDP	全年 贸易
2019	（1）真实值	21.7	7.0	24.2	7.7	25.1	8.3	27.7	8.6	98.6	31.6
2019	（2）预测值	21.7	7.2	24.3	8.0	25.3	8.6	28.0	9.0	99.6	32.8
2019	（3）差异%	0.0	-2.7	-0.7	-4.3	-0.8	-4.0	-1.0	-4.0	-1.0	3.6
2020	（4）真实值	20.6	6.6	24.9	7.7	26.5	8.9	29.4	9.1	101.3	32.2
2020	（5）预测值	20.6	6.8	23.0	7.6	24.0	8.2	26.5	8.5	93.7	31.1
2020	（6）差异%	0.0	-4.2	8.1	0.9	10.6	8.8	11.0	7.6	8.1	3.2
2021	（7）真实值	24.9	8.5	28.3	9.6	29.1	10.2	32.1	10.8	114.4	39.1
2021	（8）预测值	20.6	8.3	27.9	9.3	29.0	9.9	32.1	10.3	113.6	37.8
2021	（9）差异%	0.0	2.6	1.3	2.8	0.2	3.4	-0.1	5.2	0.7	3.4
2022	（10）预测值（规模）	26.4	9.05~9.52	29.6	9.77~10.06	30.8	10.62~10.93	34	11.23~11.57	120.7	40.6~41.8
2022	（11）预测增长率%	5.91	5.8~11	4.6	1.7~4.8	5.7	3.9~6.9	6.0	4.0~7.1	5.55	4~6.8

注：表3中的"差异"是指：（真实值-预测值）/预测值，单位%。

接下来，基于该模型对2022年中国的经济增长和外贸规模进行预测，在表3第10-11行中呈现。从GDP规模的预测来看，2022年四个季度，中国GDP的增加规模分别为26.4万亿、29.6万亿、30.8万亿和34万亿元人民币，全年GDP 120.7万亿元人民币，增长率为5.55%；这一数值与"社科院"模型预测的数值5.3%是基本一致的。贸易预测上，以上述模型进行预测，得到2022年第一至第四季度中国进出口贸易规模区间分别为8.98万亿~9.24万亿、

9.77万亿~10.06万亿、10.62万亿~10.93万亿和11.23万亿~11.57万亿元人民币，总贸易规模为40.6万亿~42万亿元人民币，增长率为4%~6.8%。

最后，根据出口和进口贸易的外贸依存度进行分别预测。出口贸易方面，2022年全年预计可达到22.7万亿~23.8万亿元人民币，增长率介于4.6%~9.67%；进口贸易方面，预计可达到17.9万亿~18.2万亿元人民币，增长率介于3.0%~5.2%。

（2）基于部分经济先行指数结合历史数据的贸易直接预测的结论

出口方面，国家统计局发布的制造业PMI新出口订单分项已经在2021年11月以后有所上升，由2021年10月的46.6上升到48.5，增幅4%；进口方面，PMI进口订单分项在2021年11月以后也有所回升，由2021年10月的47.5上升到48.1，增幅1.3%（见图3）。这就预示2021年年底至2022年年初的中国外贸可能有所提升。事实上，从海关总署对2022年1—2月份的中国进出口的统计数据显示，2022年1—2月份中国出口总额、进口总额累计同比上升13.6%和12.9%，贸易总额上升13.3%。2022年，根据国家统计局发布的制造业PMI新出口订单分项和进口分项目，其中，前者仍呈现上升趋势，2月份上升尤其明显；后者有所波动，因此，可能预计2022年上半年出口贸易或将仍保持快速增长，而进口贸易则呈现波动增长。基于以上分析，综合PPI经济先行指数和海关总署2022年1—2月份数据，预测2022年第一季度中国贸易的规模可大致将维持在9万亿~9.5万亿元人民币。

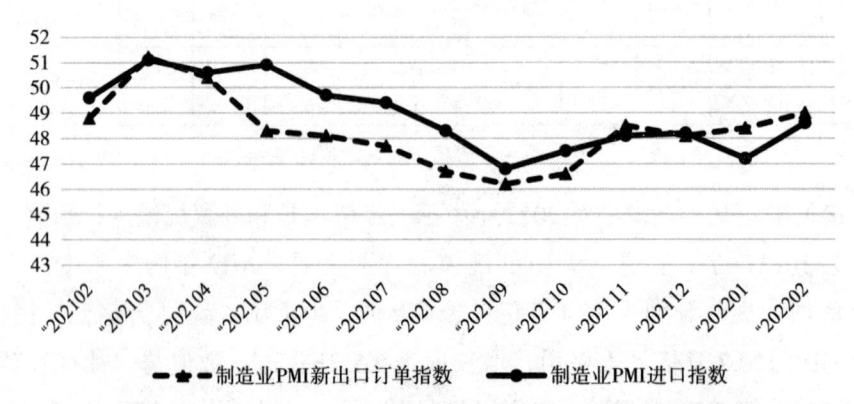

图3 2021年2月—2022年2月各季度的中国贸易依存度

数据来源：国家统计局网站。

明确2022年第一季度基期的贸易规模后，根据2015—2021年各个季度中国对外贸易环比增长率进行预测，第二季度至第四季度中国外贸规模为9.8-10.08万亿元人民币、10.5万亿～10.7万亿元人民币、11.07万亿～11.17万亿元人民币，全年预测贸易规模为40.37万亿～41.45万亿元人民币，相比2021年同比增长率为3.1%～5.9%。

（3）外部挑战下影响的定性分析与模型校准

一是俄乌冲突对中国贸易产生的影响。该影响主要通过两条路径，一是俄乌冲突通过影响欧美以及世界各国市场，间接影响中国贸易；二是俄乌冲突直接对中国市场和中国外贸产生影响。以上影响可能会因为通货膨胀等大宗商品价格上涨带来贸易规模上升；也可能通过降低市场需求造成贸易下降；同时亦可能带来俄乌出口市场的转移而增加对中国的进口，但鉴于中国出口产品与俄乌出口产品的可替代性较低，因此俄乌冲突对中国贸易的影响可能存在对冲，总体影响较小。二是国内及其世界各国疫情反复对中国贸易的影响。从目前情况来看，国内疫情反复可能带来的影响更大。如吉林省、山东省、广东省的疫情反扑，特别是山东省和广东省，两地疫情集中的青岛市、深圳市，2021年，对外贸易分别为1.52万亿元人民币和3.54万亿元人民币，占据2021年全国贸易的3.8%和9%，两地的疫情反复将给中国贸易增长带来一定影响，此外，并不排除未来可能有其他地区出现疫情反复。国际疫情目前对生产的影响较小，但不排除未来有更大范围的疫情传播影响。三是供给冲击带来的价格影响对中国外贸影响。正如上面分析，全球通货膨胀带来的影响可能存在两方面的相互抵消作用：一方面价格上涨带来的贸易规模增加；另一方面价格上涨带来的需求下降引起的贸易规模减少。因此，对冲作用的存在可能造成对中国外贸的影响相对较小。

四、结论与政策建议

合理分析中国对外贸易发展的形势并对中国贸易展开科学预测对有针对性的实施贸易促进措施，规避贸易风险具有重要意义。本研究得到以下结论：（1）中国进出口贸易增速与国际市场份额均呈现上升趋势，呈现出外贸主体多样化和外贸地理分布多元化的特征。(2)经济发展和国际环境的部分利好将助力中国贸易,而地缘政治博弈、中外疫情反复和全球范围内的供给冲击给中国贸易发展带来挑战;(3)对中国的对外贸易预测,两种模型均表明2022年,中国贸易将达到40.6万亿~42万亿元人民币,实现约3.5%~7%的增长,因此,可以预期2022年中国贸易增速将相比2021年有所回调。

即便中国贸易增速可能回调,但依旧可能因为外部动荡变革和多方面的挑战对贸易带来进一步的负面影响,因此应当做好应对:一是加强对国际贸易和跨国投资的预警和分析,避免因地缘政治博弈带来的贸易摩擦增多;拓展多元化贸易市场,降低贸易保护冲击风险。二是面对疫情反复对生产和贸易的影响,应不断调整管控政策,缩小管控范围,实现精准管控,避免对生产造成明显冲击;三是应对供给冲击以及由此可能引发的需求紧缩,应当进一步挖掘国际深度合作,着手发掘市场潜力;同时做好大宗商品价格上涨的预警和监测。对于短期内原材料价格上涨带来的供给冲击,依靠产业政策给予相关的税收、融资和财政补贴,适当缓解上游原材料价格高企,综合运用财政与货币政策加强宏观调控。对于"卡脖子"等供应链切断难题,应当以鼓励创新的产业政策对自主创新行为给予支持,促进企业创新。

第二部分　价值链、产业链和供应链发展

监管政策异质性对双边价值链关联的影响

——基于数字服务行业的实证研究

齐俊妍 李月辉[*]

摘要： 数字服务价值链在逆全球化趋势下面临断链和安全双重风险，在不降低维护安全的数字服务监管要求下，能否通过减少监管政策异质性促进双边价值链关联？本文基于2014—2020年OECD-DSTRI和ADB-MRIO数据库，实证检验国家间监管政策异质性对数字服务行业双边价值链关联的影响。研究发现，减少监管政策异质性通过降低服务贸易成本和增加服务技术含量促进数字服务行业双边价值链关联；减少监管政策异质性对数字化交付服务促进作用更强，数字赋权基础服务和数据要素驱动服务次之；减少监管政策异质性对双边价值链关联的促进作用在南-北和北-北国家表现更强，在数字服务贸易壁垒水平较高的南-南国家影响受限但结果仍显著；国家间制度距离越近，监管政策异质性与双边价值链关联的负向关系越弱。通过减少监管政策异质性促进双边价值链关联为解决双重风险提供思路，为我国制定数字贸易政策以深度嵌入全球价值链提供政策思考。

关键词： 监管政策异质性；数字服务；价值链关联；双重风险

一、引言

当前，服务贸易飞速发展，在全球价值链中的地位不断提升，服务不仅是国际生产分工的"黏合剂"，其本身的交易任务更是被拆分为不同的环节布局

---

[*] 作者简介：齐俊妍 天津财经大学经济学院教授、副院长；李月辉 天津财经大学经济学院博士研究生。

到世界各地,使全球价值链成为服务价值链;数字经济作为全球经济发展的新引擎,对贸易模式产生了深远影响,创新了服务提供方式,催生了数字服务贸易。作为高端服务,数字服务高附加值的特点使其国际生产分割程度更高,成为全球价值链的主体。因此,全球数字服务行业价值链的安全风险和断链风险相应在加剧。价值链关联是在价值链参与(一国嵌入全球价值链与上下游的依赖程度)基础上反映双边价值链关联情况(刘斌等,2021a),衡量双边国家价值链联系紧密程度,双边价值链关联程度下降则意味着面临断链风险,如何促进数字服务行业双边价值链关联以解决断链风险,成为亟待研究的重要问题。

在面临安全风险背景下,各国陆续出台了针对数字服务贸易的边境内监管措施,许可证、授权和证明要求等措施是数字服务提供商应该满足的标准,其监管本质是为了维护国内利益与安全,若监管一致并不构成贸易壁垒(Kox 和 Lejour,2005),如果在不降低维护安全的监管要求时通过减少监管政策异质性促进双边价值链关联,那么就为解决断链和安全风险双重困境提供思路,基于此,探讨国家间监管政策异质性对数字服务行业双边价值链关联的影响具有重要意义。

目前针对数字服务行业双边价值链关联影响因素的直接研究相对匮乏,但有两支相关文献,一支文献考察双边价值链关联的影响因素,Johnson 和 Moxnex(2012)运用多阶段贸易模型发现信息技术促进了价值链参与。刘斌和顾聪(2019)实证分析发现互联网通过削减贸易成本等促进双边价值链关联,并证实对服务业价值链关联的影响更显著。价值链关联相关影响因素为考察数字服务行业双边价值链关联提供思考,但缺乏数字服务特征的考虑,另一支文献则聚焦数字服务的影响因素,彭羽等(2021)发现区域贸易协定数字贸易规则深度提高显著促进了参与国的数字服务出口,齐俊妍和强华俊(2021a)认为数字服务贸易限制措施阻碍服务出口。跨境数据流动作为数字贸易壁垒典型表现,其管制越严苛越不利于数字服务出口(周念利和姚亭亭,2021)。

在监管政策异质性的影响研究方面,Kox 和 Lejour(2006)、Nordas(2016)利用引力模型研究了服务监管异质性对服务贸易规模的影响,发现监管异质性增加贸易成本阻碍服务贸易发展。Ferencz 和 Gonzales(2019)认为数字贸易监管政策异质性可能会为需要遵守多个国家不同监管政策的企业带来额外成本。齐俊妍和强华俊（2021b）在研究数字服务限制措施对数字服务产生负面影响的同时，认为数字服务监管措施的异质性也会造成负面影响。

由于数字服务作为新业态新模式被关注的时间较短，现有研究存在以下不足：首先，大多文献探究数字服务规模，缺乏在全球价值链背景下对数字服务全面系统的认识；其次，尽管上述文献在数字服务贸易限制措施对其出口产生不利影响达成共识，但忽略了监管政策本身维护国家安全的本质，无法发挥监管政策有效性以解决安全风险；最后，针对数字服务贸易监管政策异质性的经验研究相对匮乏，难以提出更有建设性的政策建议。基于此，本文贡献如下：（1）在断链风险背景下，提出数字服务行业双边价值链关联，丰富数字服务相关研究；（2）在安全风险背景下，考虑数字服务贸易监管政策维护安全的本质，探究监管政策异质性对数字服务行业双边价值链关联的影响及作用机制，回答能否通过减少监管政策异质性促进双边价值链关联，为解决断链风险和安全风险提供政策思路；（3）重点分析不同数字服务类型和国家不同发展水平的差异性，同时检验制度距离对监管异质性影响效应的调节作用，为我国参与全球价值链与数字贸易全球治理提供政策建议。

二、理论分析

OECD将数字服务监管措施进行系统梳理并将其分为五大政策领域[①]，包括如跨境数据转移需逐案审批、从事电子商务需要许可证或授权书等措施。若双边国家针对某一数字服务监管措施有相同的规定并不构成贸易壁垒，若一方针对某一数字服务监管措施上有限制，而另一方没有限制导致的双边监管政策异质性将构成贸易壁垒，监管政策异质性反映了双边国家在数字服务监管措施上规定的不一致，监管异质性越大越会阻碍双边价值链关联，若通过多边或双边框架下的规制合作、标准互认等（王维薇，2019）方式减少监管政策异质性将会促进双边价值链关联。

---

① 基础设施连通性、电子交易、支付系统、知识产权和其他障碍。

（一）影响机制分析

跨国公司是价值链主要载体，能够出口的企业是那些规模较大，并且生产率较高的企业（Melitz，2003），而数字技术发展使中小企业实现以低成本获得国外高质量服务投入，服务的无形性也使其跨境便利化，中小企业成为价值链重要参与者。因此，监管政策异质性本质上是通过改变跨国企业尤其是中小企业的行为影响价值链关联。

第一，减少监管政策异质性能够降低服务贸易成本，降低企业跨区域生产合作"门槛"，促进双边价值链关联。面对监管政策异质性，企业需要投入大量时间和资源去适应不同伙伴国的具体监管要求（Nordas，2016），减少监管异质性将降低协调成本。减少监管政策异质性促进信息数据的有序流动，例如，若双边国家都有跨境数据转移需逐案审批这一措施，双边规定的一致使得企业对相关流程更加熟悉，为数据要素流动提供便利，有效降低信息成本。监管政策异质性带来的是一次性成本，是企业进入国际市场的固定成本，中小企业相对大企业来说，更难以满足多样化监管要求承担贸易成本，因此，减少监管政策异质性将有效提高价值链中各企业合作效率，促进双边价值链关联。

第二，减少监管政策异质性能够增加数字服务技术含量，增加其生产环节，提高企业价值链参与度，促进双边价值链关联。数字服务对于先进技术知识需求高，减少监管政策异质性将有利于促进技术转让，例如，若授权互连标准一致，有利于高质量要素自由流动，将增加服务投入技术含量。知识产权等监管措施是为了保护发明专利等不被侵权，使其能把最新产品外包到伙伴国加工制造（刘洪愧，2016），减少监管政策异质性，这有利于促进知识转让，增加企业交易的服务技术含量。数字服务技术含量的增加必然导致其生产所需环节增多，一方面本国数字服务技术含量增加，导致市场竞争力增强，提高企业价值链参与程度，另一方面国外数字服务技术含量增加，企业有动力获取国外数字服务，增加国外服务投入，促进价值链关联。综上，本文提出：

假说1：监管政策异质性与数字服务行业双边价值链关联存在负向关系，减少监管政策异质性将促进数字服务行业双边价值链关联。

假说2：减少监管政策异质性，通过降低服务贸易成本和增加服务技术含量双渠道促进数字服务行业双边价值链关联。

（二）影响异质性分析

1. 数字服务类型异质性

数字服务是服务贸易和数字经济的交集，作为服务贸易的子集，主要指通过信息通信网络传输交付的服务贸易（UNCTAD，2015；OECD，2018），包括电信、计算机服务、数据服务等在内的跨境传输交付的贸易[①]。作为数字经济的子集，主要包括信息与通信技术（ICT）产业、内容与媒体产业（OECD，2020；UNCTAD，2019）和数字平台、依托数字平台的经济活动（IMF，2018）。我国国家统计局将数字经济产业分为五类[②]，其中数字产品服务业包括数字产品批发零售、租赁和维修等。因此，数字服务应该包含通过ICT交付的服务、提供跨境数据的服务和为数字产品提供流通及维修维护等服务，即数字服务贸易包含数字化的传统服务贸易和数字技术加速迭代催生的服务贸易新经济模式（吕延方等，2021）。基于此，本文提炼出《国际标准分类》（ISIC Rev3.0）[③]中的12个数字服务行业（表1）。

数字化交付服务是ICT赋能金融、研发等服务，依赖知识技术转让和数据流动，受到如知识产权、跨境数据流动等措施直接影响；数字赋权基础服务以计算机相关服务为主，受到限制通信服务等直接影响；数据要素驱动服务是以数据为核心载体的数字化交易，受到电子交易、支付系统等间接影响，因此推断，监管政策异质性对受到直接影响的数字化交付服务和数字赋权基础服务价值链关联的影响更大。

[①] UNCTAD（2015）核算范围具体包括九个子类：电信，计算机服务（包括计算机软件），销售和营销服务（不包括贸易和租赁服务），信息服务，保险和金融服务，管理、行政和后台服务，许可服务，工程、相关技术服务和研发，教育培训服务，部门分类标准以《扩展的国际收支服务分类》2010版（Extended Balance of Payments Services Classification，EBOPS 2010）为依据。OECD（2018）认为数字服务贸易是通过信息通信网络提供的包括软件、电子图书、数据服务等在内的跨境传输交付的贸易。

[②] 国家统计局（2021）发布的《数字经济及其核心产业统计分类（2021）》将数字经济产业分为：数字产品制造业、数字产品服务业、数字技术应用业、数据要素驱动业、数字化效率提升业，部门分类标准以《中华人民共和国国家标准》2017版（GB 2017）为依据。

[③] ADB-MRIO数据库部门分类标准以联合国统计署《国际标准产业分类》（ISIC Rev3.0）为依据。

表 1　依托 ISIC Rev3.0 数字服务行业分类 ①

类型	m	依托 ISIC Rev3.0 数字服务行业
数字化交付服务	1	J65* 金融中介，保险和养恤基金除外（ICT 赋能金融服务）
	2	J66* 保险和养恤基金除外（ICT 赋能保险养恤金服务）
	3	J67* 金融中介辅助活动（ICT 赋能金融辅助服务）
	4	K73* 研发（数字技术研究）
	5	K74* 其他商业活动（其他 ICT 赋能商业服务）
	6	M80* 教育（ICT 赋能教育服务）
数字赋权基础服务	7	I64 邮电
	8	K71 无人操作机器和设备以及私人和家用商品租赁
	9	K72 计算机及相关服务
数据要素驱动服务	10	D22* 记录媒介的出版、印刷和复制（数字内容出版服务）
	11	G51* 批发和佣金贸易，汽车和摩托车除外（数字产品批发、互联网批发）
	12	G52* 零售贸易，汽车和摩托车除外；私人和家用商品维修（数字产品零售、互联网零售）

数据来源：基于数字服务内涵，结合 UNCTAD 定义的数字服务（EBOPS 2010 编码）和国家统计局《数字经济及其核心产业统计分类（2021）》定义的数字经济产业（GB 2017 编码）进行编码转换整理所得。

2. 国家经济发展水平异质性

监管政策异质性对不同经济发展水平国家的影响存在异质性，南－北国家的主要特点是国家间经济发展水平差异较大，一方面，根据重叠需求理论可知，国家间经济发展水平越相似，彼此需求结构的重叠部分就越大，贸易关系越密切，另一方面，南－北国家间制度差异较大，稳定制度环境的缺乏导致双边难以形成紧密价值链关联。因此推断，减少监管政策异质性将会大大增加南－北国家的数字服务行业价值链关联。

---

① 代表部分内容属于数字服务行业，本文参考张晴和于津平（2021）的方法，引入拆分系数从服务行业中分离出数字化部分，得到"干净"样本的数字服务行业。G51 和 G52 行业的拆分权重按照各国电子商务零售额占零售总额进行拆分，数据来自 e-Marketer 数据库。D22、J65-J67、K73-K74、M80 行业按照各国数字化交付服务出口占服务出口总额进行拆分，数据来源于 UNCTAD 数据库。

（三）基于制度距离的调节效应分析

在更需要优越的制度环境与之相匹配，以保障生产分工的顺利进行的复杂价值链贸易中，制度距离显得尤为重要（赵晓斐，2020）。监管政策异质性对双边价值链关联的影响将受到制度距离的调节作用，制度距离是各国制度环境在法律法规、道德观念和社会普遍认可的传统习俗等上的差异（周经和张利敏，2014），制度距离较远时，企业面临不同的政治和法律程序要求，使得合同履行和纠纷调解等风险增加（Antras 和 Helpman，2004）进而阻碍企业价值链参与；而制度距离缩短能够降低企业"敲竹杠"风险、有效保障企业获取国际知识溢出，降低价值链的协调成本（齐俊妍和任奕达，2022），抵消监管政策异质性带来的负面影响，促进价值链有效关联，据此提出：

假说3：监管政策异质性对数字服务行业双边价值链关联的影响存在制度距离的调节效应，国家间制度距离越近，监管政策异质性与双边价值链关联的负向关系越弱。

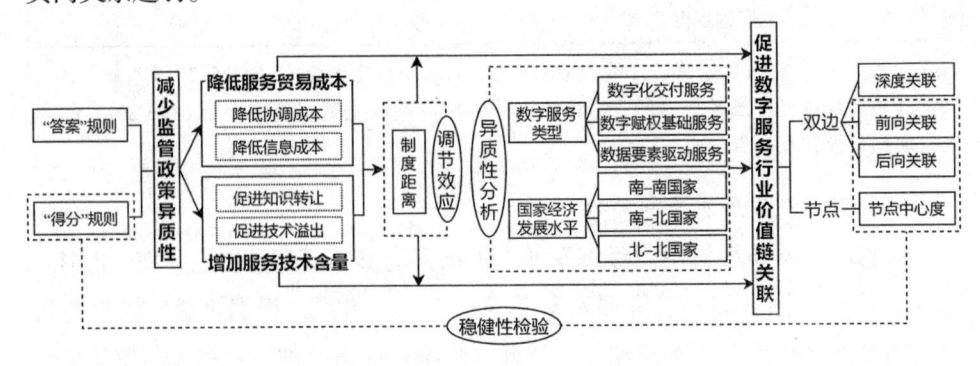

图 1　分析框架

三、研究设计

（一）模型设定

基于以上分析，本文采用扩展引力模型进行实证分析，模型具体如下：

$$\gamma_{ijmt} = \alpha_0 + \alpha_1 DSTRIH_{ijt} + \alpha_2 \ln controls + \varphi_m + \lambda_t + \varepsilon_{ijmt} \quad (1)$$

其中，ij 为国家对①，m 为数字服务行业，t 为年份。γ_{ijmt} 为双边价值链关联程度；$DSTRIH_{ijt}$ 为国家间数字服务贸易监管政策异质性指数；$controls$ 为控制变量（为虚拟变量时不取对数）；φ_m 和 λ_t 分别表示行业和时间固定效应，ε_{ijmt} 为随机误差项。

（二）指标度量及分析

1. 数字服务行业双边价值链关联

杨继军和艾玮炜（2021）将 i 国出口中来自 j 国的增加值贸易关联（γ^{ij}）定义为隐含于 i 国出口的 j 国增加值（MVA^{ij}）与 i 国向 j 国的出口（E^{ij}）的比值。刘斌和顾聪（2019）认为价值链关联不仅包含 MVA^{ij}，还包含 i 国出口至 j 国又出口至第三国的国内增加值部分（DVA_INTrex^{ij}），以及 i 国出口至 j 国时导致的国外和国内重复计算部分（DDC^{ij} 和 MDC^{ij}）。刘斌等（2021a）将象征双边"往返"贸易的返回增加值部分（RDV^{ij}）也纳入价值链关联。鉴于本文考虑数字服务行业的价值链关联，因此将来源于 j 国的国外增加值部分 MVA^{ij} 和 MDC^{ij} 修正为来源于 j 国数字服务部门 S 的国外增加值部分 MVA^{ijS} 和 MDC^{ijS}，基于此构建的 i 国与 j 国 t 年 m 行业的双边价值链关联指数（γ_{ijmt}），该比值越大，说明双边价值链关联程度越高。

$$\gamma_{ijmt} = (MVA_{mt}^{ijS} + DVA\_INTrex_{mt}^{ij} + DDC_{mt}^{ij} + MDC_{mt}^{ijS} + RDV_{mt}^{ij} + MVA_{mt}^{jiS} + DVA\_INTrex_{mt}^{ji} + DDC_{mt}^{ji} + MDC_{mt}^{jiS} + RDV_{mt}^{ji})/(E_{mt}^{ij} + E_{mt}^{ji}) \tag{2}$$

本文计算了 2014—2020 年数字服务行业价值链关联程度，主要特征如下：2018 年相对 2014 年数字服务行业价值链关联密度增大（图2）。图3 为主要国家在数字服务行业价值链关联网络中与该国直接建立关联的国家数目，整体上看，美、英和德相对巴西、俄罗斯和日本等节点中心度较高；具体看中国，在数据要素驱动服务节点中心度不断提高，但在数字化交付服务与发达国家存在较大差距。

---

① "国家对"代表国家与国家之间，不区分贸易流方向，ij 角标在右下方表示国家对，ij 角标若在右上方代表一国对另一国，区分贸易流方向。本文的研究对象是国家对。

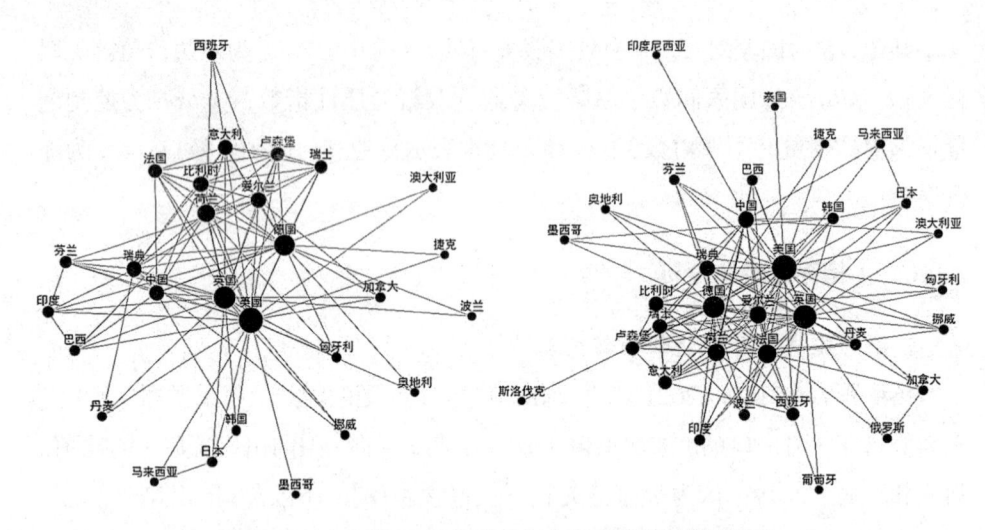

图2　2014年和2018年数字服务行业价值链关联网络

数据来源：基于 ADB-MRIO 和 UIBE-GVC 数据库核算绘制所得，只展示取阈值后的核心结构。

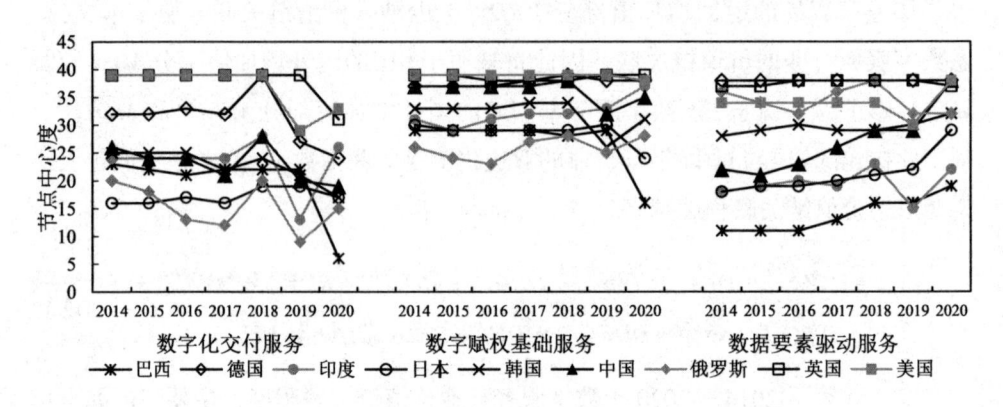

图3　2014—2020年主要国家分数字服务类型节点中心度

数据来源：基于 ADB-MRIO 和 UIBE-GVC 数据库核算整理。

2. 数字服务贸易监管政策异质性

OECD 统计了36项数字服务限制具体措施 τ，通过赋值加权求和构建数字服务限制异质性指数（DSTRIH）：对 i 国和 j 国在某项措施是否有相同"答案"

进行二进制赋分 b[①]；通过专家打分法计算得单项措施权重：$w_\tau = w_p / \sum_p^5 n_p w_p$[②]；加权求和（$DSTRIH_{ijt} = \sum_\tau bw_\tau$）得到 t 年 i 国和 j 国之间的数字服务贸易监管政策异质性指数（$DSTRIH_{ijt}$，取值在 0～1 之间）。层出不穷的监管措施使得监管异质性普遍存在，在中国、哈萨克斯坦、俄罗斯等数字服务限制程度较高的发展中国家间监管政策异质性程度较强（图4）。

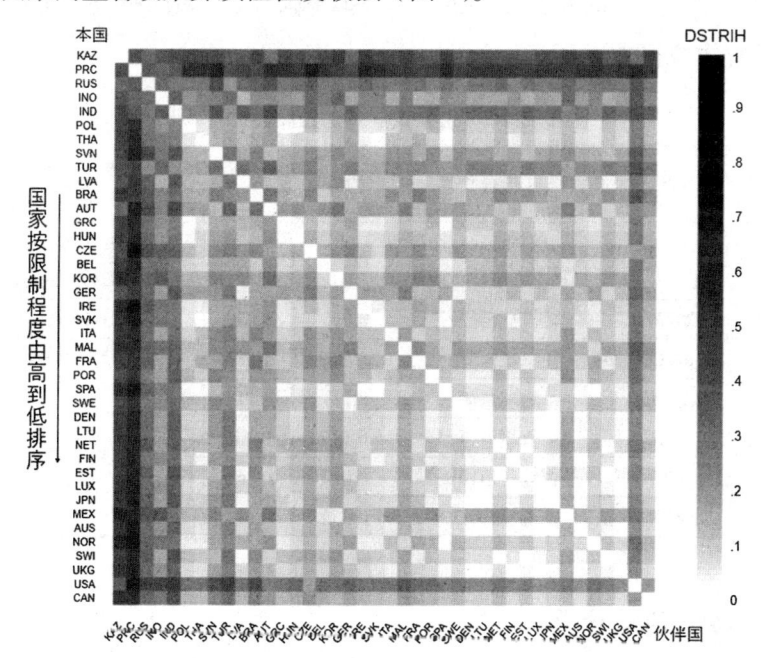

图 4　2020 年国家间数字服务贸易监管政策异质性程度

数据来源：基于 OECD-DSTRI 数据库核算绘制所得，国家代码来源 ADB-MRIO 数据库（中国为 PRC）。

3. 其他控制变量

（1）经济规模差异（ECO_{ijt}）。用国家间 GDP 差值绝对值衡量。（2）地理距离（DIS_{ij}）。用国家间首都城市地理距离来衡量。（3）宗教相似指数（REG_{ij}）。宗教相似度反映国家间文化相似度，文化差异越大越会导致双边偏好不同影响

[①] 若双方有相同的规定即不存在异质性 $b=0$，否则 $b=1$。
[②] 为每个政策领域 p 分配权重 w_p，每个政策领域 p 包含 n_p 条单项措施。

国际贸易。（4）是否具有殖民关系（COL_{ij}）。若两国有殖民关系取值为1，否则为0。（5）是否签订自由贸易协定（FTA_{ijt}）。双边国家签订FTA以后的年份为1，其他情况为0。

（三）数据来源及说明

通过数据库匹配选取2014—2020年780个国家对（40个国家[①]）12个数字服务行业样本数据（表2）。

表2 主要变量描述性统计

变量类别	变量	变量含义	均值	标准差	数据来源
被解释变量	γ_{ijmt}	数字服务行业双边价值链关联	0.191	0.263	ADB-MRIO 数据库 UIBE-GVC 数据库
解释变量	$DSTRIH_{ijt}$	监管政策异质性	0.016	0.026	OECD-DSTRI 数据库
控制变量	$\ln ECO_{ijt}$	经济规模差异	27.453	1.585	世界银行 WDI 数据库
	$\ln DIS_{ij}$	地理距离	8.121	1.118	CEPII 数据库
	REG_{ij}	宗教相似指数	0.185	0.251	
	COL_{ij}	是否具有殖民关系	0.027	0.162	
	FTA_{ijt}	是否签订FTA	0.550	0.497	

四、实证结果分析

（一）基准回归分析

表3第（1）列仅加入核心解释变量，监管异质性系数在1%的水平上显著为负，说明监管异质性对双边价值链关联有负向影响，初步验证了假说1。第（2）—（6）列依次加入控制变量，负向关系仍然显著，说明估计结果稳健性。

[①] 匹配 ADB-MRIO 数据库和 OECD-DSTRI 数据库确定40个国家：爱尔兰，爱沙尼亚，奥地利，澳大利亚，巴西，比利时，波兰，丹麦，德国，俄罗斯，法国，芬兰，哈萨克斯坦，韩国，荷兰，土耳其，加拿大，捷克共和国，拉脱维亚，立陶宛，卢森堡，马来西亚，美国，墨西哥，挪威，葡萄牙，日本，瑞典，瑞士，斯洛伐克，斯洛文尼亚，泰国，西班牙，希腊，匈牙利，意大利，印度，印度尼西亚，英国，中国。

表3 基准回归结果

变量	(1)	(2)	(3)	(4)	(5)	(6)
$DSTRIH_{ijt}$	-0.769***	-0.542***	-0.324***	-0.257***	-0.263***	-0.239***
	(-14.316)	(-9.919)	(-5.861)	(-4.560)	(-4.674)	(-4.200)
$\ln ECO_{ijt}$		-0.014***	-0.010***	-0.010***	-0.010***	-0.010***
		(-20.756)	(-14.601)	(-14.334)	(-14.199)	(-13.669)
$\ln DIS_{ij}$			-0.022***	-0.019***	-0.019***	-0.016***
			(-22.531)	(-17.869)	(-17.740)	(-12.931)
REG_{ij}				0.056***	0.056***	0.055***
				(12.287)	(12.427)	(12.119)
COL_{ij}					0.024***	0.025***
					(3.330)	(3.494)
FTA_{ijt}						0.009***
						(3.046)
常数项	0.211***	0.591***	0.661***	0.624***	0.620***	0.589***
	(155.244)	(32.219)	(35.682)	(31.924)	(31.659)	(26.759)
行业固定	是	是	是	是	是	是
时间固定	是	是	是	是	是	是
样本量	57 021	57 021	57 021	54 507	54 507	54 507
R^2	0.089	0.096	0.104	0.107	0.108	0.108

注：估计系数下方括号内的数字为系数估计值的t统计量，*、**和***分别表示在10%、5%和1%的水平上显著。下表同。

（二）稳健性检验

1. 替换核心解释变量

进一步考虑双边市场结构差异和具体监管特征，基于"得分"原则①构建监管政策异质性指数。表4第（1）列显示，核心解释变量系数显著为负，说明基准回归结果的稳健性。

---

① 即使双边有同样的"答案"，但由于市场结构和监管框架的差异，衡量标准不同，使得双边有不同的打分。

2. 替换被解释变量

双边价值链关联是深度关联，包括前向关联和后向关联[①]，构建数字服务价值链前向关联（γ_f_{ijmt}）和后向关联（γ_b_{ijmt}）分别代入式（1）替换被解释变量用于稳健性检验。

$$\gamma\_f_{ijmt} = (DVA\_INTrex_{mt}^{ij} + DVA\_INTrex_{mt}^{ji})/(E_{mt}^{ij} + E_{mt}^{ji}) \tag{3}$$

$$\gamma\_b_{ijmt} = (MVA_{mt}^{ijS} + MVA_{mt}^{jiS})/(E_{mt}^{ij} + E_{mt}^{ji}) \tag{4}$$

表4第（2）（3）列显示，监管异质性对前向关联和后向关联的系数分别在1%水平上显著为负，验证了基本假说，但前向关联是一国主动与下游国家关联，受到监管异质性的直接影响较大，而后向关联属于一国被动关联，受到间接影响较小。

3. 构建单边变量

用与一国产生价值链关联国家的数量做被解释变量（θ_{imt}），反映其与其他国家价值链关联程度。借鉴齐俊妍和强华俊（2021b）以 i 国对 j 国的服务出口占该国对全部样本国服务出口的比重[②]进行加权，构建反映一国整体监管异质性做核心解释变量。

$$DSTRIH_{it} = \left[\sum_{j=1}^{n} \left(DSTRIH_{ijt} \times \frac{ex_t^{ij}}{\sum_{j=1}^{n} ex_t^{ij}} \right) \right]/(n-1) \tag{5}$$

表4第（4）列显示，一国与其他国家监管异质性越小，与其他国家价值链关联越大，说明基准结果稳健性。

[①] 前向关联是指被下游国家进口后再出口至第三方的本国中间品出口国内增加值部分；后向关联是指本国中间品出口中隐含的上游国家增加值部分。

[②] 其中，ex_{ijt} 为 t 年 i 国对 j 国的服务出口，数据来源于 UNCTAD 数据库。

表4 稳健性检验及内生性处理结果

变量	替换解释变量 (1) γ_{ijmt}	替换被解释变量 (2) γ_f_{ijmt}	(3) γ_b_{ijmt}	构建单边变量 (4) $ln\theta_{imt}$	IV-2SLS 估计 (5) γ_{ijmt}
$DSTRIH_{ijt}$/$DSTRIH_{it}$		−0.237*** (−4.166)	−0.001*** (−5.287)	−0.050*** (−8.928)	−0.235** (−2.268)
$DSTRIH\_s_{ijt}$	−0.128*** (−3.380)				
$lnECO_{ijt}$	−0.010*** (−13.535)	−0.010*** (−13.862)	0.000*** (63.782)		−0.010*** (−12.752)
$lnDIS_{ij}$	−0.017*** (−12.955)	−0.016*** (−12.719)	−0.000*** (−65.983)		−0.016*** (−12.576)
REG_{ij}	0.055*** (11.878)	0.055*** (12.105)	0.000*** (14.308)		0.055*** (11.689)
COL_{ij}	0.024*** (3.255)	0.025*** (3.468)	0.000*** (8.553)		0.025*** (3.197)
FTA_{ijt}	0.010*** (3.309)	0.009*** (3.088)	−0.000*** (−13.123)		0.009*** (2.998)
$lnefi_{it}$				0.094* (1.938)	
$lnrd_{it}$				0.016** (2.076)	
$lnlabor_{it}$				0.131*** (11.135)	
$lngdp_{it}$				0.049*** (16.274)	
常数项	0.594*** (26.276)	0.590*** (26.817)	−0.001*** (−20.223)	47.481*** (8.452)	
Kleibergen-Papp rk LM 统计量					1 408.127 [0.000 0]
Kleibergen-Papp Wald rk F 统计量					3 347.990 {16.38}
行业固定	是	是	是	是	是
时间固定	是	是	是	是	是

续 表

变量	替换解释变量 （1） γ_{ijmt}	替换被解释变量 （2） γ_f_{ijmt}	（3） γ_b_{ijmt}	构建单边变量 （4） $ln\theta_{imt}$	IV-2SLS 估计 （5） γ_{ijmt}
样本量	54 507	54 507	54 507	2 280	54 507
R^2	0.053	0.108	0.182	0.589	0.023

注：Kleibergen-Paap rk LM 检验：原假设为"工具变量识别不足"，[ ] 内为 P 值；Kleibergen-Paap rk Wald F 检验：原假设为"工具变量是弱识别"，{ } 内数值为 Stock-Yogo 检验 10% 水平上的临界值。

（三）内生性处理

价值链关联密切的国家也更倾向于制定相似监管政策，为克服可能存在的反向因果导致的内生性，参照 Beverelli 等（2017）构建工具变量，用两阶段最小二乘法估计。构建方法：选取既未与 i 国签订区域服务贸易协定，也不属于同一地理区域的 c 国（$c \neq i, c \neq j$），将 c 国与 j 国的数字服务监管异质性指数（$DSTRIH_{cjt}$）加权平均作为 i 国与 j 国的监管异质性（$DSTRIH_{ijt}$）的工具变量[①]：

$$DSTRIH_{ijt}^{IV} = \sum_c DSTRIH_{cjt} \times SI_{ict} \qquad (6)$$

其中，权重（SI_{ict}）是 i 国与 c 国经济发展水平相似指数[②]：

$$SI_{ict} = 1 - \left(\frac{pcGDP_{it}}{pcGDP_{it} + pcGDP_{ct}}\right)^2 - \left(\frac{pcGDP_{ct}}{pcGDP_{it} + pcGDP_{ct}}\right)^2 \qquad (7)$$

表 4 第（5）列为 2SLS 估计结果。Kleibergen-Paap rk LM 检验结果显示拒绝原假设，说明工具变量选取合理。Kleibergen-Paap rk Wald F 统计量检验统计值在 Stock-Yogo 检验 10% 水平上的临界值范围之外，说明了工具变量的有效性。另外，监管异质性系数仍然显著为负，说明减少监管异质性会促进价值链关联。

[①] 工具变量构建合理性在于：如果 c 国与 i 国人均 GDP 越相近，那么两国越具有相似的监管政策，因此 c 国与 j 国的监管政策异质性和 i 国与 j 国的监管政策异质性越相关，越满足相关性要求；而 c 国与 i 国没签署区域服务贸易协定，也不属于同一地理区域，因此 c 国与 j 国的监管政策异质性不会对 i 国与 j 国的数字服务行业双边价值链关联产生影响，满足外生性要求。

[②] $pcGDP$ 代表人均 GDP。

(四)影响机制分析

在模型(1)的基础上,构建中介效应模型如下:

$$Z_{ijmt} = \beta_0 + \beta_1 DSTRIH_{ijt} + \beta_2 \ln controls + \varphi_m + \lambda_t + \varepsilon_{ijmt} \quad (8)$$

$$\gamma_{ijmt} = \omega_0 + \omega_1 DSTRIH_{ijt} + \omega_2 Z_{ijmt} + \omega_3 \ln controls + \varphi_m + \lambda_t + \varepsilon_{ijmt} \quad (9)$$

其中,中介变量 Z_{ijmt} 包括服务贸易成本($COST_{ijmt}$)和服务技术含量($\ln PROD_{ijmt}$)。服务贸易成本参照 Novy(2013)的研究[①]:

$$COST_{ijmt} = 1 - \left[\frac{EXP_{mt}^{ij} EXP_{mt}^{ji}}{(GDP_{it} - EXP_{imt})(GDP_{jt} - EXP_{jmt}) h_i h_j} \right]^{\frac{1}{2\rho - 2}} \quad (10)$$

服务技术含量的衡量参照 Hausmann 等(2007)研究:

$$PRODY_{mt} = \sum_i^n \frac{EXP_{imt} / \sum_m^{12} EXP_{imt}}{\sum_i^n EXP_{imt} / \sum_i^n \sum_m^{12} EXP_{imt}} pcGDP_{it} \quad (11)$$

$$PROD_{ijmt} = \frac{EXP_{mt}^{ij} + EXP_{mt}^{ji}}{\sum_m^{12} (EXP_{mt}^{ij} + EXP_{mt}^{ji})} PRODY_{mt} \quad (12)$$

式(11)为 t 年 m 行业数字服务出口技术复杂度,式(12)以国家间数字服务各行业贸易额占国家间数字服务整体行业贸易额做权重,对数字服务各行业出口技术复杂度($PRODY_{mt}$)加权平均得到国家间数字服务各行业所含技术含量($PROD_{ijmt}$)。

表5第(1)列为基准回归,说明总效应显著为负。第(2)列监管政策异质性的系数在1%水平上显著为正,说明减少监管异质性会降低服务贸易成本,第(3)列在基准回归基础上引入中介变量后系数仍然显著,降低服务贸易成本促进价值链关联,说明中介效应成立,减少监管异质性能够通过降低服务贸易成本促进价值链关联。同理,第(4)(5)列结果说明减少监管异质性能够

[①] 其中,EXP_{mt}^{ij} 和 EXP_{mt}^{ji} 分别为 i 国 m 行业向 j 国的出口额和 j 国 m 行业向 i 国的出口额,EXP_{imt} 和 EXP_{jmt} 分别为 i 国和 j 国 m 行业的总出口额,GDP_{it}、GDP_{jt}、h_i 和 h_j 分别为 i 国和 j 国的 GDP 和可贸易品份额,ρ 是替代弹性。参照钱学峰和梁琦(2008)的做法,假设 $h_i=h_j=0.8$ 且 $\rho=8$。出口额用出口增加值数据来源于 ADB-MRIO 数据库,GDP 数据来源于 WDI 数据库。

通过增加服务技术含量促进价值链关联,验证假说2。

表5 影响机制分析回归结果

变量	基准回归 (1) γ_{ijmt}	贸易成本 (2) $COST_{ijmt}$	(3) γ_{ijmt}	服务技术含量 (4) $lnPROD_{ijmt}$	(5) γ_{ijmt}
$DSTRIH_{ijt}$	−0.239*** (−4.200)	0.065*** (3.904)	−0.229*** (−4.031)	−0.643*** (−2.754)	−0.225*** (−3.404)
$COST_{ijmt}$			−0.150*** (−10.310)		
$lnPROD_{ijmt}$					0.042*** (31.058)
$lnECO_{ijt}$	−0.010*** (−13.669)	−0.005*** (−21.851)	−0.011*** (−14.583)	−0.010*** (−3.283)	−0.013*** (−15.433)
$lnDIS_{ij}$	−0.016*** (−12.931)	0.015*** (39.045)	−0.014*** (−11.065)	−0.034*** (−6.337)	−0.013*** (−8.328)
REG_{ij}	0.055*** (12.119)	−0.026*** (−19.704)	0.051*** (11.221)	0.056*** (2.976)	0.047*** (8.937)
COL_{ij}	0.025*** (3.494)	−0.007*** (−3.407)	0.024*** (3.347)	0.032 (1.089)	0.036*** (4.284)
FTA_{ijt}	0.009*** (3.046)	0.001 (0.917)	0.009*** (3.090)	0.019 (1.578)	0.023*** (6.823)
常数项	0.589*** (26.759)	0.925*** (143.150)	0.728*** (28.223)	1.458*** (15.663)	0.657*** (24.888)
行业固定	是	是	是	是	是
时间固定	是	是	是	是	是
样本量	54 507	54 507	54 507	54 507	54 507
R^2	0.108	0.423	0.109	0.017	0.098

(五)影响异质性分析

表6第(1)—(3)列为区分数字服务类型分组回归结果。监管异质性对数字化交付服务和数字赋权基础服务影响系数在1%水平上显著为负,而数据要素驱动服务对监管异质性带来的影响并不敏感。同时发现,监管异质性对数字化交付服务的影响显著大于数字赋权基础服务,原因是数字化交付服务相对

数字赋权基础服务包含了更多种类的服务，受到监管异质性的影响更强。

表6第（4）—（6）列为区分国家发展水平分组回归结果。首先，三组结果都在1%水平上显著为负，说明减少监管异质性能够有效促进价值链关联。其次，南－北国家系数的绝对值大于南－南和北－北国家，说明减少监管异质性能够有效推动发展中与发达国家之间形成价值链关联。最后，南－南相对北－北国家的系数绝对值较小，因为发展中国家数字基础设施水平较低并且数字服务贸易壁垒水平较高，一方面，由于数字服务的发展严重依赖数字基础设施水平，减少监管异质性无法解决因数字基础设施水平不足带来的制约性影响。另一方面，处在数字服务贸易壁垒水平较高的发展中国家中的企业对于多样化监管政策有一定适应能力，导致对监管异质性带来的影响并不敏感。因此，在南－南国家监管异质性带来的影响将受限。

表6 异质性分析和调节效应分析结果

变量	（1）数字化交付服务	（2）数字赋权基础服务	（3）数据要素驱动服务	（4）南—南国家	（5）南—北国家	（6）北—北国家	（7）制度距离
$DSTRIH_{ijt}$	−0.555*** (−6.493)	−0.239*** (−3.185)	0.034 (1.250)	−0.051*** (−0.507)	−0.276*** (−4.688)	−0.201*** (−0.756)	0.412** (2.006)
$lnDOR_{ijt} \times DSTRIH_{ijt}$							−0.133*** (−3.059)
$lnECO_{ijt}$	−0.006*** (−7.113)	−0.005*** (−4.217)	0.012*** (38.636)	−0.018*** (−12.354)	−0.011*** (−10.928)	−0.004** (−2.515)	−0.016*** (−14.368)
$lnDIS_{ij}$	−0.019*** (−11.842)	−0.018*** (−8.060)	−0.019*** (−34.137)	−0.022*** (−8.759)	−0.010*** (−5.252)	0.025*** (−8.348)	−0.014*** (−6.484)
REG_{ij}	0.054*** (9.482)	0.053*** (6.547)	0.022*** (11.252)	0.027*** (3.159)	0.065*** (10.055)	0.042*** (3.452)	0.020*** (2.722)
COL_{ij}	0.022** (2.451)	0.023* (1.865)	0.022*** (7.094)	−0.046*** (−3.200)	0.017* (1.811)	0.166*** (7.585)	0.003 (0.325)
FTA_{ijt}	−0.004 (−1.157)	−0.017*** (−3.306)	−0.012*** (−9.413)	0.007 (1.448)	0.026*** (6.491)	−0.026*** (−3.216)	0.018*** (4.355)

续表

变量	区分数字服务类型			区分国家发展水平			调节效应
	（1）数字化交付服务	（2）数字赋权基础服务	（3）数据要素驱动服务	（4）南—南国家	（5）南—北国家	（6）北—北国家	（7）制度距离
常数项	0.489*** (17.564)	0.507*** (13.023)	−0.144*** (−14.998)	0.862*** (19.847)	0.552*** (17.730)	0.549*** (9.038)	0.732*** (21.061)
行业固定	是	是	是	是	是	是	是
时间固定	是	是	是	是	是	是	是
样本量	27 776	12 893	13 838	14 928	28 070	11 509	54 507
R^2	0.084	0.066	0.189	0.072	0.084	0.072	0.073

五、拓展性研究：基于制度距离的调节效应分析

为进一步检验制度距离的调节作用，构建调节效应模型如下：

$$\gamma_{ijmt} = \kappa_0 + \kappa_1 DSTRIH_{ijt} + \kappa_2 \ln DOR_{ijt} \times DSTRIH_{ijt} + \kappa_3 \ln controls + \varphi_m + \lambda_t + \varepsilon_{ijmt} \tag{13}$$

其中，制度距离（$lnDOR_{ijt}$）借鉴黄新飞等（2013）、刘斌等（2021b）的研究，构建包含6个政治制度①差异和8个经济制度②差异的制度距离指标体系如下：

$$DOR_{ijt} = \frac{1}{14}\sum_{y}^{14}\left[\frac{(I_{iy} - I_{jy})^2}{V_y}\right] \tag{14}$$

其中，I_{iy}和I_{jy}表示i国和j国的第y项指标得分（共14项指标），V_y是y项指标的方差。

表6第（7）列为基于制度距离的调节效应回归结果。交互项的系数在1%水平上显著为负，说明监管异质性对数字服务行业双边价值链关联的影响受到

---

① 公民权利、政治和社会稳定、政府效率、社会监管质量、法律法规以及对腐败的控制，数据来源于世界银行全球治理数据库。

② 商业自由度、贸易自由度、财政自由度、政府支出、货币自由度、投资自由度、金融自由度以及知识产权保护度，数据来源于世界经济自由度数据库。

制度距离的负调节,即制度距离越近,监管异质性与价值链关联的负向关系越弱,说明制度距离较近有利于企业进行跨区域分工生产合作,能够抵消监管异质性带来的影响,促进价值链关联,验证假说3。

六、结论与政策建议

本文基于 OECD-DSTRI 和 ADB-MRIO 等数据库,考察了监管政策异质性对数字服务行业双边价值链关联的影响,研究发现:(1)监管异质性与数字服务行业双边价值链关联负向相关,并通过一系列稳健性检验后仍然显著,因此,可以通过减少监管异质性促进数字服务行业双边价值链关联以解决断链和安全双重风险;(2)减少监管异质性通过降低服务贸易成本和增加服务技术含量双渠道促进数字服务行业双边价值链关联;(3)监管异质性对数字化交付服务影响较强,数字赋权基础服务和数据要素驱动服务受到的影响相对较小;(4)减少监管异质性对双边价值链关联的促进作用在南-北和北-北国家表现更强,在数字服务贸易壁垒水平较高的南-南国家影响受限但结果仍然显著;(5)拓展性研究发现,国家间制度距离越近,监管异质性与双边价值链关联的负向关系越弱。

基于此,提出如下政策建议:第一,由于监管异质性对数字化交付服务价值链关联影响更为显著,同时典型事实发现我国数字化交付服务价值链关联中心度与其他国家存在明显差距,因此我国应该重点考虑减少对数字化交付服务产生直接影响的知识产权、跨境数据流动等措施与其他国家的异质性,积极参与数字贸易规则的制定,推动与关联中心度较高的国家(德国、英国等)的谈判在数字贸易章节的达成,通过减少监管异质性促进价值链关联,进而深度嵌入全球价值链,解决面临的断链风险;第二,由于监管异质性对南-南国家价值链关联的影响仍然显著,因此发展中国家间的相关数字贸易规则谈判可以考虑将监管一致性纳入其中,在不降低许可证、授权等必要的维护国家安全的监管要求下,通过减少监管异质性促进价值链关联,解决面临的安全风险;第三,由于监管异质性对价值链关联在南-南国家影响受限,一方面应该致力于提高数字基础设施水平,加快数字技术研发,积极推动"数字丝绸之路"建设，在新基建方面进行前瞻布局，为数字服务的发展奠定良好的基础，并基于我国国情提出"中国方案"减少与一带一路国家监管异质性，借力"一带一路"建设提高我国在全球数字贸易治理话语权；另一方面可以考虑降低对维护国家安全帮助相对较小的监管要求，通过降低本国的数字服务贸易壁垒促进与其他国家的价值链关联；第四，由于制度距离越近可以抵消监管政策异质性带来的影响，因此可以通过加大改革力度，进行制度创新，加快自贸试验区和自由贸易港建设，营造法治化国际化便利化贸易环境，减少经济政策不确定性，进而促进数字服务行业价值链关联。

参考文献

[1] 刘斌, 李川川, 张秀杰. 异质性投资协定及其对中外价值链关联的影响研究[J]. 数量经济技术经济研究, 2021a, 38(8): 60–82.

[2] Kox H., Lejour A.. Regulatory Heterogeneity as Obstacle for International Services Trade[J]. CPB Discussion Paper, 2005.

[3] Johnson R. C., Moxnes A.. Technology, Trade Cost and the Pattern of Trade with Multi-Stage Production[R]. NBER Working Paper, 2012.

[4] 刘斌, 顾聪. 互联网是否驱动了双边价值链关联[J]. 中国工业经济, 2019(11): 98–116.

[5] 彭羽, 杨碧舟, 沈玉良. RTA数字贸易规则如何影响数字服务出口——基于协定条款异质性视角[J]. 国际贸易问题, 2021(4): 110–126.

[6] 齐俊妍, 强华俊. 数字服务贸易限制措施影响服务出口了吗？基于数字化服务行业的实证分析[J]. 世界经济研究, 2021a(9): 37–52+134–135.

[7] 周念利, 姚亭亭. 数字服务贸易限制性措施贸易抑制效应的经验研究[J]. 中国软科学, 2021b(2): 11–21.

[8] Kox H., Lejour A.. The Effects of the Services Directive on Intra-EU Trade and FDI[J]. Revue économique, 2006, 57(4): 747–769.

[9] Nordas H. K.. Services Trade Restrictiveness Index(STRI): The Trade Effect of Regulatory Differences[J]. OECD Trade Policy Papers, 2016, 175.

[10] Ferencz J., Gonzales F.. Barriers to trade in digitally enabled services in the G20[J]. OECD Trade Policy Papers, 2019.

[11] 齐俊妍, 强华俊. 数字服务贸易壁垒影响服务出口复杂度吗——基于OECD-DSTRI数据库的实证分析[J]. 国际商务(对外经济贸易大学学报), 2021b(4): 1–18.

[12] 工维薇. 减少监管分歧会促进服务贸易增长吗？[J]. 世界经济研究, 2019(3): 44–56+135–136.

[13] Melitz M. J.. The Impact of Trade on Intra-Industry Reallocations and Aggregate Industry Productivity[J]. Econometrica, 2003, 71(6): 1695–1725.

[14] 刘洪愧. 区域贸易协定对增加值贸易关联的影响——基于服务贸易的实证研究[J]. 财贸经济, 2016(8): 127–143.

[15] UNCTAD. International Trade in ICT Services and ICT-enabled Services[R/OL]. https://unctad.org/en/PublicationsLibrary/tn_unctad_ict4d03_en.pdf, 2015.

[16] OECD. A Proposed Framework for Digital Supply-Use Tables[EB/OL]. http://www.oecd.org/

officialdocuments/publicdisplaydocumentpdf/？cote=SDD/CSSP/WPNA（2018）3&DocLanguage=En, 2018.

[17] UNCTAD. Digital Economy Report 2019[EB/OL]. https://unctad.org/system/files/official-document/der2019_en.pdf, 2019.

[18] IMF. Measuring the Digital Economy[J/OL]. http://www.imf.org/external/pp/ppindex.aspx, 2018.

[19] 国家统计局.数字经济及其核心产业统计分类（2021）[S]. http://www.stats.gov.cn/tjsj/tjbz/202106/t20210603_1818134.html, 2021.

[20] 吕延方,方若楠,王冬.全球数字服务贸易网络的拓扑结构特征及影响机制[J].数量经济技术经济研究, 2021, 38（10）: 128–147.

[21] 赵晓斐.数字贸易壁垒与全球价值链分工[D].对外经济贸易大学, 2020.

[22] 周经,张利敏.制度距离、强效制度环境与中国跨国企业对外投资模式选择[J].国际贸易问题, 2014（11）: 99–108.

[23] Antras P., Helpman E.. Global Sourcing[J]. Journal of Political Economy, 2004, 112（3）: 552–580.

[24] 齐俊妍,任奕达.数字经济发展、制度质量与全球价值链上游度[J].国际经贸探索, 2022, 38（1）: 51–67.

[25] Beverelli C., Fiorini M., Hoekman B.. Services trade policy and manufacturing productivity: The role of institutions[J]. Journal of International Economics, 2017.

[26] Novy D.. Gravity redux: Measuring international trade costs with panel data[J]. Economic Inquiry, 2013, 51（1）: 101–121.

[27] Hausmann R., Hwang J., Rodrik D.. What you export matters[J]. Journal of Economic Growth, 2007, 12.

[28] 黄新飞,舒元,徐裕敏.制度距离与跨国收入差距[J].经济研究, 2013, 48（9）: 4–16.

[29] 刘斌,甄洋,李小帆.规制融合对数字贸易的影响：基于WIOD数字内容行业的检验[J].世界经济, 2021b, 44（7）: 3–28.

跨境电商与出口企业供应链风险平抑：
理论与经验

张鹏杨　刘蕙嘉[*]

摘要：本文在测度企业全球供应链风险（GSCR）的基础上，依靠双重差分法对跨境电商平抑出口企业 GSCR 问题进行经验检验。研究发现：（1）相比非电商平台企业，跨境电商转型会显著降低出口企业的 GSCR，表明跨境电商对企业 GSCR 具有"稳定器"作用。（2）企业跨境电商转型平抑企业 GSCR 存在两个机制，一是通过降低信息获取成本提升供应链信息透明度；二是降低搜寻客户成本提升供应链可替代性。

关键词：跨境电商；全球供应链风险；"稳定器"；双重差分法

一、引言

新冠疫情大流行下的全球经济不确定性上升，暴露了全球供应链的脆弱性。同时，局部战争、粮食危机、自然灾害、航运堵塞与"黑天鹅"事件造成大宗商品物价飞涨、芯片等关键零部件"断供"，进一步加剧了全球供应链风险。全球供应链风险（Global Supply Chain Risk，GSCR），以及可能的供应链断裂，给全球经济复苏蒙上了阴影，据 2022 年联合国发布的《世界经济形势与展望》报告显示，俄乌冲突等事件带来的供应中断造成持久通胀，给世界经济增长带来了巨大压力。对我国而言，近年来的疫情冲击和在关键核心技术上的"卡脖子"问题凸显了保持产业链供应链安全、稳定的重要性。党的十九届六中全会指出，保障产业链供应链安全，防范外部环境变化带来的许多新风险挑战。

---

[*] 作者简介：张鹏杨　北京工业大学副教授；刘蕙嘉　北京工业大学硕士研究生。

稳定、保障供应链安全和降低风险已经成为当前中国经济工作的重心之一。

随着新技术、新模式、新业态的发展,这或将为应对全球供应链风险提供新思路。当前全球数字化发展如火如荼,中国成为数字化变革时代的重要参与者和践行者。2019年,中国数字经济规模已经跃居全球第二,占据国内生产总值的比重约36.2%,在推动GDP增长上贡献率高达67.7%。同时,疫情蔓延下的线上采购、云端招商、直播带货等种种现象表明数字化也凸显出经济的"稳定器"作用(黄益平,2020)。数字经济衍生出的经济业态繁多,其中,跨境电子商务作为数字经济最活跃、最典型的业态之一,正引领着我国数字经济的发展。跨境电商是联结国内市场和国际市场的重要枢纽,对规避外部冲击和保障供应链稳定、畅通扮演重要角色。那么,跨境电商是否能起到平抑企业全球供应链风险的效果?该作用效果又是如何实现的?本文尝试对此研究,余下部分的安排如下:第二部分为文献综述;第三部分提出企业GSCR的测度方法;第四部分经验检验跨境电商对企业GSCR影响;第五部分检验跨境电商平抑企业GSCR的机制;最后为结论与政策启示。

二、文献综述

(一)数字经济影响的作用效果研究

研究跨境电商的影响效果,广义上讲是对数字经济影响的研究。当前研究数字经济影响的文献较丰富,大多研究发现数字经济对经济、社会发展、全球价值链、全球供应链均有积极影响。对经济的影响方面,数字经济对经济增长、技术效率和促进生产率的重要影响(Czernich et al.,2011;郭家堂和骆品亮,2016;黄群慧等,2019);施炳展和李建桐(2020)、张艳萍等(2021)分别考察了互联网和数字经济对产业分工、全球价值链升级的重要影响。对社会的影响方面,Grossman and Tarazi(2014)、孙浦阳等(2017)、张勋等(2019)分别考察了数字金融、互联网、电子商务等对居民消费、消费价格、城乡差距等的影响。全球贸易发展与全球供应链存在密切联系,较多研究考察了数字经济对全球贸易的影响。Freund and Weinhold(2004)、Lin(2015)、施炳展（2016）、李兵和李柔（2017）、马述忠和房超（2021）等众多文献则从微观企业视角发现互联网对企业出口存在积极影响。在数字经济对全球价值链、全球供应链的影响研究中，Lanz et al.（2018）发现以互联网和信息技术为代表的数字互联互通促进了制造业中小企业在前向和后向两个层面参与全球价值链；数字技术参与通过降低企业贸易成本更能促进企业参与全球价值链，提升了非洲地区参与全球价值链的程度（Cusolito et al.，2016；Baghdadi and Guedidi，2021）；Lancioni et al.（2000）首次考察了互联网对企业供应链的作用，发现互联网通过加快沟通效率提高了服务水平，节省了物流成本。

同时，数字经济，特别是跨境电商在应对负面冲击上也发挥了较大的作用。现有研究发现跨境电商平台有效降低中国进出口贸易成本和搜寻成本、拓展了贸易边界（鞠雪楠等，2020；张洪胜和潘钢健，2021）；Ungerer et al.（2020）发现新冠疫情下电子商务在可以降低感染与传播风险，保障就业，逐渐成为应对新冠危机的重要支柱；Wang et al.（2009）在金融危机下指出电子商务可以降低成本，提高效率，或将成为应对金融危机的重要方案。然而，就跨境电商的风险应对效应和经济"稳定器"方面的研究仍相对较少，也缺乏通过详实的数据和科学的方法进行验证，亟待后续展开。

（二）全球供应链风险的量化、评估及应对研究

全球供应链风险刻画了原材料供给、客户需求、流动、信息等供应链链条上每一个活动单元中可能呈现出来的风险（Ho et al.，2015），识别供应链风险类型是量化供应链风险的前提。不同供应链风险类型是由不同因素导致的：一是宏观因素，包括自然灾害、战争、政治环境等带来的供应链风险，如Carvalho et al.（2021）研究了2011年日本大地震对供应链的影响，发现投入产出关系放大了外部冲击的效果；二是需求因素，包括需求波动、信息扭曲、需求不确定性等（Chopra and Sodhi，2004）；三是生产因素，包括劳工争议、仓储和生产中断等（Gaudenzi and Borghesi，2006）；四是供给因素，包括交货困难、合同因素、供给商质量等都可能引致全球供应链风险（Tummala and Schoenherr，2011）；此外，还包括信息因素如网络安全、信息基础设施等外部环境因素（Wu et al.，2006）。就供应链风险的量化和评估，已有研究大多基于供应链风险管理和科学决策优化方法，以定性研究或构建仿真模型的定量研究为主，如 Aqlan and Lam（2015）基于蝴蝶结分析法（Bow-tie Analysis，BTA）和优化技术过程提出了量化供应链风险的模型；其他的供应链风险的量化和评估法还包括事件研究评估法。

由于供应链风险的存在，应对和减少供应链风险成为重要的研究内容。一是已有研究发现多元采购、产品替代、灵活产品数量和增强供应链弹性是应对供应链风险的重要方法（Tang and Tomlin，2008；Wu et al.，2020；Grossman et al.，2021）。二是研究发现缓解信息不对称也是降低供应链风险的另外一个重要方案（Yin and Nishi，2014；Lei et al.，2012）。三是在数字经济应对供应链风险的研究上，Qrunfleh and Tarafdar（2014）研究表明有效的信息共享是提升供应链性能和企业绩效的重要方面；Birkel and Hartmann（2020）研究发现物联网有助于提升全球供应链风险管理性能；De Giovanni（2021）发现了区块链在提高供应链透明性、可见性、安全性上发挥的巨大作用。

综上，从供应链管理领域考察数字化影响的研究主要是关注数字化在供应链管理中的作用，以此引出对供应链风险的影响。供应链风险管理普遍聚焦在一些较为具体化的供应链风险类型上，而从经济学视角研究供应链风险需要构建普遍性、整体性的测度中国企业 GSCR 的方法。此外，当前仍没有研究聚焦在跨境电商如何缓解、平抑企业 GSCR。基于此，本文尝试探索一种普遍性的企业 GSCR 测度方法，使用经验数据对跨境电商对出口企业 GSCR 的平抑作用和机制进行检验。

三、全球供应链风险：测度与特征

（一）全球供应链风险测度的基本逻辑

综合已有研究，对造成全球供应链风险多种因素进行总结，实际上可以归纳出引致供应链风险的两方面重要原因，而这两方面原因也是本文提出 GSCR 测度方法的基本逻辑。

一是供应链单一，即"单一来源"，这是造成供应链风险的最重要的因素之一（Ho et al.，2015；Tummala and Schoenherr，2011）。其具体包括如自然灾害、战争、恐怖袭击等不可抗力因素，生产中断、供给商破产、需求服务终止等人为因素都可能因为供应链单一来源而加剧风险。二是供应链信息不透明、沟通不畅是造成供应链风险的另一原因（Ivanov et al.，2019；De Giovanni，2021）。供应链信息不透明会带来供应链企业之间不信任、分工协作的摩擦增大、供应链供需双方不匹配以及对销售、采购市场的经济波动和不确定性了解不充分，以上均可能引致供应链风险。

故将从"单一来源"和"国际供应链依赖"两方面构建指标。主要研究跨境电商对企业需求端全球供应链风险影响问题，因此测度出口企业的供应链风险[①]。对于需求端，"单一来源"和"国际供应链依赖"就可以表述为"单一需求来源"和"国际市场供应链依赖"。

（二）出口企业全球供应链风险的测度

基于以上分析，出口企业 GSCR 表达式如下：

$$SR_i = SSD_i \times IMD_i \tag{1}$$

式（1）中，SR_i是企业 GSCR 的代理指标，表示企业 i 的全球供应链风险；SSD_i和IMD_i分别表示"单一需求来源（Single Source of Demand）"和"国际市场供应链依赖（International Market Dependence）"的代理指标。

分别构建SSD_i和IMD_i的测度指标。

1. "单一需求来源"指标构建。本文参考测度出口集中度的方法测度单一需求来源。构建如下：

$$SSD_i = \sum_{d=1}^{k}\{(\frac{export_{id}}{export_i})^2 * \max_d^{f(f\epsilon n)}\{\frac{export_{id}^1}{export_{id}}, \frac{export_{id}^2}{export_{id}}, \cdots, \frac{export_{id}^n}{export_{id}}\}\} \tag{2}$$

式（2）中，i 表示企业，d 表示产品种类（$d \in \{1,2,\cdots,k\}$），n 表示国家市场数量，f 表示出口目的国中的某一国家，$f \in \{1,2,\cdots,n\}$。式（2）中

[①] 需要特别指出的是，进口企业获得国际中间品供给的"供给端全球供应链风险"也可以使用本文提出的方法测度，但本文研究中不涉及出口企业的全球供应链风险。当然，即使是既进口又出口的企业，我们也只考察企业的出口部分的供应链风险。

$\max_d^{f(f\in n)}\{\cdots\cdots\}$ 表示在产品 d 中对最大出口国的出口份额。当企业出口产品多样化越少，且该出口产品上出口的目标市场国越单一时，SSD_i 越大。当 SSD_i 取值为 1 时，代表企业仅出口一种产品，且该产品出口全部集中在某一个国家。为了稳健性检验，仿照式（2）的思路构建了替代指标 $SSD_i^\dagger$ 如下：

$$SSD_i^\dagger = \{\max\{\frac{export_{i1}}{export_i}, \frac{export_{i2}}{export_i}, \cdots, \frac{export_{ik}}{export_i}\}\}^2 * \max_d^{f(f\in n)}\{\frac{export_{id}^1}{export_{id}}, \frac{export_{id}^2}{export_{id}}, \cdots, \frac{export_{id}^n}{export_{id}}\} \quad (3)$$

式（3）的最大值为仍然为 1，意味着企业仅出口一种产品且该产品仅向某一个国家出口。

2. "国际市场供应链依赖"指标测算。国际市场供应链依赖主要刻画了企业对国际市场的依赖程度，使用企业出口占企业销售总产值的比重刻画，具体如下：

$$IMD_i = export_i / sale_i \quad (4)$$

式（4）中，IMD_i 值越大意味着外部市场依赖性越强。

在明确企业层面全球供应链风险的基础上，参考唐宜红和张鹏杨（2018）的构建思路，以企业的规模（企业销售占市场销售份额）加权企业全球供应链风险，表达式如下：

$$SR^{(\dagger)} = \sum_i (\frac{sale_i}{\sum_i sale_i} * SR_i^{(\dagger)}) \quad (5)$$

式（5）中，$SR^{(\dagger)}$ 为某一年国家层面的全球供应链风险；$sale_i$ 和 $SR_i^{(\dagger)}$ 分别为对应年份企业 i 的销售规模和全球供应链风险。

四、经验检验：跨境电商对出口企业 GSCR 的影响

（一）研究设计

本部分研究引入双重差分估计方法（Difference-in-Difference，DID）评估跨境电商对 GSCR 的影响。将跨境电商平台的出口企业作为处理组，将同一时期的未加入跨境电商平台的出口企业作为控制组，考察两组企业在加

入跨境电商时间（冲击时间）前后 GSCR 的变化，再进行差分。为了保证控制组企业与处理组企业存在可比性，在后续研究中选用倾向匹配得分法（Propensity Score Matching，PSM）进行控制组样本选择。设定 DID 模型如下：

$$GSCR_{irj\ (t+1)}^{sky} = \beta_0 + \beta_1 Treat_{irj}^{sky} \times Post_t^{sky} + \gamma X_{irjt} + \tau^{sky \times r} + \tau^{sky \times j} + \tau^{sky \times t} + \tau^{sky \times i} + \tau^{sky} + \varepsilon_{it}^{sky} \quad (6)$$

以企业在不同年份加入跨境电商平台（跨境电商转型）为冲击事件，选取 2004—2014 年 11 个冲击年。在每一个冲击年内又都包含一家企业在冲击发生前和冲击发生后各 5 年数据。式（6）中，sky 表示冲击年，本文设定 $sky \in$ [2004，2005，…，2014]，i 表示企业，r 表示城市，j 表示 4 位码国民经济行业，t 表示年份。$GSCR_{irj\ (t+1)}^{sky}$ 表示某个冲击年组内，城市 r 行业 j 中的企业 i 在第 $t+1$ 年的全球供应链风险，等号右侧的交叉项为核心解释变量。$Treat_{irj}^{sky}$ 区分了在某一冲击年组内该企业是处理组还是控制组，处理组时 $Treat_{irj}^{sky}$ 为"1"，否则为"0"。同时，在某一冲击年组内，当该年在冲击年及其以后，$Post_t^{sky}$ 为"1"，否则为"0"。

式（6）的回归方程中，X_{irjt} 为控制变量组，包括：企业规模（Scale）、企业年龄（Age）、企业生产率（TFP）、企业补贴（lnBT）企业出口规模（lnExp）、企业加工贸易份额（Process）、企业所有制性质[①]。除了控制变量回归中还加入"冲击年 × 地区"固定效应（$\tau^{sky \times r}$）、"冲击年 × 行业"固定效应（$\tau^{sky \times j}$）、"冲击年 × 年份"固定效应（$\tau^{sky \times t}$）、"冲击年 × 企业"固定效应（$\tau^{sky \times i}$）和冲击年固定效应（$\tau^{sky \times i}$）。最后，在方程（6）中还加入了"冲击年"层面的聚类稳健标准误（Cluster）。

（二）数据来源与基于 PSM 的控制组企业选取[②]

1. 数据来源：本文将加入电商转型这一政策冲击的冲击年选择为 2004—2014 年，因此，合并使用 2000—2015 年的《阿里巴巴中国站的付费会员数据

[①] 企业性质分为国有企业、集体企业、私营企业和外资企业四类。
[②] 篇幅限制，数据匹配和 PSM 的描述性统计结果不再展示。

库》《中国海关数据库》《中国工业企业数据库》的数据，参考唐宜红和张鹏杨（2018）的方法使用企业名称进行匹配，最终实现了 ECD、CIFD 和 CCTS 三个数据库的匹配。

2. 倾向匹配得分法选取控制组企业：第一步，参考 Blonigen and Park（2004）的方法，用 Logit 模型估计影响企业"成为电商"的概率，选取影响企业"成为电商"的重要变量（协变量）①预测各企业可能成为电商的概率，此外，将宏观、区域、时间等层面的因素通过加入地区、行业固定效应对此加以控制；第二步，根据 Logit 模型的回归结果预测一个企业"成为电商"的概率和得分，依据该得分从控制组中选取与处理组在"加入电商"这一决策上最相似的企业。在每年的企业中采用1：10的近邻匹配的方式选取控制组企业。

（三）基准回归结果分析

表1汇报了对方程（6）的估计结果，第（1）（2）列交互项的系数显著为负，表明相比非跨境电商企业，企业加入跨境电商平台有利于降低企业 GSCR。表1第（3）（4）列汇报了 PSM 基础上的 DID 估计结果。交互项的系数依然显著为负，再次表明跨境电商转型前后企业 GSCR 变化相比未加入跨境电商企业的 GSCR 呈现出了显著的风险平抑。在后文均使用了基于 PSM 选择控制组企业后的 DID 估计。

表1　数字经济对企业供应链风险影响的基准回归

变量	（1）DID SR	（2）DID SR†	（3）PSM+DID SR	（4）PSM+DID SR†
Treat×Post	−0.034*** (0.005)	−0.033*** (0.006)	−0.024*** (0.007)	−0.022** (0.007)
企业规模	−0.048*** (0.001)	−0.045*** (0.001)	−0.044*** (0.002)	−0.041*** (0.002)
企业年龄	−0.006*** (0.001)	−0.007*** (0.001)	−0.007** (0.003)	−0.007** (0.003)

---

① 本文主要以企业规模、企业生产率、企业性质、企业利润、企业补贴情况和企业年龄为协变量。

续 表

变量	(1) DID	(2) DID	(3) PSM+DID	(4) PSM+DID
	SR	SR†	SR	SR†
TFP	−0.008***	−0.007***	−0.011**	−0.010**
	(0.002)	(0.001)	(0.004)	(0.004)
企业补贴	−0.002***	−0.002***	−0.002***	−0.002***
	(0.000)	(0.000)	(0.000)	(0.000)
出口规模	0.030***	0.027***	0.028***	0.025***
	(0.000)	(0.000)	(0.001)	(0.001)
加工贸易份额	0.133***	0.127***	0.127***	0.123***
	(0.002)	(0.001)	(0.007)	(0.006)
Constant	0.352***	0.341***	0.362***	0.350***
	(0.025)	(0.024)	(0.042)	(0.042)
企业性质控制变量	是	是	是	是
冲击年×行业（4位）固定效应	是	是	是	是
冲击年×地区（城市）固定效应	是	是	是	是
冲击年×年份固定效应	是	是	是	是
冲击年×企业固定效应	是	是	是	是
冲击年固定效应	是	是	是	是
聚类稳健标准误	是	是	是	是
样本量	1 536 561	1 536 561	54 080	54 080
拟合优度	0.258	0.231	0.407	0.387

注：*、** 及 *** 分别表示系数在 10%、5% 及 1% 的水平上显著，括号内的值为聚类到冲击年层面的稳健标准误。因限于篇幅，本文控制变量和截距项回归结果后表中不再呈现。

（四）平行趋势检验[①]

为保证 DID 估计的科学性需要进行平行趋势检验考察政策效果。图 1（a.）（b.）为两个代理指标的平行趋势检验图，说明加入跨境电商这一政策冲击前处理组与控制组企业在 GSCR 上没有显著的差异；跨境电商这一政策冲击以后，

---

① 实际上，还进行了预期效应检验、年度处理效应检验、安慰剂检验及稳健性检验，以上检验均通过。篇幅限制，这些内容不再呈现。

跨境电商对企业 GSCR 具有显著的平抑作用。并且冲击以后的负向影响效应越来越大，一直持续到政策实施以后的第 4 期[①]，说明该政策冲击具有中长期性。

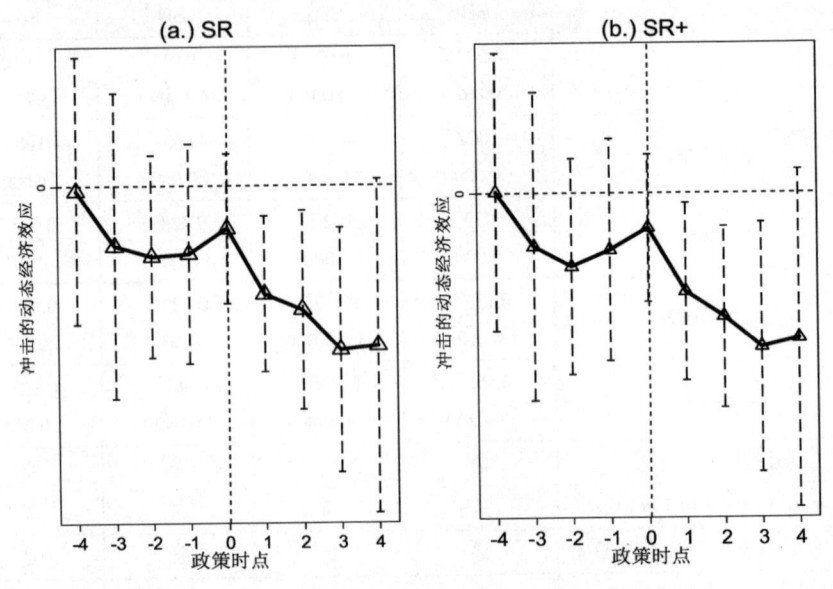

图 1　处理组与控制组差分的平行趋势检验图

五、机制检验

从跨境电商平抑企业全球供应链风险的机制明确跨境电商如何稳定企业 GSCR。

（一）机制检验模型设定

从跨境电商提升供应链信息透明度和提升企业供应链可替代性两方面检验跨境电商平抑企业全球供应链风险的机制。使用中介效应模型机制检验，因此构建回归方程如下：

[①] 对政策冲击以后的第 5 期样本进行了缩尾，因此只呈现出政策以后的 4 期影响。政策之前存在 4 期样本，其原因是将政策前一期的影响效果作为基期处理，因此对其删除。从平行趋势图上看，政策以后的第 4 期影响虽然在 95% 的置信区间上并未拒绝原假设，但是其拒绝了 90% 置信区间上的原假设，因此也存在影响。

$$Chan_{irjt}^{sky} = \theta_0 + \theta_1 Treat_{irj}^{sky} \times Post_t^{sky} + \pi X + \tau^{sky \times r} + \tau^{sky \times j} + \tau^{sky \times t} + \tau^{sky \times i} + \tau^{sky} + \varepsilon_{it}^{sky} \quad (7)$$

$$GSCR_{irj(t+1)}^{sky} = \beta_0 + \beta_1 Treat_{irj}^{sky} \times Post_t^{sky} + \gamma X + \tau^{sky \times r} + \tau^{sky \times j} + \tau^{sky \times t} + \tau^{sky \times i} + \tau^{sky} + \varepsilon_{it}^{sky} \quad (8)$$

$$GSCR_{irj(t+1)}^{sky} = \upsilon_0 + \upsilon_1 Treat_{irj}^{sky} \times Post_t^{sky} + \upsilon_2 Chan_{irjt}^{sky} + \gamma X + \tau^{sky \times r} + \tau^{sky \times j} + \tau^{sky \times t} + \tau^{sky \times i} + \tau^{sky} + \varepsilon_{it}^{sky} \quad (9)$$

方程（7）—（9）中，除了 $Chan_{irjt}^{sky}$ 外，其他设定均与前文方程（6）一致。$Chan_{irjt}^{sky}$ 表示中介渠道，为企业层面变量。θ_1 反映了跨境电商对中介变量的直接效应，β_1 反映了跨境电商对企业 GSCR 的总影响效应，中介效应的大小 $\theta_1 \times \upsilon_2$ 由 $\beta_1 - \upsilon_1$ 衡量，即 $\theta_1 \times \upsilon_2 = \beta_1 - \upsilon_1$。根据中介效应检验程序，若系数 β_1 均显著，且系数 β_1 较 υ_1 负向影响变小或显著性下降，表明存在中介效应。

（二）降低信息成本提升供应链信息透明度的机制检验

跨境电商平台依赖较低的信息搜寻成本提高了全球供应链透明度，降低了全球供应链参与各方的信息不对称。使用三类指标刻画全球供应链信息透明度，思路如下：

一是以每百户宽带接入数刻画（Web）。互联网有助于促进一国与供应链参与各方信息被了解，是提升供应链信息透明度的表现。二是以 ICT 服务出口强度（ICT 服务出口占服务贸易总出口的比重）（ICT）刻画。ICT 是重要的数字基础设施，ICT 服务出口强度大，意味着信息服务产业发达，间接表明供应链参与各方被世界搜索信息越多，信息越透明。数据来源上，每百户宽带接入数来自世界银行的世界发展指标（World Development Indicator，WDI）数据库；ICT 服务出口强度来自世界银行的 WITS（World Integrated Trade Solution）数据库。三是以互联网搜索中关键词的搜索指数刻画（Imf1、Imf2）。使用互联网搜索指数则是对"信息搜索"和供应链信息透明进行的针对性刻画。借助谷歌趋势（Google Trends）指数。分别手动搜索了全球 210 余个国家 2004—2013 年的关于"政府与法律"和"工商业"的Google趋势搜索指数①，分别设定为Google趋势搜索指数1（Imf1）和Google趋势搜索指数2（Imf2）。

上述三类指标均是"国别－年份"层面的数据。根据企业出口占总销售份额以及企业对每个目标国出口占总出口的份额对上述信息透明度指数进行加权，得到每个企业所在供应链的信息透明度指数，如下：

$$FWeb_{irjt} = \frac{\sum_k Export_{irjt}^k}{Sale_{irjt}} \times ln(\sum_k \frac{Export_{irjt}^k}{\sum_k Export_{irjt}^k} \times Web_t^k) \tag{10}$$

$$FICT_{irjt} = \frac{\sum_k Export_{irjt}^k}{Sale_{irjt}} \times ln(\sum_k \frac{Export_{irjt}^k}{\sum_k Export_{irjt}^k} \times ICT_t^k) \tag{11}$$

$$FImf(1,2)_{irjt} = \frac{\sum_k Export_{irjt}^k}{Sale_{irjt}} \times ln(\sum_k \frac{Export_{irjt}^k}{\sum_k Export_{irjt}^k} \times Imf(1,2)_t^k) \tag{12}$$

式（10）—（12）中，$FWeb_{irjt}$、$FICT_{irjt}$、$FImf1_{irjt}$、$FImf2_{irjt}$分别表示第 t 年地区 r 行业 j 的出口企业 i 所参与供应链的信息透明度指数，$Export_{irjt}^k$表示第 t 年企业 i 对 k 国的出口，$Sale_{irjt}$表示第 t 年企业 i 的总销售产值。

本部分机制检验跨境电商能否通过提升企业所在供应链的透明度平抑企业GSCR。表2第（1）—（3）列借助方程（7）—（9），以 $FWeb$ 刻画企业所在全球供应链透明度。第（1）列估计表明相比非电商企业，实现跨境电商转型可以显著提升企业所在供应链的信息透明。第（2）列估计了跨境电商对企业供应链风险的影响，与基准回归相同②。第（3）列在第（2）列的基础上加入中介变量。表2的（1）—（3）列表明，参与跨境电商可以提升企业供应链透明度，进而降低企业GSCR。表2第（4）—（6）列以 $FICT$ 刻画企业所在全球供应链透明度，也得到与第（1）—（3）列一致的结论，进一步证明了提升供应链的信息透明度是跨境电商平抑企业供应链风险的重要机制。表3第（1）—（3）列、第（4）—（6）列分别以 $FImf1$、$FImf2$ 刻画企业所在全球供应链透明度，结论与表2一致。

---

① Google Trend 的统计数据是从 2004 年开始，因此使用该变量进行的检验中缺乏 2004 年之前的数据。

② 表2第（2）列与表1第（3）列回归一致，但系数略有不同。其原因是在中介效应检验中为了保证和表2第（3）列样本一致进行了样本剔除。

表2 跨境电商、供应链信息链透明度与企业GSCR检验1[①]

变量	（1）FWeb	（2）SR	（3）SR	（4）FICT	（5）SR	（6）SR
Treat × Post	0.609*** (0.181)	−0.019** (0.008)	−0.016* (0.008)	0.361* (0.167)	−0.022** (0.008)	−0.019** (0.008)
FWeb			−0.006*** (0.000)			
FICT						−0.008*** (0.001)
控制变量	是	是	是	是	是	是
固定效应	是	是	是	是	是	是
聚类稳健标准误	是	是	是	是	是	是
样本量	38 058	38 058	38 058	39 629	39 629	39 629
拟合优度	0.470	0.439	0.463	0.388	0.442	0.454

注：*、** 及 *** 分别表示系数在10%、5% 及 1% 的水平上显著，括号内的值为聚类到冲击年层面的稳健标准误。

表3 跨境电商、供应链信息链透明度与企业GSCR检验2

变量	（1）Fimf1	（2）SR	（3）SR	（4）Fimf2	（5）SR	（6）SR
Treat × Post	0.048* (0.026)	−0.018* (0.008)	−0.012 (0.009)	0.076* (0.037)	−0.018* (0.008)	−0.009 (0.010)
Fimf1			−0.118*** (0.005)			
Fimf2						−0.119*** (0.007)
控制变量	是	是	是	是	是	是
固定效应	是	是	是	是	是	是
聚类稳健标准误	是	是	是	是	是	是
样本量	36 340	36 340	36 340	36 340	36 340	36 340

[①] 本部分不只检验以SR衡量的企业供应链风险，也检验了以SR†衡量的企业供应链风险，发现结论也成立。表3同，不再赘述。

续　表

变量	（1）Fimf1	（2）SR	（3）SR	（4）Fimf2	（5）SR	（6）SR
拟合优度	0.443	0.442	0.465	0.475	0.442	0.474

注：*、** 及 *** 分别表示系数在 10%、5% 及 1% 的水平上显著，括号内的值为聚类到冲击年层面的稳健标准误。

（三）降低搜寻客户成本提升供应链可替代性的机制检验

对于出口供应链可替代性，使用企业出口贸易网络来刻画。当某一企业在某个产品上的出口国别越多，则贸易网络越大，表明其所在的全球供应链的可替代性越强。使用出口贸易网络指数（Export Network Index，ENI）刻画供应链的可替代性。ENI 的具体刻画是：记录某家企业 i 第 t 年在第 n 个 HS6 位编码产品上的出口国家数量，记录为 $PNetwork_{it}^n$，那么该企业的 ENI 表示为：

$$ENI_{it} = (\sum_n PNetwork_{it}^n)/n \tag{13}$$

式（13）中，ENI_{it} 为企业 i 第 t 年出口贸易网络指数，n 表示第 t 年企业总共出口的 HS6 位编码产品种类数量，企业出口贸易网络指数就是企业各种类产品上的出口国家数量的平均值。

表4第（1）—（3）列借助方程（7）—（9），以 ENI 衡量供应链可替代性。第（1）列估计结果表明相比非电商企业，跨境电商可以显著提升企业所在供应链的可替代性。第（2）列估计了跨境电商对企业供应链风险的影响，第（3）列在第（2）列的基础上加入中介变量，第（3）列"Treat×Post"变量的回归系数的负向影响显著变小，同时"ENI"变量对企业供应链风险影响为负，表明跨境电商可以提升企业供应链的可替代性，而提升可替代性是降低企业 GSCR 的重要机制。

表 4　跨境电商、供应链可替代性与企业 GSCR 检验[①]

变量	（1）ENT	（2）GSCR	（3）GSCR
Treat × Post	0.469** （0.156）	−0.024*** （0.007）	−0.020** （0.007）
ENT			−0.008*** （0.001）
控制变量	是	是	是
固定效应	是	是	是
聚类稳健标准误	是	是	是
样本量	54 080	54 080	54 080
拟合优度	0.424	0.407	0.416

注：*、** 及 *** 分别表示系数在 10%、5% 及 1% 的水平上显著，括号内的值为聚类到冲击年层面的稳健标准误。

六、结论与启示

在需求收缩、供给冲击、预期转弱三重压力下，保持经济"稳字当头、稳中求进"成为我国未来较长时间内经济工作的总基调。保障粮食、能源、关键技术和零部件等的供应链安全、降低全球供应链风险已经成为当前亟待解决的重要问题。考察如何降低供应链风险，提高全球供应链韧性，对实现对外贸易高质量发展具有重要意义。跨境电商作为贸易高质量发展中的重要业态之一，本文研究了跨境电商对企业供应链风险的平抑作用。在测度企业全球供应链风险的基础上，本文整合"阿里巴巴中国站付费会员数据库""海关库""工企库"等数据库资源，依靠双重差分法对跨境电商平抑企业 GSCR 问题进行了经验检验。研究结论如下：（1）相比非电商平台企业，跨境电商转型会显著降低出口企业的 GSCR，表明跨境电商对企业 GSCR 具有"稳定器"作用；（2）企业跨境电商转型平抑企业 GSCR 存在两个机制：一是跨境电商降低了信息获取成本，

[①] 本部分不只检验了以 SR 衡量的企业供应链风险，也检验了以 SR† 衡量的企业供应链风险，发现结论也成立。

提升了供应链信息透明度；二是跨境电商降低了搜寻客户成本，提升了供应链可替代性。

化解风险、增强供应链韧性已经成为经济工作的一项着力点。本文理论和经验研究跨境电商对降低出口企业全球供应链风险的作用效果，这为提出如何增强全球供应链韧性提供了有效、可行的方案。

基于本文的研究结论，得到如下政策启示：

一是重视跨境电商以及相关的各类数字经济业态在应对外部冲击，特别是缓解企业全球供应链风险中的重要作用，促进以上经济新业态成为提高企业供应链韧性的重要手段。外部环境不确定、不稳定性因素增多的背景下，如何提高中国经济韧性成为我国目前最关心的问题之一。数字经济等新业态应当成为应对风险的重要手段。

推进跨境电商等数字经济业态发展：在国家层面，一方面，要鼓励企业应用跨境电商等数字化营销模式开展对外贸易，同时要不断完善促进跨境电商发展的制度创新。例如，推进跨境电商综试区建设，优化跨境电商零售进口监管，引导行业规范发展，探索跨境电商交易全流程创新，支持跨境电商企业打造要素集聚、反应快速的柔性供应链。巩固壮大一批跨境电商龙头企业和优势产业园区；另一方面，还需要深入研究、探索依靠数字经济新业态提高企业全球供应链韧性的相关政策体系。

在企业层面，特别是出口供应链风险较高的企业，应当积极寻求和实现营销模式转型，加强对数字经济平台的作用和潜力进行深度挖掘和充分利用。

二是重视和发挥跨境电商和数字经济新业态在降低信息成本、提升信息透明度以及搜寻客户、扩大贸易网络中的作用。传统全球价值链分工贸易中所带来的信息不对称和不完全契约提高了企业供应链风险，而本文证明数字经济新业态在弥补上述缺陷上发挥了重大作用。对于全球产业分工较细化、对信息依赖性较强的行业以及相关企业，尤其应当推动其充分利用数字化平台和成果。而政府和行业协会方面，应当给予相应的支持和引导以加速实现企业数字化转型。

参考文献

[1] 郭家堂, 骆品亮.《互联网对中国全要素生产率有促进作用吗？[J]. 管理世界, 2016（10）.

[2] 黄益平. 数字经济发挥了宏观经济稳定器的作用 [N]. 北京日报, 2020-3-10.

[3] 黄群慧, 余泳泽, 张松林. 互联网发展与制造业生产率提升：内在机制与中国经验 [J]. 中国工业经济, 2019（8）.

[4] 鞠雪楠, 赵宣凯, 孙宝文. 跨境电商平台克服了哪些贸易成本？——来自"敦煌网"数据的经验证据 [J]. 经济研究, 2020（2）.

[5] 李兵, 李柔. 互联网与企业出口：来自中国工业企业的微观经验证据 [J]. 世界经济, 2017（7）.

[6] 马述忠, 房超. 跨境电商与中国出口新增长——基于信息成本和规模经济的双重视角 [J]. 经济研究, 2021（6）.

[7] 孙浦阳, 张靖佳, 姜小雨. 电子商务、搜寻成本与消费价格变化 [J]. 经济研究, 2017（7）.

[8] 施炳展. 互联网与国际贸易——基于双边双向网址链接数据的经验分析 [J]. 经济研究, 2016（5）.

[9] 施炳展, 李建桐. 互联网是否促进了分工：来自中国制造业企业的证据 [J]. 管理世界 2020（4）.

[10] 唐宜红, 张鹏杨. 中国企业嵌入全球生产链的位置及变动机制研究 [J]. 管理世界, 2018（5）.

[11] 张艳萍, 凌丹, 刘慧岭. 数字经济是否促进中国制造业全球价值链升级 [J]. 科学学研究, 2021（3）.

[12] 张勋, 万广华, 张佳佳, 等. 数字经济、普惠金融与包容性增长, 经济研究, 2019（8）.

[13] 张洪胜, 潘钢健, 等. 跨境电子商务与双边贸易成本：基于跨境电商政策的经验研究 [J]. 经济研究, 2021（9）.

[14] 张鹏杨, 刘维刚, 唐宜红. 中国进口企业的"自选择"效应及其动因探究 [J]. 财贸经济, 2021（7）.

[15] Aqlan F, Lam S S. A fuzzy-based integrated framework for supply chain risk assessment[J]. International journal of production economics, 2015, 161：54-63.

[16] Blonigen, B. A., and J. H. Park. Dynamic pricing in the presence of antidumping policy：Theory and evidence[J]. American Economic Review, 2004, 94（1）：134-154.

[17] Birkel H S, Hartmann E. Internet of Things–the future of managing supply chain risks[J]. Supply Chain Management：An International Journal, 2020.

[18] Czernich N, Falck O, Kretschmer T, et al. Broadband Infrastructure and Economic Growth[J]. The Economic Journal, 2011, 121（552）: 505-532.

[19] Carvalho, V. M., M. Nirei, Y. U. Saito, et al. Supply chain disruptions: Evidence from the great east japan earthquake[J]. The Quarterly Journal of Economics, 2021, 136（2）: 1255-1321.

[20] Chopra S, Sodhi M S. Supply-chain breakdown[J]. MIT Sloan management review, 2004, 46（1）: 53-61.

[21] Cusolito A P, Safadi R, Taglioni D. Policies to Promote the Participation of SMEs and Low-Income Countries in GVCs[M]. 2016.

[22] De Giovanni P. Blockchain and smart contracts in supply chain management: A game theoretic model[J]. International Journal of Production Economics, 2020, 228: 107855.

[23] Freund C L, Weinhold D. The effect of the Internet on international trade[J]. Journal of international economics, 2004, 62（1）: 171-189.

[24] Gaudenzi B, Borghesi A. Managing risks in the supply chain using the AHP method[J]. The International Journal of Logistics Management, 2006.

[25] Guedidi I, Baghdadi L. CO2 Emissions, Environmental Provisions and Global Value Chains in MENA Countries[J]. 2021

[26] Grossman, J., Tarazi, M., Serving smallholder farmers : recent developments in digital finance, Focus Note, 2014, 94

[27] Grossman G M, Helpman E, Lhuillier H. Supply Chain Resilience: Should Policy Promote Diversification or Reshoring? [J]. NBER Working Paper, 2021（w29330）.

[28] Ho W, Zheng T, Yildiz H, et al. Supply chain risk management: a literature review[J]. International Journal of Production Research, 2015, 53（16）: 5031-5069.

[29] Ivanov D, Dolgui A, Sokolov B. The impact of digital technology and Industry 4.0 on the ripple effect and supply chain risk analytics[J]. International Journal of Production Research, 2019, 57（3）: 829-846.

[30] Lancioni R A, Smith M F, Oliva T A. The role of the Internet in supply chain management[J]. Industrial Marketing Management, 2000, 29（1）: 45-56.

[31] Lei D, Li J, Liu Z. Supply chain contracts under demand and cost disruptions with asymmetric information[J]. International journal of production economics, 2012, 139（1）: 116-126.

[32] Lin F. Estimating the effect of the Internet on international trade[J]. The Journal of International Trade & Economic Development, 2015, 24（3）: 409-428.

[33] Lanz R, Lundquist K, Mansio G, et al. E-commerce and developing country-SME participation in global value chains[R]. WTO Staff Working Paper, 2018.

[34] Qrunfleh S, Tarafdar M. Supply chain information systems strategy: Impacts on supply chain performance and firm performance[J]. International journal of production economics, 2014, 147: 340–350.

[35] Tang C, Tomlin B. The power of flexibility for mitigating supply chain risks[J]. International journal of production economics, 2008, 116（1）: 12–27.

[36] Tummala R, Schoenherr T. Assessing and managing risks using the supply chain risk management process（SCRMP）[J]. Supply Chain Management: An International Journal, 2011.

[37] Ungerer, C., A. Portugal, M. Molinuevo, et al. Recommendations to Leverage E-Commerce During the COVID-19 Crisis[R]. The World Bank, 2020.

[38] Wu T, Blackhurst J, Chidambaram V. A model for inbound supply risk analysis[J]. Computers in industry, 2006, 57（4）: 350–365.

[39] Wu D, Chen J, Li P, et al. Contract coordination of dual channel reverse supply chain considering service level[J]. Journal of Cleaner Production, 2020, 260: 121071.

[40] Wang L, Song L, Zhang X, et al. Financial Crisis as a Turning Point in the Development of China's E-commerce[C]//2009 First International Conference on Information Science and Engineering. IEEE, 2009: 2928–2931.

[41] Yin S, Nishi T. A supply chain planning model with supplier selection under uncertain demands and asymmetric information[J]. Procedia CIRP, 2014, 17: 639–644.

数字化投入对制造业全球价值链复杂参与度的影响研究

王岚 解鸣 邓朋[*]

摘要：本文基于国家-行业面板数据，考察数字化投入对制造业全球价值链前向复杂参与度的影响机制及影响效果。研究发现：数字化投入会增加制造业全球价值链前向复杂参与度，在经过替代变量和内生性检验后，该结论依然稳健；数字化投入会通过全要素生产率效应和创新效应两条渠道增加制造业全球价值链前向复杂参与度。从要素投入的异质性来看，数字产品显著促进了制造业全球价值链前向复杂参与度的提升，而数字服务则会降低制造业全球价值链的前向复杂参与度；从行业异质性来看，数字化投入对中高技术制造业全球价值链前向复杂参与度的促进作用更为显著，对中低技术制造业和低技术制造业的全球价值链前向复杂参与度则存在抑制作用。

关键词：数字化投入；复杂参与度；全球价值链；机制

一、引言

2021年3月，国务院总理李克强在政府工作报告中指出"加快数字化发展，打造数字经济新优势，协同推进数字产业化和产业数字化转型，营造良好数字生态，建设数字中国"。在当前时期，世界经济增长放缓，加之新冠疫情对各国经济的冲击，全球价值链进入重构变革期，呈现本土化和区域化趋势。且随着部门的技术（知识）强度的提高，复杂的全球价值链活动显著增加。全球价值链复杂参与度是指一国出口中的国内增加值跨境两次及以上，其

---

[*] 作者简介：王岚 天津财经大学教授；解鸣 天津财经大学研究生；邓朋 天津财经大学研究生。

实质是全球分工的深化以及价值链的延伸，同时这种深化和延伸也体现了一国专业化水平的提升（Wang et al，2017）。根据《全球价值链发展报告2019》，从2000—2017年，复杂的价值链活动对制造业全球价值链参与度的贡献率占到了58.1%，特别是高技术领域，贡献率达到了76.4%。随着数字化对全球生产与分工影响的日益加深，数字经济嵌入导致全球价值链呈现出数字化、服务化、去中介化以及定制化等新趋势，显著改变了价值链分工的空间布局、生产长度和治理模式（詹晓宁和欧阳永福，2018）。尤其随着产品的跨国生产共享活动越来越频繁，传统的简单全球价值链参与度指标很难详细地反映这种变化，需要用复杂的价值链参与度指标去刻画这种全球价值链变化的新趋势。在数字时代，电信设备和计算机软件、硬件等数字产品和网络、数据流服务等数字服务的大量建设和使用，使得生产、交付和物流更为高效，商品和要素的跨境流动日益频繁，数字产业各细分部门均具有复杂价值链特征，需要复杂的分工体系来统筹协调（Wang et al，2017），使一国生产和贸易的国际化程度加深。因此，在这种百年未有之大变局下，如何利用数字经济发展的契机，推动我国制造业的转型升级，更好地参与全球生产与分工，实现数字化投入"赋能"制造业具有重要意义。

本文相关的文献主要分为两类，第一类是关于数字化行业和数字化投入的界定：随着数字经济的不断发展，探讨数字经济对制造业行业发展的影响成为很多学者研究的方向。现有关于数字化投入的测度研究主要分两大类，一部分学者从互联网、机器人、智能设备的使用等角度来衡量生产企业的数字化投入。沈国兵和袁征宇（2020）采用微博使用情况衡量2010—2013年企业互联网程度，发现企业的互联网程度越高对附加值促进作用越强。同时也有研究发现企业互联网、数字通信设备的应用也会提高企业的生产率，尤其是规模较小和创新性较低的公司（Clarke and Wallsten，2006；Lin，2015；Osnago and Tan，2016；Paunov and Rollo，2016）。吕越等（2020）通过使用机器人密度数据，证明了企业人工智能的使用会对企业全球价值链参与度起到提升作用。另一类主要是通过构建综合性的数字化投入指标或数字化账户，来反映一国地区、行业或企业的数字化投入水平。郭吉涛和梁爽（2021）从数字产品建设、数字化生产应用、数字化生活应用和数字化发展潜力四个方面选择基础指标进行熵权TOPSIS法测算中国省级层面的数字经济发展水平。但上述研究主要针对一国地区层面数字经济发展，无法对具体制造行业、企业进行数字化水平测度分析。目前也有关于对数字行业层面划分的研究，张晴和于津平（2020）把企业数字化投入界定为数字产品、数字媒介与交易，利用WIOD投入产出数据验证了数字化投入对于企业全球价值链分工地位的攀升作用。齐俊妍和任奕达（2021）通过对ICT产业投资、ICT中间产品采购、机器人利用率、ICT专家与在线销售等不同维度核算"行业数字强度"的分类筛选，综合利用投入产出法测算出不同国家的行业数字化比率。本文主要参考UNCTAD（2020）数字经济统计手册最新的关于数字行业的划分，把数字行业分为数字产品和数字服务，并利用综合反映制造业行业数字化投入的完全消耗系数法测度不同国家制造业的数字化投入。

第二类文献是关于数字化投入对全球价值链的影响：目前，关于数字投入对制造业全球价值链的影响研究，有部分学者从制造业全球价值链的参与度和地位方面进行分析。首先，从数字化投入与制造业全球价值链参与度的视角来看，何文彬（2020）对我国制造业各个行业贸易增加值和垂直专业化分工进行多维解析，发现数字化投入对中低和中高知识密集制造业部门的全球价值链高端化具有显著正效应，并指出研发力度更高的部门效用更优。同时，Rainer（2018）等利用世界银行企业调查数据发现数字连接会促进制造业中小企业国际前向和后向全球价值链参与度。另外，张晴和于津平（2020，2021）从出口国内附加值角度出发，发现数字化投入显著提升了企业全球价值链分工地位，且数字化投入来源的差异对企业价值链参与地位存在异质性。同时，企业通过数字平台嵌入全球价值链，会显著降低企业参与全球价值链的成本，进而促进价值链地位的攀升（Wu and Gereffi，2018）。但关于全球价值链复杂参与度的研究，目前还比较少，倪红福等（2016）基于1995—2011年全球投入产出表测算发现中国制造业的生产结构复杂参与度日益增加。郭周明等（2020）利用前项价值链分解方法，发现在1995—2017年间的波动幅度较大且不同区域的复杂价值链有明显的差异化表现，且收入弹性相对较大。本文在上述研究的基础上，构建了制造业全球价值链复杂参与度指标，研究数字化投入对一国制造业参与全球生产和分工的影响。

本文的创新之处在于：第一，从研究对象来看，本文在制造业全球价值链参与度的基础上，重点分析了数字化投入对制造业全球价值链前向复杂参与度的影响。为厘清数字经济时代下全球价值链的新变化，提供了理论参考与经验证据；第二，在研究方法上，本文从全要素生产率效应和创新效应两条渠道，探究数字化投入对制造业全球价值链前向复杂参与度的影响路径；第三，从研究内容来讲，本文重点从数字要素投入、行业两个方面考察了数字化投入对制造业全球价值链前向复杂参与度影响的差异性。为分析不同制造业行业价值链复杂参与度的变化提供了经验依据，也为制造业更好地参与全球价值链提供了理论支持。

二、理论分析与研究假说

（一）全要素生产率效应

数字经济形态下，数字化信息成为先进生产力的代表，数字化投入成为决定生产率高低的关键（Goldfarb and Tucker，2012），数字时代的信息化、网络化促进了行业间横跨线上线下的合作，使生产可以轻松获取外部资源，放松了资源专用性约束（肖旭和戚聿东，2019）。同时，数字媒介加速了知识在企业和行业内部的扩散，提升知识向创新成果的转化效率（王可和李连燕，2018）。由此，不仅使行业的生产技术得到高效的革新，并且进一步缩短了技术更新的时间，使制造业行业的全要素生产率得到进一步提升。尤其是数字化赋能下TFP的增长，依靠数字技术所特有自生长性和融合性（Yoo et al，2012）实现产品持续迭代创新和打破产业边界融合创新，使生产企业更加稳定、高水平的参与全球价值链分工，同时也丰富了企业参与价值链的层次，提高了价值链复杂参与度。而在企业异质性贸易理论中，对于生产行业而言，较高生产率的行业其全球生产分工更具优势，更多地参与全球价值链生产分工环节，其价值链复杂参与度也会进一步提升。基于此，提出假说1。

假说 1：数字化投入增加全要素生产率，提高制造业全球价值链复杂参与度。

（二）创新效应

制造业行业创新和研发能力的提升，会推动产业向价值链中高端转移。在刘冬冬等（2021）构建的一般均衡模型中，中间产品的更新依赖于中间产品部门的技术创新，而技术创新成功的概率与创新投入直接相关。首先，创新会带来一定的技术溢出效应。尤其是数字化带来的创新水平的提升，以信息流推动技术、人才等知识性要素从全球价值链上游加速向下游输出，突破技术"卡脖子"障碍，同时加快技术的域内溢出与扩散，有利于实现跨区域产业间知识和技术要素共享（孙黎和许唯聪，2021），为企业价值链复杂参与提供动力。其次，数字化投入不仅放大创新效应，带来技术的推动力，还会在高端要素注入、行业竞争、产业结构上推动制造业全球复杂价值链的升级。在曾繁华等（2015）的创新三维动力中，高端要素的注入会提高制造业的国际竞争力，推动企业更好地走出去。同时，数字要素的投入带来的压力和动力，会使处于价值链低端的国家以创新方式开展生产活动，积极学习国际先进技术。因此，数字化投入会推动创新技术的发展，带来的技术溢出和竞争效应，使行业更加高质量地参与国际分工，提高行业的全球价值链复杂参与度。基于以上分析，提出假说 2。

假说 2：数字化投入增加行业创新能力，提高制造业全球价值链复杂参与度。

三、实证设计

（一）模型设定

$$FCF_{ijt} = \partial_0 + \partial_1 Dig_{ijt} + \partial_3 Z_{ijt} + \varphi_c + \varphi_i + \varphi_t + \mu_{ijt} \tag{1}$$

FCF_{ijt} 为 i 国 j 行业 t 年的制造全球价值链前向复杂参与度；Dig_{ijt} 为 i 国 j 行业 t 年的制造业数字化投入；Z_{ijt} 为控制变量；φ_c 国家固定效应；φ_i 行业固定效应；φ_t 时间固定效应；μ_{ijt} 随机扰动项。

（二）变量选取与数据来源

1. 被解释变量：制造业全球价值链复杂参与度

基于用 Wang 等（2013，2017）的增加值 WWYZ 分解法，现考虑 G 国 N 部门模型的投入产出表，对行业 GDP 以及增加值分解得到复杂价值链和简单价值链，如下：

$$Va' = \hat{V}BY = \underbrace{\hat{V}L\hat{Y}^D}_{(1)-V\_D} + \underbrace{\hat{V}L\hat{Y}^F}_{(2)-V\_RT} + \underbrace{\hat{V}LA^FL\hat{Y}^D}_{(3a)-V\_GVC\_S} + \underbrace{\hat{V}LA^F(B\hat{Y}-L\hat{Y}^D)}_{(3b)-V\_GVC\_C} \quad (2)$$

$$Y' = \hat{V}BY = \underbrace{\hat{V}L\hat{Y}^D}_{(1)-Y\_D} + \underbrace{\hat{V}L\hat{Y}^F}_{(2)-Y\_RT} + \underbrace{\hat{V}LA^FL\hat{Y}^D}_{(3a)-Y\_GVC\_S} + \underbrace{\hat{V}LA^F(B\hat{Y}-L\hat{Y}^D)}_{(3b)-Y\_GVC\_C} \quad (3)$$

$$GVC\_Pat\_f_{ijt} = \frac{V\_GVC}{Va'} = \frac{V\_GVC\_S}{Va'} + \frac{V\_GVC\_C}{Va'} \quad (4)$$

$$GVC\_Pat\_b_{ijt} = \frac{Y\_GVC}{Y'} = \frac{Y\_GVC\_S}{Y'} + \frac{Y\_GVC\_C}{Y'} \quad (5)$$

$$GVC\_Pat\_f\_complex_{ijt} = \frac{3b\_V\_GVC\_D - 3c\_V\_GVC\_F}{Va'} \quad (6)$$

$$GVC\_Pat\_b\_complex_{ijt} = \frac{3b\_Y\_GVC\_D - 3c\_Y\_GVC\_F}{Y'} \quad (7)$$

$$FCF_{ijt} = GVC\_f_{ijt} = \frac{GVC\_Pat\_f\_complex_{ijt}}{GVC\_Pat\_f_{ijt}} \quad (8)$$

$$BCB_{ijt} = GVC\_b_{ijt} = \frac{GVC\_Pat\_b\_complex_{ijt}}{GVC\_Pat\_f_{ijt}} \quad (9)$$

在式（2）和（3）中，Va' 为国家部门增加值，Y' 为按行业计算的 GDP；在式（2）和（3）的基础上可以得到式（4）和（5）；对 V_GVC 和 Y_GVC 可进一步分解为：$3b\_V\_GVC\_D$ 和 $3b\_Y\_GVC\_D$ 为附加值体现在中间产品出口，用于生产转口，最终返回来源国；$3c\_V\_GVC\_F$ 和 $3c\_Y\_GVC\_F$ 为附加值体现在用于再出口生产并最终在国外消费的中间产品出口，因此，得到式（6）和（7）。本文在此基础上构建复杂参与度指标，式（8）为前向复杂价值链参与度，式（9）为后向复杂价值链参与度。复杂价值链参与度占价值链参与度的比重越大，证明价值链的复杂程度越高，则参与国际分工能力的越强，参与路径越高级化。另外，由于数字化投入对后向复杂价值链参与度的作用不明显，故本文着重研究数字化投入对制造业前向复杂价值链参与度的影响，至于对后向复杂价值链参与度的影响，本文在稳健性检验方面有所体现。

2. 核心解释变量：制造业数字化投入

本文根据 UNCTAD（2020）对数字经济的核算框架及核算标准，依据《国际标准行业标准》（ISIC Rev4.0）筛出数字产品 C26，数字服务 J61、J62、J63 这四个行业作为本文研究的数字要素依托行业，如表 1 所示：

表 1 数字经济依托行业划分

数字要素	内容	依托行业（ISIC Rev4.0 分类）
数字产品	计算机硬件	C26 电子元件的生产、计算机及周边产品、通信设备、电子消费品的制造、检验、导航和控制设备的制造
数字服务	电信设备及服务 计算机软件	J 61 有线、无线、卫星及其他电信活动 J 62 计算机软件研发、咨询及实施管理 J 63 数据信息的储存、处理等服务活动、未另分类的其他信息服务活动

本文借鉴于津平（2020）"直接、完全消耗系数"来衡量制造业数字化投入。直接消耗系数$\sum_d a_{dj}$，a_{dj}为制造业行业j对数字经济依托部门d的直接消耗系数。直接消耗系数忽视了各部门之间的间接联系，而完全消耗系数则可以更全面地表示数字化行业对制造业各个行业的影响：

$$Complete_{dj} = a_{dj} + \sum_{m=1}^{N} a_{dm} a_{mj} + \sum_{l=1}^{N}\sum_{m=1}^{N} a_{dl} a_{lm} a_{mj} + \cdots \quad （10）$$

（10）式中，第一项为制造业行业j对数字经济依托行业d的直接消耗系数，第二项表示j行业通过m行业对d行业的第一轮间接消耗，第三项表示j行业借由m、l行业对d行业的第二轮间接消耗，以此类推。根据投入产出表，完全消耗系数矩阵为：

$$complete = (I - A)^{-1} - I \quad （11）$$

A为直接消耗系数矩阵，I为单位矩阵。

3. 控制变量

行业规模（$Scale_{ijt}$）采用制造业行业总产出表示；行业要素密集度（cap_lab_{ijt}）采用资本报酬与劳动报酬之比来表示；行业人均资本（per_cap_{ijt}）采用固定资本存量与劳动力人数之比表示；经济自由度（E_f_{it}）采用 Fraser Institute 数据库《经济自由度：2021 年年度报告》公布的经济自由度指标；制度环境（I_E_{it}）采用腐败控制、政府效率、政治稳定和非暴力、法治、监管质量、话语权和问责这六个指标估计的均值度量，缺少的 2001 年的数据，由于政策具有稳定性，可采用 2000 和 2002 年的均值来估计；对外直接投资（FDI_{it}）采用对外直接投资占 GDP 的比重来表示。

（三）数据来源

本文的制造业全球价值链复杂参与度所使用的数据来源于 UIBE GVC Index 数据库；"直接、完全消耗系数"所使用的数据来源于 WIOD（2016）投入产出表。其他变量数据诸如：总产出来源于投入产出表；行业人均资本、行业要素密集度来源于社会经济账户（WIOD-SEA）；对外直接投资来源于世界银行（WB）数据库；经济自由度来源于 Fraser Institute 数据库；制度环境来源于世界银行全球治理指数数据库（WGI）。本文涵盖了 42 个经济体和 18 个制造业行业（C5-C22），样本期间为 2000—2014 年，样本量为 11 172。

主要变量的描述性统计如表 2 所示。

表 2　主要变量的描述性统计

变量	均值	标准差	最小值	最大值	观测值
全球价值链前向复杂参与度 FCF	0.402 358	0.100 054 9	0.049 371 2	0.711 757	11 230
数字化投入 Dig	0.075 961 1	0.102 976 4	0	1.011 584	11 340
行业规模 scale	36 203.75	104 204.3	0	1 811 694	11 340
行业要素密集度 cap_lab	1.050 494	1.586 787	−6.078 938	31.976 36	11 206
行业人均资本 per_cap	13 960.26	9 045.419	1	29 139	11 340
经济自由度 E_F	7.473 984	0.682 788 9	5.19	8.82	11 340
制度环境 I_E	0.901 836 5	0.719 227 6	−0.912 492 5	1.969 566	11 340
对外直接投资 FDI	0.073 392 1	0.285 605 4	−0.872 266	3.012 497	11 304

四、基准回归

（一）基准回归

考虑到可能存在异方差的问题，本文在回归过程中均加入时间、国家、行业三重固定效应模型。表3的（1）—（4）列为采用逐步回归法考察数字化投入对制造业全球价值链前向复杂参与度的回归结果。其中，第（1）列仅加入核心解释变量complete，系数为0.284且在1%水平显著，证明在不考虑其他因素影响的情况下，数字化投入显著增加了制造业全球价值链前向复杂参与度。（2）—（4）列依次采用逐步回归法，逐步加入控制变量，结果一致表明，数字化投入会提升制造业全球价值链前向复杂参与度。

表3 基准回归结果

变量	（1）FCF	（2）FCF	（3）FCF	（4）FCF
complete	0.284*** (0.007 95)	0.063 0*** (0.009 67)	0.062 7*** (0.009 70)	0.063 2*** (0.009 67)
scale		−0.004 35*** (0.000 719)	−0.005 40*** (0.000 722)	−0.005 42*** (0.000 726)
cap_lab		0.001 39*** (0.000 262)	0.001 43*** (0.000 262)	0.001 48*** (0.000 260)
per_cap			0.000 947*** (0.000 341)	0.000 901*** (0.000 343)
E_F			0.011 9*** (0.001 78)	0.010 7*** (0.001 86)
I_E				0.032 5*** (0.008 90)
FDI				0.008 25*** (0.002 98)
Constant	0.381*** (0.001 13)	0.323*** (0.007 44)	0.230*** (0.015 3)	0.210*** (0.016 2)
时间固定效应	YES	YES	YES	YES
国家固定效应	YES	YES	YES	YES
行业固定效应	YES	YES	YES	YES
Observations	11 230	11 206	11 206	11 172
R-squared	0.086	0.795	0.796	0.797

注：***、**和*表示1%、5%和10%的显著性水平，括号中数值为t统计值，下同。

（二）稳健性检验

1. 替代指标的稳健性检验

（1）替代被解释变量

用全球生产阶段数（B）和后向复杂价值链参与度（BCB）替代被解释变量，全球生产阶段数根据倪红福（2016）计算得出，后向复杂价值链参与度计算如上文所示，全球生产阶段数具体测算如下：

以两国每国两部门的全球投入产出模型为例：

$$\underbrace{\begin{bmatrix} N_1^1 \\ N_2^1 \\ N_1^2 \\ N_2^2 \end{bmatrix}}_{N} = \underbrace{\begin{bmatrix} 1 \\ 1 \\ 1 \\ 1 \end{bmatrix}}_{U} + \underbrace{\begin{bmatrix} a_{11}^{11} & a_{21}^{11} & a_{11}^{21} & a_{21}^{21} \\ a_{12}^{11} & a_{22}^{11} & a_{12}^{21} & a_{22}^{21} \\ a_{11}^{12} & a_{21}^{12} & a_{11}^{22} & a_{21}^{22} \\ a_{12}^{12} & a_{22}^{12} & a_{12}^{22} & a_{22}^{22} \end{bmatrix}}_{A^T} \underbrace{\begin{bmatrix} N_1^1 \\ N_2^1 \\ N_1^2 \\ N_2^2 \end{bmatrix}}_{N}$$

简化可得：

$$N^T = U^T + N^T A$$

$$N^T = U^T \underbrace{(I-A)^{-1}}_{B}$$

T 表示矩阵转置，B 为里昂惕夫逆矩阵，利用分块矩阵分解法可得：

$$B \equiv (I-A)^{-1} = \begin{bmatrix} B^{11} & B^{21} \\ B^{12} & B^{22} \end{bmatrix},\ U^T \equiv \begin{bmatrix} u^T & u^T \end{bmatrix}$$

可得：

$$N^T = \begin{bmatrix} u^T & u^T \end{bmatrix} \begin{bmatrix} B^{11} & B^{21} \\ B^{12} & B^{22} \end{bmatrix}$$

于是：

$$\begin{aligned} N^{iT} &= \begin{bmatrix} u^T & u^T \end{bmatrix} \begin{bmatrix} B^{1i} \\ B^{2i} \end{bmatrix} = u^T (B^{ii} - L^{ii} + L^{ii}) + u^T \sum_{j \neq i} B^{ij} \\ &= u^T L^{ii} + u^T (B^{ii} - L^{ii}) + u^T \sum_{j \neq i} B^{ij} \end{aligned} \quad (12)$$

i、$j \in \{1, 2\}$ 表示国家。由 $B^{ii} - L^{ii} = \sum_{j \neq i} L^{ii} A^{ij} B^{ji}$ 得：

$$N^{iT} = u^T L^{ii} + u^T \sum_{j \neq i} L^{ii} A^{ij} B^{ji} + u^T \sum_{j \neq i} B^{ij} \quad (13)$$

根据以上两国两部门模型可以推导出 N 国 M 部门模型生产分割长度的分解公式，如下：

$$N^{iT} = U^T \begin{bmatrix} B_{1i} \\ B_{2i} \\ \vdots \\ B_{Ni} \end{bmatrix} = U^T L^{ii} + U^T (B^{ii} - L^{ii}) + u^T \sum_{j \neq i} B^{ij}$$

$$= u^T L^{ii} + u^T \left(\sum_{j \neq i} L^{ii} A^{ij} B^{ji} \right) + u^T \sum_{j \neq i} B^{ij} \quad (14)$$

其中，N^i 为 i 国产品的隐含生产阶段数，$u^T L^{ii}$ 表示国内生产阶段数，$u^T \left(\sum_{j \neq i} L^{ii} A^{ij} B^{ji} \right)$ 为所有国外产品生产中对 i 国的中间投入需求而引起的 i 国隐含的生产阶段数。表 4（1）（2）列展示了替代变量的稳健性检验的结果，可见数字化投入对制造业全球价值链后向复杂参与度的影响不显著，且成负相关关系，而全球生产阶段数的结果与基准回归一致，结论稳健。

（2）替代核心解释变量

为了验证结果的稳健性，本文也对核心解释变量进行了替换，采用直接消耗系数 direct 替代核心解释变量 complete，结果见表 4（3）列，替换核心解释变量后，结果仍然稳健。

表 4 稳健性检验

变量	（1）BCB	（2）B	（3）FCF
complete	−0.462 （0.650）	1.087*** （0.035 9）	
direct			0.0953*** （0.015 0）
Constant	0.011 7 （0.949）	2.501*** （0.066 1）	0.209*** （0.016 2）
控制变量	YES	YES	YES
时间固定效应	YES	YES	YES
国家固定效应	YES	YES	YES
行业固定效应	YES	YES	YES
Observations	11 172	11 172	11 172
R-squared	0.009	0.658	0.797

2. 内生性问题的处理

本文充分考虑到数字化投入在数据获取时可能存在潜在的遗漏变量而导致的内生性问题，影响结果的稳健性，本文引入两个工具变量：一是借鉴党琳（2021），采用同一年度内每个国家每个制造业行业数字化转型与该年度该制造业行业全球平均数字化转型离差的二次方，结果见表5（1）（2）列；二是借鉴黄群慧等（2019），采用1984年固定电话投入（每百人）与数字产业化部门中间投入占比（随时间变化）的交互项，如式（18）所示。

$$IV_{ijt} = Number\_ph_{c,1984} \times \frac{Digital_{ijt}}{Inmidiate_{ijt}} \quad (15)$$

$Number\_ph_{c,1984}$为1984年固定电话数量，$Digital_{ijt}$为i国j行业t年的数字化投入，$Inmidiate_{ijt}$为i国j行业t年的中间品投入。

Kleibergen–Paap rk LM 统计量、Kleibergen–Paap rk F 统计量都验证了工具变量的合理性，结果见表5（3）（4）列。在克服内生性问题后，行业数字化投入对全球价值链前向复杂参与度的回归结果与基准回归结论仍保持了高度的一致性，再次证实行业数字化投入对全球价值链前向复杂参与度的提升作用。

表5 内生性检验

变量	（1）first stage complete	（2）second stage FCF	（3）first stage complete	（4）second stage FCF
IV	3.955 3*** (0.034)		0.012 2*** (0.000)	
complete		0.255 8*** (0.012)		0.290 5*** (0.037)
Constant	0.025 8** (0.010)	0.321 3*** (0.014)	0.127 4*** (0.014)	0.332 1*** (0.014)
Kleibergen–Papp Wald rk F 统计量	13 223.3 (0.000 0)		636.828 (0.000 0)	
Kleibergen–Paap rk LM 统计量		1 384.30 (0.000 0)		542.80 (0.000 0)

续表

变量	(1) first stage complete	(2) second stage FCF	(3) first stage complete	(4) second stage FCF
控制变量	YES	YES	YES	YES
时间固定效应	YES	YES	YES	YES
国家固定效应	YES	YES	YES	YES
行业固定效应	YES	YES	YES	YES
Observations	11 172	11 172	11 172	11 172
R-squared	0.543	0.114	0.056	0.114

（三）异质性检验

1. 区分数字要素投入

本文根据 UNCTAD（2020）将数字投入划分为数字产品和数字服务，由表6的（1）（2）两列可以看出，数字产品投入会显著增加制造业全球价值链前向复杂参与度，而数字服务的投入则会降低制造业全球价值链前向复杂参与度。两者作用相反的原因可能是，数字产品作为数据生成、采集、存储、流动的关键通道，是数字经济不断发展壮大的前提与保障（陆建栖和任文龙，2022），要发展数字经济，必然要先搭建数字产品，数字产品有利于打造数字化价值创造方案、释放要素增强效应、结构性增长效应（Acemoglu and Restrepo，2019），对推动制造业跨境贸易发挥着重要的支撑作用。而数字服务的发展一方面使得价值链下游有了去中介化的机会，使价值链治理模式由传统的消费者驱动或生产者驱动转变为平台驱动模式（郭周明等，2020），从而导致复杂价值链收缩；另一方面，数字服务与制造业的融合会使得中间品和服务更多地来自发达经济体内部，可能导致生产更加区域化和全球价值链的缩短或回归。

2. 区分行业

根据《欧盟经济活动分类标准第一版》（NACE1）的划分标准，将制造业划分为中高技术制造业（c11，c12，c18，c19，c20，c21），中低技术制造业（c10，c13，c14，c15，c16），低技术制造业（c5，c6，c7，c8，c9，c22），借鉴齐俊妍（2021）将高技术制造业与中高技术制造业合并为中高技术制造业。结果见表6第（3）（4）（5）列，数字化投入会显著增加中高技术制造业价值链前向复杂参与度，对中低技术和低技术制造业价值链前向复杂参与度则存在抑制作用。可能的原因是：中低技术和低技术制造业以传统低端制造业为主，行业数字经济投入较少，因此其对数字经济的感知力不敏感（齐俊妍，2021），而中高技术制造业通常拥有更高的研发能力和价值链分割程度，因此物联网、人工智能、大数据、云计算等数字内容的应用更能促进其价值链复杂参与度的提升（韩剑等，2018），侧面验证假说2。

表6 数字化要素投入和行业异质性

变量	（1）数字产品	（2）数字服务	（3）中高技术制造业	（4）中低技术制造业	（5）低技术制造业
complete	0.067 4*** (0.009 85)	−0.061 9 (0.065 2)	0.085 5*** (0.011 7)	−0.043 6 (0.085 2)	−0.139*** (0.045 6)
Constant	0.212*** (0.016 2)	0.206*** (0.016 3)	0.268*** (0.028 0)	0.192*** (0.028 2)	0.237*** (0.023 5)
控制变量	YES	YES	YES	YES	YES
时间固定效应	YES	YES	YES	YES	YES
国家固定效应	YES	YES	YES	YES	YES
行业固定效应	YES	YES	YES	YES	YES
Observations	11 172	11 172	4 334	3 085	3 753
R-squared	0.797	0.796	0.716	0.870	0.819

五、机制检验

为了验证假说1和假说2，本文以全要素生产率和创新作为中介变量构建中介模型，验证数字化投入对制造业全球价值链前向复杂参与度可能的作用机制。

1. 全要素生产率（TFP）效应。对于行业全要素生产率的测算，借鉴了Ackerber, Caves, and Frazer（2015），借助WIOD投入产出数据，采用lp法，测度了行业层面的全要素生产率。

2.创新效应。本文借鉴郑玉（2021）构建一国行业创新能力指数，即 $Innovation_{ijt} = \sum_j B_{ijt} \times patent_{it}$，$\sum_j B_{ij}$ 为 i 国 j 行业 t 年的直接消耗系数；$patent_{it}$ 为 i 国 t 年的专利总数（万），数据来自OECD数据库。

$$L_{ijt} = \partial_0 + \partial_1 Dig_{ijt} + \partial_2 Z_{ijt} + \varphi_c + \varphi_i + \varphi_t + \mu_{ijt} \quad (16)$$

$$L_{ijt} = \gamma_0 + \gamma_1 Dig_{ijt} + \gamma_3 M_{ijt} + \partial_3 Z_{ijt} + \varphi_c + \varphi_i + \varphi_t + \mu_{ijt} \quad (17)$$

（16）（17）式中，M_{ijt} 表示中介变量，为全要素生产率（TFP）和创新（Innovation）。式（16）的估计结果见表7第（1）列，第（1）列为基准回归结果。式（17）的结果见表7的第（2）列和第（3）列，第（2）列同时增加了数字化投入和全要素生产率，可以看到，全要素生产率会显著推动制造业全球价值链前向复杂参与度的增加，同时complete的系数显著为正且相比第一列有所下降，证明制造业数字化投入可以通过提升全要素生产率来增加全球价值链前向复杂参与度，验证假说1；第（3）列同时加入的数字化投入和行业创新能力指数，可以看到行业竞争力对全球价值链前向复杂参与度的影响显著为正，且complete的系数与第一列相比，显著为正且有所下降，证明创新是数字化投入增加制造业全球价值链前向复杂参与度的作用渠道之一，验证假说2。

表7 作用机制检验

变量	（1） FCF	（2） FCF	（3） FCF
complete	0.063 2*** （0.009 67）	0.049 3*** （0.009 86）	0.055 2*** （0.009 25）
TFP		0.010 2*** （0.000 996）	
Innovation			0.056 8*** （0.006 77）
Constant	0.210*** （0.016 2）	0.190*** （0.015 9）	0.213*** （0.016 2）
控制变量	YES	YES	YES

续　表

变量	（1） FCF	（2） FCF	（3） FCF
时间固定效应	YES	YES	YES
国家固定效应	YES	YES	YES
行业固定效应	YES	YES	YES
Observations	11 172	11 166	11 172
R-squared	0.797	0.801	0.798

六、结论与政策建议

本文利用2000—2014年跨国面板数据，在理论分析和模型构建的基础上，对数字化投入影响制造业全球价值链前向复杂参与度的效应和具体路径进行了实证分析，得出以下实证结论：第一，在基准回归中，数字化投入对制造业全球价值链前向复杂参与度具有正向提升作用，且这一结论在不同的稳健性检验中依然是稳健可靠的。第二，从异质性角度分析，发现数字产品会提升制造业全球价值链前向复杂参与度，而数字服务则会抑制制造业全球价值链前向复杂参与度的提升。另外，对于不同的技术密集行业，数字化投入会显著增加中高技术制造业全球价值链前向复杂参与度，对中低技术制造业和低技术制造业则会起抑制作用。第二，在影响机制分析中，行业全要素生产率和创新效应都对数字化投入影响制造业全球价值链前向复杂参与度的提升起到促进作用。

基于以上分析结果，本文获得的政策建议如下：

（一）政府方面要不断制定完善合理的产业发展政策，推动制造业的数字化转型，合理规划产业布局，不断推动数字化基础设施的建设，将人工智能、互联网、云计算、物联网平台等数字端技术渗入制造端，重塑高效供应链体系，减少资源错配。

（二）制造业行业在参与全球价值链的分工过程中，要加强行业部门间的统一协调，加强部门企业间的多层联动，使数字要素和产品在部门间高效流动，提升上下游产业间的协调发展能力。同时，优化制造业的内部发展结构，尤其要注重高端数字要素的注入，提升行业的国际竞争力。

（三）在科技创新方面，扫清技术、人才、制度、资金、成果转化障碍，充分释放数字化的创新赋能功能。增强制造业行业的数字化创新属性，增强高技能人才的引进力度，采用在岗学习、轮岗培训等方式提升现有劳动力素质，完善知识产权保护体系，激励主体创新动力；拓宽数字技术融资渠道，提供重难点项目支持基金。

（四）有针对性地推动数字经济与制造业行业的融合，对于低技术部门，要充分引进、利用数字技术，对于数字化水平非常低或者自身实力不强的中低技术制造业，政府应该给予一定的帮扶，引导、鼓励其提高技术创新的意识，加深其复杂全球价值链参与度；对于中高技术部门，要加强先进数字技术和高层次专业人才的引进，推动制造业行业的研发和创新，提升其在全球价值链分工体系中的技术优势，进一步促进复杂全球价值链参与度的加深，推动制造业复杂全球价值链参与度的升级。

参考文献

[1] WU.X, GEREFFI, G.Amazon, Alibaba: internetgovernance, business, models, andinternationalizationstrategies[J].Progress in international business research, 2018 (13): 327 — 356.

[2] Yoo Y, Boland R J, Lyytinen K, et al. Organizing for innovation in the digitized world[J]. Organization Science, 2012, 23 (5): 1398-1408.

[3] Clarke, G. R. G. (2008).Has the internet increased exports for firms from low and middle-income countries? Information Economics and Policy, 20 (1), 16-37.

[4] Lin, F. (2005). "Estimating the Effect of the Internet on International Trade," The Journal of International Trade&Economic Development 24 (3): 409-428.

[5] Osnago, A. and S. Tan (2016). "Disaggregating the Impact of the Internet on International Trade." World Bank Policy Research Working Paper 7785, August 2016.

[6] Paunov, C. and Rollo, V. (2016), "Has the Internet fostered inclusive innovation in the developing world?" World Development 78: 587–609.

[7] WANG Z, WEI S J, YU X, ZHU K.et al. Characterizing global value chains: Production length and upstreamness[Z].NBER Working Paper, 23261, 2017.

[8] Wang Z., S. Wei, X. Yu, and K. Zhu. 2017a. "Measures of Participation in Global Value Chain and Global Business Cycles." NBER Working Paper No.23222, NBER, Cambridge, MA-2017b. "Characterizing Global Value Chains: Production Length and Upstreamness." NBER Working Paper No. 23261, NBER, Cambridge, MA.

[9] Wang Z., S. Wei, X. Yu, and K. Zhu.2013.Quantifying International Production Sharing at the Bilateral and Sector Level. NBER Working No.19677, NBER, Cambridge, MA.

[10] Acemoglu, D., and P.Restrepo.2019. "Automation and New Tasks: How Technology Displaces and Reinstates Labor." Journal of Economic Perspectives 33 (2): 3-30.

[11] Goldfarb, A., and C. Tucker.2012. "Digital Economics." Journal of Economic Literature 57 (1): 3-43.

[12] 郑玉.国内中间产品创新、人力资本配置与出口国内增加值[J].财贸研究, 2021, 32 (9): 14-31.2021.09.002.

[13] 张晴, 于津平.制造业投入数字化与全球价值链中高端跃升——基于投入来源差异的再检验[J].财经研究, 2021, 47 (9): 93-107.20210616.203.

[14] 张晴, 于津平.投入数字化与全球价值链高端攀升——来自中国制造业企业的微观证据

[J].经济评论,2020(6):72-89.2020.06.07.

[15] 党琳,李雪松,申烁.制造业行业数字化转型与其出口技术复杂参与度提升[J].国际贸易问题,2021(6):32-47.2021.06.003.

[16] 何文彬.数字化转型与我国制造业全球价值链攀升效应研究[J].统计与决策,2021,37(10):97-101.2021.10.021.

[17] 郭周明,裘莹.数字经济时代全球价值链的重构:典型事实、理论机制与中国策略[J].改革,2020(10):73-85.

[18] 吕越,谷玮,包群.人工智能与中国企业参与全球价值链分工[J].中国工业经济,2020(5):80-98.2020.05.016.

[19] 黄群慧,余泳泽,张松林.互联网发展与制造业生产率提升:内在机制与中国经验[J].中国工业经济,2019(8):5-23.2019.08.001.

[20] 倪红福,龚六堂,夏杰长.生产分割的演进路径及其影响因素——基于生产阶段数的考察[J].管理世界,2016(4):10-23+187.2016.04.003.

[21] 詹晓宁,欧阳永福.数字经济下全球投资的新趋势与中国利用外资的新战略[J.管理世界,2018(3):78—86.

[22] 沈国兵,袁征宇.互联网化对中国企业出口国内增加值提升的影响[J].财贸经济,2020(7).

[23] 郭吉涛,梁爽.数字经济对中国全要素生产率的影响机理:提升效应还是抑制效果?[J],南方经济,2021(10):9-27.

[24] 韩剑,冯帆,姜晓运.互联网发展与全球价值链嵌入——基于GVC指数的跨国经验研究[J].南开经济研究,2018(4):21-35+52.DOI:10.14116/j.nkes.2018.04.002.

[25] 陆建栖,任文龙.数字经济推动文化产业高质量发展的机制与路径——基于省级面板数据的实证检验[J].南京社会科学,2022(5):142-151.DOI:10.15937/j.cnki.issn1001-8263.2022.05.017.

中国产业链高质量发展面临的困境及对策

刘阳　冯阔　俞峰*

摘要：近年来，贸易保护主义抬头，经济全球化遭遇逆流，全球产业链呈现出本地化、地区化趋势，新冠疫情对全球生产网络产生巨大冲击，新工业革命对全球产业链布局的塑造日益深化，全球产业链分工的逻辑和形态发生很大改变。在此背景下，应高度关注劳动密集型产业链"不稳"、关键中间品产业链"不安全"、主要战略性产业链"不强"、产业链整体"不通畅"等风险。下一步，应着重提升产业基础能力，更加注重补短板和锻长板，有效防范规模外迁，促进供应链稳定和价值链升级，全面提高我国产业链安全性、稳定性和竞争力。

关键词：新发展格局；国内国际双循环；产业链高质量发展

一、新发展格局下产业链发展趋势

2020 年 5 月，党中央明确指出"充分发挥我国超大规模市场优势和内需潜力，构建国内国际双循环相互促进的新发展格局"，并突出强调要"加快形成以国内大循环为主体"的双循环格局。2021 年 3 月，《中华人民共和国国民经济和社会发展第十四个五年规划和 2035 年远景目标纲要》提出，要补齐短板、锻造长板，分行业做好供应链战略设计和精准施策，形成具有更强创新力、更高附加值、更安全可靠的产业链供应链。畅通国内大循环的重点在于释放国内有效的最终需求，保证区域间产业链的稳定和高效，这与构建自主可控的产业链（National Value Chain，NVC）（刘志彪和张少军，2008；刘志彪，2019；

---

* 作者简介：刘阳　中央财经大学商学院；冯阔　浙江财经大学经济学院讲师；俞峰　北京科技大学经济管理学院讲师。

凌永辉和刘志彪，2020）是异曲同工的。

（一）新冠疫情动摇已建立的全球分工合作体系

后疫情时代，全球产业链表现出内生化发展趋势，主要表现在两个方面：一是纵向分工缩短。原来分布在不同企业中的产品生产过程，逐渐被单个跨国公司内部化，以生产环节为对象的纵向分工体系越来越短，这就是"纵向一体化"过程；二是横向分工在区域内部集聚。原来分布在不同国家企业中的产品生产过程、环节和流程，逐渐在一个区域内部的一个国家或周围若干个国家集中，往往会形成产业区域集聚化。当前，我国产业链"大而不强、全而不精"问题仍然存在，一些关键技术、零部件等软硬设施存在诸多"弱点""断点"。面对新冠疫情所造成的全球产业链、供应链等"链条"的脆弱性问题，在风险规避驱动和政府主动引导下，跨国公司在全球生产供应链布局将兼顾效率与风险的平衡，而非仅考虑收益成本问题，这将推动全球产业链供应链向多元化发展，也是全球产业链转型的重要方向。

（二）新工业革命对全球产业链布局的塑造日益深化

以5G、人工智能、工业互联网等为代表的技术和生产方式创新使得劳动力数量和成本优势在全球产业链布局中的重要性相对降低，包括中国在内的发展中国家依靠低成本、大规模制造形成的传统比较优势受到挑战，数字经济、平台经济成为重要经济形态，产业链竞争力的核心正在被重新定义，制造业数字化、网络化和智能化大大降低了全球产业链转移的壁垒和成本，部分发达国家拥有了吸引制造业回流的更多自由选择权，少数产业配套和基础设施相对完善的发展中国家也可能因此加速其工业化进程（沈建光，2020；陈凤兰和陈爱贞，2021）。新工业革命带来的全球产业链重构对我国是一把"双刃剑"（董会忠等，2021）。如何应对以美、德、日为代表的制造业强国在高端领域的"强力打压"，与以越南、印度为代表的发展中国家的"快速追赶"，加快培育产业链核心竞争优势，努力实现产业链"升级"速度快于"外迁"速度，形成以我国为核心节点的、强大的区域或全球制造网络，是"十四五"和未来一个时期我们必须完成的战略任务。新工业革命推动了传统生产方式和商业模式变革,促使全球产业链出现重构,传统"微笑曲线"发生变形,国际分工出现新格局。

(三)全球产业链分工逻辑和形态发生很大改变

近年来,关税等贸易和投资壁垒幅度增加,要素成本影响产业链布局的权重大幅下降。同时,新技术、新理念、新应用不断涌现,技术等要素可获得性的重要性明显上升,产业链分工逻辑将从成本优先、效率至上转向成本、市场和技术可获得性并重。全球产业链分工的基本逻辑正在发生三个方面的转变:一是部分产业将转向纵向整合为主的发展模式,产业链的环节将明显缩短,本土化区域化的产业链加速形成。然而,单一经济体很难完全掌握产业链的所有环节,更可能出现的情况是,对于关键产业链,有能力的国家将围绕自身建立更加稳固可控的产业链配套体系,同时推动供应商多元化;二是数字技术与生产生活方式深度融合,增强了服务贸易的便利性、供应链产业链应对外生冲击的韧性,传统的发达国家与发展中国家的比较优势与力量对比随之发生变化,劳动力的重要性会相对下降,发达国家可以重新获得竞争力,发展中国家劳动力成本低的比较优势削弱,在全球产业链分工中的劣势可能显现;三是服务业在全球产业链的地位凸显,服务业不仅仅是中间投入,而且已经深入到价值创造的活动中、渗透到物质产品的生产活动中。比如,服务业创造了大约三分之一的交易制成品价值,研发、营销、财务和人力资源等都为物质产品的生产和进入市场提供了不可或缺的支撑。随着生产性服务业加快发展,服务业对于公司乃至国家更好参与全球贸易、更好在全球价值链上抢占优势地位,愈发重要。

(四)全球产业链重构深刻影响我国产业链发展

全球产业链重构对于已经深度融入全球产业分工体系的中国来说,一段时间内必然面临巨大的转型压力。我国部分行业的产业链会受到冲击,中低端产业链环节面临的压力尤为巨大。根据世界银行《2020年世界发展报告》,在全球产业链的分布中,中国在中等技术含量制造业优势比较突出。根据亚洲开发银行编制的投入产出表计算，2019年美国制造业出口的国内增加值率为51.32%，中国为45.35%。在高技术行业差距更为显著，如电气和光学设备行业，美国出口国内增加值率为71.45%，中国为29.02%。随着生产成本、商务成本上升和环境监管趋严，部分企业把生产基地向东南亚、南亚等"一带一路"沿线国家或地区转移，寻求新的比较优势。譬如，在电子产品全球产业链中，部分生产环节移到东亚－太平洋地区其他国家，如印度尼西亚、马来西亚和泰国。

二、我国产业链发展现状

我国已成为世界第一工业制造大国，不仅建成了独立完整的产业体系，而且深入参与全球分工，在全球产业链中占据独特的地位，特别是在加工制造方面成为重要的一环，以"世界工厂"著称。比如我国是全球最大的消费电子产品生产国和出口国，手机、计算机、彩电产量占全球总产量的90%、90%和70%以上。但也要看到，我国目前总体上产业大而不强、全而不优，部分产业链处于全球产业链的中低端，出口产品中拥有自主品牌的不足20%，特别是关键核心技术受制于人的局面没有得到根本改变。

（一）劳动密集型产业链竞争优势较大

通过对纺织、服装、鞋类、塑料制品、玩具、家具、箱包等七类劳动密集型产品分析发现：总量上，我国劳动密集型产业市场占有率虽然有所下滑，但第一出口大国地位依旧稳固。2013年，我国劳动密集型产品国际市场份额达到38%，2014年，出口4850亿美元，达到历史峰值。此后5年，国际市场份额趋于稳定，始终保持在1/3以上。结构上，走势分化明显，七类产品国际市场份额"两升五降"，服装、鞋类、箱包降幅明显。国别上，近10多年来，我国在美国、欧洲、日本的市场市场份额从52%下降到42%，下降10个百分点；对东盟等周边国家出口占比上升约6个百分点。虽然在发达国家中的市场份额有所下降，但我国劳动密集型产品整体竞争优势依然较大、发展韧性较强，市场多元化还有一定空间。

产业转移既是经济全球化的必然结果，也是世界经济发展的普遍规律。劳动密集型产业发生转移的根本性原因是不同经济体之间的资源禀赋优势出现变化，市场机制推动比较优势的变迁。市场化改革带来的劳动生产率提升，是中国出口大增的主要原因，但自2010年后，发展模式出现转变、资源禀赋结构发生变迁；另外，伴随劳动力增速放缓、受教育程度提升，劳动力密集型产业链发展出现一定放缓、转移的迹象。对于中国等增速较快的经济体，资本积累加快，资源禀赋结构变化加快，最终导致比较优势变迁更加明显。据测算，以服装产业链为例，2010—2019年我国服装在美国和欧洲的市场占有率分别从40.8%和45.9%下降到30.6%和31.2%。同时，孟加拉国生产的服装在欧洲市场的占有率从9.3%上升到19.5%；越南生产的服装在美国的市场占有率从7.8%上升到15.6%，并且在日本市场上对我国的替代势头明显。同时，面对新冠疫情的冲击，西方发达国家进一步实施关键供应链回归政策（见表1），我国传统产业链外迁压力上升。总的来说，目前已有一些劳动力密集产业链转移的趋势，在中国继续攀升价值链的过程中，如果出现转移速度过快，我国产业链安全风险也将随之上升。

表1 2020年3月至2022年2月部分国家产业政策调整

国家	时间	政策	主要内容
美国	2020年3月	《全国紧急状态法案》	计划让关键供应链迁回本土
		《国防生产法案》	加强医疗产品本土生产和供应
	2021年5月	《清洁能源法案》	提供1000亿美元购置财政补贴，放松汽车企业减免税收20万辆上限
	2022年1月	《2022年美国竞争法案》	拨款520亿美元芯片投资、450亿美元关键供应链投资、1600亿美元研发投资
日本	2020年4月	实施2435亿美元的供应链改革计划	支持日本公司迁回国内，或迁往东盟
美国、加拿大、墨西哥	2020年7月	《美墨加协定》生效	强化知识产权、原产地规则，数字贸易标准、劳工标准、环境标准等，支持生产基地落地美加墨

续　表

国家	时间	政策	主要内容
美国、日本、澳大利亚、印度、韩国和越南等	2020年7月	"经济繁荣网络"计划	构建美国为主的全球供应链
欧盟	2022年2月	《芯片法案》	拨款430亿欧元以上，计划2030年生产芯片占全球20%以上

资料来源：根据相关资料整理。

（二）关键中间品产业链拉动作用较强

关键中间品产业链主要考虑那些作为多个产业重要中间投入品来源的产业。根据2018年149个部门的投入产出表，基础化学原料是14个制造行业投入品，塑料制品是26个制造业行业的中间投入品，有色金属及其合金是22个行业的中间投入品。近年来我国中间品出口占出口总量比重约为43%～45%，对东南亚国家而言，我国生产的中间品市场占有率较高，目前印度、越南、马来西亚、泰国以及其他东南亚国家相继复工，其在生产修复过程中对我国中间品的依赖度提高。

我国在中间产品生产上优势仍不明显，根本原因在于尖端中间品生产和研发的基础能力不强，不利于我国制造业核心竞争力的提升。中间品出口比重自1998年保持上升趋势，2020年达到历史峰值43.6%，而美国、德国、印度的历史最低值分别为49.7%、47.3%和46.1%，比我国峰值还高（见图1）。这些中间投入品，并不都属于显著依赖外部供应、存在"卡脖子"风险的产品，但一般而言，为更多行业提供中间投入的，其重要性较高，其中，各行业往往都有一些高端、有"卡脖子"风险的重要产品，例如，有很多种基础化学原料严重依赖进口、金属材料中的高端产品、电子元器件中的集成电路等都是重要的关键产品。当我国加快复工复产，贸易伙伴的中间品供给却无法保障，将会延迟我国相关产业的正常生产，尤其会对中国的汽车行业、机械设备行业、航空航天产业的中间产品供给产生负面影响。

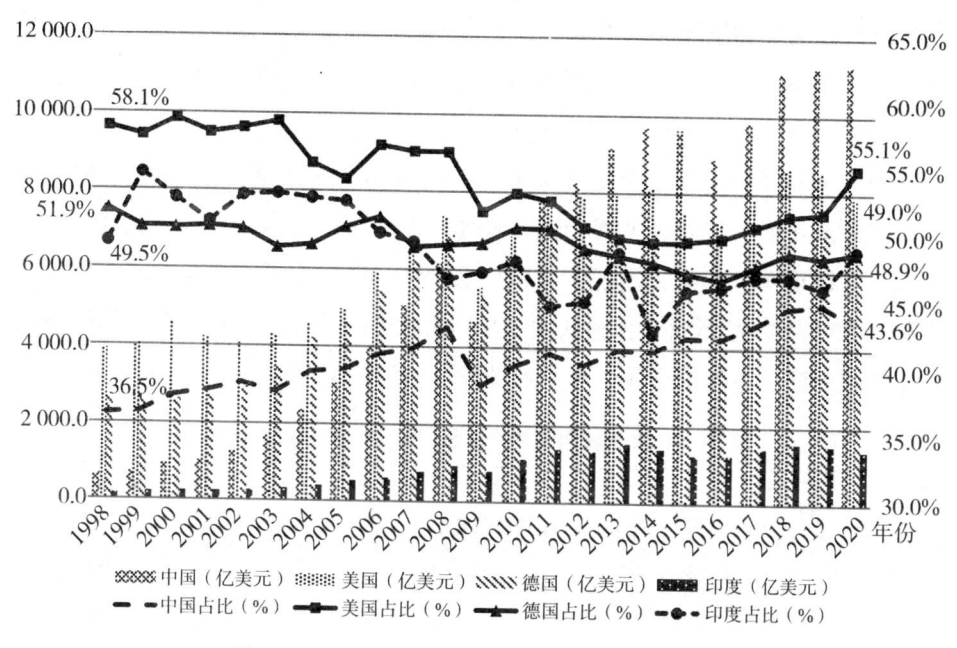

图1 1998—2020年部分国家中间品出口情况

数据来源：UN Comtrade、国家统计局。

（三）主要战略性新兴产业链蓬勃发展

2010年《国务院关于加快战略性新兴产业的决定》列出节能环保、新一代信息技术、生物、高端装备制造、新能源、新材料和新能源汽车等七大战略性新兴产业，这是我们确定战略性新兴产业的重要依据。当前，我国战略性新兴产业发展动力强劲，成为新的经济增长点。我国数字经济、工业互联网、AI等关键技术取得重大突破，新一代移动通信、光伏和核电等产业达到世界领先水平；新模式和新业态不断涌现，产业跨界融合发展趋势越发明显，形成了一批具有特色、优势明显的产业集群。

随着全球产业链不确定性、不稳定性因素显著增多，我国战略性新兴产业链要实现重大突破必然是长期的过程，在这个过程中面临着三大风险：一是断供风险。美国企业或美国控制的企业拥有制造高技术产品需要的关键材料、核心零部件、核心技术装备、工业软件等软硬件控制权，在中美竞争过程中，美国通过行政命令和法律手段对我国产业链的核心企业实施打压,加剧了我国战略性新兴产业突围的难度。二是自主可控风险。我国高端芯片、航空发动机、高端数控机床等产品生产的供应链体系对发达国家依赖程度较高,光刻机、碳纤维、大型高端医疗器械等产品的研发处于起步阶段,我们对此控制能力不强,受外部环境干扰时,发展韧性和弹性较差。三是全球供应链重构风险。在全球供应链重构过程中,出现了原料短缺、产品研发迟缓、遭到技术封锁、客户分流和产品禁售等问题,有些国家出台相关措施鼓励战略性新兴产业回流,强化本地供应链,压缩了我国相关产业发展的国际空间。

表2 2018年我国三类产业链分类、产值及占比情况

分类	行业	总产出(亿元)	总出口(亿元)	用于中间投入占比(%)
劳动密集型产业链	纺织制成品	4 967	2 521	39.4
	纺织服装服饰	22 273	8 132	36.0
	鞋	7 512	2 521	21.6
	家具	10 132	3 934	18.9
	文教、体育和娱乐用品	9 699	3 543	47.1
	金属制品	42 863	5 273	82.1
	家用器具	10 602	3 104	25.5
	其他电气机械和器材	4 745	3 383	36.1
关键中间品产业链	基础化学原料	24 623	2 462	90.3
	塑料制品	25 034	3 065	87.4
	钢压延产品	48 873	3 194	92.8
	有色金属及合金	23 924	504	96.9
	有色金属延压加工品	21 975	1 054	95.2
	金属加工机械	5 837	389	39.2
	其他通用设备	19 701	3 283	70.7
	仪器仪表	8 523	2 268	70.7
	电子元器件	39 412	8 597	85.5

续 表

分类	行业	总产出（亿元）	总出口（亿元）	用于中间投入占比（%）
战略性产业链	医药制品	26 905	1 593	72.9
	其他专用设备	14 452	2 668	49.0
	新能源汽车	——	——	——
	其他交通运输设备	5 531	1 392	38.0
	通信设备	23 887	13 302	25.9

数据来源：根据中国2018年投入产出表计算得到。

三、我国产业链高质量发展面临的困境

对我国而言，不同产业链的发展特点、发展阶段、外部环境、突出问题等存在显著差异，这就决定产业链面临的风险与挑战存在异质性。总体而言，劳动密集型产业链外迁加速，面临"不稳"的挑战；关键中间品产业链因核心技术受制于人，"不安全"问题值得关注；主要战略性产业链与世界先进水平还有差距，"不强"问题突出；整体产业链供需对接不够有效，特别是国际产业链重构趋势下，亟需解决"不通畅"的短板。

（一）劳动密集型产业链"不稳"

重点产业链是我国经济的支柱，也是当前促进"六保"、落实"六稳"的关键。重点产业链虽然总体上多处于价值链中低端、需要加快升级的步伐，但更加突出的问题是由于国内综合成本上升、贸易战和疫情等外部因素相互叠加造成的产业链加速外迁压力，导致产业链风险程度较高（见表3）。

1. 产业链附加值不高、掌控力不强

一是产品附加值低。我国重点产业总体规模位居世界前列，但利润主要来源于加工制造、产品组装等中低附加值环节，设计、研发、精密加工、营销、品牌、供应链管理等价值链高端环节仍由发达国家跨国公司主导。二是具有国际竞争优势的企业数量少。少量具有全球价值链整合能力的企业也主要集中在

制造生产环节，国际影响力小，与行业大国地位不匹配。三是缺乏品牌效应。知名制造品牌数量及知名度、美誉度与发达国家差距较大。

2. 部分行业关键装备依赖进口

大型成套、智能化程度高和可靠性好的高端装备及核心零部件仍依赖进口。例如，我国仍有十多项纺织装备与零部件依赖进口，年进口额5亿多美元，约占纺织机械与零部件进口的1/7；高端纺织装备所用高性能金属材料、高密度传感器、高速轴承、芯片、密封件等依赖进口。轻工方面，大型高速纸机长期依赖进口；锂离子电池自动化生产线也完全依赖进口；乳品饮料无菌罐装技术和装备一直被欧洲垄断；高端塑料加工设备仍需从德国、美国进口。

3. 产业链中低端环节可替代性较强

重点产业链总体上准入门槛低，集中度不高，可替代性强，对成本变动敏感，随着劳动力、原材料等各类要素成本持续上升，企业通过提高生产率对冲的难度加大。为此，服装、鞋业、皮革、家具、五金、手机等部分出口量大的劳动密集型企业近年来较多向东南亚地区转移。纺织服装、家具等重点产业的出口交货值在行业主营业务收入中的比重从2008年以来一路下降。特别是2018年以来，美国对我征收高额关税，更加速了这些重点产业链的外迁。目前，越南已取代我国成为第一鞋业出口国，而我国鞋业出口连续多年出现负增长。

表3 劳动密集型产业链"不稳"的风险

产业链名称	终端产品重要性	产业链复杂度	国内配套完整性	技术先进性
纺织服装产业链	重要	一般	完整	领先
鞋业产业链	重要	一般	完整	领先
手机产业链	重要	复杂	关键环节配套能力弱	水平接近
家具产业链	重要	一般	完整	领先
五金产业链	重要	一般	完整	领先
玩具产业链	重要	较为复杂	完整	领先
电力设备产业链	重要	复杂	完整	领先
家电产业链	重要	复杂	完整	领先

资料来源：根据相关资料整理。

（二）关键中间品产业链"不安全"

关键产业链作为很多产业的中间投入品，对产业链安全稳定运行有重大影响。当前，我国关键产业链存在的突出问题是不能做到安全可控（见表4）。

1. 关键核心技术受制于人

我国集成电路、操作系统及核心工业软件等多条关键产业链核心技术高度依赖外国。自2018年以来，美国先后将中兴、晋华、华为、海康威视等一大批高技术企业列入出口管制的清单。2021年5月，通过修改外国直接产品规则，试图对华为关键供应链彻底断供；6月哈工大等院校被禁用Matlab；7月英特尔对浪潮服务器临时性暂停供货，部分企业、高校的生产经营和科研活动受到严重影响，我国产业安全面临巨大挑战。

2. 产业链基础环节如核心零部件（元器件）、关键基础材料、关键设备严重依赖进口

例如，高档数控机床中的12类关键主机产品大量依赖进口。支撑中高档数控机床制造的数控系统、伺服电机及驱动装置、高性能电主轴、数控转台等核心功能部件严重依赖进口品牌。机床工具设计、制造中所需的高性能工业软件，如CAD/CAE/CAM软件及系统，基本被外资品牌垄断。关键测试仪器仪表中，投射电镜、超微分辨显微镜、质谱及多重联用仪器及技术、超效液相、超速离心机、百万分之一电子天平等中高端产品大量空白。光电倍增管、高压阀件、伺服阀、负场消色差物镜、特种检测器等部分关键零部件依赖进口。

3. 关键核心技术突破、工业基础能力持续提升的发展环境有待优化

关键核心技术、产业基础能力是产业链竞争的基础，需要靠长期高额的研发投入作为支撑，在多数关键产业链领域，我国起步晚，在国际领先企业已经形成的技术专利和市场壁垒情况下，处于后发劣势。多年来，我国产业政策虽有一定的扶持，但尚未形成合力，支持力度和准确性均有待提高。一些新技术、新产品开发研制出来后，因缺乏良好的商业化环境，难以得到应用迭代的机会。甚至出现"造产品的不用本国设备、造装备的不用本国零部件、造零部件的不用本国材料"的怪圈，产业链创新生态难以形成良性循环。

表4 关键中间品产业链"不安全"的风险

产业链名称	终端产品重要性	产业链复杂度	国内配套	技术水平
集成电路产业链	关键	复杂	设计、封测环节配套能力相对较强,EDA、核心IP、关键设备、关键材料等配套能力弱。	集成电路制造工艺弱后国外2~3个技术代次,国外领先企业实现7纳米成熟工艺和5纳米量产;我国领先企业实现14纳米量产,12纳米工艺进入客户导入阶段。
操作系统和核心工业软件	关键	简单	—	国产操作系统已有可替代的开元软件产品,但生态欠缺;核心工业软件技术差距大,某些产品存在空白。
高档数控机床产业链	关键	复杂	关键环节配套能力弱,国产功能部件在中高端数控机床市场占有率约为20%	技术水平远弱后于国外,主要体现在可靠性、效率、精度等方面。
关键仪器仪表产业链	关键	复杂	配套能力弱,从关键零部件、关键软件与加工技术到科学仪器的主要产品依赖度较高	中高端产品大量空白,低端产品可靠性和稳定性较差,产业整体落后态势突出。

资料来源:根据相关资料整理。

(三)主要战略性产业链"不强"

构建战略性产业链是面向未来的重大任务,对建设现代化经济体系、抢抓国际竞争制高点意义重大。目前我国战略性产业链突出表现为不强(见表5)。

1.不少领域与国际领先技术水平差距较大

我国在大多数战略性产业链构建上的起步并不晚,在5G等个别新兴技术领域甚至形成了先发优势。不过,与国际领先水平比,部分产业链还存在较大差距。

大飞机产业链。机体系统的复合材料、铝材、密封剂、紧固件等关键材料、标准件以进口为主;航发系统全部依赖进口,其中主轴承、高温合金材料等差距很大,先进航发自主研发体系尚未建立;14个主要机载系统中的油台门及发动机接口控制、冲压涡轮、航电通信系统设计与验证技术、飞控系统综合与验证技术等不少关键技术、零部件对外依赖度较高。

新能源汽车和智能网联汽车产业链。电动汽车的电池、电机系统核心控制技术尚未掌握，车辆控制器、车载充电机/大功率充电机、传统系统及底盘控制系统等所用芯片需进口；氢燃料电池汽车的氢循环系统、空气压缩机、催化剂等基本依靠进口；智能网联汽车车载环境感知系统（视觉系统、毫米波雷达、激光雷达）的芯片设计、核心算法、制造工艺、使用寿命、批量生产等与发达国家差距较大，车载计算平台芯片均依赖进口（郭宏和郭鑫榆，2021）。

2."产业链创新"能力不强

一是科研与产业之间的密切联系不强、协同效应发挥不够。除在个别战略性产业链如大飞机领域，由于产业集中度高、实施主体资源整合能力比较强，其他很多领域都缺乏产学研之间高质量的协作，常常是各自为战。二是同一环节上不同主体之间、产业链上下游之间协同合作不够。比如，在量子信息计算领域，主要细分领域相互间的合作融合相对有限，这也给后续产品设备的工程化、标准化发展带来障碍，不利于整个行业创新及产业化应用的协同演进。三是对大规模先导性市场的统筹利用不够、产业链建设上存在"化整为零"、过于分散的问题。比如，氢燃料电池汽车领域，地方立足于构建本地产业链，再加上国内相关企业普遍规模较小、实力不强，低水平重复建设较为突出，本应具备的显著优势难以发挥出作用。

3.存在不适应战略性产业链构建的体制机制障碍

一是创新平台和公共服务平台服务社会的机制需要理顺。国家重大科技基础设施等创新平台的整合度、开放度仍需提高，服务全局的作用发挥得不够。计量、检验检测、认证许可、知识和数据中心等公共服务平台既存在盲目重复建设的倾向，也有公益性作用发挥不够的问题。这些问题在新能源汽车、石墨烯材料等领域都有体现。二是适应战略性产业链发展需要的高层次人才紧缺、骨干专业技术人才不足，符合行业特点的人才使用、流动、评价、激励体系不完善，通过个税减免、优化外国人永久居留制度、便利往来等措施吸引国外人才的力度不够。三是与战略性产业链相关的投融资机制、招投标机制、跨区域兼并重组等方面也存在改进提升空间。

表5 主要战略性产业链"不强"的风险

产业链名称	产业链复杂度	国内配套完整性	技术先进性	对国外依赖性
5G产业链	复杂	完整	较领先	芯片制造对外依赖度较高
大飞机产业链	复杂	关键环节配套能力弱	系统设计、航发系统等关键零部件水平较弱	强
新能源汽车	复杂	电动汽车相对完整，氢燃料电池汽车国内配套能力偏弱	电动汽车电池、电机系统核心控制件不掌握，车用芯片相对较弱	电动汽车较强，氢燃料电池汽车强
人工智能	复杂	较弱	较弱	强
量子计算产业链	复杂	不强	开源部分领域水平接近，但高品质材料、工艺结构、稀释制冷剂等制冷设备、测控系统等较弱	强
生物医药产业链	复杂	较弱	较弱	强

资料来源：根据相关资料整理。

（四）产业链整体"不通畅"

产业链的畅通是国民经济正常运行的重要基础，对构建新发展格局具有重要作用。我国产业链多年来的问题是循环不畅，而中美贸易战和新冠疫情更加剧了短期循环不畅的问题。

1. 产业链供需不匹配导致生产循环不畅

我国钢铁、有色、光伏、风电等产业链都曾出现严重的产能过剩问题，并导致企业开工不足、效益低下、行业恶性竞争。其中既有宏观经济周期性因素，也有结构性和政策性原因，主要是企业生产和市场需求脱节，供给体系没有及时适应消费结构升级的需求实现从低端向高端的升级。

2. 疫情冲击下供应链中断折射出内外循环存在的结构性问题

疫情初期，国内原材料、零部件等局部供应链一度中断，进一步波及全球供应链稳定。尽管我国率先实现复工复产，但由于全球疫情的回波效应导致进口高端零部件受阻和出口产品订单大幅下滑，再次影响到产业循环。这反映出我国产业链高端环节本地化供给不足，中低端环节产能过大、高度依赖国际市场的弊端。

3. 行业报酬结构失衡导致的创新要素错配问题

比照金融、房地产、互联网等高收入行业，我国制造业多数行业报酬不高，导致高端人才等创新要素脱实向虚。与此同时，促进产业链高水平发展的科技体制、人才培养和激励机制、金融环境等不健全，难以对产业链创新提供有效支撑。有利于引导相关企业潜心研发，努力突破核心基础能力，促进创新成果推广应用的政策和制度环境尚未形成。

四、推动我国产业链高质量发展的对策建议

从建设制造强国战略目标出发，以产业链创新为主线，以构建安全可控、开放包容、协同高效的产业链为方向，提升产业基础能力，更加注重补短板和锻长板，畅通国内国际双循环，有效防范规模外迁，促进供应链稳定和价值链升级，全面提高我国产业链安全性、稳定性和竞争力。

（一）加快构建产业链"双循环"

继续扩大对外开放，持续优化新型营商环境，发挥好外资的桥梁纽带作用。RCEP生效后，加快研究原产地区域累积规则以及服务贸易和投资双向开放等问题，增强区域产业合作，加强区域产业链供应链，保障企业经营活动更顺畅、产业链更稳固。增加"快速通道""绿色通道"，保持国际供应链畅通，创新招商引资、展会服务模式，为商务人员往来提供便利，保障各类经贸活动正常开展。

（二）加速产业链数字化转型

优先针对成本敏感型和产业链外迁风险大的行业，由国家和地方财政合力支持，推动一批有意愿的中小企业完成数字化智能化改造。加快重点产业降成

本力度。推动高速公路优先降低货物收费标准，降低制造业企业物流成本。支持有条件的大型企业打造一体化数字平台，全面整合企业内部信息系统，强化全流程数据贯通，加快全价值链业务协同，形成数据驱动的智能决策能力，提升企业整体运行效率和产业链上下游协同效率。

（三）拓展国际协调合作新空间

着力强化与欧盟、日韩等非美发达经济体的合作，积极开展全球产业链供应链稳定合作，加强保持物流通畅和市场开放的国际政策协调。用好各类国际合作机制，推动我国企业、高校参与国内外科技、金融、人才等领域合作，应对和破解国际政治经济格局的大调整、大变动，着力促成"你中有我、我中有你"的国际产业链供应链合作新格局。

（四）推动产业持续转型升级

发挥我国超大规模市场优势，为自主创新的技术和产品提供推广应用和迭代升级的机会。推进产业链创新，提升产业基础能力。发挥科技创新引领作用，聚焦前沿领域重大科技创新，加快完善创新成果产业化机制，促进科研成果和市场对接。培育跨国龙头企业，在更大范围内整合资源。支持优势企业在全球范围内整合原材料和创新资源、布局生产制造产能、开展终端零售等融入全球供应链的行动。

（五）优化资源要素配置效率

围绕产业链部署创新链，围绕创新链完善资金链，营造开放协同高效的创新生态。深化科研院所改革和高校科研体制改革，推动建立权责清晰、优势互补、利益共享、风险共担的产学研紧密合作机制。完善有利于激发科技人才创新的激励考核评价机制。优化市场监管，增强服务能力。提高对战略性新兴产业的包容性监管能力，着力消除"内外有别"的市场准入政策壁垒，促进形成公平、透明、有效率的营商环境。

参考文献

[1] 陈凤兰，陈爱贞.RCEP区域产业链发展机制研究——兼论中国产业链升级路径[J].经济学家，2021（6）：70-80.

[2] 董会忠，李旋，张仁杰.粤港澳大湾区绿色创新效率时空特征及驱动因素分析[J].经济地理，2021，41（5）：134-144.

[3] 郭宏，郭鑫榆.后疫情时代全球汽车产业链重构趋势及影响[J].国际贸易，2021（8）：37-45.

[4] 凌永辉，刘志彪.内需主导型全球价值链的概念、特征与政策启示[J].经济学家，2020，No.258（6）：28-36.

[5] 刘志彪，张少军.中国地区差距及其纠偏：全球价值链和国内价值链的视角[J].学术月刊，2008（5）：49-55.

[6] 刘志彪.产业链现代化的产业经济学分析[J].经济学家，2019，No.252（12）：7-15.

[7] 沈建光.全球产业链重构下中国的挑战与应对[J].中国外汇，2020（14）：12-12.

产业政策对企业出口国内附加值率的影响

——基于五年规划分析

李宏　贺家帅[*]

摘要：基于2001—2013年中国海关数据库和国泰安中国上市公司数据库的匹配数据，以"十五"计划"十一五""十二五"规划涉及的产业政策为准自然实验，运用多期双重差分法研究产业政策对企业出口国内附加值率的影响。结果表明：产业政策通过提高研发创新能力和扩大企业出口规模这两个渠道显著提高了上市公司的出口国内附加值率，且对于我国中西部地区企业、资本密集型企业和从事一般贸易企业的出口国内附加值率的提升作用更为明显。为政府因地制宜制定产业政策，利用企业创新和出口规模推动产业结构优化调整，促进产业高质量发展提供理论依据。

关键字：产业政策；出口国内附加值率；创新能力；出口规模

一、引言

产业政策是政府稳定经济增长、弥补市场缺陷和进行结构性改革的重要手段，自20世纪80年代以来，政府相继出台了大量调整宏观经济发展的政策，1986年"七五"计划出台，首次对产业政策的概念加以明确，并且指出当时需要重点发展的产业以及未来产业结构调整的方向。自此以后，产业政策逐步成为我国调控宏观经济运行，引导产业结构升级的主要手段。但是产业政策能否有效提高企业出口国内附加值率，进而推动产业结构优化升级促进经济发展，

---

[*]作者简介：李宏　天津财经大学教授；贺家帅　天津财经大学硕士研究生。

这是个有待证实的问题。

自中国加入世贸组织以来，一直凭借自身较为完善的生产体系和国内低价生产要素的优势加入全球价值链网络中，使得出口产品的规模和种类不断扩大。但是随着全球价值链分工逐步细化，我国越来越注重在全球价值链中的地位，出口产品中的附加值率越来越成为判断贸易收益的重要标准。在我国经济发展新常态的背景下，政府怎样利用正确的宏观经济政策带动出口贸易品质提升，推动外贸结构优化调整，已成为目前中国政府和学界希望破解的重大问题之一。针对以上问题，本文通过搜集数据进行实证研究，把研发创新能力和企业出口规模作为中介，考察产业政策对企业出口国内附加值率的影响和作用机制，以期更好的认识和评价产业政策是否真的能提高企业出口国内附加值率。

二、文献综述

出口国内附加值率（DVAR）可以充分反映企业在国际贸易中的获利能力，反映一个国家或地区在全球价值链中的参与程度，它对国际竞争优势和供给侧结构改革具有重要意义，因此引起许多学者关注。目前研究者们主要从计算方法和影响因素这两方面来研究企业出口国内附加值率。在测算上，许多学者使用的是 Upward（2012）通过合并海关和工业企业数据库测算企业出口国内附加值率的方法，并在此基础上进行了改进，逐渐加入中间贸易商（张杰，2013）和国内原材料中的国外要素份额（吕越等，2015）这两方面影响因素。在这种测算方法的基础上，学者分别从国家（吴云霞和马野驰，2020）、行业（王秋红和李文文，2020）和企业（李明广和谢众，2021；吕越和尉亚宁，2020）三个层面对出口国内附加值率的影响因素进行了研究。并从环境立法管制（杨烨和谢建国，2020）、企业产学研合作水平（金洪飞和陈秋羽，2021）、开发区设立（孙伟和戴桂林，2020）和银行分支机构扩张（盛斌和王浩，2022）等方面讨论了各种因素与企业出口国内附加值率的相关性，为研究企业出口国内附加值率提供了充足的理论基础。但政府的政策尤其是产业政策——这一至关重要的政府行为是否对企业出口国内附加值率产生显著的影响？关于这一问题鲜少有学者进行深入研究，这将是本文的关注点。

以往研究产业政策效果的文献并没有得出一致的结论。一部分学者认为，产业政策对企业出口产生积极影响。刘帷韬等（2021）分析表明，产业政策通过改善企业融资条件和投资限制，抑制企业经济金融化，而且这种影响会随着行业市场竞争程度的增加而增强。余明桂等（2016）认为产业政策可以促进企业创新，并进一步把产业政策分为一般鼓励行业和重点鼓励行业，进一步得出重点鼓励行业对企业技术创新的促进作用更明显。徐斯旸等（2021）认为产业政策增加了银行对僵尸企业投放的贷款，有利于释放错配在僵尸企业的信贷资源，进而促进僵尸企业有效出清。另一部分学者则认为产业政策没起到明显的促进企业出口的作用（黎文靖和郑曼妮，2016；李学峰和潘雨洁，2021）。已有文献大多致力于中央和地方出台产业政策的特征规律（张莉等，2017；赵婷和陈钊，2019）和出台产业政策对企业创新的影响（孟庆玺等，2016；王文倩和周世愚，2021）。

尽管相关文献已经比较丰富，但仍然存在需要补充的地方。本文创新点在于：第一，本文从企业出口国内附加值率角度扩展了产业政策经济效应的研究视角，对宏观经济政策与企业微观行为研究框架进行了补充。本文发现产业政策可以促进企业出口国内附加值率的提升，这不仅有助于评估宏观经济政策对微观主体的影响，而且丰富了影响企业出口国内附加值率的相关文献。第二，分析了不同企业在产业政策中受到影响的差异，检验了产业政策促进企业出口国内附加值率增加的具体机制。本文研究发现产业政策对中西部地区企业、资本密集型企业和从事一般贸易的企业的影响更为显著，为因地制宜制定产业政策提供了决策依据。进一步研究发现，产业政策通过提高研发创新能力和扩大出口规模这两条渠道带动企业出口国内附加值率的增长，为提升企业出口国内附加值率开辟了新的思路。

三、理论机制与命题假说

产业政策通过研发创新能力影响出口国内附加值率主要体现在以下方面：第一是成本效应，通过 Kee and Tang（2016）提出的企业出口国内附加值率的计算公式，可推出企业成本加成率能够直接影响企业出口国内附加值率，而创新又是企业成本加成率的重要影响因素。创新水平较高的企业能够获取更多的市场份额、减少对产品的需求弹性以及增加全要素生产率，进而获得更高的成本加成率（刘啟仁和黄建忠，2018），更高的成本加成率意味着更高的出口国内附加值率（盛斌和王浩，2022）。第二是竞争效应，政府实施产业政策鼓励相关产业发展会降低企业进入该行业的门槛，更宽松的管制、更简化的审批手续和更低的准入壁垒会使企业更加频繁地进入和退出，进而使得新旧企业之间竞争加剧，更加剧烈的竞争使得企业不得不加大创新力度，增强企业的竞争优势以在优胜劣汰的机制中获得更多利益（严兵和郭少宇，2021）。第三是信号效应，政府重点发展的产业向市场传达了利好的信号，受到鼓励和支持的产业具有更好的发展前景和更大的发展潜力，这会吸引社会资本流入该行业的企业，资本的集聚在一定程度上促进了企业创新（苏婧等，2020）。

企业创新活动的扩大也带动了企业整体生产效率的提升，生产效率的提升一方面可以提高企业的总体生产率（杜传忠和郭树龙，2012），另一方面可以减少企业使用中间投入要素，进而使得进口中间品投入减少。根据企业出口国内附加值率的构造公式进一步推出企业总产出的增加和中间品进口额的减少可以促进企业出口国内附加值率的上升（许家云和徐莹莹，2019）。基于此，本文提出：

假说1：产业政策可以通过提高企业研发创新能力进而提升企业出口国内附加值率。

产业政策通过出口规模影响出口国内附加值率主要体现在以下方面：第一是对成本的影响，产业政策可以使企业出口成本和新产品进入成本降低。从国家层面看，产业政策提高了企业出口到已有市场的平均规模；从产品层面看，产业政策增加了企业出口产品的种类（张鹏杨等，2019）。企业出口规模的扩大和生产成本的降低，会导致企业在国际市场上更加具有竞争力，从而会提高企业出口国内附加值率。第二是相关资源的倾斜，政府为完成"五年规划"中产业政策的目标，会对相关行业给予资金补贴、税收优惠等丰厚的资源，从而增加企业产品出口的规模（毛其淋和赵柯雨，2021）。随着企业出口规模的增加，企业分工更加细化，生产产品的专业化能力进一步增强，进而会提高企的出口国内附加值率。第三是市场的优胜劣汰，获得政府政策激励的产业将会吸纳大量潜在出口商参与产品出口、抢占市场份额，同时也会引导在位出口商把部分业务迁移至受鼓励产业开展业务试探，这会导致受鼓励产业市场竞争加剧，激烈的市场竞争迫使企业实行优胜劣汰（余壮雄，2021），出口国内附加值率低的企业被淘汰，出口国内附加值率高的企业存活下来。基于此，本文提出：

假说 2：产业政策可以通过扩大企业出口规模进而提升企业出口国内附加值率。

四、研究方法与数据来源

（一）模型构建

本文使用双重差分法（DID）进行实证检验，考虑到政府五年规划的实施时间存在多期的状况，构建多期双重差分的计量模型：

$$DVAR_{ijt} = \beta_0 + \beta_1 post_t \times treat_{ijt} + \beta X_{ijt} + \alpha_i + \alpha_t + \mu_{ijt} \tag{1}$$

其中，i、j、t 分别表示企业、行业和年份，$post_t \times treat_{ijt}$ 为核心解释变量。$post_t$ 为时间虚拟变量，表示政策冲击的年份，式中分别取值 3 个五年计划和规划的期初年份，即 2001，2006 和 2011 年。$treat_{ijt}$ 为政策分组虚拟变量，如果行业 j 的企业 i 在 t 年是中央重点发展的行业，则取值为 1，否则取值为 0。对于交叉项 $post \times treat$，在下文实证部分统一使用 did 表示。

（二）变量选取

1.解释变量：产业政策。本文借鉴赵婷和陈钊（2019）的定义方法，把五年计划经济结构调整这一章中涉及"支柱产业""优势产业""新兴产业""大力发展""重点培育""积极发展""重点发展"的产业和产品提取出来，对应到国民经济行业分类的二位码，由此梳理出每个五年计划时期中央的重点产业。将中央重点产业赋值为 1，否则是 0。同时以每个五年计划和规划颁布的时间作为政策开始实施的时间设置时间虚拟变量。

2. 被解释变量：企业出口国内附加值率。本文借鉴吕越等（2018）的方法进行测算：

$$DVAR = 1 - \frac{V_F}{E} = 1 - \frac{\{M_I^p + E^o[M_{tm}^o/(D+E^o)]\}}{E} \quad (2)$$

其中，DVAR表示企业出口国内附加值率；M、E和D分别表示企业的进口、出口和国内销售；上标o和p分别用于表示一般贸易和加工贸易；下标m和I分别表示识别出中间产品和加入对中间贸易商比例的考虑。

除了核心变量外，本文还选择企业规模（scale）、企业年龄（age）、员工数（staff）、工资水平（wage）、人才重视程度（talent）和利润率（profit）作为控制变量。表1列明了主要指标的测度。

表1 主要指标测度

变量类型	变量名称	回归变量	变量定义
被解释变量	出口国内附加值率	DVAR	$1 - \frac{\{M_I^p + E^o[M_{tm}^o/(D+E^o)]\}}{E}$
解释变量	产业政策	did	受到国家政策扶持行业取1，否则取0
控制变量	企业规模	scale	固定资产取对数
	企业年龄	age	当年年份减去企业开业年份取对数
	员工数	staff	员工总数取对数
	工资水平	wage	人均工资取对数
	人才重视程度	talent	支付给职工以及为职工支付的现金/营业收入
	利润率	profit	营业利润/营业收入

（三）数据来源

本文构建了2000—2013年1013个上市公司的非平衡面板数据，所用指标数据来源于中国海关数据库和国泰安数据库。在识别指标之前对数据库做如下处理：（1）剔除金融行业数据；（2）剔除没有正常上市的企业数据；（3）剔除财务指标异常的数据。最终得到6158个观测值。

数据匹配过程：首先将中国海关数据库和国泰安上市企业数据库按照企业名称进行合并，其次进一步根据邮政编码、电话号码和法人对第一次没有成功匹配的企业再次匹配。针对企业名称可能会随年份发生变化的情况，我们基于国泰安数据库中不会改变的企业证券代码确定企业个体，合并后的企业数据中同时包含企业的财务信息和进出口信息。最后，本文剔除数据库中经营年限低于3年的企业数据，筛选出符合研究需要的上市公司非平衡面板数据。表2列出了主要变量的描述性统计。

表2 主要变量的描述性统计

变量	观测值	均值	标准差	最小值	最大值
DVAR	6 158	0.897	0.217	0	1
did	6 158	0.396	0.489	0	1
scale	6 158	19.93	1.304	14.12	25.49
age	6 158	2.335	0.502	0.006 82	3.650
staff	6 158	7.603	1.086	3.135	12.29
wage	6 158	8.758	1.240	0.937	13.75
talent	6 158	0.093 6	0.058 5	0	0.598
profit	6 158	0.0682	0.184	−9.011	0.952

五、结果分析

（一）基准回归

表3为中央产业政策影响企业出口国内附加值率的基准回归结果。第（1）列为没有加入控制变量的估计结果，结果显示did的估计系数显著为正。这意味着在样本考察期内，中央实施的鼓励性产业政策可以增加上市公司的出口国内附加值率。第（2）—第（7）列为依次纳入企业规模、企业年龄、员工数、工资水平、人才重视程度、利润率等控制变量后的估计结果，did的估计系数均显著为正。基准回归结果表明，在有效控制了各种影响上市公司出口国内附加值率的因素下，产业政策依然可以促进企业出口国内附加值率。

表3 产业政策影响企业出口国内附加值率的基准回归结果

变量	（1）DVAR	（2）DVAR	（3）DVAR	（4）DVAR	（5）DVAR	（6）DVAR	（7）DVAR
did	0.023** （2.03）	0.023** （2.09）	0.023** （2.10）	0.022** （2.03）	0.022** （2.03）	0.022** （2.01）	0.022** （2.02）
scale		−0.002 （−0.37）	−0.003 （−0.63）	−0.010* （−1.87）	−0.011** （−1.99）	−0.011** （−1.98）	−0.010* （−1.92）
age			0.021 （0.94）	0.018 （0.84）	0.018 （0.83）	0.018 （0.80）	0.019 （0.85）
staff				0.021*** （3.53）	0.023*** （3.56）	0.023*** （3.57）	0.022*** （3.46）
wage					0.004 （0.99）	0.004 （0.97）	0.004 （0.97）
talent						0.117 （1.61）	0.144* （1.83）
profit							0.014 （1.56）
常数项	0.808*** （49.06）	0.843*** （8.75）	0.841*** （8.73）	0.822*** （8.46）	0.794*** （7.74）	0.783*** （7.69）	0.776*** （7.63）
观测值	6158	6158	6158	6158	6158	6158	6158
R^2	0.739	0.739	0.740	0.740	0.740	0.741	0.741
企业固定效应	YES	YES	YES	YES	YES	YES	YES
年份固定效应	YES	YES	YES	YES	YES	YES	YES

（二）平行趋势检验

为保证回归结果的可识别性，进行了平行趋势检验，结果如下表4。分别把"十五"计划、"十一五"规划、"十二五"规划出台当期设定为基期，结果显示，在政策执行之前各期系数估计值并未产生显著的趋势性变动，且都不具备统计显著性。即在执行计划和规划之后具有显著性差别的企业，计划和规划实施之前在企业出口国内附加值上并没有呈现出显著的差异，符合平行趋势假设。

表4 平行趋势检验

试点时间	Before5	Before4	Before3	Before2	Before1
did	−0.026 (−0.58)	−0.064 (−1.39)	−0.012 (−0.43)	0.015 (0.64)	0.014 (0.66)
scale	−0.010* (−1.93)	−0.010* (−1.93)	−0.010* (−1.93)	−0.010* (−1.93)	−0.010* (−1.93)
age	0.017 (0.79)	0.017 (0.79)	0.017 (0.79)	0.017 (0.79)	0.017 (0.79)
staff	0.021*** (3.37)	0.021*** (3.37)	0.021*** (3.37)	0.021*** (3.37)	0.021*** (3.37)
wage	0.004 (0.99)	0.004 (0.99)	0.004 (0.99)	0.004 (0.99)	0.004 (0.99)
talent	0.156** (2.00)	0.156** (2.00)	0.156** (2.00)	0.156** (2.00)	0.156** (2.00)
profit	0.015 (1.64)	0.015 (1.64)	0.015 (1.64)	0.015 (1.64)	0.015 (1.64)
企业固定效应	YES	YES	YES	YES	YES
年份固定效应	YES	YES	YES	YES	YES
观测值	6 158	6 158	6 158	6 158	6 158
R^2	0.742	0.742	0.742	0.742	0.742

(三)稳健性检验

1.替代被解释变量DVAR。前文在计算出口国内附加值率时只考虑了中间贸易商和企业进口的中间品,这里进一步考虑国内中间投入的海外成分问题:

$$DVAR=1-\frac{V_F}{E}=1-\frac{\{M_I^p+E^o[M^o_{Im}/(D+E^o)]\}+0.05*(Int-M_I^p-M^o_{Im})}{E} \quad (3)$$

其中,Int表示企业中间投入额。估计结果如表5(1)列所示,回归系数依然显著为正,产业政策依旧对出口国内附加值率起正向的促进作用。

2.倾向得分匹配(PSM-DID)。更换计量方法,采用倾向得分匹配,尝试降低处理组和对照组中企业在规划实施之前可能存在的差异。估计结果如表5(2)列所示,产业政策的估计系数依然显著为正,结果肯定了产业政策可以促进上市公司出口国内附加值率的提高，基准回归结论具有稳健性。

3. 样本缩尾处理。为了剔除样本极端值对回归分析产生的负面影响，对被解释变量和控制变量双边均进行5%的缩尾。回归结果如表5（3）列所示，估计系数依然显著为正，结论具有稳健性。

表5 产业政策影响企业出口国内附加值率的稳健性检验

变量	（1）DVAR 更换被解释变量	（2）DVAR 倾向得分匹配	（3）DVAR 剔除极端值
did	0.079*** (4.70)	0.022* (1.95)	0.023** (2.07)
scale	−0.003 (−0.40)	−0.009 (−1.59)	−0.008 (−1.28)
age	0.006 (0.23)	0.010 (0.44)	0.016 (0.59)
staff	−0.034*** (−3.42)	0.024*** (3.56)	0.025*** (3.69)
wage	−0.000 (−0.03)	0.003 (0.85)	0.005 (1.32)
talent	0.590*** (4.52)	0.124 (1.54)	0.224** (2.08)
profit	0.010 (0.51)	0.013 (1.50)	0.089** (2.29)
常数项	0.586*** (4.13)	0.760*** (7.37)	0.672*** (6.09)
企业固定效应	YES	YES	YES
年份固定效应	YES	YES	YES
观测值	6 158	5 702	6 158
R^2	0.798	0.725	0.741

（四）安慰剂检验

为进一步验证DID估计方法的稳健性，本文还采用随机化处理组和控制组的方法进行安慰剂检验。使原处理组中执行产业政策的企业作为新的控制组，保持产业政策执行时间不变。如果在 t 年有 n 个企业实行了产业政策，那么在当年以及此前从来没有实行过产业政策的企业中随机抽取 n 个企业作为新的处理组，在此基础上利用新设定的样本数据重新对模型进行估计。将上述过程重复 1000 次，估计结果如下图 1，图形拟合情况较好，结论具有较好的稳健性。

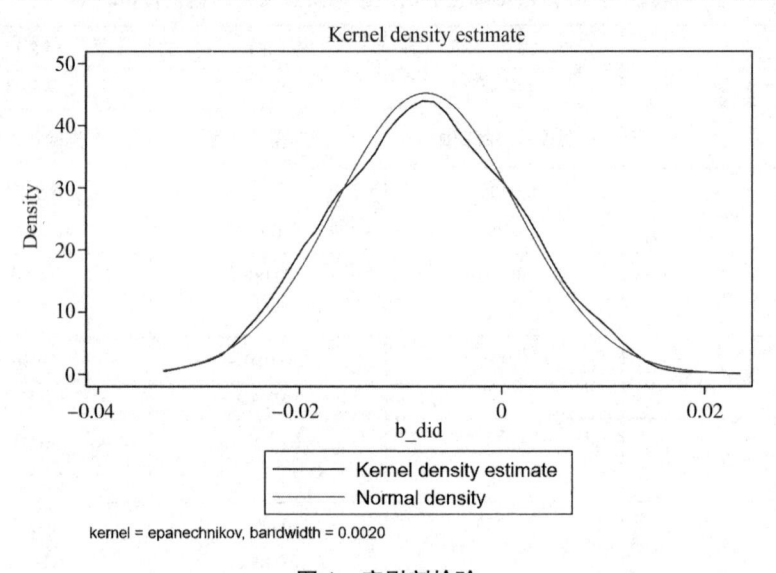

图 1　安慰剂检验

（五）异质性检验

一是考虑区域异质性，本文按照统计年鉴把上市公司分为东部地区和中西部地区，回归结果如表 6 列（1）、列（2）所示，结果显示产业政策对中西部企业出口国内附加值有明显的促进作用，而对东部地区企业的促进作用不显著。这主要是因为东部地区外向型经济相对发达，所处该地区的上市公司的出口国内附加值率也相对较高，产业政策的边际影响较小。而中西部地区出口国内附加值率基数较小，上升空间较大，随着西部大开发、中部崛起、"一带一路"倡议等国家战略的不断推进，产业政策的正向效应在中西部地区的边际影响较大，效果更加显著。

二是考虑要素密集度异质性，本文借鉴胡浩然（2021）将企业要素密集度分成5分位数，把在3/5分位数以上的企业作为资本密集型企业样本组，在2/5分位数以下的企业作为劳动密集型企业样本组。回归结果如表6列（3）、列（4）所示，结果显示产业政策对资本密集型企业的出口国内附加值率的促进作用明显，对劳动密集型企业的影响有限。这主要是因为劳动密集型企业主要依靠低端制造和简单的加工装配，创新能力较弱，产业政策对其影响不明显。而资本密集型企业创新能力较强，产业政策的鼓励可以进一步促进企业创新，从而对企业出口国内附加值率产生了明显的正向作用。

表6 异质性检验

解释变量	\multicolumn{6}{c}{DVAR}
	区域异质性		要素密集度异质性		贸易方式异质性	
	（1）东部地区	（2）中西部地区	（3）资本密集型企业	（4）劳动密集型企业	（5）一般贸易	（6）非一般贸易
did	0.007（0.69）	0.061**（2.21）	0.074**（2.25）	−0.005（−0.37）	0.020*（1.93）	0.018（0.39）
scale	−0.011*（−1.84）	−0.006（−0.53）	−0.006（−0.56）	−0.016（−1.50）	−0.010*（−1.89）	−0.038（−1.02）
age	0.029（1.14）	0.016（0.34）	0.037（0.88）	−0.005（−0.13）	−0.011（−0.56）	0.153（1.20）
staff	0.019***（2.66）	0.034**（2.49）	0.040***（2.95）	0.009（0.55）	0.017***（2.70）	0.041（1.22）
wage	0.004（1.09）	0.004（0.58）	−0.001（−0.16）	0.006（1.28）	0.003（−0.90）	0.030（1.47）
talent	0.078（0.84）	0.312**（2.28）	0.305（1.53）	0.191*（1.88）	0.119（1.56）	−0.247（−0.57）
profit	0.019（1.08）	0.016*（1.67）	0.019（1.26）	0.031（1.35）	0.012（1.35）	−0.063（−0.43）
常数项	0.766***（6.66）	0.648***（3.52）	0.457**（2.22）	1.028***（6.45）	0.963***（9.53）	0.354（0.51）
企业固定效应	YES	YES	YES	YES	YES	YES
年份固定效应	YES	YES	YES	YES	YES	YES
观测值	4 467	1 691	2 464	2 463	5 248	578
R^2	0.751	0.714	0.795	0.781	0.744	0.870

三是考虑贸易方式异质性，本文把所有上市公司分为一般贸易企业和非一般贸易企业。回归结果如表6列（5）、列（6）所示，结果显示产业政策对一般贸易企业的出口国内附加值产生了显著的正面影响，但对非一般贸易企业的出口国内附加值的影响并不显著。这主要是因为在全球价值链中，非一般贸易企业主要利用本国廉价的成本，从事加工装配和技术含量较低的生产制造，所以整体获利能力和应对风险能力更弱。而一般贸易企业拥有更强的盈利能力和技术水平，能更好地利用国家产业支持政策。这也说明我国上市公司在提高出口国内附加值率方面不再依赖加工贸易，产业政策更多地依靠一般贸易提高企业出口国内附加值率。

六、作用机制检验

基于第二部分的理论分析，选择创新效应和出口规模效应这两条中介来检验产业政策对企业出口国内附加值率的作用机制。

（一）研发创新能力

产业政策可以提高企业的研发创新能力，进而促进企业出口国内附加值率的提高。基于此，本文以企业研发创新能力为中介构建如下模型：

$$Innovate_{ijt} = \beta_0 + \beta_1 time_t \times treat_{ijt} + \beta_2 X_{ijt} + \alpha_i + \alpha_t + \mu_{ijt} \tag{4}$$

$$DVAR_{ijt} = \beta_0 + \beta_1 time_t \times treat_{ijt} + \beta_2 X_{ijt} + \beta_3 Innovate_{ijt} + \alpha_i + \alpha_t + \mu_{ijt} \tag{5}$$

其中 Innovate 表示企业研发创新能力，用上市公司独立获得的专利数量加一取对数表示（齐绍洲等，2018），数值越大表明企业创新能力越强。表8列（1）、列（2）是以创新为中介的回归结果，结果显示中介变量的回归系数显著为正，表明产业政策通过提高企业研发创新能力进而促进了企业出口国内附加值率的提高。这主要是因为政府实施产业政策，鼓励、支持相关行业的发展，势必会使该行业的企业有更宽松的融资条件、更雄厚的资金支持，进而使该企业有条件把更多的人力、物力用于创新水平的提高，增强的创新能力更多地用于产品的生产，那么生产出来的产品的附加值就会提高，进而会提高企业的出口国内附加值率。

表8 作用机制检验

变量	（1）innovate	（2）DVAR	（3）expscale	（4）DVAR
did	0.218*** (3.23)		0.427*** (3.88)	
innovate		0.004* (1.80)		
expscale				0.004** (2.15)
scale	0.113*** (3.72)	−0.011* (−1.90)	0.281*** (5.51)	−0.011** (−2.04)
age	0.152 (1.37)	0.021 (0.94)	0.040 (0.23)	0.018 (0.82)
staff	0.261*** (6.66)	0.021*** (3.36)	0.224*** (3.44)	0.021*** (3.31)
wage	0.047*** (2.66)	0.003 (0.77)	0.068** (2.51)	0.003 (0.89)
talent	−0.329 (−0.66)	0.144* (1.80)	−2.468*** (−3.31)	0.156** (1.98)
profit	−0.164* (−1.65)	0.013 (1.54)	0.017 (0.16)	0.013 (1.53)
常数项	−4.015*** (−7.26)	0.787*** (7.54)	9.439*** (9.53)	0.730*** (7.02)
企业固定效应	YES	YES	YES	YES
年份固定效应	YES	YES	YES	YES
观测值	6 047	6 047	6 158	6 158
R^2	0.790	0.741	0.807	0.741

（二）出口规模

产业政策可以扩大企业的出口规模，进而促进企业出口国内附加值率的提高。基于此，本文以出口规模为中介构建如下模型：

$$\exp scale_{ijt} = \beta_0 + \beta_1 time_t \times treat_{ijt} + \beta_2 X_{ijt} + \alpha_i + \alpha_t + \mu_{ijt} \quad (6)$$

$$DVAR_{ijt} = \beta_0 + \beta_1 time_t \times treat_{ijt} + \beta_2 X_{ijt} + \beta_3 \exp scale_{ijt} + \alpha_i + \alpha_t + \mu_{ijt} \quad (7)$$

其中 expscale 表示企业的出口规模，用企业 i 在 t 期出口额的自然对数值表示（毛其淋和赵柯雨，2021）。表 8 列（3）、列（4）是以出口规模为中介的回归结果，结果显示中介变量的回归系数显著为正，表明产业政策通过扩大出口规模进而提高企业的出口国内附加值率。这意味着政府为了实施产业政策，对重点产业的企业给予出口补贴、放宽出口限制等措施，进而增加了企业出口产品的数量，扩大了企业的出口规模。随着出口规模的扩大，企业管理水平进一步提高，分工更加细化，集中生产能力更强，从而提高了企业出口国内附加值率。

七、结论与建议

本文旨在探索产业政策对企业出口国内附加值的影响，经研究发现：第一，产业政策可以提高上市公司的出口国内附加值率。第二，产业政策对出口国内附加值率的促进作用主要体现在中西部地区、资本密集型企业和从事一般贸易的企业。第三，作用机制检验结果表明，产业政策通过企业研发创新能力和出口规模效应这两个渠道提高了企业出口国内附加值率。

本文研究对中国产业政策的发展、企业创新能力的提高和未来出口贸易的扩张等具有重要的政策启示。第一，政府应顺应经济新常态的发展，不断完善宏观调控，积极推进供给侧结构改革，制定合适的产业政策，发挥政策在实现经济高质量发展中的作用。第二，政府实施的产业政策要因地制宜，加大对重点领域关键环节的市场改革力度，大力促进中西部地区相关产业的发展，加快缩小中西部地区在出口国内附加值率方面同东部地区的差距。同时，政府应当不断深化改革，加快劳动密集型企业转型升级，提高我国在全球价值链中的地位和作用。第三，政府在制定产业政策时，要注重通过引导产业政策促进企业创新，以创新推动新技术、新产品、新业态、新模式的发展，促进企业加快转变经济发展方式，寻求新的经济增长点。第四，政府应引导产业政策促进出口规模扩大，推动社会生产力水平整体改善。重点关注产业的出口补贴、出口限制等措施，通过提高对出口产品补贴的数量和种类，放宽出口限制等措施扩大出口规模，进而提高出口国内附加值率。

参考文献

[1] Upward, R., Wang, Z., Zheng, J.2013.Weighing China's Export Basket: The Domestic Content and Technology pruduct of Chinese Exports[J]. Journal of Comparative Economics, 2012, 41（2）: 527-543.

[2] 张杰, 陈志远, 刘元春. 中国出口国内附加值的测算与变化机制 [J]. 经济研究, 2013, 48（10）: 124-137.

[3] 吕越, 罗伟, 刘斌. 异质性企业与全球价值链嵌入: 基于效率和融资的视角 [J]. 世界经济, 2015, 38（8）: 29-55.

[4] 吴云霞, 马野驰. 国家制度距离对出口国内附加值影响的实证检验 [J]. 统计与决策, 2020, 36（20）: 96-100.

[5] 王秋红, 李文文.GVC 参与度对中国制造业出口国内附加值的影响研究 [J]. 价格月刊, 2020（4）: 70-76.

[6] 李明广, 谢众. 人口老龄化对企业出口国内增加值率的影响研究 [J]. 西北人口, 2022, 43（1）: 100-115.

[7] 吕越, 尉亚宁. 全球价值链下的企业贸易网络和出口国内附加值 [J]. 世界经济, 2020, 43（12）: 50-75.

[8] 杨烨, 谢建国. 环境立法管制对企业出口国内附加值率的影响 [J]. 经济理论与经济管理, 2020（12）: 83-99.

[9] 金洪飞, 陈秋羽. 产学研合作与价值链低端困境破解——基于制造业企业出口国内附加值率的视角 [J]. 财经研究, 2021, 47（11）: 94-108.

[10] 孙伟, 戴桂林. 开发区设立与企业出口国内附加值 [J]. 产业经济研究, 2020（5）: 1-13+29.

[11] 盛斌, 王浩. 银行分支机构扩张与企业出口国内附加值率——基于金融供给地理结构的视角 [J]. 中国工业经济, 2022（2）: 99-117.

[12] 刘帷韬, 杨霞, 刘伟. 产业政策抑制了实体公司金融化吗——来自中国 A 股上市公司的证据 [J]. 广东财经大学学报, 2021, 36（1）: 37-49.

[13] 余明桂, 范蕊, 钟慧洁. 中国产业政策与企业技术创新 [J]. 中国工业经济, 2016（12）: 5 22.

[14] 徐斯旸, 辛冲冲, 杨先旭. 产业政策、地方政府干预与僵尸企业贷款 [J]. 江西社会科学, 2021, 41（1）: 61-73.

[15] 黎文靖, 郑曼妮. 实质性创新还是策略性创新?——宏观产业政策对微观企业创新的影

响[J].经济研究,2016,51(4):60-73.

[16] 李学峰,潘雨洁.产业政策提升公司信息披露质量了吗?[J].华北金融,2021(7):1-13.

[17] 张莉,朱光顺,李夏洋,等.重点产业政策与地方政府的资源配置[J].中国工业经济,2017(8):63-80.

[18] 赵婷,陈钊.比较优势与中央、地方的产业政策[J].世界经济,2019,42(10):98-119.

[19] 孟庆玺,尹兴强,白俊.产业政策扶持激励了企业创新吗?——基于"五年规划"变更的自然实验[J].南方经济,2016(12):1-25.

[20] 王文倩,周世愚.产业政策对企业技术创新的影响研究[J].工业技术经济,2021,40(8):14-22.

[21] Kee, H.L.and Tang, H.Domestic Value Added in Exports: Theory and Firm Evidence from China[J].The American Economic Review, 2016, 106(6):1402-1436.

[22] 刘啟仁,黄建忠.企业税负如何影响资源配置效率[J].世界经济,2018,41(1):78-100.

[23] 严兵,郭少宇.产业政策与对外直接投资——来自中国上市公司的证据[J].国际贸易问题,2021(11):124-139.

[24] 苏婧,李思瑞,刘颖.产业政策的股票市场信号效应及其对企业创新的影响:综述与展望[J].科技促进发展,2020,16(12):1494-1501.

[25] 杜传忠,郭树龙.经济转轨期中国企业成长的影响因素及其机理分析[J].中国工业经济,2012(11):97-109.

[26] 许家云,徐莹莹.政府补贴是否影响了企业全球价值链升级?——基于出口国内附加值的视角[J].财经研究,2019,45(9):17-29.

[27] 张鹏杨,李众宜,毛海涛.产业政策如何影响企业出口二元边际[J].国际贸易问题,2019(7):47-62.

[28] 毛其淋,赵柯雨.重点产业政策如何影响了企业出口——来自中国制造业的微观证据[J].财贸经济,2021(11):131-145.

[29] 余壮雄,丁文静,董洁妙.重点产业政策对出口再分配的影响[J].统计研究,2021,38(1):92-104.

[30] 吕越,盛斌,吕云龙.中国的市场分割会导致企业出口国内附加值率下降吗[J].中国工业经济,2018(5):5-23.

[31] 胡浩然.清洁生产环境规制与中国企业附加值升级[J].国际贸易问题,2021(8):137-155.

[32] 齐绍洲,林屾,崔静波.环境权益交易市场能否诱发绿色创新?——基于我国上市公司绿色专利数据的证据[J].经济研究,2018,53(12):129-143.

从全球供应链发展趋势探讨全球贸易治理路径

王燕　邵欣楠　陈锡亮[*]

摘要：随着经济全球化进入到一个曲折发展的阶段，全球供应链呈现出多元化、数字化、绿色低碳化和区域化趋势。新冠疫情和乌克兰危机等不确定因素造成全球供应链遭受重大压力，"断链"频发，以保障局部供给安全的供应链"短链化""友岸化"策略影响全球化的均衡和充分发展，加之世界贸易组织（WTO）的制度缺位和功能受限，全球贸易治理遭遇重大挑战。本文通过中间品贸易发展态势分析全球供应链现状，以及WTO面临的困境，进而探索全球化新阶段下的贸易治理方案。

关键词：全球供应链；中间品贸易；全球贸易治理；世界贸易组织

一、引言

随着世界各国参与国际分工的程度不断加深，中间品贸易规模正在不断扩大，20年来增长了2.4倍，代表着全球供应链格局的形成：发展中经济体制造能力提升、积极参与市场竞争；发达经济体降低生产成本、填补国内需求，各方均从中获益，促进了全球经济的发展。当前，全球化已经进入新阶段，供应链多元化、数字化、绿色低碳化和区域化趋势凸显。新冠疫情和乌克兰危机等造成全球供应链压力呈现极端水平，供应链"断链"问题频发。加之地缘政治等因素作用，部分国家和经济体通过"短链化""近岸化"来保障供给安全，对全球化的均衡和充分发展造成一定影响。而本应发挥重要作用的世界贸易组

---

[*] 作者简介：王燕　海关总署研究中心宏观经济研究部主任；邵欣楠　海关总署研究中心宏观经济研究部研究实习员；陈锡亮　江门海关科长。

织（WTO），却因为相应制度缺位和功能受限，无法适应全球化发展的新阶段，影响其贸易治理作用的发挥，区域自由贸易协定逐渐受到各国家和经济体的推崇。本文从中间品贸易出发，梳理中间品贸易理论发展，分析全球供应链现状以及当前WTO面临的困境，并提出新形势下参与全球贸易治理的路径探索。

二、中间品国际贸易发展态势

（一）中间品贸易理论

根据联合国广义经济类别分类（BEC）[①]，按照产品的生产过程或使用原则将商品分为三大类：初级产品、中级产品和最终产品。中间品即进口或出口货物在最终到达消费者之前需要进一步加工才能进行消费的商品。国际分工的扩大加深了全球的生产性组织，全球生产性活动强化了中间品贸易。近20年来，中间品贸易总额的增长速度超过了全球GDP增速。全球化背景下，中间品贸易逐步成为国际贸易中的重要组成部分。

在传统的贸易理论和新贸易理论中，学者对于产业间贸易和产业内贸易的解释都是基于产品的所有生产环节集中在一个国家完成的假定。但随着国际生产网络的形成与发展，中间品贸易方兴未艾，原有的贸易理论无法获得合理的解释。20世纪60年代，贝拉·巴拉萨指出"一类商品的连续生产过程被分割成一条垂直的贸易链，由每个国家根据其比较优势对生产过程中的各阶段分别将其附加值化"，他把这样的全球化分工现象定义为垂直专业化（Vertical Specialization）[②]。如今，基于垂直专业化分工的全球产业链革命表现为工业制成品的生产工序不断细化，同一产品不同生产工序分布在不同国家，生产链条逐渐拉长，中间品贸易飞速发展并成为国际贸易的主流。

[①] BEC由联合国经济和社会事务部负责组织研究发布，自1971年采用以来，世界各地的统计局都使用BEC报告贸易统计数据。BEC本质上是现有产品分类的高级聚合。它根据标准国际贸易分类（SITC）、协调商品和编码系统（HS）和中央产品分类（CPC）中的详细商品分类，提供了对国际贸易的概述。

[②] B. Balassa, Trade Liberalization among Industrial Countries, New York: McGraw-Hill, 1967.

学术界也在不断尝试对中间品贸易理论的研究和讨论。20世纪70年代，部分学者开始把中间品贸易纳入国际贸易理论文献[1]，将非贸易中间投入品嵌入国际贸易理论[2]。

Sanyal & Jones 将生产看作一个广义的增值过程，即所有参与国际贸易的商品都会有价值增值，即使这种商品是原材料；同时，所有参与国际贸易的商品在到达消费者之前都会有价值增值，即使这种商品是产成品[3]。因此，所有的国际贸易都是中间品的贸易。一个国家既利用本国资源和生产要素生产用于出口的中间品，也利用进口中间投入品和本地资源以及生产要素生产最终产品。以赫克歇尔-俄林模型和特定要素模型为基础构建的一般均衡的框架结果显示，如果一个国家能从国际市场上以更好的贸易条件（相对价格更低的进口中间品）进行贸易，该国可以获得更大的最终产品产出。Findlay & Jones[4]对李嘉图模型进行了改造，从而构建了一个扩大的李嘉图模型，并且假定存在要素流动或中间品贸易，结论是中间品贸易不仅可以使一国获益，而且可以改变比较优势和国际贸易格局，不同国家的劳动生产率将决定其比较优势。

WTO自2021年起在贸易增加值栏目下按季度发布《全球中间品出口报告》，以监测全球供应链运行情况，认为中间品贸易是全球供应链稳健性的一个重要指标。随着全球产业链的高度融合，中间品贸易的研究和讨论具有更为特殊的意义。

（二）中间品国际贸易持续增长

2000—2021年，中间品国际贸易快速增长，规模由7万亿美元扩大到24万亿美元，年均增长6%，同期全球GDP年均增长4.6%。全球中间品贸易规模

---

[1] Schweinberger, A. G. The Heckscher-Ohlin Model and Traded Intermediate Products[J]. The Review of Eco-nomic Studies, 1975（42）: 269-278.

[2] Ray, A. Traded and Nontraded Intermediate Inputs and Some Aspects of the Pure Theory of International Trade[J]. Quar- terly Journal of Economics, 1975（89）: 331-340.

[3] Sanyal, K. K. &R. W. Jones. The Theory of Trade in Middle Products[J]. The American Economic Review, 1982（72）: 16-31.

[4] Findlay, R. &R. W. Jones. Input Trade and the Location of Production[J]. The American Economic Review, 2001（91）: 29-33.

仅在2009年、2015年和2020年出现过短暂下滑，主要原因是资源产品价格出现大幅下滑。（如，WTI原油年平均价格在2009年、2015年和2020年同比分别下滑37.8%、47.7%和30.4%。）

2021年，中间品国际贸易在经历长期的盘整后再次步入景气阶段，整体规模超过24万亿美元并创下历史新高，较第二高点2013年高出11.1%；同时增速达到27%，创近20年新高；占商品贸易比重在经历2011年以来的下滑后，连续两年回升，由2019年的53.2%升至2021年的53.7%。

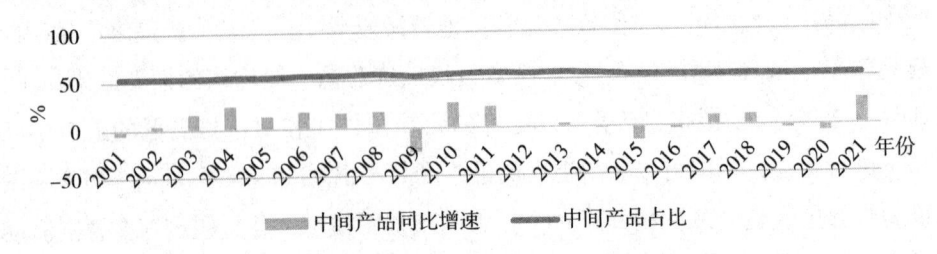

图1 全球中间品贸易增速与占比变化趋势图

数据来源：UN Comtrade，GTAS.

（三）发展中国家中间品贸易的突出表现

2000年以来，中间品国际贸易份额呈现出由发达国家向发展中国家转移的趋势，亚太地区发展中国家增长更为迅速，年均增长率为10%。其中，在中间品主要贸易国别地区中（前20），越南以17.6%的增速居首位，其次是中国（13.4%）和印度（11.6%）。作为全球供应链体系的另外两个地区中心的美国和德国，在历史高基数水平下，中间品国际贸易增速则有所下降，分别由15.1%和7.1%下降至10.1%和6.6%。

中间品国际贸易快速增长提升了相关国家地区在中间品贸易中的份额。2000年至2021年，中国占全球中间品贸易比例由3.8%提升至15.7%，越南由0.2%提升至1.8%，印度由0.9%提升至2.8%。OECD在《互联的经济》中称GVCs导致亚洲劳动力垂直分工，给后工业化的亚洲国家创造了发展制造业的相对比较优势。

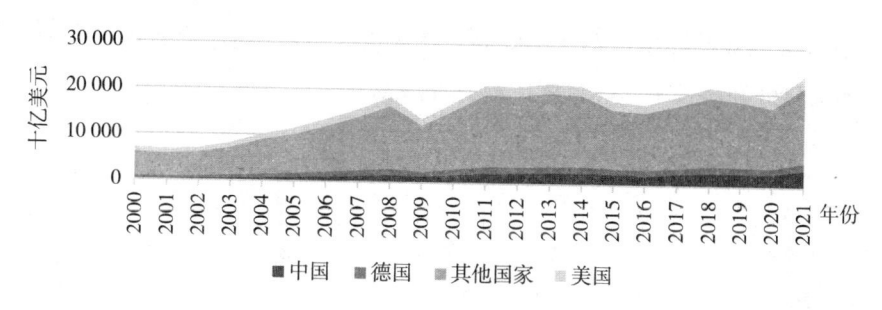

图 2　2000—2021 年全球中间品贸易趋势图

数据来源：UN Comtrade，GTAS.

（四）中间品贸易区域化发展趋势

后疫情时代，全球供应链面临前所未有的压力，中间品贸易呈现区域化发展趋势。以北美洲的美、墨、加为例，2021 年区域内中间品贸易增速较以往年份骤然提升，国家间中间品贸易增长 31.3%，增速为近年最高值，较 2018 年的次高值 8.3% 高出 23 个百分点。区域内中间品贸易增速明显高于区域外。2021年，美、墨、加与区域外国家地区中间品贸易增速为 26.1%，低于区域内 5.2 个百分点。

图 3　美墨加区域内和区域外中间品贸易增速趋势图

数据来源：UN Comtrade.

在南美洲也有类似的情况，巴西与周边国家中间品贸易增长更快，对阿根廷、智利分别增长 67.6%、77.3%，对中国、德国则分别增长 38.4%、27.5%。在亚洲，越南与周边国家地区中间品贸易增速明显高于距离较远地区，对柬埔寨、印度、中国香港、菲律宾、印度尼西亚分别增长 61.3%、37.7%、34.6%、33.9%、21.5%，而对于较远地区则增长较慢，对韩国、日本分别增长 16.6%、

8.3%；马来西亚与印度尼西亚中间品贸易增长54.3%，对距离较远的中国、日本、韩国只分别增长了28.6%、21.4%、17.8%。

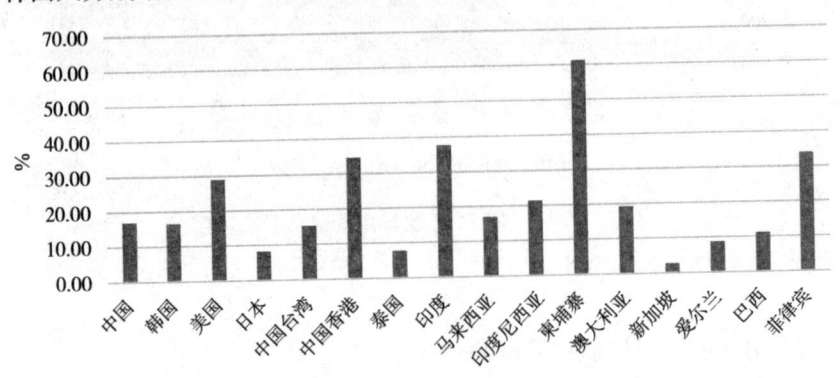

图4　2021年越南对主要贸易对象中间品贸易增速

三、全球供应链收缩与重构

（一）全球供应链参与者均在获益

经济全球化、贸易成本的下降和科学技术的进步推动了国际生产的碎片化和国际供应链的发展。连接国际供应链不同生产阶段的中间投入贸易在世界贸易流动中发挥着主导作用，并使世界各国能够提高生产率、竞争和创新[①]。现实中，纯粹的"美国制造"或"中国制造"的产品越来越少，而越来越多的产品是"世界制造"。

20世纪70年代末80年代初兴起全球产业转移浪潮，推进了全球化和供应链大发展。在此过程中，中间品贸易开始快速增长，20世纪80年代，国际贸易的总量当中，中间品贸易仅占不到30%，20世纪90年代经济全球化进程高速推进，中间品贸易增速超过GDP的增长，也快于最终品贸易的增速。到2021年，中间品贸易占比达到了53.7%。这一阶段既是供应链扩张的阶段，也是全球化发展的阶段。全球化优化了资源配置，降低了生产成本，改善了民众福利，造就了世界经济几十年的快速增长期。发展至今，全球供应链呈现"三

---

① Trade in Intermediate Goods and International Supply Chains in CEFTA, OECD.

足鼎立"布局：分别是以美国为主的北美供应链中心，以德国为主的欧洲供应链中心和以中国为主的亚洲供应链中心。三大区域内部贸易联系紧密，区域之间贸易规模庞大，从而形成全球生产网络。

从供应链上游看，在过去20年的大部分时间里，美国制造业的供应链一直是由将劳动密集型的生产要素转移到劳动力成本较低的国家而形成的，部分原因是对制成品的关税降低[1]。美国主要制造业部门依赖于进口中间品来制造其产品。尽管美国在2007—2009年全球衰退期间贸易大幅收缩，但此后关键制造业出现反弹，这表明衰退前已经盛行的"离岸"供应链策略仍在继续[2]。供应链的大发展和全球化对美国经济恢复起到至关重要的作用，即使在美国经济衰退时期，其中间品贸易增速依旧显著，也给了美国一个黄金十年的恢复期。所以全球化下的供应链发展不仅有利于发达经济体更好提升产业效率，也有利于其在经济衰退时期从发展中经济体获得"输血"和"给氧"，更好复苏经济。

从供应链中下游看，20世纪70年代末发展中国家中间品贸易占比直线上升，主要得益于发达国家的产业转移，使得发展中国家有机会迅速嵌入全球产业链条。过去20年里，设法提高在全球价值链参与程度和出口产品增加值的国家，人均GDP平均增长3.4%；仅仅提高全球价值链参与度的国家人均GDP平均增长了2.2%（联合国贸发组织，2013），这个过程不仅带动了发展中国家的经济发展，也拉动了全球经济的增长。

（二）全球供应链遭遇危机

自2020年3月新冠疫情在全球蔓延以来，全球供应链持续承压，从最初的"芯片荒"到现在世界多个经济体出现不同程度的消费品供应短缺问题，供应链中断成为各国不可忽视的危机。

1. 全球供应链压力呈现极端水平

纽约联储在2022年初推出一项新指标——全球供应链压力指数（Global Supply Chain Pressure Index，简称GSCPI），记录了自1997年以来的全球供应链

---

[1] UNIDO, Mapping Global Value Chains, 2011.
[2] Intermediate Goods Imports In Key U.S. Manufacturing Sectors, Mihir Torsekar, 2017.

压力。该指数通过跟踪原材料运输成本的波罗的海干散货运价指数、跟踪集装箱运价变化的哈派克斯指数（Harpex Index），来衡量跨境运输成本；其次通过美国劳工部的价格指数衡量美国进出口货运空运成本；以及通过各国 PMI 指数衡量美国、欧元区和中国等主要经济体制造商交货延迟严重程度和订单积压规模等。从历史上看，该指数一直在平均水平附近移动，但是疫情期间，供应链压力激增，涨幅远超过过去的幅度。指数显示，当前全球供应压力比正常水平高出约 4.5 个标准差，是 1997 年以来从未出现过的极端水平。

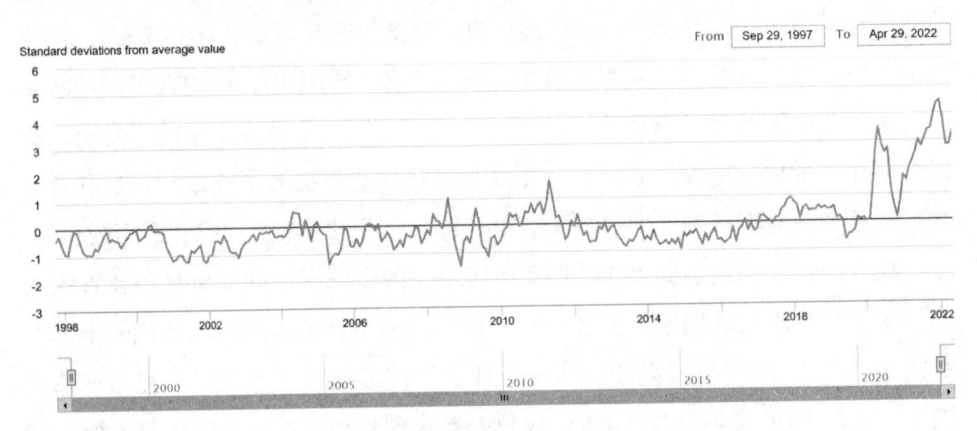

图 5　供应链压力指数

数据来源：纽约联储。

2. 从"断点"看供应链危机本质

全球供应链的形成是国际贸易和国际投资长期发展的结果。链条延伸越广泛，各个节点分工越明确、越细化，单个节点的生产与供给就越专业、越集中，那么这种延伸就会提高制造业效率以及促进贸易发展。但是从另一方面看，在不断延展的链条以及高精细的分工下，一个"断点"的出现可能导致整个链条低效甚至瘫痪。

全球供应链出现的问题主要集中在供需两端。一方面，造成生产端的原材料等供应短缺影响制造业产出；另一方面，导致消费端的产品供应短缺又影响社会生活。新冠疫情造成部分地区工厂无法开工、全球产能不足、运输能力下降等，进而导致供应中断。例如，作为生产和消费大国，美国疫情期间"断链"问题尤为显著，出现港口拥堵、货船滞留、超市货架无货等现象。但从深层次看，供应链危机本质上是全球化和产业领域的发展进入一个新的阶段，而新旧过程交替中产生了很多问题，例如贸易保护主义、工业化国家劳动力短缺等，而这些问题都没有合适的解决方案。问题不断积累，在疫情和战争背景下集中爆发。世界银行2020年报告中也指出，自2008年全球金融危机以来，全球贸易增长缓慢，全球价值链的扩张陷入停滞，贸易主导型增长模式受到了严峻挑战，大国之间的冲突可能导致全球价值链的缩减或分割。

（三）全球供应链演变

全球供应链演化至今，主要有三个驱动力量：信息技术发展、国际局势的变化以及市场趋利避害的选择。2020年以来的新冠疫情叠加乌克兰危机加剧了全球供应链矛盾，"断点"之痛暴露了供应链环节的脆弱性。在此过程中，跨国公司开始反思过去单纯以效率为主导的供应链管理思路，更多考虑效率和安全的平衡，全球供应链呈现一些新特征。本文认为全球供应链未来演化路径无非是两种：缩链或者重构。

1. 缩短供应链

缩短供应链，即国家和企业更加重视生产安全性，降低经济对外需的依赖度，推动产业本地化或迁移到地缘亲近地区。疫情和战争的冲击，让欧美等国家和经济体对国内医疗等应急供应链备份，引导民生关键产业的回流。欧盟委员会主席冯德莱恩称，欧洲必须能够自己生产关键的药物。早在2015年，波士顿咨询公司对美国企业的一项调查显示，美国企业中近80%的企业实施本地化战略是为了缩短供应链；70%用于"降低运输成本"；64%的受访者表示"更接近本地客户"。此外，UPS（United Parcel Service，美国联合包裹运送服务公司）对先进技术行业的美国公司进行的一项调查发现，35%的受访者计划将供应链的部分转移到更靠近消费点的地方[①]。

2. 供应链重构

跨国企业意识到其正在面临供应链断裂风险，涉及边境封闭、贸易壁垒、贸易战等，开始对供应链进行重构。

---

① 《制造业的再外包》，2015年12月10日。

（1）全球供应链更加多元化

各国在供应链上更加强调国家安全和本国利益优先，主动将供应链向更多国家布局。跨国公司及其母国为保证产业链安全和产能自主，防止对单个经济体的过度依赖，放弃过去以效率为标准、在全球范围内按照各国比较优势和规模经济来布局产品不同生产环节的做法，更多考虑效率和安全的平衡以及供应链的自主性和可控性，以社会成本作为产业配置的最终标准，对医疗、高科技等关键产业供应链布局进行调整，他们开始对国内应急供应链备份、引导关键产业的回流和回归区域化。新冠疫情暴发后，日本提供2200亿日元用以资助日本制造商将生产线回迁，235亿日元资助日本公司将生产转移到东盟或其他国家。欧盟委员会推出7500亿欧元的"下一代欧盟"计划，帮助欧盟成员国进行经济重组，确保主要产业部门"战略自立"和增强地区供应链。USMCA在原产地规则领域规定，汽车及其零部件区域价值含量不能低于75%，迫使墨西哥汽车制造商从区域内采购汽车零部件。

（2）全球供应链向数字化演进

随着信息技术的渗入，全球化的跨境流动载体从跨境商品流动演进到了跨境信息流动。全球产业链被知识和信息赋能，呈现数字化趋势。在此过程中，全球分工的比较优势格局被重新定义。知识和无形资产对全球化的重要性不断提升，自动化和人工智能技术以及长期化的低利率环境，使得制造业的技术和资本密集度不断提高，全球化被提升到了更高的水平。但值得注意的是，在这一过程中，国家安全的边界被重新定义，对参与全球化国家之间的互信也提出了更高的要求，导致战略互信削弱的国家之间，冲突也随之扩展到该领域[1]。中美当前的贸易冲突就是这一阶段的具体表现：两国贸易冲突向科技冲突和非传统安全领域扩展，美国在技术管制、投资审查、人才政策等多方面对中国采取了更严格的措施。这在一定程度上对全球化带来了挑战。

（3）全球供应链区域化进程加快

在全球经济贸易的不确定性持续以及供应链危机的背景下，自由贸易协

---

[1] 徐奇渊、东艳：《全球产业链重塑》，中国人民大学出版社，2022年。

定[1]谈判持续加速，为全球供应链布局和发展提供了一种制度安排。与纯粹的地缘亲近区域化不同，当下自由贸易协定演化为一种基于市场选择的供应链优选区域化，比如《区域全面经济伙伴关系协定》（RCEP）。RCEP允许零部件的免税贸易往来，将促使亚太地区各供应链更具有竞争力和紧密性。WTO认为中间品贸易是全球供应链稳健性的重要指标，其最新报告指出[2]，全球中间品出口同比增长27%，其中亚洲增速最快（28.5%），供应链区域化是带动贸易增长的主要因素，为全球经济复苏做出重要贡献。

四、WTO遭遇前所未有困境与挑战

（一）经济全球化进入到一个曲折发展阶段

"经济全球化"最早是由T·莱维于1985年提出的概念。国际货币基金组织（IMF）认为："经济全球化是指跨国商品与服务贸易及资本流动规模和形式的增加，以及技术的广泛迅速传播使世界各国经济的相互依赖性增强"。经济全球化有利于资源和生产要素在全球的合理配置、资本和产品全球性流动、科技全球性的扩张，以及促进不发达地区经济的发展。经济全球化是人类发展进步的表现，是世界经济发展的必然结果。

随着经济全球化的迅猛推进，反对全球化的浪潮也日趋高涨。1999年11月美国西雅图WTO部长会议期间的大规模反全球化示威，被认为是"反全球化现象"的开始。联合国秘书长安南2000年4月发表《千年报告》，该报告提出："很少有人、团体或政府反对全球化本身，他们反对的是全球化的悬殊差异。"2008年全球性金融危机使得反全球化向逆全球化转变，英国脱欧以及特朗普政府获得执政都具有代表性。特别是2020年新冠疫情在全球肆虐，客观上将逆全球化带入一个被普遍认同的新阶段。从历史观视角来看，逆全球化的

---

[1] 自由贸易协定（FTA）是两个或以上国家、区域贸易实体间所签订的贸易条约，目的在于促进经济一体化，消除贸易壁垒（例如关税、贸易配额和优先级别），允许货品与服务在国家间自由流动。

[2] 世界贸易组织（WTO）按季度发布的《全球中间产品出口报告》，涉及零部件等中间产品，以监测全球供应链运行情况。IG贸易是全球供应链稳健性的一个重要指标。最新报告为2021年3季度。

产生、发酵和流行，是一个与资本主义及其全球化发展历程紧密相关的现象，而逆全球化的根源就是资本主义生产方式在全球扩张的时代性遭遇。

无论反全球化和逆全球化思潮如何涌动，各国和经济体结合自身情况，从实际利益出发，继续参与全球供应链和经贸合作，区域自由贸易协定应运而生，经济全球化进入一个曲折发展的阶段。一些贸易大国为寻求更高效率的贸易合作方式，探索建立了各种区域的自由贸易协定。如包含美墨加3国的《美国—墨西哥—加拿大协定（USMCA）》、包含11个成员国的全面与进步跨太平洋伙伴关系协定（CPTPP）、包含15个成员国的区域全面经济伙伴关系协定（RCEP）。这些如雨后春笋般出现的区域自由贸易协定，揭示了全球化进入了一个新的阶段。参与供应链的国家和经济体的发展以及他们获得利益是不平衡不充分的，势必会产生新的"集群"。这些区域自由贸易协定基于成员国数量有限性、发展阶段相似性以及核心利益诉求一致性，进而达成共识的速度远高于传统的FTA。此外，USMCA、CPTPP提出了更高标准的国际贸易规则和更适应全球化新趋势的议题，因此更受到发达经济体和新兴经济体的推崇。

（二）WTO的制度缺位与功能受限

自2005年多哈回合谈判陷入僵局后，WTO发挥作用的能力屡屡受限，坎昆会议失败后，时任欧盟代表团团长的拉米曾抨击WTO是"中世纪式"（medieval）的组织。以传统贸易议题为主的多边贸易体制已经不再适应新的全球化阶段。

1. 传统谈判方式难以有效达成共识

WTO采用发起回合谈判的模式，即由各成员通过协商一致的方式就多项议题制定规则。这一方式导致决策效率低下难以避免。原因在于：一是成员数量增加和内部结构转变导致成员间分歧难以弥合。目前WTO有164个成员，且新加入的多为发展中国家，成员间的异质性提高，利益诉求多元，很难在众多议题上达成协商一致。二是不同成员的经济发展情况导致同步推进高水平贸易自由化存在困难。随着贸易谈判逐步从边境上措施转向边境后措施，新领域的议题明显超过一些发展中成员的发展和建设水平，在境内规则推行中将面临较大成本。三是众多议题捆绑的谈判方式致使达成成果的可能性极低。WTO多哈回合谈判几乎包括了多边贸易体系中所能涉及的所有议题,因此谈判过程伴随着更为复杂的利益平衡博弈,达成成果的可能性极低。

2. 现有规则框架无法匹配全球化发展新阶段

WTO框架仍然停留在全球化早期的传统贸易一体化。尽管近年来WTO逐渐重视贸易增加值议题并开展一系列深度研究,比如按季度发布贸易中间品监测报告,并提出中间品贸易是全球供应链稳定性的重要指标。但是事实上WTO考虑得更多的是贸易发展不平衡的问题,而缺乏考虑贸易发展是否充分以及新阶段下如何促进贸易发展。此外,关于数字化、低碳化、中小微企业等与全球供应链息息相关的新议题,要么是仍处于诸边谈判的进程当中,要么尚未涉及,可以说WTO现有规则框架未能及时跟上全球化发展新阶段。

3. 地缘政治因素加剧WTO运行难度

关贸总协定和WTO运行的前提是,贸易可以而且应该在国家之间自由流动,而不考虑任何潜在的安全分歧或意识形态差异。但是,不断加剧的地缘战略紧张局势和日益动荡的安全环境正在使二战后的全球贸易体系变得更加脆弱和复杂。经济效率不再是贸易和投资关系的主要驱动力,而对共同价值观和地缘战略兼容性的需求越来越多地影响贸易和投资流动。2022年4月,曾经坚定的多边主义者和全球化坚定支持者美国财政部长珍妮特·耶伦公开演讲中提出"拥有一群强烈遵守一套关于如何在全球经济中运作以及如何管理全球经济体系的规范和价值观的国家。而我们需要加深与这些伙伴的联系,共同合作,确保我们能够供应所需要的关键材料。"这一战略可以被称为"友岸"贸易,这种加入意识形态的贸易策略使得奉行自由平等贸易的WTO运行更加举步维艰。

五、全球化新阶段下推动贸易治理的路径探索

顺应潮流是明智之举。权威组织、各国及经济体以及利益攸关方必须采取措施,主动、有效地参与全球贸易治理,坚持建设开放型世界经济,维护全球产业链供应链稳定,促进全球平衡、协调、包容发展。

（一）加强发挥 WTO 服务功能

鉴于 WTO 改革并非短时间可以有效达成，且这一组织定位也是一个非常棘手的历史问题[①]。为更好实现 WTO 这一功能，可以从更好地提供服务切入。一是信息集成的作用。随着大数据和人工智能技术（AI）不断被应用在供应链重组中，越来越多的公司具备监测供应链动态变化的能力，实时掌握生产所需的中间品正处在哪些环节。这些数据应该当作一种公共资源来使用，并可以与 WTO 共享[②]。二是帮助成员管理本国的经济和贸易政策。WTO 根据所储备的贸易和生产信息，对当前各国所采取贸易措施的影响进行监测和评估，同时增强紧急响应能力。比如识别贸易脆弱性，提示各国在灾难（包括战争、自然灾害、气候变化等）发生时及时启用备用资源。三是灵活而实际地制定和管理多边贸易体系规则。积极参与和跟踪观察区域多边贸易协定，深入研究相关协定结合的问题以及延展可行性的问题。WTO 可以协调、推动、建立桥梁，在可能的情况下将区域协定惠及更多国家和经济体，甚至成为多边协定。

（二）各国及经济体主动以诸边协议推动多边进程

鉴于缩小成员范围更容易达成协议，各国及经济体可在 WTO 框架下推动诸边谈判。首先，诸边协议的产生能够得到 WTO 的认可，谈判和运行受到 WTO 规则的约束，所制定的规则在 WTO 内具备合法地位。其次，诸边协议只针对一个议题在成员之间展开谈判，相较区域自贸协定"议题捆绑"的形式，利益分歧明显减少，政治和意识形态色彩较弱，更易在成员间达成共识。诸边协议分为封闭式诸边协议和开放式诸边协议，其中开放式诸边协议要求谈判成果适用最惠国待遇，涵盖全体成员，但不必协商一致，更适合在全体 WTO 成员中进行推广。

---

① WTO 缺乏作为一个国际组织应有的管理权威。这既是一个历史问题，又是一个成员方对 WTO 的定位问题。说它是一个历史问题，是因为 GATT 体制本身就存在"先天不足"——GATT 并非法律意义上的正式国际组织。这种"先天不足"令 GATT 无法像其他国际组织那样行使正常的管理职能。

② 世贸组织将利用其特权和豁免权（和技术）来保证信息保持保密，并利用其在人工智能和大数据方面的技术能力来尊重机密性。

（三）产业链自主可控和全球影响力提升之间的平衡

一个国家在某一产业领域的全球竞争力、影响力，以及该国对这一产业链的完全自主可控是不可兼得的，存在供应链"二元悖论"。我国在深度融入全球产业链的同时，不断向价值链上游攀升，但在技术密集型行业的对外核心依赖程度并未降低，供应链安全依然面临严峻挑战。因此，迫切需要提升我国供应链多元化程度，在产业链升级过程中强化与供应链相关国家的政治经济联系，处理好与供应链主要大国的关系，为核心产品取得突破争取足够时间，切实保证产业链自主可控，保障供应链安全。

（四）引导跨国公司以多元化和数字化参与全球产业链重塑

跨国公司是供应链的有机体，供应链的发展就是要靠这些有机体的积极参与。跨国公司在产业链布局上可以通过实施多元化战略，针对不同的产业实施不同的策略。对于风险较高的产业，注重从本国采购中间品，加大利用本国市场；对于风险较低的产业，注重强化与外国的供应链联系。同时，在数字化领域，跨国公司母国应主动推动构建新的国际技术标准和国际管控机制，加强与相关国家的沟通与协调，避免单边主义和逆全球化趋势。例如，可以由各国技术专家或基于WTO平台进行协商，推动国际技术标准的更新完善，以适应、解决跨境信息流动技术对国家安全可能产生的风险。

参考文献

[1] 徐奇渊，东艳. 全球产业链重塑——中国的选择 [M]. 北京：中国人民大学出版社，2022.

[2] 屠新泉，石晓婧. 重振WTO谈判功能的诸边协议路径探析 [J]. 浙江大学学报（人文社会科学版），2021，51（5）.

[3] Gulotty, Robert, and Xiaojun Li. "Anticipating exclusion: Global supply chains and Chinese business responses to the Trans-Pacific Partnership." Business and Politics 22.2（2020）：253–278.

[4] Jones, Charles I. "Intermediate goods and weak links in the theory of economic development." American Economic Journal: Macroeconomics 3.2（2011）：1–28.

[5] Tokunaga, Suminori, and Maria Ikegawa. "Global supply chain, vertical and horizontal agglomerations, and location of final and intermediate goods production sites for Japanese MNFs in East Asia: evidence from the Japanese electronics and automotive industries." Asia-Pacific Journal of Regional Science 3.3（2019）：911–953.

[6] Krasniqi, Besnik, Jasmina Ahmetbašić, and Will Bartlett. "Barriers to cross-border trade in intermediate goods within regional value chains in the CEFTA region." LSEE, Research Paper 1（2019）：1–21.

[7] Zeng, Ka. ""Exit" vs. "Voice": Global Sourcing, Multinational Production, and the China Trade Lobby." Business and Politics 23.2（2021）：282–308.

[8] Gherghina, Georgeta, and Virgil Gherghina. "Intermediate Products' Trade and Supply Chains." ECONOMIC SCIENCES SERIES（2012）：955.

[9] Baldwin, Richard E. "Global supply chains: why they emerged, why they matter, and where they are going."（2012）.

[10] Blanchard, Emily J. "What global fragmentation means for the WTO: Article XXIV, behind-the-border concessions, and a new case for WTO limits on investment incentives." Tuck School of Business Working Paper 2439794（2013）.

[11] Yi, Kei-Mu. "Can vertical specialization explain the growth of world trade?." Journal of political Economy 111.1（2003）：52–102.

[12] Johnson, Robert C. "Five facts about value-added exports and implications for macroeconomics and trade research." Journal of Economic Perspectives 28.2（2014）：119–42.

[13] Johnson, Robert C., and Guillermo Noguera. "Accounting for intermediates: Production sharing and trade in value added." Journal of international Economics 86.2（2012）：224–236.

[14] Alan Wm. Wolff（PIIE）, WTO 2025: Enhancing global trade intelligence, Working

技术规制、中间品进口与出口企业市场势力

田云华　周燕萍　陈珏任[*]

摘要：本文研究中国实施的中间投入技术规制对本土制造业企业中间品进口和出口企业市场势力的影响。结果表明，从企业内部生产升级的视角看，与关税相反，我国实施的中间投入技术规制显著促进了中间投入品进口的内延边际扩张、种类多样性增加和质量升级，有利于出口产品质量升级和生产率提升，从而增强了我国出口企业的国际市场势力，提升了加成率。从行业资源配置的视角看，我国实施的中间投入技术规制迫使低质量、低市场势力的企业退出出口市场，通过市场再分配效应提高了在位企业平均市场势力。

关键词：技术规制；中间品贸易；企业加成率；市场势力；制造业升级

一、引言

尽管贸易政策影响企业市场势力是一个古老的论点（例如 de Melo and Urata，1986），但是迄今为止，有关贸易政策影响企业绩效的研究主要聚焦于量化的关税，甚少讨论以文本形式出现的非关税措施（Non-tariff Measures，NTM）对企业市场势力的影响。在关税及贸易总协定和世界贸易组织的积极推动下，当前全球关税水平已下降至较低的水平。而非关税措施特别是最为常见的技术性贸易壁垒（Technical Barriers to Trade，TBT）和动植物检验检疫措施（Sanitary and Phytosanitary，SPS）的发起率大幅增加（WTO，2012），已逐渐成为学术和政策研究关注的焦点和贸易谈判的重要议题。TBT 和 SPS 等技术规

---

[*] 作者简介：田云华　广东外语外贸大学经济贸易学院副教授、硕导、博导；周燕萍　广东外语外贸大学经济贸易学院；陈珏任　深圳北理莫斯科大学经济系。

制[①]遵循WTO非歧视性原则中的国民待遇原则，对国内外企业一视同仁。在异质企业模型中，与歧视性关税对国内和国外市场结构的影响机制不同，技术规制更多地影响大企业与小企业的市场结构（Asprilla et al., 2019）。此外，技术规制还能够有效解决企业购买优质中间投入品过程中的信息不对称问题，可能起到促进进口的作用，因此不能简单地将技术规制理解为替代关税的限制进口的贸易壁垒。我国为加入WTO进行了大规模的贸易政策改革和规则制度对接，并且作为典型的发展中大国，在快速发展的初级阶段进行了产品技术、环保标准等国际化、合规化改革，对技术规制的使用大幅增加，这使得我国的数据为研究技术规制的影响提供了一个理想的环境和观测样本。在此背景下，本文旨从中间品进口的视角，探讨我国中间投入技术规制影响本土制造业出口企业市场势力的作用效果和作用机理，为发展中国家贸易政策的选择和实施提供一定的决策参考。

由于非关税措施主要以政府通告文件中的文本形式出现，并且种类复杂多样，精确统计和量化非关税措施一直是国际学术界的难题。本文从我国政府公告中提取我国TBT和SPS两类技术性贸易措施的数据，并将其与工业企业数据、海关产品贸易数据和WITS关税等微观数据匹配，探讨了我国中间投入技术规制对中间品进口和本土制造业出口企业加成率的影响。企业加成率反映了企业将产品价格维持在边际成本之上的能力，能否保持较高的加成率是企业动态竞争能力的重要标志之一（任曙明、张静，2013），因此出口企业的加成率是衡量企业出口定价能力、国际市场势力以及企业升级的较为成熟的指标。

本文研究结果表明，我国中间投入技术规制促进了中间品进口数量、种类增加以及质量提升，并进一步对本土制造业出口企业加成率提升起到积极的影响。从企业内部生产升级的角度看，出口产品质量升级和生产率提升是中间投入技术规制促进企业加成率提升的两条可能的重要途径。从行业资源配置的角度看，中间投入技术规制的实施迫使加成率相对较低的低质量企业退出出口市

[①] 本文研究的技术规制是指广义的技术性贸易措施，包括TBT协议和SPS协议中的各种措施，前者包括与产品特性相关的技术规格和质量要求、工艺和生产方法规定以及与环境保护、消费者安全和国家安全有关的标签和包装等措施；后者包括有关食品安全和防止病虫害的措施。更具体的措施分类参见UNCTAD（2019）非关税措施国际分类的A章和B章。

场，从而提升了在位企业的平均市场势力。

本文的边际贡献主要体现在以下三个方面：其一，国外学者指出，我国实施的大量非关税措施是关税的替代品，而本文的研究结果表明我国的技术规制并非隐蔽的贸易保护主义，破除了技术规制必然与贸易保护挂钩的印象。其二，大量研究充分探讨了关税自由化的影响，随着全球关税削减的空间变小，非关税措施的重要性逐渐上升。由于数据获取困难和数据质量低下，有关NTM的统计、量化及影响企业绩效的研究较少。国外曾使用问卷调研法获得抽样企业进口遭遇的NTM信息，国内则主要采用WTO成员方主动报告或提起诉讼的NTM数据，后者不可避免地遗漏了部分措施，且无法匹配至企业层面开展研究。本文通过构建措施类别—起止时间—实施对象国—HS10位产品数据库，是目前对我国技术规制较为全面的统计和研究。其三，与研究一国技术规制对他国出口决策影响的视角不同（例如，Fontagné and Orefice，2018；朱信凯等，2020），本文从措施发起国视角出发，是为数不多的从微观企业层面探讨了我国中间投入技术规制对本国进口及本土企业绩效影响的经验研究。通过分析技术规制对企业进口中间品影响以及由此引发的对本土出口企业市场势力的影响，本文得到了与印度证据（Singh和Chanda，2021）相反的中国经验，对发展中国家等典型转型经济体进口贸易政策推动产业升级具有一定的参考价值。

本文其余部分安排如下：第二部分是文献回顾，第三部分介绍我国技术规制影响企业中间品进口绩效的典型事实，第四部分进行基准回归及其结果分析，第五部分是稳健性检验，第六部分是异质性分析，第七部分是作用机制分析，最后是研究结论与政策启示。

二、文献综述

大量研究充分表明中间投入关税自由化通过降低边际成本和提高产品价格促进了企业加成率提升。一方面，在给定生产率时，关税减让促使进口中间品价格指数下降，直接降低了企业的边际成本（Brandt et al.，2017；Fan et al.，2018）；在生产率可变时，关税减让能够扩大中间投入品进口，从而通过种类增加、质量提升和技术溢出等途径提高企业生产率（Amiti and Konings，2007；Halpern et al.，2015；毛其淋、许家云，2015；余淼杰、李晋，2015），间接降低了边际成本（Bernard et al.，2003；Melitz and Ottaviano，2008），促进了企业加成率提升。另一方面，中间投入关税减让还可能降低企业的产品销售价格，但在加成可变的条件下成本-价格存在不完全传递效应（De Loecker et al.，2016），即边际成本下降的幅度将超过价格下调的幅度，导致企业加成率提高。

此外，中间投入关税削减不仅促进企业获取高质量投入从而提高出口产品质量和价格（Bas and Strauss-Kahn，2015；Fan et al.，2018），还加剧了国内企业的竞争（刘政文、马弘，2019），高生产率企业会通过提高产品质量、价格和加成率来应对竞争，而低生产率企业则选择降低产品价格和加成率或被迫退出市场（Antoniades，2015），因此中间投入关税减让能够带来价格提升效应即质量升级效应。产品质量升级是中间品贸易自由化提升企业成本加成的渠道之一（毛其淋、许家云，2017）。产品质量越高，其与市场中其他产品的差异化程度越大，产品需求价格弹性越小，加成率越大（祝树金等，2018）。许明和邓敏（2016）也验证了出口产品质量与出口企业加成率的正向相关关系。

与以直接限制进口为目的的关税政策不同，技术规制对贸易流的影响具有不确定性。一方面，通过对产品质量或生产技术提出新标准，技术规制提高了出口商的合规生产成本或合规评定成本，导致边际成本上升，甚至可能被用作隐形的贸易保护措施，因而限制了措施发起国的进口（鲍晓华、朱钟棣，2006；Fontagné et al.，2015）。另一方面，技术规制释放的信号标准可能解决信息不对称的市场失灵问题，有助于减少交易成本、提高产品质量和优化进口国的需求及供给结构等，从而促进生产和贸易（Fontagné et al.，2005；Hu et al.，2021），并进一步通过促进中间品进口内涵边际、外延边际和质量升级，以及加剧国内竞争和技术溢出等途径提高企业生产率（Navaretti et al.，2018；田云华等，2021；谢谦等，2021），间接促进边际成本下降。

为数不多的有关技术规制影响企业市场势力的研究主要围绕竞争和市场结构展开。Asprilla等（2019）使用12个发展中国家的数据研究贸易政策对市场势力的影响，认为非歧视性非关税措施与歧视性关税的影响不同，TBT和SPS

等非歧视性措施通过提高对产品的质量要求或减少信息摩擦,增加了对高质量产品的需求,促使企业获取更多高质量投入由此提高了高质量出口企业的市场份额和市场势力。Macedoni(2022)的理论模型指出信息不对称导致的逆向选择使得高质量企业退出出口市场,而质量规制能够减缓信息不对称问题,迫使低质量企业退出市场或帮助企业向消费者发出信号,从而提升企业质量。而Macedoni 和 Weinberger(2022)表明高质量企业和大规模企业往往也是高加成率企业,并通过使用智利的数据发现智利的技术规制迫使低质量企业退出市场,提升了在位企业的加成率。由于印度贸易保护主义盛行,Singh 和 Chanda(2021)利用 WTO 特别贸易关注数据库中印度实施的对他国贸易产生实质性限制作用的 TBT,研究了印度发起的贸易限制性 TBT 对本土企业市场势力的影响,发现印度的中间品 TBT 减少了进口投入,增加了企业边际成本,由于边际成本不完全转嫁到价格,导致进口企业加成率下降。

三、中国技术规制影响企业中间品进口绩效的典型事实

(一)估计方程

我国中间投入技术规制对中间品进口的影响是决定其将如何影响本土企业市场势力的关键环节,因此首先检验我国中间投入技术规制如何影响制造业的中间品进口表现,计量模型设定如下:

$$Y_{ijt}^{input} = \alpha + \beta TM_{jt}^{inputFI} + X_{ijt}\gamma + v_i + v_t + \varepsilon_{ijt} \tag{1}$$

其中,i 为企业,j 为企业所属的二位码制造业行业,t 为年份。Y_{ijt}^{input} 表示企业中间品进口表现,包括企业中间品进口数量的对数值($lnImpQuantity^{input}$)、企业中间品进口质量($ImpQuality^{input}$)和企业中间品进口种类数目的对数值($lnImpVariety^{input}$)。$TM_{jt}^{inputFI}$ 表示第 t 年行业 j 的中间投入技术规制频数比率。X_{ijt} 为控制变量集合,包括:同属重要进口贸易政策的行业中间投入关税对数值,可能影响企业进口行为的企业规模、年龄和资本劳动比等企业特征变量,控制行业贸易开放因素的行业贸易开放度指标。α、v_i、v_t 分别为固定效应、企业效应和时间效应。ε_{ijt} 是随机扰动项。

（二）变量测算

1. 核心自变量：行业中间投入技术规制

Bora等（2002）总结了多种非关税措施的量化方法，其中较为常用的是频数比率法（Frequency Index，FI）和进口覆盖率法（Coverage Ratio，CR），前者表示一国某行业遭遇非关税措施的产品条数占该行业总产品条数的比重，后者表示一国某行业遭遇非关税措施的进口额占该行业总进口额的比重。相比进口覆盖率，频数比率在计算时避免使用进口额加权，规避了内生性问题（鲍晓华、朱钟棣，2006）。本文使用频数比率作为核心自变量进行基准回归，并采用经基期调整的进口覆盖率作为稳健性检验。首先计算行业最终品技术规制的频数比率，公式如下：

$$TM_{st}^{outputFI} = \frac{\sum_h (D_{st}^h M_{st}^h)}{\sum_h M_{st}^h} \quad (2)$$

其中，$TM_{st}^{outputFI}$ 表示第 t 年行业 s 产品遭遇技术规制的频数比率；D_{st}^h 表示第 t 年行业 s 下 HS-10 位产品 h 遭受技术规制的虚拟变量（是为1，否为0），若技术规制部分覆盖一个 HS-10 位产品或针对特定国家的 HS-10 位产品时，赋予 0.5 权重，并在稳健性检验中将部分覆盖权重替换为 0.3、0.7 和 1 以确保回归结果的稳定性[①]；M_{st}^h 是第 t 年行业 s 是否存在 HS-10 位产品 h 的虚拟变量（是为1，否则为0）。

接着借鉴既有文献测算行业中间投入关税的方法（Yu，2015），进一步测算行业中间投入技术规制的频数比率：

$$TM_{jt}^{inputFI} = \sum_s \left(\frac{input_{sj}}{\sum_s input_{sj}} \right) TM_{st}^{outputFI} \quad (3)$$

---

① 技术规制出现部分覆盖的主要原因是当前海关进口数据使用的 HS10 位产品——国家层面的统计口径无法保障精准识别出遭受某项非关税措施的更细类的产品或该国家的特定地区。例如由于 H1N1 疫情，我国发起了针对美国加州地区出口至我国的某类猪的技术规制，因海关仅统计至国家层面和 HS-10 位产品层面，这仅能被归类为针对来自美国所有猪肉种类的进口的技术规制，因而需要赋予部分覆盖权重以提高技术规制的测量精度。此外，当一项措施针对一个 HS-10 位产品的特定用途时，也需作部分覆盖处理。

其中，$TM_{jt}^{inputFI}$ 表示第 t 年行业 j 的中间投入技术规制的频数比率，由该行业获得来自其他行业 s 中间投入要素的投入比重加权计算得到；$input_{sj}$ 表示行业 s 用于行业 j 生产的中间投入，分别使用 1997、2002、2007、2012 年中国投入产出表计算得到的各行业投入比重为 1997 年至 2001 年、2002 年至 2006 年、2007 年至 2011 年、2012 年的数据进行加权；其他变量解释同公式（2）。

2. 核心因变量：企业中间品进口绩效

本节的典型事实回归的因变量为企业中间品进口表现包括数量、种类数目和质量。首先根据联合国《按经济大类分类（Broad Economic Categories，BEC）》第四版分类方法，通过 BEC 码和 HS 编码匹配，将 BEC 码为"111""121""21""22""31""322""42""53""41""521"的海关记录进口中间品和资本品均识别为中间品。由企业每年进口的 HS-6 位中间品数量和种类加总得到企业中间品进口数量和种类。

参照 Bas 和 Strauss-Kahn（2015）测算企业中间品进口质量，由 CES 效用函数得到关于产品数量与产品价格的方程：$\chi_{ikct} + \sigma p_{ikct} = \alpha_k + \alpha_{ct} + \varepsilon_{ikct}$，而企业—产品—国家—年份层面的质量对数则是 $\mu_{ikct} = \varepsilon_{ikct}/(\sigma-1)$。其中，$\chi_{ikct}$ 和 p_{ikct} 分别为第 t 年企业 i 从国家 c 进口的 HS-6 位中间品 k 的数量与价格的对数值；σ 是产品进口替代弹性，且 $\sigma>1$，使用 Broda 等（2006）测算提供的 HS-3 位产品进口替代弹性；α_k 和 α_{ct} 分别是产品和国家-年份的固定效应；ε_{ikct} 是含有产品质量信息的残差项。由于中间品进口价格和数量之间可能存在内生性问题，参照施炳展和曾祥菲（2015）使用企业 i 从国家 c 以外的其他市场进口的中间品的平均价格作为该企业从国家 c 进口的中间品价格的工具变量。这要求企业至少从两个市场进口，故计算企业进口中间品质量的样本被部分剔除。最后将企业—产品—国家—年份层面质量对数进行标准化处理，并以进口份额加权得到企业—年份层面的中间品进口质量指标。

3. 控制变量

（1）行业层面中间投入关税税率对数值（$lnTariff_{jt}^{input}$）的计算公式为：$lnTariff_{jt}^{input} = \ln\left[\sum_s \left(Input_{sj}/\sum_s Input_{sj}\right) \cdot Tariff_{st} + 1\right]$，其中 $lnTariff_{st}$ 表示行业 s 在 t 年的

平均进口关税率对数值，其他变量解释同公式（3）。（2）企业规模（$lnSize_{it}$），使用企业从业人员数量计算，取自然对数。（3）企业年龄（$lnAge_{it}$），使用第 t 年与企业开业年份之间的差值计算，取自然对数。（4）企业资本劳动比（$lnKL_{it}$），使用企业固定资产净值与其从业人员数量的比值计算，取自然对数。（5）行业贸易开放度（$Openness_{jt}$），使用二分位行业的进口额与其工业总产值的比重计算。

4. 数据说明与统计描述

本文使用非关税措施数据、中国工业企业数据、中国海关产品进出口数据和 WITS 关税数据等四套大型微观数据。第一套非关税措施数据包含了中国 1978—2019 年详细的非关税措施原始数据，包括 3 位码非关税措施类别、HS-10 位码实施产品、实施对象国、起止时间、具体文本等信息。第二套数据是 1998 年至 2013 年中国规模以上工业企业调查数据库，包含中国规模以上工业企业的关键财务信息。第三套数据是 2000 年至 2012 年中国海关的企业－产品层面进出口交易数据库。第四套数据是 WITS 关税数据库，提供了 HS-6 分位产品层面关税。本节选取了上述四个数据库共同的样本区间 2000—2012 年研究中间投入技术规制对中间品进口的影响。

首先参考 Yu（2015）的方法将工企数据库与海关贸易数据库进行匹配，随后根据 2002 年版国民经济行业分类二位码匹配测算后的行业层面技术规制和关税数据。在匹配前，本文参考 Brandt 等（2012）、Cai 和 Liu（2009）、Yu（2015）的做法对工业企业样本数据进行了以下处理：（1）逐次使用企业法人代码、企业名称、法人代表姓名等信息以识别匹配同一家企业的各年数据，并对 2003 年前后中国国民经济行业分类 4 位编码调整统一为 2002 年版。（2）选取制造业进行研究。（3）剔除以下关键财务指标异常的企业样本：总资产、固定资产净值、销售额、工业总产值等关键财务指标缺失、为负值、为零值；员工数缺失或小于 8；流动资产、总固定资产或固定资产净值大于总资产。（4）借鉴 Ahn 等（2011）的做法，将中国海关数据库中企业名称包含"进出口""经贸""贸易""科贸"或"外经"的企业识别为不从事生产的贸易中间商，并在回归样本中剔除。最终，2000—2012 年进口企业有效观测值为 346 899 个，企业数 98 351 家。本节变量的描述性统计特征和相关性分析未存在异常，限于篇幅备索。

（三）典型事实估计结果

表 1 汇报了我国中间投入技术规制对制造业企业中间品进口的影响。表 1 中列（1）和（2）表明，中间投入技术规制促进了企业中间品进口的数量增加和种类增多，与中间投入关税减免的作用一致。这反映了技术规制解决市场失灵而降低的交易成本远大于其产生的固定合规成本。此外，表 1 中列（3）表明，中间投入技术规制促使企业进口中间品的质量提升，这符合技术质量标准门槛提高而导致进口产品质量提升的预期。值得注意的是，根据非歧视性原则，技术规制对国内外产品一视同仁，由于目前难以测算我国国内中间投入产品的数量、种类和质量，中间投入技术规制对中间品进口的影响可能在一定程度上反映了国内中间投入品的变化。

为避免中间投入技术规制与企业中间品进口绩效的潜在双向因果关系导致的内生性问题，借鉴 Grundke 和 Moser（2019）、鲍晓华和朱达明（2015）的研究，使用与我国经贸往来较多的美国和邻近的日本的技术规制条数对数值作为工具变量[①]，采用两阶段最小二乘法（2SLS）重新估计。结果汇报于表 1 的第（4）—（6）列，显示中间投入技术规制和关税的估计系数符号与显著性水平均无明显变化，表明考虑内生性问题后回归结果依然稳健。在工具变量的相关性方向，两国技术规制的实施可以作为我国对标国际标准制定技术规制的重要参考依据，并且邻近国家拥有相似的文化、历史和法律制度，可能对相同产品制定相似的技术规制。在工具变量的外生性方面，其他某一特定国家的进口技术规制不能影响我国企业的进口行为。因此，美国和日本的技术规制在理论上是合格的工具变量。多组针对工具变量合理性的检验均支持了工具变量的有效性。一是识别不足检验，Kleibergen-Paap rk LM 统计量均在 1% 水平上显著拒绝了工具变量识别不足的原假设；二是弱工具变量检验，Kleibergen-Paap rk Wald F 统计量均大于 Stock-Yogo 检验 10% 统计水平下的临界值，拒绝了工具变量为弱识别的原假设；三是过度识别检验，Hansen J 统计量的 P 值大于

[①] 美国和日本的技术规制数据来源于 UNCTAD TRAINS。

表1 典型事实回归：我国中间投入技术规制对中间品进口的影响

变量	$lnImpQuantity^{input}$ FE (1)	$lnImpVariety^{input}$ FE (2)	$lnImpQuality^{input}$ FE (3)	$lnImpQuantity^{input}$ 2SLS (4)	$lnImpVariety^{input}$ 2SLS (5)	$lnImpQuality^{input}$ 2SLS (6)
TM^{inpuFI}	0.593*** (0.104)	0.190*** (0.024)	0.402*** (0.031)	1.394*** (0.450)	0.454*** (0.107)	0.895*** (0.098)
$lnTariff^{input}$	−0.305*** (0.055)	−0.071*** (0.012)	−0.127*** (0.015)	−0.462*** (0.100)	−0.124*** (0.023)	−0.228*** (0.024)
$lnSize$	0.436*** (0.012)	0.131*** (0.003)	0.051*** (0.004)	0.436*** (0.011)	0.131*** (0.003)	0.050*** (0.003)
$lnAge$	0.220*** (0.056)	0.074*** (0.013)	0.039*** (0.014)	0.217*** (0.047)	0.073*** (0.011)	0.037*** (0.012)
$lnKL$	0.168*** (0.009)	0.050*** (0.002)	0.012*** (0.003)	0.167*** (0.008)	0.050*** (0.002)	0.011*** (0.002)
$Openness$	8.201** (3.553)	2.311*** (0.686)	−1.622*** (0.471)	10.743*** (3.505)	3.188*** (0.701)	−0.469 (0.505)
常数项	7.974*** (0.177)	1.055*** (0.041)	0.068 (0.048)			
Kleibergen–Paap rk LM 统计量				5 864.605 [0.000]	5 864.605 [0.000]	3 853.681 [0.000]
Kleibergen–Paap rk Wald F 统计量				3 225.318 {19.93}	3 225.318 {19.93}	2 126.298 {19.93}
Hansen J 统计量				3.068 [0.080]	0.015 [0.901]	0.647 [0.421]
企业固定效应	是	是	是	是	是	是
年份固定效应	是	是	是	是	是	是
观测值	346 899	346 899	200 454	309 129	309 129	178 258
R^2	0.024	0.037	0.016	0.023	0.036	0.013

注：括号内数值为企业层面聚类标准误，下同；列（4）—（5）的中括号内数值为P值，大括号内数值为Stock-Yogo检验10%统计水平下的临界值。

0.05，接受所有工具变量皆为外生的原假设。

四、基准回归

（一）基准模型设定

为了考察我国中间投入技术规制对制造业出口企业加成率的影响，设定如下基准计量模型：

$$lnMarkup_{ijt} = \alpha + \beta Lag1\_TM_{jt}^{inputFI} + X_{ijt}\gamma + v_i + v_t + \varepsilon_{ijt} \quad (4)$$

其中，i 表示企业，j 表示企业所属的二位码制造业行业，t 表示年份。本节研究的核心因变量为企业加成率（$lnMarkup_{ijt}$）。$Lag1\_TM_{jt}^{inputFI}$ 表示滞后一期的行业中间投入技术规制的频数比率。X_{ijt} 为控制变量集合，包括：同属重要进口贸易政策的行业滞后一期中间投入关税对数值；可能影响企业市场势力的企业规模、年龄、资本劳动比、所有制类型（国有企业虚拟变量和外资企业虚拟变量）等企业特征变量；控制行业竞争因素的赫芬达尔指数，使用二分位行业中企业市场占有率的平方和计算。α、v_i、v_t 分别为固定效应、企业效应和时间效应。ε_{ijt} 是随机扰动项。

（二）核心因变量测算：企业加成率

根据 De Loecker 和 Warzynski（2012），企业加成率 $Markup_{ijt}^{translog}$ 的计算公式为 $\theta_{ijt}^m(\alpha_{ijt}^m)^{-1}$，其中，$i$ 为企业，j 为企业所属的二位码制造业行业，t 为年份；θ_{ijt}^m 为可变投入（中间投入要素 m）的产出弹性，基于超越对数生产函数，使用 Ackerberg 等（2006）的 ACF 方法处理生产率的内生性问题后得出；α_{ijt}^m 为中间投入要素 m 的支出额与企业总收入的比值，前者使用中国工业企业数据库中以原材料、燃料、动力购进价格指数平减后的中间投入合计，后者使用中国工业企业数据库中以分行业工业出口产品价格指数平减后的工业总产值。

为了使测算结果更加稳健，本节还使用其他两种方法测算企业加成率。一是借鉴 De Loecker 和 Warzynski（2012），将超越对数生产函数替换为柯布－道格拉斯生产函数以求出可变投入的产出弹性，由此测算得出的企业加成率记

149

为 $Markup_{ijt}^{CD}$。二是使用会计法，根据 Domowitz 等（1986），企业的产品价格和边际成本的关系为：$\left[(P-C)/P\right]_{ijt}=1-\left(Markup_{ijt}^{AC}\right)^{-1}=\left[(V-W)/(V+M)\right]_{ijt}$，其中 $Markup_{ijt}^{AC}$ 表示以会计法计算的企业加成率，P 为产品价格，C 为边际成本，V 为工业增加值，W 为企业支付的工资总额，M 为中间投入要素成本。

（三）数据说明和统计描述

由于企业加成率测算所需的中间投入数据从 2008 年起统计缺失，本节主要研究的样本为 2000—2007 年的出口企业，统计结果显示 2000—2007 年合并数据样本所拥有的出口企业有效观测值为 254 502 个，企业数 82 824 家。本节变量的描述性统计特征和相关性分析未存在异常，限于篇幅备索。

（四）基准回归估计结果

表 2 汇报了我国中间投入技术规制对制造业出口企业加成率的影响。在列（1）（3）和（5）中单独使用滞后一期的中间投入技术规制频数比率分别对基于超越对数生产函数的 DLW 法、基于柯布－道格拉斯生产函数的 DLW 法以及会计法测算而得的企业加成率进行双固定效应回归，结果均显示中间投入技术规制对出口企业加成率提升具有促进作用。进一步在列（2）（4）（6）引入企业和行业层面的控制变量后，滞后一期中间投入技术规制的回归系数均在 1% 统计水平上显著为正，结果仍然支持中间投入技术规制的实施加强了企业的市场势力的结论。同时，列（2）和（4）的回归结果显示，中间投入关税减免显著促进了企业加成率提升，这与余淼杰和袁东（2016）、毛其淋和许家云（2017）、刘政文和马弘（2019）等关于贸易自由化与成本加成的研究结论一致。

表2 基准回归：我国中间投入技术规制对制造业出口企业成本加成的影响

变量	$lnMarkup^{translog}$		$lnMarkup^{CD}$		$lnMarkup^{AC}$	
	（1）	（2）	（3）	（4）	（5）	（6）
$Lag1\_TM^{inputFI}$	0.189***	0.219***	0.304***	0.377***	0.100***	0.111***
	（0.018）	（0.025）	（0.021）	（0.029）	（0.011）	（0.016）
$Lag1\_lnTariff^{input}$		−0.018***		−0.042***		−0.005
		（0.007）		（0.007）		（0.005）
$lnSize$		−0.012***		0.000		−0.007***
		（0.001）		（0.001）		（0.001）
$lnAge$		0.026***		0.012**		0.019***
		（0.005）		（0.005）		（0.003）
$lnKL$		−0.002**		−0.002***		0.002***
		（0.001）		（0.001）		（0.001）
SOE		−0.003		0.000		−0.004
		（0.003）		（0.004）		（0.003）
FIE		0.000		0.000		−0.001
		（0.002）		（0.002）		（0.002）
HHI		4.261***		9.878***		0.622
		（0.444）		（0.556）		（0.392）
常数项	0.749***	0.787***	0.696***	0.726***	0.770***	0.771***
	（0.008）	（0.017）	（0.009）	（0.019）	（0.005）	（0.012）
企业固定效应	是	是	是	是	是	是
年份固定效应	是	是	是	是	是	是
观测值	202 225	202 225	202 225	202 225	249 347	249 347
R^2	0.259	0.262	0.189	0.197	0.012	0.013

五、稳健性检验

（一）样本选择偏误检验

并非所有企业均出口，企业自我选择可能导致内生性问题。本节采用

Heckman（1979）的两阶段模型检验样本选择偏误。第一阶段，构建企业是否出口的 Probit 模型（5），估计得到选择偏误调整项逆米尔斯比（Inverse Mills Ratio，IMR）；第二阶段，将 IMR_{ijt} 引入基准模型以控制样本选择误差，得到修正的中间投入技术规制影响企业加成率的模型（6）：

$$\Pr(Export\_Dummy_{ijpt}=1)=\Phi(Z\beta) \tag{5}$$

$$lnMarkup_{ijt}^{translog} = \alpha + \beta_1 Lag1\_TM_{jt}^{inputFI} + \delta IMR_{ijt} + X_{ijt}\gamma + v_i + v_t + \varepsilon_{ijt} \tag{6}$$

其中，$Export\_Dummy_{ijt}$ 为企业是否出口的虚拟变量，若企业出口则为 1，否则为 0；$\Pr(Export\_Dummy_{ijpt}=1)$ 为行业中位于 j 省份 p 的企业 i 进入出口市场的概率；Z 表示企业是否出口的影响因素集合；IMR_{ijt} 为逆米尔斯比，$IMR_{ijt}=\varphi(Z\beta)/\Phi(Z\beta)$，其中 $\varphi(\cdot)$ 和 $\Phi(\cdot)$ 分别是标准正态分布的密度函数和累积分布函数；其余解释变量同基准回归式（4）。若 IMR_{ijt} 的估计系数 δ 显著不为零，则表明基准回归存在样本选择偏误问题，应采用 Heckman 二阶段模型修正。表 3 的列（1）报告了 Heckman（1979）两阶段模型的第二阶段的估计结果，逆米尔斯比估计系数未通过显著性检验，表明本文出口企业回归样本不存在选择性偏误问题。并且将逆米尔斯比引入基准回归后，中间投入技术规制的系数符号与显著性水平未发生变化，研究结果依然稳健。

（二）内生性问题的进一步讨论

中间投入技术规制与企业市场势力之间可能存在双向因果关系，例如某些行业可能以出口竞争力薄弱、国际市场势力不足为由，游说政府施予贸易政策保护（Grossman and Helpman，1994）。然而，本节研究主题的双向因果内生性问题可能并未如此严重。其一，受政府与利益集团等多方博弈而影响的贸易政策主要发生在普选制或多党制国家，而我国是民主集中制国家，政府出台的贸易政策基本不受利益集团左右。盛斌（2002）通过实证研究表明利益集团对中国政府进口非关税措施政策制定的影响很小，这与非关税措施的制定在行政方面的任意性和隐蔽性等特点有关。其二，Ghodsi（2020）指出，在 WTO 争端诉讼记录中并未有中国违规使用 TBT 等技术规制的案例，说明我国技术规制遵循 WTO 规定的正当公共目标。不过本节进一步通过以下实证策略检验内生性问题：

表 3 样本选择偏误、内生性及其他稳健性检验

变量	样本选择偏误	证伪检验	内生性问题			其他稳健性检验				
	Heckman II		2SLS	一阶差分模型	强平衡面板	替换核心解释变量				
	$lnMarkup^{translog}$	$\Delta TM^{inputFI}$	$lnMarkup^{translog}$	$\Delta lnMarkup^{translog}$		$lnMarkup^{translog}$				
	(1)	(2)	(3)	(4)	(5)	(6)	(7)	(8)	(9)	(10)
$Lag1\_TM^{inputFI}$	0.217*** (0.025)		0.243*** (0.025)		0.644*** (0.041)					
逆米尔斯比	-0.015 (0.011)									
$\Delta Markup\_lag1$		-0.091 (0.061)								
$\Delta Lag1\_TM^{inputFI}$				0.377*** (0.040)						
$Lag1\_TM^{inputFI}_{PartialCoverage=0.3}$						0.200*** (0.024)				
$Lag1\_TM^{inputFI}_{PartialCoverage=0.7}$							0.179*** (0.022)			
$Lag1\_TM^{inputFI}_{PartialCoverage=1}$								0.101*** (0.017)		
$Lag1\_TM^{inputCF}$									0.345*** (0.021)	
$NTM^{inputVE}$										0.112*** (0.008)

续表

变量	样本选择偏误 Heckman II $lnMarkup^{translog}$ (1)	证伪检验 $\Delta TM^{inputFI}$ (2)	内生性问题 2SLS $lnMarkup^{translog}$ (3)	一阶差分模型 $\Delta lnMarkup^{translog}$ (4)	强平衡面板 (5)	其他稳健性检验 替换核心解释变量 $lnMarkup^{translog}$ (6)	(7)	(8)	(9)	(10)
Kleibergen–Paap rk LM 统计量			7 268.728 [0.000]							
Kleibergen–Paap rk Wald F 统计量			1.9e+04 {13.91}							
Hansen J 统计量			3.371 [0.185]							
控制变量	是		是	是	是	是	是	是	是	是
企业固定效应	是	是	是		是	是	是	是	是	是
年份固定效应	是	是	是		是	是	是	是	是	是
行业固定效应	是	是								
行业时间趋势项		是		是						
观测值	202 225	202	181 414	120 322	30 691	202 225	202 225	202 225	202 225	73 705
R^2	0.262	0.620	0.262	0.009	0.336	0.261	0.261	0.261	0.263	0.403

注：列（1）中内生性变量和逆米尔斯比的 VIF 值均小于 10，限于篇幅而未报告 VIF 检验和第一阶段回归，备索；列（2）括号内数值为行业水平下的聚类标准误，其余列为企业水平下的聚类标准误；列（3）的中括号内数值为 P 值，大括号内数值为 Stock-Yogo 检验 5%偏误水平下的临界值；列（4）中除 SOE 与 FIE 两个虚拟变量外，其余控制变量均进行了一阶差分；列（10）中控制变量关税相应调整为当期投入关税对数值。

（1）证伪检验。为了检验我国中间投入技术规制的制定是否与各行业现有市场势力显著相关，本节借鉴 Singh 和 Chanda（2021）的做法进行证伪检验，将中间投入技术规制频数比率的当期变化量对行业加成率的滞后 1 期变化量回归，具体模型设定如下：

$$\Delta TM_{jt}^{inputFI} = \alpha + \beta_1 \Delta Markup\_lag1_{jt} + industry_j \times trend_t + v_j + v_t + \varepsilon_{jt} \quad (7)$$

其中，$\Delta TM_{jt}^{inputFI}$ 表示中间投入技术规制频数比率的一阶差分值；$\Delta Markup\_lag1_{jt}$ 表示行业加成率差分的滞后 1 期值，行业加成率则以企业在行业中的销售产值份额对企业加成率进行加权计算而得；$industry_j \times trend_t$ 为行业时间趋势项；α、v_j、v_t、ε_{jt} 分别是固定效应、行业效应、时间效应和扰动项。

表3列（2）报告了证伪检验的结果，$\Delta Markup\_lag1_{jt}$ 的系数不显著，表示一个行业的中间投入技术规制频数比率不由过去的行业平均市场势力决定，间接说明本文研究主题的双向因果内生性问题不严重。

（2）两阶段最小二乘法。为了进一步确保研究结论的可靠性，本节采用两阶段最小二乘法重新估计基准回归式（4）。一是参考 Amiti 和 Konings（2007）的做法，以滞后二期的中间投入技术规制频数比率作为滞后一期值的工具变量。二是借鉴 Grundke 和 Moser（2019）、鲍晓华和朱达明（2015）的研究，使用与我国经贸往来较多的美国和邻近的日本的技术规制条数对数值作为工具变量。两国技术规制的实施情况可以作为我国对标国际标准制定技术规制的重要参考依据，但是单一国家市场的技术规制不足以影响我国出口企业的市场势力，理论上基本满足工具变量的相关性和外生性要求。结果如表3列（3）所示，这三个工具变量均通过了不可识别检验、弱工具变量检验和过度识别检验，并且中间投入技术规制的估计系数符号与显著性水平在考虑内生性问题之后未发生明显的变化。

（3）一阶差分模型。为减弱遗漏变量可能产生的内生性问题，本节将基准模型变更为一阶差分模型，估计结果报告在表3列（4）中，结果依然稳健。

（三）其他稳健性检验

（1）强平衡面板。为了确认基准回归结果不仅仅受到行业中企业的进入退出所驱动,本节使用强平衡面板重新对公式(4)进行估计,结果报告于表3列(5)。结果显示,中间投入技术规制的系数仍显著为正,且系数大小明显增大,表明中间投入技术规制对企业市场势力的提升作用主要由企业内部的定价能力变化所驱动。

(2)改变部分覆盖措施的权重大小。为提高技术规制的测算精度,前文在识别每一条措施时考虑了部分覆盖的情况,并赋予了一个折中的覆盖权数0.5。为排除部分覆盖权重大小对结论的影响,本节将部分覆盖措施的覆盖权重由0.5分别替换为0.3、0.7和1重新对公式(4)进行估计。表3的第(6)—(8)列报告了相应的结果,结果依然稳健。

(3)改变核心解释变量的测算方法。本节首先将滞后一期的行业技术规制的频数比率替换为滞后一期的经基期调整的进口覆盖率进行稳健性检验。考虑到进口额与产品遭受的技术规制水平可能存在相关关系,我们借鉴Yu(2015)在度量关税保护率时使用的经基期进口额调整后的非时变进口权重来减弱进口加权内生性的方法,即使用样本期内企业首年进口额作为各年份固定不变的进口权重来测算进口覆盖率,该调整既衡量了技术规制的进口覆盖范围,又控制了进口额随技术规制水平变化的内生性问题,计算公式如下:

$$TM_{jt}^{inputCR} = \sum_s \left(\frac{input_{sj}}{\sum_s input_{sj}} \right) TM_{st}^{outputCR} \quad (8)$$

其中,

$$TM_{st}^{outputCR} = \frac{\sum_k \left(D_{st}^k V_{s,first\_year}^k \right)}{\sum_k V_{s,first\_year}^k} \quad (9)$$

其中,$TM_{jt}^{inputCR}$ 表示行业 j 的中间投入品在经基期调整后的第 t 年进口遭遇的技术规制覆盖率,由该行业获得来自其他行业 s 中间投入要素的投入比重加权计算得到;$TM_{st}^{outputCR}$ 表示第 t 年行业 s 进口遭遇的技术规制覆盖率;D_{st}^k 表示第 t 年行业 s 下 HS-6 位产品 k 遭受技术规制的虚拟变量(是为1,否则为0),当 HS-6 位产品下所有 HS-10 位产品未完全遭遇技术规制时,赋予0.5权重;$V_{s,first\_year}^k$ 是1999年行业 s 的 HS-6 位产品进口额。

此外,本节还采用了当期的从价等值关税(Ad Valorem Equivalents,AVE)替换频数比率进行稳健性检验。通过估计非关税措施对贸易数量的影响程度,使用进口需求弹性将贸易数量的变化转化为价格的变化，得到非关税措施的从价等值关税（Leamer，1988；Kee et al.，2009）。该方法目前还存在一定的局限性，例如零贸易流量将影响 AVE 估计的有效性，难以估计 AVE 在时间维度上的动态变化，以及多边进口需求弹性的转换可能产生误差等。从价等值关税通常是非时变的，Niu 等（2018）提供了 1997 年至 2015 年每三年的 HS-6 位产品平均 AVE，本节使用该数据重新估计公式（4）以进行稳健性检验。行业中间投入 AVE 的测算方法与上文行业中间投入关税的算法相同。表 3 的第（9）和（10）列显示替换核心解释变量算法后结论依然成立。

六、异质性分析

（一）企业规模异质性

Macedoni 和 Weinberger（2022）研究表明，一般地，企业规模越大则其市场势力越大。大型企业通常具有更大的定价能力和话语权，在面对更高进口技术标准和规制时，拥有更强的适应和应对能力，能够及时作出中间投入和生产调整以提高生产效率，从而实现企业升级和市场势力的进一步加强。因此不同规模企业的市场势力受到中间投入技术规制的影响可能存在差异。本节按照各行业销售产值的中位数，将样本划分为大型企业和中小企业进行分组回归和滞后一期中间投入技术规制系数的组间差异检验，估计结果见表 3 的第（1）和（2）列。结果表明，我国中间投入技术规制的实施显著促进了本土各类规模企业的市场势力提升，并且对本土大型企业的促进作用显著大于对中小型企业的积极影响。

（二）行业竞争程度异质性

Melitz 和 Ottaviano（2008）的异质性企业贸易理论论证了贸易自由化引致的国内市场竞争加剧将降低企业平均加成率。这是由于在竞争较为激烈的行业中，企业对成本加价的提升空间较小，并且中小规模企业数量较多，因此当其面临更严格的进口中间投入技术规制时，无法在短时间内调整生产和提高效

表 4　异质性分析

变量	企业规模 大型 (1)	企业规模 中小型 (2)	行业竞争程度 高竞争度 (3)	行业竞争程度 低竞争度 (4)	行业开放程度 高开放度 (5)	行业开放程度 低开放度 (6)	企业贸易方式 一般贸易 (7)	企业贸易方式 加工贸易 (8)	企业所有制 内资 (9)	企业所有制 外资 (10)
$Lag1\_TM^{inputFl}$	0.294*** (0.0330)	0.168*** (0.0415)	−0.111** (0.0452)	0.536*** (0.0396)	0.382*** (0.0340)	0.568*** (0.0555)	0.330*** (0.0388)	0.130* (0.0671)	0.315*** (0.0421)	0.185*** (0.0317)
常数项	0.860*** (0.0244)	0.864*** (0.0273)	0.967*** (0.0264)	0.691*** (0.0291)	0.877*** (0.0252)	0.555*** (0.0277)	0.826*** (0.0230)	0.782*** (0.0557)	0.804*** (0.0267)	0.785*** (0.0228)
控制变量	是	是	是	是	是	是	是	是	是	是
企业固定效应	是	是	是	是	是	是	是	是	是	是
年份固定效应	是	是	是	是	是	是	是	是	是	是
观测值	109 566	92 659	96 208	106 017	90 624	111 601	110 174	27 048	86 030	116 195
R^2	0.301	0.196	0.270	0.233	0.241	0.271	0.254	0.231	0.271	0.255
组间差异	0.126** (0.050)		−0.647*** (0.061)		−0.186*** (0.063)		0.200** (0.079)		0.130** (0.051)	

率，只能通过降低加成率来维持生存空间。本节根据二分位行业赫芬达尔指数的中位数将行业分为高竞争度行业和低竞争度行业，对这两组行业的企业进行分组检验。表3的第（3）和（4）列汇报了估计结果，我国中间投入技术规制在1%显著性水平上促进了低竞争度行业内企业市场势力提高，而在5%显著性水平上促进了高竞争程度行业内企业加成率下降，系数的组间差异通过了检验。

（三）行业开放程度异质性

钱学锋等（2016）的研究认为贸易开放将加剧进口产品与国内市场企业竞争，从而削弱国内企业的市场势力。而不同开放程度的行业具有不同的竞争水平和结构，可能导致一国贸易标准规制对本土企业市场势力的影响存在差异。本节以行业贸易开放度的中位数为界，将企业样本分为高开放度行业内企业和低开放度行业内企业，回归结果见表3的第（5）和（6）列。结果显示，中间投入技术规制对高低开放度行业内的企业均起到了提升平均市场势力的作用，但是对低开放度行业内企业的促进作用显著更强。可能由于低开放度行业内的企业在享受技术规制提高所带来的国内外中间投入嵌入技术和质量升级的红利的同时，自身受到的进口竞争冲击较小，因而其更能利用质量升级的机会提升自身市场势力。

（四）企业贸易方式异质性

Feenstra 和 Hanson（2005）指出，企业在从事加工贸易时的生产投入决策不再依据利润最大化原则。这可能导致加工贸易企业和一般贸易企业对中间投入技术规制作出不同的应对。加工贸易企业"两头在外"，其中间投入的选择和外销的定价基本由外商决定，缺乏自主性，因而其难以利用本国技术规制提高所提供的机会实现生产升级和定价能力提升。表3的第（7）和（8）列汇报了纯一般贸易企业和纯加工贸易企业的分组回归结果。结果表明，中间投入技术规制对一般贸易企业市场势力的提升作用更强。

（五）企业所有制异质性

外资企业与内资企业参与国际竞争的策略不同。外资企业一直在国际市场上面临着更加激烈和广泛的竞争，其技术水平也相对较高，因此受到我国技术规制的冲击作用较小。本节考察了不同所有制企业受我国中间投入技术规制影响的效果差异。表3的第（9）和（10）列显示，相比外资企业，中间投入技术规制对内资企业加成率的提升作用更大。该结果也反映了内资企业更有动力和能力把握技术标准升级所带来的产品质量提升和效率改进的机遇，从而提升企业市场竞争力。此外，我国的外资企业大多从事加工贸易，这与企业贸易方式异质性的估计结果一致。

七、作用机制分析

（一）中间投入技术规制影响出口企业加成率的机制分析

许明和邓敏（2016）、毛其淋和许家云（2017）及祝树金等（2018）的研究表明，企业产品质量的提高有利于通过差异化降低产品价格需求弹性和提高产品定价等途径使企业增强自身市场势力，提升加成率。Bernard 等（2003）、Melitz 和 Ottaviano（2008）等指出生产率越高的企业具有越低的边际成本。因此，在产品价格给定时，生产率越高的企业具有越高的成本加成率。本节参考于蔚等（2012）、邵朝对和苏丹妮（2019）的机制检验策略，首先检验核心解释变量对机制变量的影响，然后将机制变量与核心解释变量的交互项引入基准回归以检验作用机制，模型设定如下：

$$MV_{ijt} = \alpha + \beta Lag1\_TM_{jt}^{inputFI} + X_{ijt}\gamma + v_i + v_t + \varepsilon_{ijt} \tag{10}$$

$$lnMarkup_{ijt}^{translog} = \alpha + \beta_1 Lag1\_TM_{jt}^{inputFI} + \beta_2 MV_{ijt} \times Lag1\_TM_{jt}^{inputFI} \\ + \beta_3 MV_{ijt} + X_{ijt}\gamma + v_i + v_t + \varepsilon_{ijt} \tag{11}$$

其中，i 表示企业，j 表示企业所属的二位码制造业行业，t 表示年份；MV_{ijt} 是机制变量，在两条可能的渠道检验中分别代入企业出口产品质量（$ExpQuality$）和企业全要素生产率（TFP），企业出口产品质量测度同上文典型事实中的进口中间品质量的测算方法,企业全要素生产率采用经典的Levinsohn和Petrin(2003)的半参数方法测算。另对式(11)交互项作中心化处理;其余变量解释同基准回归式(4)。

表5报告了中间投入技术规制影响出口企业加成率的机制检验结果。基于公式(10),列(1)和(2)分别表示,中间投入技术规制在5%显著性水平上提升了企业出口产品的质量,在1%显著性水平上提高了企业生产率。这意味着技术规制引致的中间投入品质量升级和种类增加进一步有效地转化为出口产品质量升级,并且能够通过中间投入的种类增加效应、质量升级效应和技术溢出效应等有效提高企业的生产效率。

进一步,本节基于公式(11)验证了我国中间投入技术规制影响出口企业加成率的出口产品质量渠道和生产率渠道。表5的列(3)和(4)的交互项系数均在5%统计水平上显著为正,表明中间投入技术规制的实施强化了企业出口产品质量和生产效率对企业加成率的提升作用。以上整个检验过程支持了我国中间投入技术规制可以通过促进企业出口产品质量升级和企业生产率提高两条渠道促进企业市场势力提升。

表5 我国中间投入技术规制对制造业企业加成率的影响机制检验

变量	$ExpQuality$	TFP	$lnMarkup^{translog}$	$lnMarkup^{translog}$
	(1)	(2)	(3)	(4)
$Lag1\_TM^{inputF1}$	0.197** (0.082)	0.711*** (0.103)	0.206*** (0.027)	0.157*** (0.017)
$ExpQuality \times Lag1\_TM^{inputF1}$			0.004** (0.002)	
$TFP \times Lag1\_TM^{inputF1}$				0.030** (0.012)
常数项	−0.142 (0.177)	−0.347*** (0.072)	0.787*** (0.019)	0.829*** (0.011)
控制变量	是	是	是	是
企业固定效应	是	是	是	是
年份固定效应	是	是	是	是

续　表

变量	ExpQuality	TFP	$lnMarkup^{translog}$	$lnMarkup^{translog}$
	（1）	（2）	（3）	（4）
观测值	200 260	249 531	161 128	199 035
R^2	0.000	0.005	0.269	0.717

（二）基于出口企业加成行为分解的进一步影响机制检验

为深入揭示我国中间投入技术规制对出口企业加成行为调整的内在作用机制，本节进一步将出口企业加成率（价格与边际成本的比值）拆解为企业平均出口价格对数值（$lnPrice_{ijt}$）和边际成本对数值（$lnMC_{ijt}$），并将其分别代入基准回归式（4）替换$lnMarkup_{ijt}$进行回归。表6汇报了分解后的估计结果。首先，列（1）和（2）简单地验证了上述机制变量与企业加成行为分解变量之间关系的一般经济规律，即一般而言，企业对质量越高的出口产品收取越高的价格（Bas and Strauss-Kahn，2015），以及企业生产率越高则其边际成本越低（Bernard et al.，2003；Melitz and Ottaviano，2008）。结合上述机制检验，由此可推断中间投入技术规制可能促使出口企业能够提高产品定价和降低边际成本。然而，列（3）和（4）结果表明，中间投入技术规制仅提高了出口企业的平均出口价格，而对边际成本的负向作用不显著。这是由于在技术规制助力企业实现质量和生产升级的过程中，需要企业支付合规固定成本作为代价，因此从边际成本的角度看，合规固定成本的增加与企业生产效率提升引致的边际成本降低作用相互抵消。

表6　基于中间投入技术规制对制造业出口企业加成行为分解的进一步影响机制检验

变量	lnPrice	lnMC	lnPrice	lnMC
	（1）	（2）	（3）	（4）
ExpQuality	0.002** (0.001)			
TFP		−0.119*** (0.003)		

续 表

变量	lnPrice （1）	lnMC （2）	lnPrice （3）	lnMC （4）
$Lag1\_TM^{inputFI}$			0.214*** （0.077）	−0.027 （0.107）
常数项	1.634*** （0.007）	1.455*** （0.007）	1.835*** （0.065）	1.581*** （0.088）
控制变量			是	是
企业固定效应	是	是	是	是
年份固定效应	是	是	是	是
观测值	200 248	198 995	254 440	202 182
R^2	0.023	0.016	0.014	0.002

以上结果表明，我国中间投入技术规制主要通过推动企业出口定价能力提升来提高出口企业加成率，该发现与Singh和Chanda（2021）的研究结论相反，即印度实施的中间投入TBT主要通过增加企业边际成本而对价格没有显著影响，因此导致了印度企业加成率下降。产生该结论差异的主要原因可能在于Singh和Chanda（2021）采用了STC特别贸易关注数据集，该数据集包含了从众多TBT措施中识别出的会对国际贸易产生实质限制作用的TBT。由于印度的工业体系尚不完善，中间投入品高度依赖进口，该国技术性贸易壁垒的实施某种程度上可能更多地为了提高进口成本从而合规地减轻外国价廉质优的产品对本土企业造成的冲击，因此其技术规制对企业产品质量升级的作用较小，不利于定价能力提升。而我国经过多年改革开放，工业体系逐渐完备，中间投入技术规制能够有效倒逼企业提高产品质量，从而提升企业在国际市场的加价能力。

（三）中间投入技术规制影响行业资源重置的机制检验

本节进一步从行业资源重置的视角研究中间投入技术规制如何影响出口企业市场势力。Asprilla等（2019）、Macedoni和Weinberger（2022）等利用智利等其他发展中国家数据，研究发现TBT和SPS等非歧视性的技术规制增强了市场对高质量产品的需求和提高了固定成本门槛，迫使低质量、小规模、低市场势力的企业退出市场，从而提高在位企业的市场势力。本节首先检验我国中间投入技术规制如何影响企业进入和退出出口市场的概率，构建 Probit 模型如下：

$$\Pr(Entry_{ijpt}=1)=\Phi\left(\alpha+\beta Lag1\_TM_{jt}^{inputFI}+X_{ijt}\gamma+v_j+v_p+v_t+\varepsilon_{ijpt}\right) \quad (12)$$

$$\Pr(Exit_{ijpt}=1)=\Phi\left(\alpha+\beta Lag1\_TM_{jt}^{inputFI}+X_{ijt}\gamma+v_j+v_p+v_t+\varepsilon_{ijpt}\right) \quad (13)$$

其中，i 表示企业，j 表示企业所属的二位码制造业行业，p 表示企业所在省份，t 表示年份；$Entry_{ijpt}$ 表示企业是否在 t 年新进入出口市场的虚拟变量，是为 1，否为 0；$Exit_{ijpt}$ 表示企业是否在 $t+1$ 年退出出口市场的虚拟变量，是为 1，否为 0；v_j 和 v_p 分别为行业效应和省份效应；其余变量解释同基准回归式（4）。

表 7 的第（1）和（5）列分别表明 2000 年至 2007 年我国中间投入技术规制降低了企业新进入出口市场的概率和提高了企业退出出口市场的概率。这是由于技术规制提高了合规固定成本，使得出口市场的进入门槛提高，迫使部分企业退出。为了进一步研究中间投入技术规制如何通过行业资源重置影响企业整体市场势力变化，本节根据各行业企业加成率中位数将企业分为高加成率企业和低加成率企业进行分组回归，表 7 的第（2）（3）（6）和（7）列的分样本回归结果表明，中间投入技术规制显著抑制了低市场势力企业的进入，促进了低市场势力企业的退出，而对高市场势力的企业无显著影响。

表 7 的第（4）和（8）列进一步将回归样本范围扩展至 2000—2012 年，发现中间投入技术规制仍然显著抑制企业进入出口市场，但是也降低了企业退出出口市场的概率。结合我国从 20 世纪末开始逐渐采取技术规制的历史背景，该结果表明我国出口企业长期逐渐适应技术规制调整，在位企业受到的固定成本风险冲击逐渐减小，因而退出出口市场的概率下降，市场结构变化较为稳定。Navaretti 等（2018）使用欧盟国家的数据也表明技术规制在长期将促进国内市场竞争和增加国内企业的数量。需要说明的是，由于工企数据库中 2007 年以后的中间投入数据缺失导致企业加成率难以测算，本文对 2000—2012 年样本回归无法进行高低加成率企业的分组检验。

此外，本节还进一步考察了我国中间投入技术规制对本土企业在出口市场上持续时间的影响。参考毛其淋和盛斌（2013），采用离散时间的 cloglog 生存

表7 我国中间投入技术规制对行业资源重置的影响机制检验

变量	企业新进入出口市场的概率					企业退出出口市场的概率					企业持续出口中断的概率			
样本	新进入出口企业样本					退出出口市场企业样本					持续出口企业样本			
	2000—2007 全样本	低加成率企业样本	高加成率企业样本	2000—2012 全样本	2000—2007 全样本	低加成率企业样本	高加成率企业样本	2000—2012 全样本	2000—2007 全样本	低加成率企业样本	高加成率企业样本	2000—2012 全样本
	(1)	(2)	(3)	(4)	(5)	(6)	(7)	(8)	(9)	(10)	(11)	(12)
$Lag1\_TM^{inputFI}$	−0.231**	−0.464***	−0.138	−0.103***	0.259**	0.407**	0.157	−0.147***	0.398***	0.684***	−0.048	−0.089***
	(0.112)	(0.165)	(0.160)	(0.014)	(0.102)	(0.159)	(0.158)	(0.017)	(0.132)	(0.198)	(0.204)	(0.013)
控制变量	是	是	是	是	是	是	是	是	是	是	是	是
行业固定效应	是	是	是	是	是	是	是	是	是	是	是	是
省份固定效应	是	是	是	是	是	是	是	是	是	是	是	是
年份固定效应	是	是	是	是	是	是	是	是	是	是	是	是
观测值	238 704	94 475	94 364	458 822	254 502	101 174	101 050	414 235	176 862	67 803	64 140	318 834
对数似然值	−130 705	−44 675	−42 916	−248 450	−130 201	−52 032	−49 494	−225 558	−65 559	−22 269	−19 735	−108 495
Pseudo R²	0.124	0.060 7	0.059 3	0.181	0.031 4	0.032 2	0.032 6	0.118				

注：表中报告的结果是平均边际效应值。(1)至(8)列为Logit回归，(9)至(12)列为cloglog回归，对各列进行Probit回归或Logit回归后结果无明显变化。由于篇幅限制，稳健性检验结果备索。

分析模型进行检验：

$$c\log\log(1-h_{it}) = \alpha + \beta Lag1\_TM_{jt}^{inputFI} + X_{ijt}\gamma + \tau_t + v_j + v_p + v_t + \varepsilon_{ijpt} \quad (14)$$

其中，$h_{it} = \Pr(t < T_i \leq t+1|T_i > t) = 1 - \exp[-\exp(\beta'\mu_{it} + \tau_t)]$是风险函数，即企业在第$t$年为出口企业而在第$t+1$年退出出口市场的离散时间风险概率，$T_i$为企业出口持续时间，$\mu_{it}$为时间依存协变量，$\tau_t$为基准风险率，其余变量解释同式（12）。

表7的第（9）—（12）列为生存分析结果。列（9）表明2000—2007年中间投入技术规制显著提高了企业出口风险，从而缩短了企业的出口持续时间。但是在进一步拆分高低加成率企业样本后，列（10）和（11）表明中间投入技术规制仅提高了低加成率企业的出口风险，而对高加成率企业样本的出口风险影响不显著。将样本范围扩大至2012年，列（12）表明中间投入技术规制对企业出口风险概率的影响发生逆转，即延长了企业出口持续时间。上述结果与中间投入技术规制对企业进入退出出口市场概率的影响一致，均表明中间投入技术规制促进制造业资源重配，通过迫使低加成率、低质量企业退出市场，将市场份额重新分配给高加成率、高质量企业，从而推动整体出口企业的市场势力提升。

八、结论与政策启示

当前关于关税自由化如何影响企业市场势力的研究已积累了丰富的成果。然而在全球贸易自由化背景下，关税下降的空间十分有限。本文旨在探讨逐渐兴起的非歧视性中间投入非关税措施对本土制造业出口企业市场势力的影响。通过利用非关税措施数据库、中国工业企业数据库、中国海关产品贸易数据库和WITS关税数据库等四套交互匹配的微观企业大样本数据，本文系统考察了我国中间投入技术规制对制造业出口企业市场势力的作用效果和作用机制。研究表明，我国中间投入技术规制并非以贸易保护为目的，其显著促进了我国制造业进口中间品数量、种类增加和质量升级。在技术规制水平提高的情况下，与中间投入关税的作用相反，我国实施的中间投入技术规制通过促进企业使用更多的高质量中间投入实现了出口产品质量升级和生产效率提升，从而实现国际竞争力和国际市场定价能力提升，显著增强了我国制造业出口企业市场势力。此外，中间投入技术规制还通过迫使市场势力较低的企业退出出口市场，将市场份额重新分配给市场势力较高的企业，从而实现我国企业在国际市场的整体定价能力提升。在考虑了企业与行业的异质性特征影响后，研究发现中间投入技术规制对大规模企业、低竞争度行业内企业、低开放度行业内企业、一般贸易企业以及内资企业的国际市场势力提升作用更强。

本文的研究结论具有以下政策含义：其一，与中间投入关税抑制企业加成率提升的效果相反，我国中间投入技术规制促进了制造业出口企业国际市场势力提升。由于我国实施的技术性贸易壁垒等技术规制从未被其他国家上诉至WTO，说明我国技术规制并非隐形的贸易保护，而是对标国际标准的贸易规则国际化和合规化改革，也是发展中国家在经济发展进程早期的内在要求和必然产物。因此，我国应继续对照国际标准，针对产品质量和技术要求、公共健康安全和能源环境等需要出台合理的技术规制，从而优化我国进出口商品结构，促进本土企业利用优质的中间投入技术和质量来提高国际竞争能力。其二，我国中间投入技术规制对企业加成率的作用受企业和行业异质性的影响，并且导致将市场势力较低的企业的市场份额重新分配给市场势力较高的企业。因此我国在关注中间投入非关税措施提高整体企业市场势力的同时，需要保障中小企业、加工贸易企业等定价能力较低的企业的生存和利益，有针对性地出台相关政策以推动这类企业继续创新发展，从而避免市场的过度集中和垄断。其三，由于技术规制带来的合规成本将削弱企业的成本加成提升效应，我国应尽可能地简化政策实施过程中的合规评估流程，创新和优化合规评定申报机制，在相关网站上公布具体的办事流程和提供咨询服务，从而降低技术规制所带来的不必要的中间环节的间接成本。

参考文献

[1] 鲍晓华、朱达明:《技术性贸易壁垒的差异化效应:国际经验及对中国的启示》,《世界经济》,2015年第11期。

[2] 鲍晓华、朱钟棣:《技术性贸易壁垒的测量及其对中国进口贸易的影响》,《世界经济》,2006年第7期。

[3] 刘政文、马弘:《中间品贸易自由化、市场结构与企业成本加成》,《经济评论》,2019年第6期。

[4] 毛其淋、盛斌:《贸易自由化与出口动态、企业异质性——来自中国微观企业数据的证据》,《管理世界》,2013年第3期。

[5] 毛其淋、许家云:《中间品贸易自由化的生产率效应——以中国加入WTO为背景的经验研究》,《财经研究》,2015年第4期。

[6] 毛其淋、许家云:《中间品贸易自由化提高了企业加成率吗?——来自中国的证据》,《经济学(季刊)》,2017年第2期。

[7] 钱学锋、范冬梅、黄汉民:《进口竞争与中国制造业企业的成本加成》,《世界经济》,2016年第3期。

[8] 任曙明、张静:《补贴、寻租成本与加成率——基于中国装备制造企业的实证研究》,《管理世界》,2013年第10期。

[9] 邵朝对、苏丹妮:《产业集聚与企业出口国内附加值:GVC升级的本地化路径》,《管理世界》,2019年第8期。

[10] 盛斌:《中国工业贸易保护结构政治经济学的实证分析》,《经济学(季刊)》,2002年第2期。

[11] 施炳展、曾祥菲:《中国企业进口产品质量测算与事实》,《世界经济》,2015年第3期。

[12] 田云华、王凌峰、周燕萍:《我国非关税措施(NTMs)如何影响了货物进口?——基于1992—2012年HS-6位产品的实证检验》,《国际经贸探索》,2021年第12期。

[13] 谢谦、刘维刚、张鹏杨:《进口中间品内嵌技术与企业生产率》,《管理世界》,2021年第2期。

[14] 许明、邓敏:《产品质量与中国出口企业加成率——来自中国制造业企业的证据》,《国际贸易问题》,2016年第10期。

[15] 于蔚、汪淼军、金祥荣:《政治关联和融资约束:信息效应与资源效应》,《经济研究》,2012年第9期。

[16] 余淼杰、李晋:《进口类型、行业差异化程度与企业生产率提升》,《经济研究》,2015年

第 8 期。

[17] 余淼杰、袁东:《贸易自由化、加工贸易与成本加成——来自我国制造业企业的证据》,《管理世界》, 2016 年第 9 期。

[18] 朱信凯、孔哲礼、李慧:《技术性贸易措施对中国企业出口决策的影响——基于出口强度与市场范围视角的考察》,《国际贸易问题》, 2020 年第 3 期。

[19] 祝树金、钟腾龙、李仁宇:《中间品贸易自由化与多产品出口企业的产品加成率》,《中国工业经济》, 2018 年第 1 期。

[20] Ackerberg, D., Caves, K. and Frazer, G., 2006, "Structural Identification of Production Functions", Mimeo: University of California at Los Angeles.

[21] Ahn, J. A., Khandelwal, K. and Wei, S. J., 2011, "The Role of Intermediaries in Facilitating Trade", *Journal of International Economics*, 84 (1), pp.73 ~ 85.

[22] Amiti, M. and Konings, J., 2007, "Trade Liberalization, Intermediate Inputs, and Productivity: Evidence from Indonesia", *American Economic Review*, 97 (5), pp.1611 ~ 1638.

[23] Antoniades, A., 2015, "Heterogeneous Firms, Quality, and Trade", *Journal of International Economics*, vol. 95, pp.263 ~ 273.

[24] Asprilla, A., Berman, N., Cadot, O. and Jaud, M., 2019, "Trade Policy and Market Power: Firm-level Evidence", *International Economic Review*, 60 (4), pp.1647 ~ 1673.

[25] Bas, M. and Strauss-Kahn, V., 2015, "Input-trade Liberalization, Export Prices and Quality Upgrading", *Journal of International Economics*, 95 (2), pp.250 ~ 262.

[26] Bernard, A. B., Eaton, J., Jensen, J. B. and Kortum, S., 2003, "Plants and Productivity in International Trade", *American Economic Review*, 93 (4), pp.1268 ~ 1290.

[27] Bora, B., Kuwahara, A. and Laird, S., 2002, "Quantification of Non-tariff Measures", *Policy Issues in International Trade and Commodities Study Series*, No. 18.

[28] Brandt, L., Johannes, V. B. and Zhang, Y. F., 2012, "Creative Accounting or Creative Destruction? Firm-level Productivity Growth in Chinese Manufacturing", *Journal of Development Economics*, 97 (2), pp.339 ~ 351.

[29] Brandt, L., Van Biesebroeck, J., Wang, L. and Zhang, Y., 2017, "WTO Accession and Performance of Chinese Manufacturing Firms", *American Economic Review*, 107 (9), pp.2784 ~ 2820.

[30] Broda, C., Greenfield, J. and Weinstein, D., 2006, "From Groundnuts to Globalization: A Structural Estimate of Trade and Growth", *NBER Working Paper*, No. 12512.

[31] Cai, H. and Liu, Q., 2009, "Does Competition Encourage Unethical Behaviour? The Case of

Corporate Profit Hiding in China", *The Economic Journal*, 119（4）, pp.764～795.

[32] De Loecker, J. and Warzynski, F., 2012, "Markups and Firm-level Export Status", *American Economic Review*, 102（6）, pp.2437～2471.

[33] De Loecker, J., Goldberg, P. K., Khandelwal, A. K. and Pavcnik, N., 2016, "Prices, Markups, and Trade Reform", *Econometrica*, 84（2）, pp.445～510.

[34] De Melo, J. and Urata, S., 1986, "The Influence of Increased Foreign Competition on Industrial Concentration and Profitability", *International Journal of Industrial Organization*, vol. 4, pp.287～304.

[35] Domowitz, I., Hubbard, R. G. and Petersen, B. C., 1986, "Business Cycles and the Relationship Between Concentration and Price-Cost Margins", *Rand Journal of Economics*, 17（1）, pp.1～17.

[36] Fan, H., Gao, X., Li, A. Y. and Luong, T. A., 2018, "Trade Liberalization and Markups: Micro Evidence from China", *Journal of Comparative Economics*, vol. 46, pp.103～130.

[37] Feenstra, R. C. and Hanson, G. H., 2005, "Ownership and Control in Outsourcing to China: Estimating the Property-Rights Theory of the Firm", *Quarterly Journal of Economics*, 120（2）, pp.729～761.

[38] Fontagné, L. and Orefice, G., 2018, "Let's Try Next Door: Technical Barriers to Trade and Multi-destination Firms", *European Economic Review*, vol. 101, pp. 643～663.

[39] Fontagné, L., Mimouni, M. and Pasteels, J. M., 2005, "Estimating the Impact of Environmental SPS and TBT on International Trade", *Integration and Trade*, vol. 28, pp.7～37.

[40] Fontagné, L., Orefice, G., Piermartini, R. and Rocha, N., 2015, "Product Standards and Margins of Trade: Firm Level Evidence", *Journal of International Economics*, vol. 97, pp.29～44.

[41] Ghodsi, M., 2020, "The Impact of Chinese Technical Barriers to Trade on its Manufacturing Imports When Exporters are Heterogeneous", *Empirical Economics*, vol. 59, pp.1667～1698.

[42] Grossman, G. and Helpman, E., 1994, "Protection for Sale", *American Economic Review*, 84（4）, pp.833～850.

[43] Grundke, R. and Moser, C., 2019, "Hidden Protectionism? Evidence from Non-tariff Barriers to Trade in the United States", *Journal of International Economics*, vol. 117, pp.143～157.

[44] Halpern, L., Koren, M. and Szeidl, A., 2015, "Imported Inputs and Productivity", *American Economic Review*, 105（12）, pp.3660～3703.

[45] Heckman, J. J., 1979, "Sample Selection Bias as a Specification Error", *Econometrica*, 47（1）, pp.153～161.

[46] Hu, X., Tian, Y., Zhou, Y. and Feng, L., 2021, "How Do China's Importing Firms Respond to Non-tariff Measures?", *China & World Economy*, 29（4）, pp.89～112.

[47] Kee, H. L., Nicita, A. and Olarreaga, M., 2009, "Estimating Trade Restrictiveness Indices", *The Economic Journal*, 119（534）, pp.172～199.

[48] Leamer, E., 1988, "Measures of Openness", in Baldwin, R. E., ed: *Trade Policy Issues and Empirical Analysis*, University of Chicago Press, Chicago.

[49] Levinsohn, J. and Petrin, A., 2003, "Estimating Production Functions Using Inputs to Control for Unobservables", *Review of Economic Studies*, vol. 2, pp.317～341.

[50] Macedoni, L. and Weinberger, A., 2022, "Quality Heterogeneity and Misallocation: The Welfare Benefits of Raising your Standards", *Journal of International Economics*, vol. 134, No. 103544.

[51] Macedoni, L., 2022, "Asymmetric Information, Quality, and Regulations", *Review of International Economics*, pp.1～99.

[52] Melitz, M. J. and Ottaviano, G. I. P., 2008, "Market Size, Trade, and Productivity", *Review of Economic Studies*, 75（1）, pp.295～316.

[53] Navaretti, G. B., Felice, G., Forlani, E. and Garella, P. G., 2018, "Non-tariff Measures and Competitiveness", *Centro Studi Luca d'Agliano Development Studies Working Papers*, NO. 438.

[54] Niu, Z., Liu, C., Gunessee, S. and Milner, C., 2018, "Non-tariff and Overall Protection: Evidence from Across Countries and Over Time", *GEP Research Paper*.

[55] Singh, R. and Chanda, R., 2021, "Technical Regulations, Intermediate Inputs, and Performance of Firms: Evidence from India", *Journal of International Economics*, vol. 128, No. 103412.

[56] UNCTAD, 2019, *International Classification of Non-tariff Measures*, Geneva: UNCTAD.

[57] WTO, 2012, *World Trade Report 2012: Trade and Public Policies – A Closer Look at Non-tariff Measures in the 21st Century*, Geneva: WTO.

[58] Yu, M. J., 2015, "Processing Trade, Tariff Reductions and Firm Productivity: Evidence from Chinese Firms", *The Economic Journal*, 125（585）, pp.943～988.

第三部分　数字贸易

跨境电商服务生态体系新趋势

诸子怡　王健[*]

摘要：面对不断扩大的跨境电商市场规模所带来的竞争压力，诸多企业在不断探索新的商业模式。目前，跨境电商市场出现服务生态体系构建的新趋势，即企业通过与国内外多样化的市场主体建立横向或纵向的合作伙伴关系，挖掘服务的价值增值。这意味着国与国之间的合作将更为紧密。目前，在跨境电商服务生态体系构建的过程中，企业实际会遇到诸如数据监管规则复杂、物流及清关流程效率问题、跨境支付服务限制、服务贸易准入限制等障碍。在此背景下，本文提出"数字贸易通道"建设倡议。基于企业实践，尝试突破现存的一些政策壁垒，推动解决全球数字贸易发展中的现存问题。最终目标是将现有的贸易通道建设为更加连通、便利、开放且规范的"数字贸易通道"，为外贸新业态创造更大的发展空间。

关键词：数字贸易通道；跨境电商；服务生态体系

一、引言

在全球数字贸易发展的背景下，中国依托于庞大的消费市场、成熟的制造业和产业链基础、创新的商业模式以及外贸政策的加持，实现跨境电商的蓬勃发展，并在全球处于领先地位。网经社数据统计显示，中国跨境电商行业近五年的平均增长率为16.25%。在亚马逊平台上，即使经历了"封店"事件，中国商家的占比仍超过40%。在阿里巴巴国际站中，使用国际站数字外贸服务平台的商家从2018年至2021年上涨51%。与此同时，面对不断扩大的市场规模

---

[*] 作者简介：诸子怡　对外经济贸易大学研究生；王　健　对外经济贸易大学教授。

所带来的竞争压力，诸多跨境电商企业在不断探索新的商业模式。目前，跨境电商市场出现服务生态体系构建的新趋势，这也将对监管产生新的要求。

二、跨境电商服务生态化发展新趋势

一直以来，跨境电商基本上被认为是商品进出口活动的一种贸易创新形式。商家或个人"全球买、全球卖"的模式逐渐成熟。而随着市场规模的不断扩大，产品同质化严重、同行业价格竞争加剧、产品质量参差不齐等问题逐渐暴露，企业利润空间不断被压缩。

在此背景下，企业的思维方式和商业决策逐渐发生变化。企业开始立足于国内和国际市场，系统性地分析国内外市场的优势资源，并通过与多样化的市场主体建立横向或纵向的合作伙伴关系，整合优质服务资源，挖掘服务的价值增值。

如非洲服装跨境电商平台 Unaku，从一般的跨境电商进出口模式下转型，通过整合国内制造商的生产能力、非洲当地设计师的设计能力、当地网红直播营销，以及实体店铺的资源，面向非洲目标人群提供具有高附加值的产品和服务。涂鸦智能通过建立交易平台，链接全球终端制造商和渠道商。与此同时，涂鸦依托于 AIoT 平台和开发技术，为合作伙伴和开发者提供智能产品开发服务，并通过打造亚太人工智能商业联盟、忒修斯计划等，促进智能制造行业中的厂商、开发者和服务商达成合作，推动行业生态的发展。

（一）跨境电商服务生态体系的概念和特点

除了 Unaku 平台和涂鸦智能外，还有诸多企业采用此种新的商业模式，我们将其总结为跨境电商服务生态体系。

跨境电商的服务生态体系，以货物贸易作为主链路，由贸易双方、供应链服务和商业服务合作企业构建服务主生态体系，推动产品的交易和交付。同时，以主生态体系中的各个环节为中心，如产品制造、智能联网、研发设计、营销推广、商业决策等价值链环节，由诸多合作伙伴协同形成次生态体系。各次生态体系创造的价值增值，对服务生态体系整体价值的提升起主要作用。

这一模式突破了以往企业仅进行产品的进出口、获得产品进销差价的商业模式。并且区别于 ICT 行业纵向整合价值链伙伴，所形成的具有一定排他性的封闭式的生态体系。跨境电商服务生态体系，更具开放性，企业利用互联网整合国内外分散、多元化的市场主体。生态主体间相互依赖，相互提供服务，共同创造服务的价值增值。

（二）跨境电商服务生态化发展对数字贸易营商环境提出更高要求

跨境电商服务生态体系的构建，意味着国与国之间的联系更为紧密。因为这不仅涉及有形产品的交易和交付，更涉及与服务密切相关的数据、人员、知识、技术等资源的流动和使用，涉及企业的国际化运营。因而对国际数字贸易营商环境提出更高的要求，这不仅关乎边境间规则，更关乎与直接投资、服务贸易、数据流动等相关的边境内的规则。

在此背景下，本文试图提出"数字贸易通道"建设的设想，通过在边贸、自贸港等地区进行试点，突破现存的一些政策壁垒，尝试推动解决全球数字贸易发展中的现存问题。并不断跟踪在试点区域内企业的实践动态，持续总结经验，做出调整，最终目标是将现有的贸易通道建设为更加连通、便利、开放且规范的"数字贸易通道"，为外贸新业态创造更大的发展空间。

三、跨境电商服务生态体系构建过程中存在诸多限制

在跨境电商服务生态体系构建的过程中，企业实际会遇到诸如数据监管规则复杂、物流及清关流程效率问题、跨境支付服务限制、服务贸易准入限制等障碍。主要可以总结为以下几个方面：

（一）通信基础设施发展不均

跨境电商服务生态体系构建及国际化运营，以通信基础设施搭建和宽带网络铺设为基础。一方面，位于一国境内的跨境电商服务生态体系的中心企业，需要获取来自社交平台、搜索引擎、电商平台、分支机构等的多渠道的市场需求信息用于决策分析。另一方面，网络互联与信息互通是跨境电商服务生态体

系构建的前提。正因为网络连接,使得中心企业能够定位到全球范围内的有价值的合作者,构建生态体系。基于网络连接所实现的信息的互通,使生态体系得以协调运行。

国际电信联盟数据库显示,至 2021 年全球 95% 的人口在 3G 及以上的移动网络覆盖之下。电子商务在肯尼亚和卢旺达的快速发展,得益于其网络设备的正常使用。不过,即使是在移动网络覆盖之下,仍有较高比重的人口未使用互联网。如非洲国家和亚太地区的互联网覆盖率与移动网络覆盖率之间分别存在 49% 和 37% 的缺口。这与这些地区设备无法使用,居民负担能力不足或意识不强、缺乏技能等多因素相关。

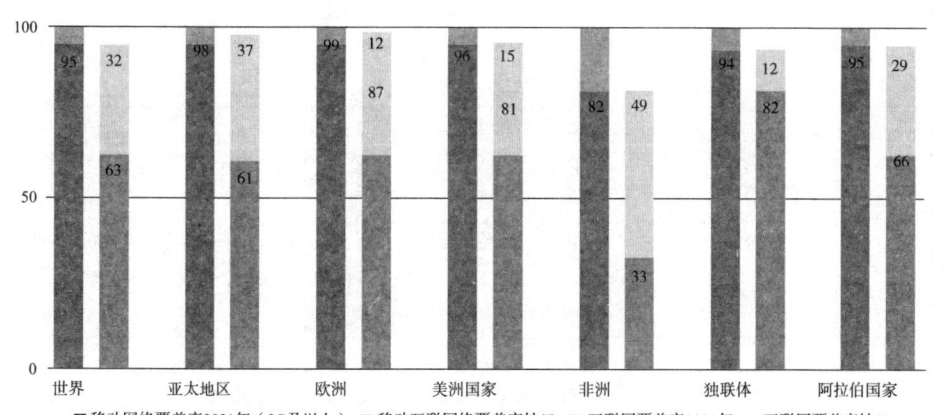

图 1　2021 年全球网络连接情况

互联网及通信基础设施决定了跨境电商能否开展的基础性问题。而有关数据安全和跨境数据传输的法律规则决定了企业合规经营的边界。

随着近年来互联网平台、科技公司滥用个人数据的案件不断发酵,多数国家越发重视对数据主体隐私的保护,并对企业跨境传输数据的行为进行规范。目前,全球约 80% 的国家已完成数据安全和隐私立法,或已提出法律草案。这对于一国平衡数据安全和数据有效使用而言是必要的。不过,对于具有跨国经营业务的企业而言,各国复杂的规则和监管,无疑是增加了企业的合规风险。

表2 主要地区数据安全规则

	适用规则	数据处理	数据跨境传输
欧盟	GDPR	个人数据处理原则：合法公平透明原则、目的限定原则、最小范围原则、准确性原则、存储限制原则、完整保密性原则、问责制原则。	充分性认定；第49条规定的其他保障措施；公共当局或机构之间具有法律约束力和可执行的文书；BCRs；SCCs；其他具有约束力和可执行的承诺。
美国	联邦《隐私权法》《联邦贸易委员会法》；特定部门法律；各州个人隐私保护法	联邦贸易委员会履行"欺骗性准则"的监管标准。联邦贸易委员会履行"欺骗性准则"的监管标准。适用于：公司未能遵守其公布的隐私承诺；未能提供足够的个人信息安全；使用欺骗性广告或营销方法。	向其他司法管辖区转移个人数据没有限制。不需要登记、通知或事先得到相关数据保护机构的批准。APEC CBPR认证也适用。
英国	英国GDPR、《2018年数据保护法》	处理的法律基础：主体同意、为履行数据当事人参与的合同、遵守控制者所承担的法律义务、保护个人权益、维护公共权益、控制人或第三方追求正当利益之必要。以及特殊类别数据。	国际数据转移协议（IDTA），转移风险评估工具（TRA），欧盟新SCCs协议的英国附录（SCCs附录），限制性转移措施。
新加坡	新加坡《个人数据保护法》（PDPA）	主体同意，除非是PDPA或任何其他书面法律所要求或授权的。组织需要说明其根据通知义务收集、使用或披露数据的目的。个人自愿为某一目的提供个人数据情况下，存在三种推定同意的情形。	确保接收者提供至少与PDPA规定的保护标准相当的保护；持有"APEC CBPR"和"APEC PRP"体系下的特定认证；BCRs。
中国	《网络安全法》《数据安全法》《个人信息保护法》《数据出境安全评估办法》	内部管理制度和操作规程；个人信息分类管理；采取相应的加密、去标志化等安全技术措施；处理个人信息达到规定数量的处理者应当指定个人信息保护负责人；境外的个人信息处理者，应当在境内设立专门机构或者指定代表；定期进行合规审计等。	KIIOS和处理个人信息达到规定数量的个人信息处理者，应当将所收集到的个人数据存储在境内。确需向境外提供的，需满足网信部门的安全评估，或专业机构的个人信息保护认证，或签订网信部门的标准合同等条件。

续 表

	适用规则	数据处理	数据跨境传输
日本	个人信息保护法	处理：尽可能说明其处理的个人资料的使用目的；收集：正当取得、在取得时告知使用目的；存储：采取必要和适当的措施，防止个人数据的泄露、损失或损害，以及对个人数据的其他安全保护。	主体同意；在获取数据主体的同意前，应当事先披露信息接收方所在国家及该国的保护体系、信息接收方采取的保护措施；确保该境外第三方持续实施了相当的保护措施，并能够提供必要措施的信息。

首先，有关数据安全和个人信息保护的法律条款细致且复杂，给企业理解和掌握相关规则造成一定难度。GDPR 明确 4 项同意条件、6 种合法情形、7 项个人数据处理原则、8 大主体权利，以及 6 项跨境数据传输条件。尽可能覆盖到所有的情形，从数据收集时的主体同意、跨境数据传输的要求到问责制都作出了相应的指导和规定。美国隐私保护的法律较为分散，主要由特定部门立法规定具体的隐私保护相关的主体权利和义务，加之各州隐私法存在差异，这要求企业根据实际的经营情况进行了解和选择。新加坡《个人数据保护法》对个人数据保护委员会在处理争端、作出处罚决定及上诉等法案实施具体流程方面都作出了详细的规定。在处罚方面，最高可达企业在新加坡年营业额 10% 的罚款。复杂的规则和高额的惩处给企业造成不小的合规压力。

其次，对风险控制的要求增加了企业，尤其是中小企业的合规成本。在 GDPR 框架下，根据 Schrems II 的决定，使用 SCCs 标准合同的企业都应该进行数据转移风险评估，并且向数据保护当局提供数据转移风险评估记录。根据表 2 所示，在日本《个人信息保护法》修正案中，对于数据跨境传输，要求处理者采取必要措施确保境外第三方持续实施保护措施，并要求披露境外接收国和接收者的个人信息保护体系和保护措施的信息。

除此之外，个人数据、跨境数据流动场景等关键要件的界定，在实际司法实践中存在难度，各国法律法规及司法实践还在不断的发展中，给企业合规经营造成一定的不确定性。

（二）跨境物流和清关流程存在阻碍

不断增加的数字连接促进了更大规模的实物贸易，贸易便利化对于及时交货和全球价值链来说越来越重要。跨境服务生态体系构建最终的目标是为市场交付更具价值的产品或服务。货物进出国家不仅受到交通运输基础设施的影响，也受到货物从一个国家转移到另一个国家时通过边境和港口的难易程度的影响。

根据世界银行业务指数，如下表3所示，中东及非洲合规持续时间（边境和文件合规）比全球平均水平长18.0%至101.0%，合规成本也比全球平均水平高出13.5%至115.7%。东盟合规持续时间比全球平均水平长23%至64.8%。拉丁美洲合规成本比全球平均水平高出27.2%至34.2%。中东欧、西欧和北美地区进出口货物时，清关效率高且成本低。亚太东部地区（除东盟外）的海关效率处于中部水平，仍有进一步提升的空间。

各国边境机构有限的合作和较低的互操作性是导致海关清关流程效率低的主要原因。因此，推动更具成本效益的单一窗口建设和国家间边境监管的合作具有较大的实践意义。

表3 2020年全球主要地区通关效率（%）

	边境合规流程时长（小时） 进口	边境合规流程时长（小时） 出口	文件合规流程时长（小时） 进口	文件合规流程时长（小时） 出口	边境合规成本（美元） 进口	边境合规成本（美元） 出口	文件合规成本（美元） 进口	文件合规成本（美元） 出口
全球平均	67	52.9	48.2	44.6	442.2	388.2	156.5	122.2
东亚太地区（除东盟）/全球平均	−48.4	−52.0	−87.8	−89.0	−25.1	−23.9	−51.1	−36.2
东盟/全球平均	23.0	23.6	52.3	64.8	−11.1	−19.9	−17.3	−4.1
中东欧/全球平均	−88.8	−79.6	−80.1	−77.4	−84.9	−70.6	−76.4	−69.4
西欧/全球平均	−97.0	−82.4	−98.4	−97.5	−93.0	−72.0	−95.9	−84.0
拉丁美洲/全球平均	−7.5	−2.3	23.0	−47.3	34.2	27.2	−46.0	−26.8
中东和非洲/全球平均	80.7	18.0	101.0	23.1	34.3	13.5	115.7	19.3
北美/全球平均	−97.3	−96.6	−91.1	−97.1	−60.8	−56.0	−16.1	−11.8

(三)支付结算方式存在歧视性准入

数字支付是数字贸易的强大驱动力之一。基于安全且多样化的支付方式，企业得以通过在线销售接触到更多客户，消费者得以不受时间及空间限制购买到更广泛的产品。跨境电商服务生态体系中的主体间也必然会涉及资金的结算。

目前，在电子支付领域，存在支付结算歧视性准入限制、互联网银行或保险使用限制等。这些问题均会影响企业的交易成本。

在支付结算的准入限制方面，中国、俄罗斯等国的在线支付服务提供者仅限于国内企业。柬埔寨仅允许银行作为提供商业支付交易服务的主体，印度尼西亚对提供网上银行服务的银行具有资金门槛要求。阿根廷和土耳其则是对提供海外支付或电子支付的实体的金融服务内容存在限制。在网上银行或保险的使用限制方面，主要在于网上支付的资金限制，如中国、新加坡。以及身份限制，如越南。英国则是要求支付服务提供商必须为在线支付交易应用强客户身份验证，如下表4所示。

表4 支付结算领域主要限制

国家	支付结算歧视性准入限制	类型
中国	第三方支付服务提供商（非金融机构）必须从中国人民银行获得支付清算运营许可证。虽然一些外国实体获得了信用卡等其他活动的有限许可证，但在线支付服务的牌照仍仅限于地方实体。	在线支付服务仅限国内企业
俄罗斯	境外支付服务提供商被禁止向居民客户提供电子支付方式。为向个人提供跨境汇款服务，外国支付系统运营商应在俄罗斯联邦注册其独立的分支机构或代表处，并使用俄罗斯的支付基础设施。	国际结算仅限国内企业
柬埔寨	国际结算可以通过授权的中介机构进行，这些中介机构是在柬埔寨永久设立的银行。非银行不得提供支付交易服务，包括成为手机汇款服务提供商，除非受银行委托。	国际结算仅限国内银行
印度尼西亚	只有核心资本超过5万亿印尼盾（BUKU 3和4）的银行才被允许提供网上银行服务。	资金门槛
阿根廷	金融实体和其他当地发卡机构必须事先获得BCRA的批准，才能进入外汇市场进行特定业务的海外支付。	服务内容限制

续　表

国家	支付结算歧视性准入限制	类型
土耳其	在土耳其本土,及在土耳其通过商业存在开展业务的电子支付和电子货币服务商持有许可证。这些实体除了提供支付服务外,不能从事任何其他商业活动,也不能从事存贷款等金融服务。	服务内容限制
网上银行或保险的使用限制		
中国	使用第三方在线支付服务(由非金融机构提供)转账的资金数额受到监管。	资金限制
新加坡	从2019年开始,个人电子钱包的存储金额上限为5 000新元,一年内从个人电子钱包转出的最高金额上限为30 000新元。	资金限制
英国	支付服务提供商必须为在线支付交易应用强客户身份验证。	身份验证
越南	只有根据越南法律正式成立和运营的公司才能在当地开设支付账户。只有持有6个月以上居留许可的越南人和外国人才能开立当地定期账户。只有越南人才能在当地开储蓄账户。	身份限制

(四)跨境电商相关服务行业存在准入限制

与跨境电商服务生态体系相关的服务领域的开放,如电信及计算机服务、分销服务、专业服务、物流服务、支付服务等,对于跨境电商企业充分利用国内外资源构建跨境电商服务生态体系,以及国家数字贸易的发展具有重要的影响。

对于企业而言,放松与互联网相关的服务及分销服务的准入限制,给予其国民待遇,将直接促进跨境电商企业的本土化运营。此外,主次生态体系中其余诸多服务领域的开放,能够促进更多服务的跨境运营,推动服务创新。企业在服务生态构建过程中,具有更多样化的合作伙伴的选择,丰富了企业的生态体系。

对于国家而言,跨境电商相关服务领域的开放,一方面能够吸引直接投资、跨境服务和自然人流动,从而带来研发、数据、人力资本等无形资产,创造更多价值。另一方面,根据对等原则,在本国为他国企业的运营提供开放的市场及良好的营商环境的情况下,他国也将相应地给予本国开放及规范的市场环境,从而达成合作的共识,为企业的长期发展提供高质量的市场环境。

发达国家和一些发展中国家根据数字经济发展的需要，不断开放电信、计算机服务、分销、专业服务等。如美国—韩国 FTA 中承诺扩展电信部门，以及承诺解决电子商务提供者的市场准入和国民待遇的问题。在欧盟—英国贸易与合作协定中，明确协商提出开放计算机和相关服务的服务贸易和投资，无论这些服务是否通过网络提供，包括互联网咨询、设计、数据处理、数据托管等一系列服务。

与此同时，另一些国家对于数字贸易相关的服务领域设置了一定限制。电信服务是最主要的存在外商直接投资限制的行业。如印尼、日本、韩国等诸多国家在电信行业存在外资股比限制。除此之外，印度对零售服务的外商直接投资设限。对于外商直接投资且从事单品牌零售交易的公司，需要在开始电商销售的两年内在印度开设实体零售店。而多品牌零售交易活动的公司，不允许通过电子商务进行任何形式的 B2C 零售交易。在印尼，网上零售也不对外国所有者开放，对快递服务设置外资所有权上限。在韩国，在线报纸行业存在外资股比限制。

四、建立数字贸易通道示范区

中国以试点探索的方式，先后建立经济特区、自贸区、跨境电商综合试验区等具备特殊政策条件的区域，探索建立针对改革开放、国际合作、跨境电商新业态发展的新模式、新政策和新制度。

试点这一治理路径一般具备三个特征。首先，试点建设所要解决的核心问题对经济贸易的发展具有必要性。随着数字技术在贸易中的应用不断普及，数字贸易几乎已成为国际贸易的代名词，探索解决数字贸易发展问题的方案，将进一步提升中国对外贸易在国际上的竞争力。其次，试点建设所要解决的核心问题是复杂的，且解决路径不清晰。如上文所述，全球数字贸易的发展目前还存在诸多壁垒，监管滞后于新的技术和模式，复杂的规则给企业合规化运营带来挑战。而合理制度的形成涉及复杂的假设和实践论证过程。最后，试点建设所要解决的核心问题需要突破现有的制度和政策。自贸区的建设侧重于促进贸易投资便利化，跨境电商综合试验区的建设侧重于建立促进跨境电商进出口的服务和监管体系。而数字贸易涉及更多更深入的规则问题，不仅包括货物贸易，而且涉及数据要素流动、数字服务贸易标准、金融监管等。对数字贸易发展进行探索具有一定突破性。

（一）建设连通的数字贸易营商环境

中国在互联网接入和内容获取方面存在一些壁垒。一是为维持网络安全和社会稳定，政府会屏蔽用户对一些国际网站、应用程序的访问。二是由于国家防火墙的存在，致使国内与国外的网络互联较慢或中断。企业需采用商用的国际专线接入外网，以实现海外业务的正常访问。三是出于保护公共利益和国内数字产业的考虑，中国对数据本地存储具有一定要求，如上表2所示。

除此之外，中国公有云的发展也存在瓶颈。一方面资质完备的IDC基础设施较为欠缺。另一方面，确保安全是中国云部署的重点，因而中国云计算发展更强调自主创新能力建设的必要性，对国外公有云厂商的部署存在一定限制。一些企业所面临的数据处理合规成本、数据中心运维成本不足以覆盖其业务在中国市场的需求，因而退出中国市场。

因此，在数字贸易通道建设过程中，可注重资质完备的高质量的数据中心的建设，以支持公有云服务的高效提供。尝试建立离岸数据中心，在保障国家安全的基础上，合理开放示范区内终端对境外合法社交媒体、搜索引擎等的连接。从而使得国内企业能够较为便利的在海外电子商务平台上运营，促进出口。这也有利于消费者在多样化的平台上消费，促进零售进口。

（二）建设合规的数字贸易营商环境

在规则方面，如何通过政策与监管平衡好数据流动和数据安全，是需要不断探索的问题。在数字贸易通道示范区内，需要关注两个合作。

一是数据处理者和政府的合作。目前，在基本的法律框架之下，中国正在逐步推进具体的实施指南的出台。如《数据出境安全评估办法》《关键信息基础设施安全保护条例》等。除此之外，数据主体通知和同意的规则、数据分级分类管理方法、争议处理的流程、对数据接收方安全评估的细则等还需进一步明确。这需要政府与企业合作进行探讨。作为数据使用者和处理者的企业，商业数据是其最核心的商业财富。因此，企业自身便就有动机保护自有的商业数据。在企业自评估和内部管理的基础上，政府监管的作用主要是确立数据安全基本原则的边界，支持企业在边界内自由传输商业数据。

二是国家间的合作。多国法律要求数据处理者在数据跨境传输时，能够确保第三国或国际组织达到充分保护程度。而对于评估一国是否具有充分保护程度，各国具有不同的标准。除此之外，评估数据接收者是否提供相当的保护水平，以及标准合同规范，在各国也都存在差异。参考亚太经合组织和东盟的区域内数据管理体系，国家间形成标准互认、在数据管理和传输规则方面达成共识，将有助于促进数据在区域内的自由流动。因而中国也可积极参与或主导与其他国家的合作，对接规则和标准，商讨管辖权和争端解决机制的确立等数据管理的规则框架，并在示范区内进行试验。

（三）加强海关监管合作

中国与韩国、新西兰、澳大利亚等国实施优惠原产地证系统对接及证书互换，与东盟各国的检验检疫结果实现互换，与俄罗斯、蒙古和越南等国建立双边口岸合作机制。不过，目前口岸的合作离结果互认，以及达到联合国所述的互操作性水平还有一定距离。如中国与东盟的检验检疫结果可互换但不互认，重复的监管工作增加企业的通关成本。中国作为东盟生鲜水果的进口大国，不少企业反馈期望中国及东盟的口岸在检验检疫方面能进行合作。因此，在数字贸易通道建设中，中国与他国监管机构可加强合作，就检查、标准等方面进行深入的谈判和对接。

在金融领域，中国与周边国家及"一带一路"沿线国家的双边货币金融合作不断深化。但在个人账户的人民币非现金结算方面，还是存在着一定使用场景的限制。如柬埔寨、马来西亚、印尼、泰国等东盟国家的当地居民可以较为便利的在当地创建离岸个人人民币账户，但适用场景主要是通过银行系统，与中国居民进行一定额度内的跨境结算。而在跨境电商及线上支付方面存在限制，一是淘宝账户仅支持国内银行账户注册。因此当地居民的人民币账户无法注册淘宝账号，而只能通过拥有淘宝账号的在外中国居民代买商品。这既给当地有跨境电商消费需求的消费者造成不便，又会因为需要货币兑换而造成汇率漏损。二是当地人民币账户无法绑定微信和支付宝。在东盟等国，许多商店支持微信和支付宝支付，但仅限于持有中国国内银行账户的华人或游客。当地居民无法使用中国的电子支付方式。

对于向如柬埔寨等以美元作为主要流通货币的国家，推广人民币的难点和重点在于增加当地居民对人民币使用的需求。当然，这可能会涉及洗钱、集资等风险，也需要考虑国家资本和金融账户管理的相关要求。正因如此，跨境电商和电子支付是较为合适的推动境外人民币使用的切入点。首先，B2C 跨境电商零售和线下零售涉及金额较小，相应的金融风险容易管控。其次，跨境电商平台和第三方支付平台的使用首先需要进行身份注册，平台会形成相应的用户数据库，并积累后续的交易数据。因而跨境交易的资金流向较为清晰透明，便于追溯。

这一尝试有其现实依据，一些国家，尤其是东盟国家对中国电商平台上物美价廉的产品有较大需求。因此，可以在边贸地区进行尝试，一定程度上放松离岸人民币账户在跨境电商和在线支付的使用场景限制，从而增加人民币在海外的使用需求。为保障中国和其他国家之间安全高效的资金支付结算，以及离岸人民币账户的有效使用，需要中国金融监管机构与平台企业的密切合作，以及中国和其他国家加强区域内支付清算系统、账户资金监管的合作。

（四）逐步合理开放服务领域

近年来，中国服务贸易领域逐渐开放。目前，中国在与跨境电商相关的分销零售服务方面无限制，快递服务方面申请许可证后方可运营。在基础电信服务和增值电信服务方面仍存在所有权上限，但未来有规划逐步放开。中国还在 RCEP 协定中做出承诺，在 6 年内逐步将服务贸易正面清单转为负面清单。目前海南跨境服务贸易负面清单已经出台，全国版跨境服务贸易负面清单也在制定中，将与外资准入负面清单共同构成服务贸易领域的系统性负面清单，提供更为透明和高自由度的清单管理体系，与众多发达国家的规则接轨。

不过，降低服务贸易准入门槛，拓宽合作空间是一方面。另一方面是需要提高具体的服务贸易开放和管理的执行实效。比如许可证的申请和发放周期。中国运营增值电信业务和快递服务等均需要申请许可证，而这一环节审核的繁琐和流程的反复对外国投资者进入中国市场造成了一定压力。

除此之外，互联网和数字技术丰富了跨境提供服务的业态和场景。跨境数字服务贸易，在基础的跨境在线教育和跨境在线医疗等之外，还包括数据托管、跨境数据分析、云计算等服务。由于各国之间存在经济、政治、文化、法律等一系列差异，因而互认或公认的服务标准的打造至关重要，这是市场信任的重要依据。很多企业对标准制定十分敏感，并希望加入标准建设过程中，这与其商业利益息息相关。因此，政府需要鼓励并帮助跨境电商服务体系中的平台和机构在全球范围内，主导或参与基于产品、行业主体、交易过程、服务过程等的数字服务贸易标准或行业自律制度。

参考文献

[1] 刘杰.发达经济体数字贸易发展趋势及我国发展路径研究[J].国际贸易，2022（3）：28-36.DOI：10.14114/j.cnki.itrade.2022.03.010.

[2] 齐俊妍，强华俊.数字服务贸易限制措施影响服务出口了吗？基于数字化服务行业的实证分析[J].世界经济研究，2021（9）：37-52+134-135.DOI：10.13516/j.cnki.wes.2021.09.004.

[3] 王健，诸子怡.跨境电商服务生态体系发展及其对中国电商国际合作的启示[J].国际贸易，2022（3）：58-65. DOI：10.14114/j.cnki.itrade.2022.03.015.2019, 18（S1）：S1-S7.

[4] Adner, R.（2017）. Ecosystem as structure：An actionable construct for strategy. Journal of Management, 43（1）, 39–58.

[5] Janow M E, Mavroidis P C. Digital trade, e-commerce, the WTO and regional frameworks[J]. World Trade Review,

[6] OECD（2019）, "Universal access", in Measuring the Digital Transformation：A Roadmap for the Future, OECD Publishing, Paris.

数字服务贸易政策、产业数字化与出口技术复杂度

崔馨月　齐俊妍　张梦佳[*]

摘要：服务贸易的数字化转型是促进服务出口技术复杂度提升的重要途径，但日益繁杂的数字服务贸易限制措施对服务出口升级构成重要障碍。本文基于 OECD-DSTRI 数据库和 WIOD-WIOTS 数据库，分别测算一国数字服务贸易限制水平和服务行业产业数字化水平，并利用 2014—2016 年 37 个国家 14 个服务行业的面板数据，实证分析数字服务贸易限制措施对服务出口技术复杂度的影响。结论表明，数字服务贸易限制措施对服务出口技术复杂度提升存在显著负向影响，且会通过抑制技术创新和阻碍互联网发展渠道对服务出口技术复杂度产生负向作用，而这种负向作用在产业数字化程度较高的行业影响更大，在发达国家表现尤为显著而在发展中国家并不明显，电子交易政策领域对其影响更为明显。

关键词：数字服务贸易；限制措施；产业数字化；服务出口技术复杂度

一、引言

在传统货物贸易比较优势日益削弱的背景下，大力推进发展服务业和服务贸易是中国贸易转型和升级的核心要义，且在数字技术日趋成熟、广泛赋能各行业各领域的背景下，数字经济成为推动经济发展变革和世界经济发展的重要动能，因此服务业的数字化成为如今关注的重点。党的十九大也提出要加快发展现代服务业，推动数字化进程，我国申请加入 CPTPP 和 DEPA 便表明了我

---

[*] 作者简介：崔馨月　天津财经大学经济学院本科生；齐俊妍　天津财经大学经济学院教授、副院长；张梦佳　天津财经大学经济学院本科生。

国愿与世界前沿数字规则同步，促进中国数字贸易提质提效的决心。

出口技术复杂度是衡量产业高质量发展以及出口升级的重要标尺，决定产品的出口竞争力水平。因此，提升服务出口技术复杂度影响显得尤为必要。而在全球数字贸易迅速发展的背景下，产业的数字化趋势明显，并成为各国提高出口竞争力的新动能。但同时数字化贸易也会暴露出个人隐私数据、知识产权缺乏保护的风险，因此，许多国家提出各种贸易限制措施。那么，中国是否能通过发展数字贸易这一方式来提升中国服务业出口技术复杂度有待探究。

本文首先基于 OECD-DSTRI 数据库梳理各国数字服务贸易的监管政策措施，据此构建跨国层面的数字服务贸易限制评估框架，并且利用 WIOD 投入产出表，借鉴 Calvino（2018）的方法，计算了 37 个国家 14 个部门的完全及直接消耗系数，并以此作为对产业数字化的量化。其次借鉴 Rodrik（2006）、Hausmann et al.（2007）的方法测度基于增加值的出口技术复杂度，并将产业数字化作为中间机制探究数字贸易政策与服务业出口技术复杂度提升之间的关系；最后利用实证分析探究数字贸易政策是否通过产业数字化对服务业出口技术复杂度的影响存在间接效应。通过上述跨国行业的定性和定量分析研究，为中国进一步完善数字贸易政策、提高产业数字化水平以提升服务业出口复杂度提供理论参考和政策建议。

二、文献综述

近年来，不少学者对数字服务贸易限制政策的评估进行研究，Ferracane 等（2018）和 Ferencz（2019）分别构建了数字贸易限制指数（DTRI）以及数字服务贸易限制指数（DSTRI）评价体系，并对各国数字服务贸易限制程度进行了评估和比较。结论表明，数字贸易限制水平存在国家间的巨大差异，而相比发展中国家，发达国家具有更加自由和宽松的数字服务贸易监管环境。周念利和陈寰琦（2020）以及陈寰琦（2020）梳理分析了全球区域贸易协定中所涵盖的数字贸易相关规则，对当前数字贸易的自由化发展的国际环境进行了有效评估。沈玉良（2020）构建了全球数字服务贸易促进指数，以研究不同领域内主要经济体系在数字服务贸易促进方面的表现。

产业数字化转型成为各国推动经济增长的新动能，因此国内外学者也对此进行了深入研究。许和连等（2017）使用 WIOD 投入产出表测算出完全消耗系数，评估了中国各制造行业的投入数字化程度。同样地，张晴、于津平（2021）利用 Upward（2013）测算的出口国内附加值率（EDVAR），完善了数字化测算指标，动态分解评估了国内外的投入数字化程度。投入数字化与服务数字化具有相似之处，方法上可以类似计算，因此本文根据 Gunter（2010）以及顾乃华和夏杰长（2010）的方法，采用完全消耗系数和直接消耗系数来测度不同国家服务业数字化水平。而对于我国的经济发展而言，数字技术可为产业发展"注入新的活力"，进而实现全球价值链地位的攀升（肖旭和戚聿东，2019）。

出口技术复杂度的提升对中国的经济发展具有推动作用，因此许多学者研究了影响出口技术复杂度的可能关键性因素。张雨、戴翔（2015）从影响出口技术复杂度可能的关键因素出发做了较为全面的分析。踪家峰等（2013）指出要素扭曲通过阻碍 FDI、R&D 投入的正向效应抑制出口技术复杂度的提升。齐俊妍、强华俊（2021）从数字服务贸易壁垒视角分析出口技术复杂度提升的外在动因，利用 Hausmann 的出口技术复杂度计算方法，分析数字服务贸易壁垒对出口技术复杂度的提升。

以上文献为本文研究提供了良好借鉴，但仍可能存在以下亟待解决的问题：首先，现有文献大部分从出口规模角度衡量一国服务贸易在全球中所处的地位，出口技术复杂度但相比出口指标，更能反映一国服务贸易的竞争力，故单纯考虑数字服务贸易政策对出口规模的影响存在一定局限性；其次，目前在数字服务贸易政策和服务出口之间建立有效联系的文献较少，而具有不同数字化程度的服务行业受数字贸易政策的影响是明显具有差异的，若单纯对二者进行直接回归，则存在估计偏误；最后，从数字服务贸易政策视角探究服务出口技术复杂度的影响因素的文献较少，简单计量回归无法打开数字服务贸易限制措施影响服务出口升级的"黑箱"。基于此，本文的改进之处在于：（1）本文测算了服务业出口技术复杂度，从而更能反映服务出口国际竞争力水平；（2）本文核算服务业产业数字化水平，并将其与数字服务贸易限制指数建立有效联系，构建交互项，建立起数字服务贸易政策对服务出口技术复杂度的联系指标；(3)本文深入探究了数字服务贸易政策对服务贸易出口的中间机制，更能得出实质性的政策建议。

三、理论机制与研究假设

为了探究数字服务贸易政策，产业数字化与服务出口技术复杂度之间的关系，本文将分两个阶段进行分析。首先，研究数字服务贸易政策对服务出口技术复杂度的影响机制，本文挖掘服务业数字化这一变量，推导其发挥作用的理论机制，并提出数字服务贸易限制措施通过服务业数字化抑制服务业出口技术复杂度提升这一假设。接下来进一步研究受数字服务贸易政策制约的服务业数字化是通过什么渠道来影响服务出口技术复杂度，在此本文提出技术创新和网络发展水平两个中介变量，并提出两个假设。除此之外，在此还区分了政策和国家层面存在的差异来深层次探究数字服务贸易对服务出口技术复杂度影响的异质性。

（一）数字服务贸易政策对服务业出口技术复杂度的影响机制分析

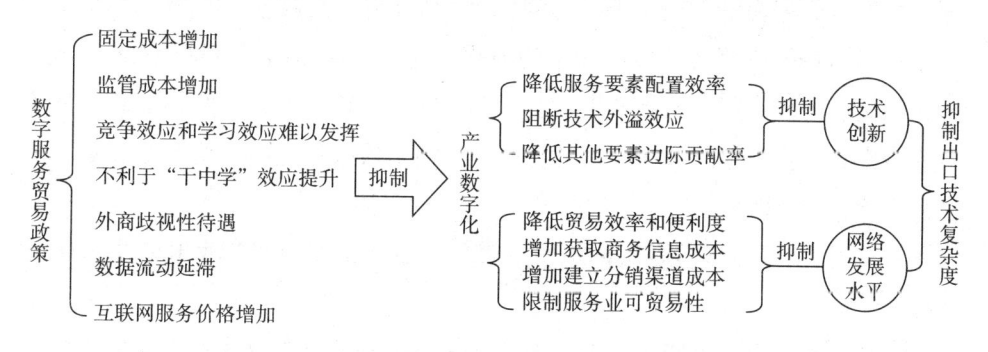

图 1 技术创新和网络发展水平的影响机制框架图

1. 数字服务贸易政策通过服务业数字化对出口技术复杂度产生影响

具有高级要素密集型产品或者服务，其交易成本往往对制度质量的要求较为敏感（张雨、戴翔，2017），数字服务贸易限制指数衡量了其他国家进入东道主市场难度的高低，较高的限制指数会降低进口产品在国内市场的有效竞争力，国内数字服务行业内部的竞争效应和学习效应难以发挥，不利于该国数字服务行业的发展，进而削弱该国的服务业数字化水平。

在数字化服务可复制可传播条件下，数据所有者权利被对服务企业数据保护存在歧视性待遇严重侵蚀（Choi 等，1997），这将削减国内服务企业对国外先进数字技术的进口，进而无法充分发挥外国技术进口的外溢效应，将抑制本国服务行业出口技术复杂度的提升。另外，跨境服务必须要求数据本地存储和当地加工，将会导致贸易成本增加，其引致的竞争企业减少会加剧国内服务行业的垄断行为，不利于本国服务行业的"干中学"效应提升和服务业数字化水平的提高，在此影响下，本国服务行业的生产效率提升，不利于出口技术复杂度的提高。而在保护版权和相关权利方面，对外国人的歧视性待遇，也会增加外商企业进行出口贸易的版权风险和潜在的风险应对成本，进而降低外国与本国市场进行贸易的意愿，国外的数字服务产品的提供会减少，也会阻碍本国服务业的数字化进程，数字化转型的契机难以发挥对本国服务行业出口技术复杂度的促进作用。

除此之外，严格的数据监管会导致数据流动延滞（Ferencz 和 Gonzales，2019）也会降低企业的服务要素配置效率；通信产品使用限制，不仅切断了本国互联网"数据血液"的流通，也对国外 5G 技术、大数据技术等 ICT 服务进入东道国市场提供服务造成事实上的障碍，直接增加本国互联网服务的价格。上述限制性的数字服务贸易政策均会抑制一国服务业数字化的发展水平，使服务业内部效率提升缺乏数字要素的激励，进而阻碍服务业出口技术复杂度的提升。由此，提出假设：

H1：数字服务贸易限制措施通过服务业数字化抑制服务业出口技术复杂度提升。

2. 数字服务贸易政策对服务业数字化的抑制作用于出口技术复杂度的影响渠道分析

（1）技术创新

基于内生经济增长理论，服务贸易要想提高出口质量，离不开内在的科技含量和创新能力。但数字服务贸易限制措施对服务业数字化水平的制约使企业用于研发支出的资金减少，将影响企业的技术创新表现和出口竞争力的提升。而企业技术创新能力的限制又会降低企业经营中其他数据要素投入的边际贡献率。同时根据内生经济增长理论和新新贸易理论，运营成本的增加和技术创新不足引致的生产效率下降会降低中小企业进入国际服务市场的概率和竞争能力，进而阻碍本国服务业的出口和技术复杂度的提高。由此，提出假设：

H2：数字服务贸易政策对服务业数字化的抑制通过技术创新渠道对服务业出口技术复杂度产生影响。

（2）网络发展水平

以互联网为代表的信息通信技术，能够在很大程度上提升贸易效率和贸易便利度，使得以中小微企业以及个人为主体的企业，都能有机会参与国际贸易之中。由于网络交易平台的存在，数字贸易产生跨国网络效应，供给方和交易方双方的规模经济特征明显（刘斌等，2021）。但服务业数字化水平的落后说明一国服务业对数字要素投入的吸收和转化利用能力不强，也在一定程度上制约了通信基础设施的更新换代，因此国家的互联网的普及率和ICT发展水平受到影响。而网络信息技术作为数字要素投入的重要组成部分，服务业对要素投入转化利用能力的不足会使得信息发展技术对该国服务业发展的网络促进效应作用不能充分发挥，进一步制约了中国在数字经济下服务业出口技术复杂度的提升。由此，本文提出假设：

H3：数字服务贸易政策对服务业数字化的抑制通过网络发展水平渠道对服务业出口技术复杂度产生影响。

（二）数字服务贸易政策对服务业出口技术复杂度的异质性分析

1. 基于数字服务贸易限制性措施类别的异质性分析

OECD-DSTRI（数字服务贸易限制指数）将影响数字服务贸易政策的各项措施分为五类：基础设施连通性、电子交易、支付系统、知识产权和影响数字服务贸易的其他壁垒。五类措施的权重不同，基础设施和连通性的权重占比为55%，电子交易的权重为13%，支付系统的权重为5%，知识产权为15%，而其他障碍为12%。措施覆盖率也存在差异，其中基础设施和连通性的措施覆盖率高达36%，其次是电子交易和其他障碍的19.5%，知识产权的17%，最后是支付系统的8%。基于权重分配和措施覆盖率的差异，上述五项措施对服务业数字化的影响程度必定呈现明显的异质性，且这种差异也会进一步传递到服务的出口技术复杂度水平上。因此本文会将数字服务贸易限制措施内部细分政策的差异考虑在内，分别计算数字服务贸易政策的五项限制措施对服务出口技术复杂度提升的影响。

2. 基于国家的异质性分析

考虑到不同类型的国家在服务业的价值链中所处的位置不同，发达经济体服务业在价值链中所处环节通常高于发展中经济体，因此发达经济体实施数字服务贸易限制措施可能更不利于数字中间服务的进口，进而影响服务业出口技术复杂度的提升。为了进一步的探究发达国家和发展中国家在服务业对数字产出部门的中间品投入的需求层面是否存在差异，对数字服务贸易限制措施的敏感程度是否不同，本文分别研究不同类型经济体的数字服务贸易限制措施对服务出口产品技术复杂度的影响。

四、数字服务贸易限制措施和产业数字化的定量评估

（一）数字服务贸易限制水平

1. 数字服务贸易限制措施的量化框架

通过对OECD-DSTRI数据库的数字服务贸易限制措施的梳理，首先构建"国家—政策领域—具体措施"三级数字服务贸易限制评价框架，如图2：

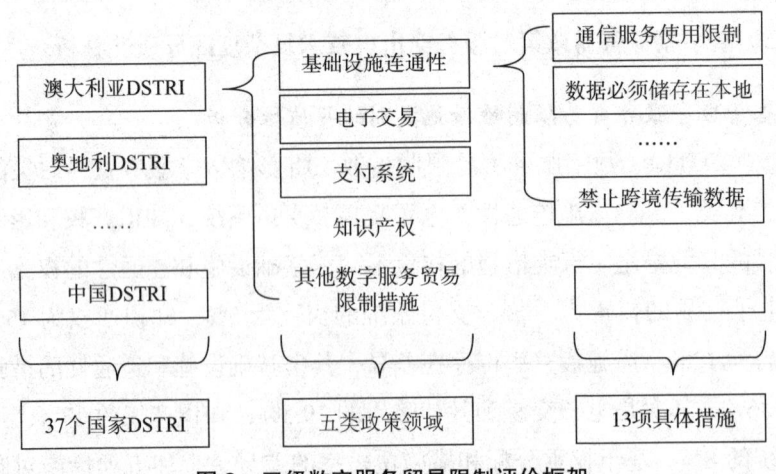

图2 三级数字服务贸易限制评价框架

数字服务贸易限制指数，选取于 OECD-DSTRI 数据库，用 DSTRI（数字服务贸易限制指数）来衡量，是将已识别的贸易障碍转化成综合指数的结果。限制指数的构建分为三个步骤：评分、加权和加总。首先，评分是采用二进制系统，考虑到具体的监管和市场特征以及措施之间的等级，将定性信息转化为定量数据，对一国政策领域的单项措施进行赋分；其次，为平衡指标的相对重要性，对各项措施的得分进行加权；最后，将政策领域的权重分配给属于该政策领域的指标，将所有政策领域层级的 DSTRI 值进行汇总，得到国家层面的 DSTRI 值。

其中，单项措施的 DSTRI 值公式：

$$\text{DSTRI}_{pm} = score_m \times \frac{w_p}{\sum_{j=1}^{5} n_j w_j} \quad (1)$$

由于不同领域包含的单项措施数量不同，为纠正此差异的影响，OECD 进一步将专家分配给不同行业的权重，重新分配给每一个行业，具体权重见表1：

表1 五项政策领域分配的不同权重

政策领域	权重占比	措施覆盖率
基础设施连通性	55%	36%
电子交易	13%	19.50%
支付系统	5%	8%
知识产权	15%	17%
其他障碍	12%	19.50%

资料来源：根据 OECD-DSTRI 数据库整理。

2. 数字服务贸易限制水平的比较分析

本文选取的数字贸易限制指数数据为 2014 年 37 个国家的截面数据。主要国家数字服务贸易限制水平比较如图3所示，发现有11个国家的 DSTRI 高于平均值，26 个国家的 DSTRI 值低于平均值；日本和澳大利亚的数字服务贸易限制水平较低，中国数字服务限制指数位居世界首位，限制指数高达 0.487；并且发展中国家的服务贸易限制指数水平远高于世界水平。

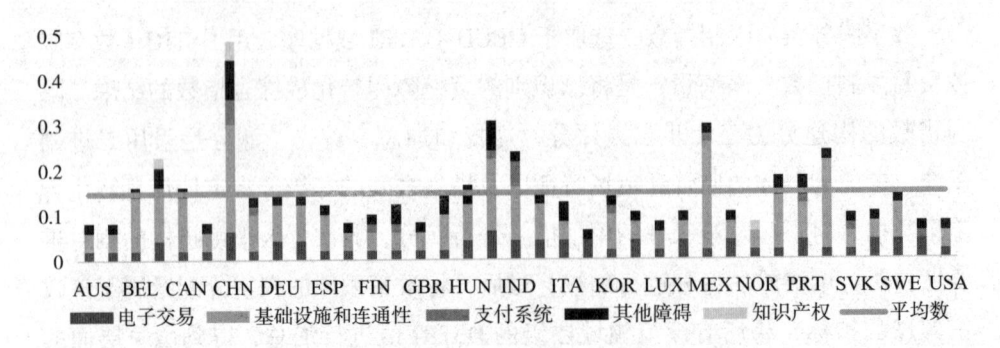

[图表：主要国家数字服务贸易限制水平比较，横轴国家代码 AUS BEL CAN CHN DEU ESP FIN GBR HUN IND ITA KOR LUX MEX NOR PRT SVK SWE USA，图例：电子交易、基础设施和连通性、支付系统、其他障碍、知识产权、平均数]

图 3　主要国家数字服务贸易限制水平比较

就分政策领域指数而言，关于基础设施连通性领域的限制措施最多，使得 DSTRI 总指数数值的增大；而有关知识产权和支付系统领域的限制给予的权重分配较低。如图 4 所示，以 2000 年为例，中国在 5 种数字服务贸易限制性措施的实施上，基础设施连通性的限制指数高达 0.238，而知识产权和电子交易的限制指数最低，为 0.043。

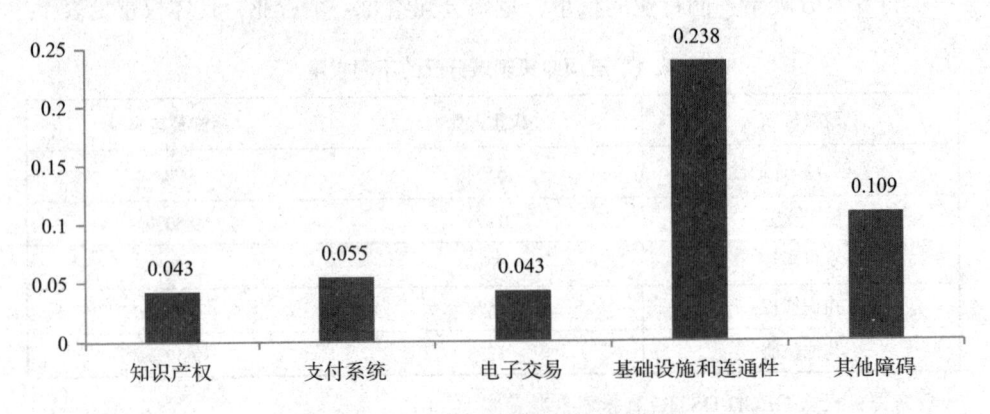

[图表：2020 年中国各政策领域指数，知识产权 0.043，支付系统 0.055，电子交易 0.043，基础设施和连通性 0.238，其他障碍 0.109]

图 4　2020 年中国各政策领域指数

（二）产业数字化水平

1. 产业数字化的量化方法

本文依据 WIOD 数据库投入产出表，借鉴 Calvino 等（2018）对数据中间投入依赖强度的划分层级和吕延方等（2020）有关数字经济行业的划分，选取了数字化基础设施产业、数字化媒体产业、数字化交易产业三个产业大类下的

12个数字经济行业作为"数字产出部门"。

其中，依据投入产出系数法，核算出不同服务业对不同的服务数字产出部门的完全消耗系数的核算公式如下：

$$ser_{jk} = c_{jk} + \sum_{m=1}^{n} C_{km}C_{mj} + \sum_{s=1}^{n}\sum_{m=1}^{n} C_{ks}C_{sm}C_{mj} + \cdots \quad (2)$$

其中，ser_{jk} 表示服务行业 j 对数字产出部门 k 的完全消耗，等号右边第一项是 j 对 k 的直接消耗，以后各项是间接消耗。直接消耗系数和完全消耗系数指某服务行业生产单位总产出完全和直接消耗的数字产出部门产品的数量，以此反映不同国家服务行业数字化发展水平。

2.产业数字化水平的定量分析

在 WIOD 数据库-世界投入产出表的基础上，运用上述计算方法，计算了从 2005—2014 年 37 个国家 23 个服务部门的完全消耗系数和直接消耗系数，并以此作为对产业数字化的量化。出于数据展示便捷的考虑，将 23 个服务业部门的完全消耗系数进行加总并计算平均值，得到了具体年份下每个国家服务行业的完全消耗系数，即产业数字化水平。由图 5 可以看出，近年来服务行业对数字产出部门的产业数字化平均水平排名前十的国家分别是瑞士、澳大利亚、意大利、中国、韩国、葡萄牙、比利时、法国、捷克斯洛伐克和美国，其中中国排名第四，服务业的完全消耗系数为 0.230，排名第一位的是瑞士的完全消耗系数为 0.267 388，其次便是澳大利亚的完全消耗系数为 0.259，说明上述十个国家在服务贸易领域对数字产出部门的利用消耗程度突出，服务业数字化水平较高。

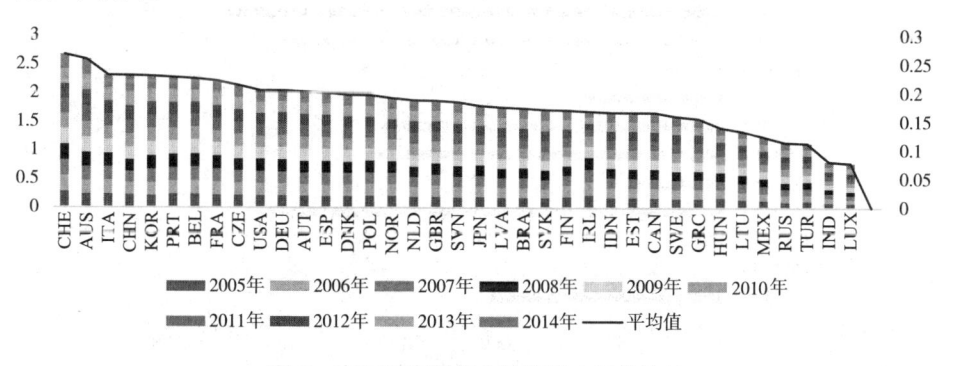

图5 主要国家服务业数字化水平的比较

（三）出口技术复杂度的比较分析

本文运用 OCED-TIVA 数据库，计算得到 37 个国家 14 个服务行业的出口技术复杂度，并将 14 个服务行业出口技术复杂度加总取平均值，对各国进行比较。如图 6 所示，对主要国家服务行业出口技术复杂度进行比较，以 2015 年为例，其中韩国出口技术复杂度最高，美国其次，而中国出口技术复杂度较低，这也说明中国在服务行业中的竞争力有待提高。图 7 表示 2015 年中国 14 个服务行业的出口技术复杂度，从中可以看出，D85 即教育行业的出口技术复杂度最高，D68 即房地产行业排名第二，而 D41T43 即建筑行业竞争力最低。

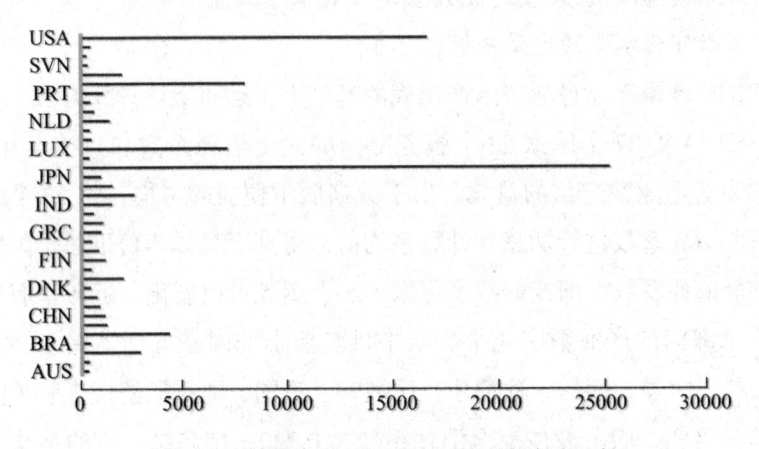

图 6　主要国家服务行业出口技术复杂度比较

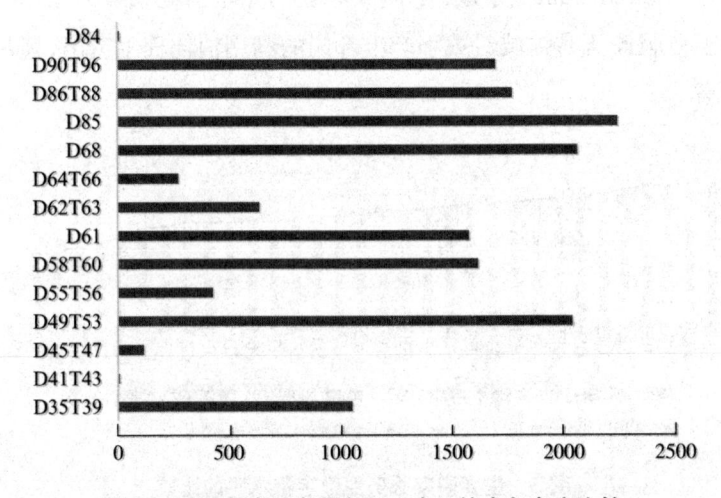

图 7　2015 年中国各服务行业出口技术复杂度比较

五、计量模型与数据说明

（一）计量模型

本文根据对 OECD-DSTRI 与 WIOD 数据库的匹配，选取 2014 年至 2016 年 37 个国家 14 个服务业部门的数据，利用固定效应模型，进行实证分析。构建基本回归模型，实证检验在产业数字化的作用下，数字贸易政策对服务业出口技术复杂度的影响。

$$lnEXPYS_{ist} = \beta_0 + \beta_1 DSTRI\_ccc_{ist} + \beta_2 CONTROL_{ist} + \epsilon_t + \epsilon_s + \varepsilon_{st} \quad (3)$$

其中，EXPYS 表示各国各行业出口技术复杂度，DSTRI_ccc 为数字服务贸易限制指数与完全消耗系数相乘所得的交互项，CONTROL 表示所有控制变量，包括经济发展水平、资本密集度、资本补偿、劳动力、总增加值价格水平，ϵ_t 表示时间固定效应，ϵ_s 表示行业固定效应；ε_{st} 表示扰动项，角标 i、s、t 分别表示国家、行业、年份。

（二）指标度量

1. 被解释变量

EXPYS 为被解释变量，表示服务业出口技术复杂度。本文基于 Hausmann 等（2007）的做法，测算服务业出口技术复杂度：

$$EXPYS_{ist} = \frac{x_{ist}}{X_{it}} \times \sum_i \frac{\frac{x_{ist}}{X_{it}}}{\sum_i \frac{x_{ist}}{X_{it}}} Y_{it} \quad (4)$$

$EXPYS_{ist}$ 表示 i 国 s 行业 t 年的服务业出口技术复杂度，x_{ist} i 国 s 服务业 t 年的出口额，X_{it} 表示 i 国 t 年的出口总额，出口额数据均来自 OECD-TIVA 数据库；Y_{it} 表示 i 国 t 年的人均 GDP，所需数据来源于世界银行数据库。

2. 核心解释变量

本文为研究数字服务贸易政策于产业数字化对服务业出口技术复杂度的影响，需要具体到各个国家服务各行业，故将 DSTRI 与服务业的完全消耗系数相乘，从而得到在国家、行业层面的反映不同国家不同服务业行业的复合数字服务贸易限制指数,即采用DSTRI_ccc为核心解释变量,表示数字服务贸易限制指数与完全消耗措施的交互项。其中,DSTRI表示数字服务贸易限制指数,用以量化数字服务贸易措施,其数据来源于OECD-DSTRI数据库,为国家层面数据;ccc表示完全消耗系数,用以量化产业数字化,其计算所需数据来源于WIOD数据库,为国家、行业层面数据。

本文被解释变量和核心解释变量的选择基于两个数据库的匹配,即对于服务行业的总体样本选择,将OECD-TIVA数据库中的26个服务业与WIOD的行业分类,按照名称进行匹配,得到14个可取的服务行业样本。

3.控制变量

本文选取经济发展水平、资本密集度、资本补偿、劳动力、总增加值价格水平作为控制变量。其中,经济发展水平用人均GDP表示,资本密集度用名义资本存量表示,劳动力用雇佣人数表示。其中人均GDP来源于世界银行数据库,其余控制变量均来源于WIOD社会经济账户。

表2 核心变量的描述性统计

变量	样本量	平均值	标准差	最小值	最大值
lnEXPYS	1 530	7.053	1.416	1.498	10.9
lndstri_ccc	1 530	−3.665	0.983	−6.629	−0.339
lnpgdp	1 530	6.892	0.993	2.197	7.993
lnk	1 527	11.565	3.352	5.154	22.429
lnCAP	1 503	9.777	3.09	3.13	20.258
lnEMP	1 530	5.562	2.008	0.582	11.242
lnVA_PI	1 530	4.909	.501	3.217	7.027

六、实证分析

(一)基准回归

本文采用固定效应模型,对行业、时间进行固定,以数字贸易限制措施指数与完全消耗系数的交互项为基础变量,其回归结果如表3所示。其中,由第(1)列,在未加入控制变量时,即不考虑其他因素时,数字贸易限制措施对产业数字化的影响在5%水平上显著负作用于服务业出口复杂度，其系数为 −0.114，且由第（6）列，当加入所有控制变量时，在1%水平上具有显著负作用，可以看出控制变量使得显著性更高，系数为 −0.210，负相关关系未改变。在控制变量中，名义资本存量及雇佣人数回归系数为正，资本补偿系数为负。从而数字服务贸易限制措施通过产业数字化对出口技术复杂度具有抑制作用，验证假设1成立。

表3 数字服务贸易限制措施对出口技术复杂度的基准回归

	（1）	（2）	（3）	（4）	（5）	（6）
	lnEXPYS	lnEXPYS	lnEXPYS	lnEXPYS	lnEXPYS	lnEXPYS
lndstri_ccc	−0.114*	−0.109*	−0.200***	−0.186**	−0.223***	−0.210***
	（−2.22）	（−2.10）	（−3.53）	（−3.30）	（−3.74）	（−3.48）
lnpgdp		−0.0263	−0.0446	−0.0431	−0.0444	−0.0656
		（−0.78）	（−1.31）	（−1.27）	（−1.31）	（−1.81）
lnk			0.0435***	0.0983**	0.104**	0.107**
			（3.77）	（2.73）	（2.88）	（2.97）
lnCAP				−0.0655	−0.0941*	−0.0979*
				（−1.77）	（−2.36）	（−2.45）
lnEMP					0.0580	0.0650*
					（1.89）	（2.10）
lnVA_PI						−0.391
						（−1.64）
_cons	6.635***	6.835***	6.128***	6.164***	5.932***	8.008***
	（34.65）	（21.38）	（16.15）	（16.17）	（14.83）	（6.04）
样本量	1530	1530	1527	1500	1500	1500
行业固定效应	是	是	是	是	是	是
年份固定效应	是	是	是	是	是	是

注：*p表示在10%水平上显著，**p表示在5%水平上显著，***p表示在1%水平上显著，下同。

（二）稳健性检验

1. 替换解释变量

为验证基准回归结果的稳健性，替换核心解释变量，用直接消耗系数代替完全消耗系数量化产业数字化。由表4第（2）列可看出，在加入全部控制变量后，交互项系数为–0.124，系数绝对值增加，进一步说明数字服务贸易限制措施对服务业出口复杂度具有负向作用。

表4　替换核心解释变量的稳健性检验

	（1）	（2）
	lnEXPYS	lnEXPYS
lndstri_dcc	–0.104*	–0.124*
	（–2.00）	（–2.08）
控制变量	否	是
_cons	6.584***	8.449***
	（29.95）	（6.48）
样本量	1500	1470
行业固定效应	是	是
年份固定效应	是	是

2. 内生性处理

面板固定效应模型无法解决反向因果引起的内生性问题，即一国的服务出口技术复杂度对一国的数字服务贸易政策产生影响。因此本文分别使用数字贸易限制措施指数与完全消耗系数的交互项的滞后一期和美国的数字服务贸易限制指数作为工具变量，并分别采用系统GMM动态估计和两阶段最小二乘法（2SLS）估计。其中，将美国的数字服务贸易限制指数作为工具变量的原因为：美国是数字贸易第一大国，其区域贸易安排中涵盖了最为全面的数字服务贸易规则，而全球化和区域经济一体化发展增强了美国与其他国家之间的经贸联系和贸易规则的渗透，因此美国的数字服务贸易政策会对其他国家相关政策改革与制定产生一定影响，但美国的数字服务贸易政策对其他国家的数字服务贸易出口的影响微乎其微。表5是内生性检验的具体结果。

其中，系统GMM动态估计的结果由（1）（2）列显示，选用原核心解释变量的滞后一期作为工具变量，第一阶段中工具变量系数为0.3836且在1%水平上显著，而第二阶段中的核心解释变量的系数为-0.2510，即在5%水平上显著为负，此结果与基准回归结果基本保持一致，由此验证原假设成立。并且，在2SLS估计结果由（3）（4）所示，其统计量的P值为0，弱识别检验的Kleibergen-Paaprk Wald F 统计量>10，说明本文的工具变量合理有效。在第一阶段内，工具变量在1%的水平上显著为正，符合工具变量与核心解释变量的相关性要求；第二阶段中，数字服务贸易限制指数变量在5%的水平上显著为负，与基准回归结果也保持一致。以上两种方法均说明本文在控制了模型潜在内生性问题后，数字服务贸易限制政策负向影响服务出口技术复杂度的结论依然是稳健的。

表5 内生性检验估计结果

	（1）	（2）	（3）	（4）
	系统 GMM 估计		IV 估计	
	第一阶段	第二阶段	第一阶段	第二阶段
lndstri_ccc		-0.2510** (0.108)		-0.2792** (-2.094)
IV	0.3836*** (0.0205)		0.9769*** (6.344)	
控制变量		是	是	是
行业固定效应		是	是	是
年份固定效应		是	是	是
Kleibergen-PaaprkLM 统计量			4 400.319 [0.0000]	
Kleibergen-Paaprk WaldF 统计量			393.285 {16.38}	
N			1 500	1 500
R^2			0.3244	0.4011

注：第一阶段回归系数下方括号内的数值为t统计量，第二阶段回归系数下方括号内的数值为t统计量，***、**、* 分别表示在1%、5%和10%的水平上显著。

（三）异质性分析

1. 区分不同国家类型的异质性分析

本文通过进一步分类，将39个国家划分为低收入国家、高收入国家和中国，发现与上述结论相同的现象，高收入国家在数字服务贸易方面的限制确实远远低于低收入国家，而中国作为最大的发展中国家，我国的限制指数更是远远高于一般的发展中国家，如图8所示。

图8 各经济体数字服务贸易限制水平比较

考虑不同国家对于数字服务贸易的限制程度不同，进而导致其对服务业出口技术复杂度的负作用不同，因此，依照世界银行数据库的分类标准，分别分析数字服务贸易措施基于产业数字化对服务业出口复杂度的影响。在表6第（1）（2）列中，在高收入国家，即在发达国家中，数字服务贸易措施与产业数字化的交互项系数为 –0.222，在5%水平上具有显著负作用，与前文结果基本一致。但在中低收入国家即发展中国家中，结果不显著。其差异性可能在于，发达国家对于数字服务贸易的限制措施更为严格，存在更为健全的保护版权和其他相关权利的法律措施，从而增加了贸易成本，降低企业贸易意愿，因此对服务业出口技术复杂度具有负作用；而发展中国家的相关服务贸易措施及版权保护等法律措施并不完善，版权和潜在风险相对较小，因此限制作用并不明显。

表6 不同国家异质性分析

	（1）	（2）	（3）	（4）
	高收入国家		中低收入国家	
	lnEXPYS	lnEXPYS	lnEXPYS	lnEXPYS
lndstri_ccc	−0.136 （−1.84）	−0.222** （−2.91）	0.089 9 （0.92）	0.126 （0.91）
控制变量	是	是	是	是
_cons	6.588*** （23.28）	7.692*** （5.30）	7.101*** （22.93）	4.379 （0.98）
样本	1 260	1 236	267	264
行业固定效应	是	是	是	是
年份固定效应	是	是	是	是

2. 基于数字服务贸易限制性措施类别的异质性分析

为探究不同数字贸易政策对服务业出口复杂度的影响，本文依照OECD-DSTRI数据库，将数字服务贸易政策分为五个部分，分别为基础设施和连通性（ic）、电子交易（et）、支付系统（ps）、知识产权（ipr）以及其他影响数字化服务贸易的政策（other），对五类数字服务贸易政策分别进行回归。如表7，由第（1）（2）（3）（4）（5）列可看出在五类数字服务贸易政策中，电子交易与其他影响数字化服务贸易的政策均在1%显著水平上负向作用于服务业出口技术复杂度，其系数分别为−0.313和−0.249，而其他三类措施对出口复杂度影响不大。

表7 不同政策异质性分析

	（1）	（2）	（3）	（4）	（5）
	其他障碍	电子交易	知识产权	基础设施和连通性	支付系统
	lnEXPYS	lnEXPYS	lnEXPYS	lnEXPYS	lnEXPYS
lnother_ccc	−0.249*** （−4.09）				
lnet_ccc		−0.313*** （−4.93）			

续　表

	（1）	（2）	（3）	（4）	（5）
	其他障碍	电子交易	知识产权	基础设施和连通性	支付系统
	lnEXPYS	lnEXPYS	lnEXPYS	lnEXPYS	lnEXPYS
lnIPR_ccc			−0.057 9 （−0.79）		
lnic_ccc				0.026 1 （0.51）	
lnPS_ccc					0.017 0 （0.35）
控制变量	是	是	是	是	是
_cons	7.373*** （5.58）	6.801*** （5.16）	9.400*** （7.74）	9.620*** （7.70）	9.519*** （7.79）
样本量	1 428	1 470	1 470	1 470	1 470
行业固定效应	是	是	是	是	是
年份固定效应	是	是	是	是	是

（四）机制检验

1. 中介效应模型

数字服务贸易限制措施与产业数字化的交互项对服务业出口技术复杂度具有显著负向影响，为了进一步检验其影响机制，考虑以技术创新和网络发展水平为中间机制，探究对出口复杂度的影响路径，分别建立如下中介效应模型。

$$lnEXPYS = \alpha_1(lnDSTRI\_ccc) + \alpha_2 \sum CONTROL + \epsilon_t + \epsilon_s + \varepsilon_{st} \quad (5)$$

$$lnMID = \beta_1(lnDSTRI\_ccc) + \beta_2 \sum CONTROL + \epsilon_t + \epsilon_s + \varepsilon_{st} \quad (6)$$

$$lnEXPYS = \gamma_1(lnDSTRI\_ccc) + \gamma_2 \sum CONTROL + \gamma_3 lnMID + \epsilon_t + \epsilon_s + \varepsilon_{st} \quad (7)$$

其中，MID 表示中介变量，包括 eht 和 fbs，eht 为高科技出口总额，用以量化技术创新；fbs 为固定宽带订阅量，用以表示网络发展水平。以上数据均来源于世界银行数据库。

2. 回归结果及分析

本文采用因果逐步回归检验法分别对两种中间机制进行分析，结果如表 8

所示。其中第（1）（2）（3）列为以技术创新为中介变量的中介效应，未引入技术创新变量时交互项在 0.1% 水平上显著，系数为 −0.210，而引入中介变量后，其系数增加至 −0.215，且技术创新变量对出口复杂度具有显著正向影响，系数为 0.794，则计算得到间接效应为 0.108，占总中介效应的比例为 51.4%，从而验证假设 2。

第（4）（5）（6）列为以网络发展水平为中介变量的中介效应，引入中介变量后，结果在 5% 水平上显著，系数为 −0.183，而交互项对网络发展水平具有负向显著影响，因结果均显著，存在中介效应，由计算得出间接效应为 0.027，占总中介效应的比例为 12.9%，并且网络发展水平的系数为正，说明其可促进服务业出口复杂度，从而验证假设 3。

上述技术创新和网络发展水平两种中介效应均通过 Sobel 检验，证明中介效应存在。同时，通过 Bootstrap 检验，bs_1 置信区间均不包含 0，也说明中介效应均存在。

表 8 中介效应的机制检验

	(1)	(2)	(3)	(4)	(5)	(6)
	技术创新			网络发展水平		
	lnEXPYS	lneht	lnEXPYS	lnEXPYS	lnfbs	lnEXPYS
lndstri_ccc	−0.210*** (0.060)	0.794*** (0.061)	−0.215*** (0.060)	−0.210*** (0.060)	−0.086*** (0.027)	−0.183*** (0.060)
lneht			0.136*** (0.030)			
lnfbs						0.315*** (0.058)
控制变量	是	否	是	是	是	是
_cons	8.008*** (1.326)	26.373*** (0.228)	4.582*** (1.516)	8.008*** (1.326)	6.713*** (0.591)	5.891*** (1.370)
N	1500	1530	1500	1500	1500	1500
R^2	0.193	0.101	0.204	0.193	0.397	0.209

续　表

	（1）	（2）	（3）	（4）	（5）	（6）
	\multicolumn{3}{技术创新}	\multicolumn{3}{网络发展水平}
	lnEXPYS	lnheht	lnEXPYS	lnEXPYS	lnfbs	lnEXPYS
Sobel 检验	\multicolumn{3}{Z=3.656 P=0.000}	\multicolumn{3}{Z=-3.22 P=0.001}
中介效应	\multicolumn{3}{显著}	\multicolumn{3}{显著}
行业固定效应	是	是	是	是	是	是
年份固定效应	是	是	是	是	是	是

七、结论与建议

本文以产业数字化为中间机制，从理论与实证层面分析了数字贸易政策对服务业出口技术复杂的影响，得出以下结论：数字服务贸易限制措施与产业数字化的交互项对服务业出口技术复杂度有明显的阻碍作用，主要通过以高科技出口总额为代表的技术创新和以固定宽带订阅量为代表的网络发展水平这两个路径影响出口复杂度。

为进一步完善数字贸易政策、促进产业数字化水平以提升服务业出口技术复杂度，基于以上结论，提出以下建议：

1. 积极参与世界数字贸易规则的制定：在目前世界数字贸易政策领域以"美式模板""欧式模板"为主导的背景下，中国也应积极参与国际数字贸易规则的制定，提出符合发展中国家利益的数字贸易政策，为我国数字服务业发展提供制度支持。

2. 降低贸易成本：跨境服务的数据本地存储极大地增加了企业的出口固定成本，因此将跨境服务数据在保证信息安全的同时实现共享化，让数据流动起来，一方面减少了贸易成本，从而降低行业垄断行为，另一方面得以让中小企业进入国际市场，这样能扩大市场进入者容量从而提升服务业出口竞争力，让市场更加饱满。

3. 削减数字贸易壁垒，通过进口更多的国外先进服务，学习和吸收高标准服务产品的工艺和技术提高本土服务企业的技术创新能力，服务于本国服务业企业的数字化转型发展。

4. 破除互联网的阻力：互联网等信息通信能有效提升贸易便利度从而降低出口技术复杂度，网络互联能大大突破数据本地化和通信产品使用限制，从而进一步提高我国服务业发展的可能。对于企业而言，应尽可能实现数字化转型重心由消费者端策略向供给端策略的转移。对于政府而言，则应为互联网企业与服务业企业搭建平台，让企业充分享受信息技术行业的技术溢出。

5. 拓宽技术创新渠道：根据研究成果，研发创新投入在突破出口技术复杂度中发挥关键作用。可以通过指定定制化的监管制度来鼓励中小企业生产力和技术创新力，从而提高我国服务业的出口复杂度。

附录

附表1 数字产出部门

产业类别	涵盖内容	WIOD 行业名称
数字化基础设施产业	电信设备与服务	J61：电信服务业
	计算机软件	J62_J63：计算机程序设计、软件服务业
	计算机硬件	C26：计算机、电子和光学产品制造业
		C27：电气设备制造业
数字化媒体产业	互联网出版与发行	J58：出版业
	互联网传播	J59_J60：电影、视频和电视节目制作及录音制作品
数字化交易产业	批发和零售业	G46：批发业
		G47：零售业
	金融服务业	K64：金融服务业
	其他相关辅助服务业	H53：邮政和快递服务业
		M69_M70：法律和会计等相关咨询服务业
		M72：研发服务业

附表2 服务业行业匹配结果

服务行业分类	OECD-TIVA	WIOD
1. 电、气、水、污水、废物和补修服务	D35T39：电、油、水供应、污水处理、污染和补救措施	D35：电、油、水供应、污水、污染和补救措施 E36：水储备、处理和供应 E37_E39：污水处理；污染处理和处置活动；材料回收；补救措施和其他污染管理活动
2. 建筑活动	D41T43：建筑	F：建筑
3. 批发零售及修理业	D45T47：批发和零售贸易机动车修理	G45：批发和零售贸易机动车修理
4. 运输和储存业	D49T53：运输和储存	H49：陆路运输和管道运输 H50：海运 H51：空运 H52：运输的仓储和支持活动 H53：邮政和快递活动
5. 住宿和食品服务	D55T56：住宿和餐饮服务	I：住宿和餐饮服务
6. 出版、音像和广播活动	D58T60：出版、音像和广播活动	J58：出版活动 J59_J60：电影视频和电视节目制作声音
7. 电信	D61：电信	J61：电信
8. 信息技术和其他信息服务	D62T63：信息技术和其他信息服务	J62_J63：计算机编程、咨询和相关活动；信息服务活动
9. 金融和保险活动	D64T66：金融和保险服务	K64：除了保险和养老保险基金以外的金融服务活动 K65：除了强制性社会保险再保险和养老保险基金 K66：金融服务和保险活动辅助活动
10. 房地产活动	D68：房地产活动	L68：房地产活动
11. 公共管理、国防；义务的社会保障	D84：公共管理和辩护；强制性社会保障	O84：公共管理和辩护；强制性社会保障
12. 教育	D85：教育	P85：教育
13. 人类健康和社会福利工作	D86T88：人类健康与社会工作	Q：人类健康与社会工作
14. 艺术、文娱和其他服务业	D90T96：艺术、娱乐、休闲等服务活动	R_S：其他服务

参考文献

[1] 周念利，陈寰琦.RTAs框架下美式数字贸易规则的数字贸易效应研究[J].世界经济，2020，43（10）：28-51.

[2] 陈寰琦.签订"跨境数据自由流动"能否有效促进数字贸易——基于OECD服务贸易数据的实证研究[J].国际经贸探索，2020，36（10）：4-21.

[3] 沈玉良，彭羽，高疆，等.数字贸易发展新动力：RTA数字贸易规则方兴未艾——全球数字贸易促进指数分析报告（2020）[J].世界经济研究，2021（1）：3-16，134.

[4] 张晴，于津平.制造业投入数字化与全球价值链中高端跃升——基于投入来源差异的再检验[J].财经研究，2021，47（9）：93-107.

[5] 许和连，成丽红，孙天阳.制造业投入服务化对企业出口国内增加值的提升效应——基于中国制造业微观企业的经验研究[J].中国工业经济，2017（10）：62-80.

[6] 刘斌，魏倩，吕越，等.制造业服务化与价值链升级[J].经济研究，2016，51（3）：151-162.

[7] 顾乃华，夏杰长.对外贸易与制造业投入服务化的经济效应——基于2007年投入产出表的实证研究[J].社会科学研究，2010（5）：17-21.

[8] 齐俊妍，强华俊.数字服务贸易限制措施影响服务出口了吗？：基于数字化服务行业的实证分析[J].世界经济研究，2021（9）：37-52，134-135.

[9] 张雨，戴翔.FDI、制度质量与服务出口复杂度[J].财贸研究，2017，28（7）：59-68，76.

[10] 刘洪铎，吴庆源，李文宇.市场化转型与出口技术复杂度：基于区域市场一体化的研究视角[J].国际贸易问题，2013（5）：32-44.

[11] 踪家峰，杨琦.要素扭曲影响中国的出口技术复杂度了吗？[J].吉林大学社会科学学报，2013，53（2）：106-114.

[12] 吕延方，方若楠，王冬.中国服务贸易融入数字全球价值链的测度构建及特征研究[J].数量经济技术经济研究，2020，37（12）：25-44.

[13] Dani Rodrik. What's So Special about China's Exports? [J].China & World Economy, 2006（5）：1-19.

[14] An and Rahul. And Mishra Saurab h. and Spatafora Nicola. Structural Transformation and the sophistication of Production[M] Washington, D.C. 2012.

[15] Richard Upward and Zheng Wang and Jinghai Zheng. Weighing China's export basket: The domestic contentand technology intensity of Chinese exports[J]. JournalofComparativeEconomics, 2013, 41（2）：527-543.

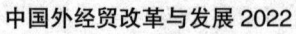

[16] FERENCZJ. The OECD Digital Services Trade Restrictiveness Index [R]. OECD Trade Policy Paper, No.221, 2019.

[17] Choi C. The effect of the Internet on service trade[J].EconomicsLetters, 2010, (109) 2: 102-104.

中国加快服务贸易数字化进程分析

郭舒怡[*]

摘要：新冠疫情全球蔓延，传统服务贸易受到严重冲击，数字经济得到迅猛发展，中国服务贸易需要加快数字化进程。《"十四五"服务贸易发展规划》提出通过四个方面加快服务贸易数字化进程，一是大力发展数字贸易，二是推进服务外包数字化高端化，三是促进传统服务贸易数字化转型，四是建立健全数字贸易治理体系。本文从这四个方面分析现状和存在的挑战，从而提出加快中国服务贸易数字化进程的政策建议。一是推动数字贸易成为联通内外循环的枢纽，二是破解服务外包产业价值链低端锁定，三是数字赋能传统服务贸易转型升级，四是提升数字贸易综合治理能力。

关键词：服务贸易；服务贸易数字化；数字经济

一、引言

2020年初以来，突如其来的新冠疫情全球蔓延，到目前已经持续两年多的时间，人员自由流动受阻，无数需要线下进行的活动被推迟或者搁置，中国以国际旅游、物流运输等为代表的传统服务贸易受到严重冲击。而2022年春季以来，奥密克戎变异株凭借其传播速度快、隐匿性强的特点在中国多点散发，再次对中国的经济运行和服务贸易的发展带来了不小的挑战，也让未来新冠疫情的走向变得更加扑朔迷离，何时结束似乎也难以定论，对中国以国际旅游、物流运输等为代表的传统服务贸易的冲击势必延续。

但是，由于新冠疫情，电信和视听服务、零售、教育、卫生等行业在线

---

[*] 作者简介：郭舒怡　中国商务出版社编辑。

服务需求不断增长，催生了数字经济的迅猛发展，加快了服务贸易的数字化转型，通过数字网络实现的跨境服务贸易成为服务贸易增长的新动能。世界贸易组织（WTO）预测，随着数字基础设施建设的不断加快，以数字网络方式提供的跨境交付在服务贸易提供方式中的比重持续扩大，远程医疗、跨境电商、视听服务、在线教育等线上消费将爆发式增长。

因此，在当前新冠疫情背景下，中国服务贸易需要加快数字化进程，商务部等24部门2021年10月印发的《"十四五"服务贸易发展规划》中提出通过四个方面来加快服务贸易数字化进程：一是大力发展数字贸易，二是推进服务外包数字化高端化，三是促进传统服务贸易数字化转型，四是建立健全数字贸易治理体系。本文就从这四个方面分析现状和存在的挑战，从而提出加快中国服务贸易数字化进程的政策建议。

二、中国服务贸易数字化现状

1. 数字贸易发展现状

目前，国际上对数字贸易尚未形成明确的定义，中国商务部国际贸易经济合作研究院发布的《全球服务贸易发展指数报告（2021）》对数字贸易的定义为：通过数字技术和信息网络，由产品的研发、生产、交易、跨境、消费等等活动形成，可以使用数字订购或者数字交互等方式实现的服务贸易、货物贸易以及跨境数据流动贸易的总和。

加快构建以国内大循环为主体，国内国际双循环相互促进的新发展格局，是以习近平同志为核心的党中央统筹中华民族伟大复兴战略全局和世界百年未有之大变局，高瞻远瞩地对中国国内国际双循环新的不平衡格局作的中长期战略布局。大力推动数字贸易发展，充分认识到数字贸易是数字经济外循环的表现形式，可以作为连接国内国际双循环的重要枢纽。2021年9月2日，习近平总书记在中国国际服务贸易交易会全球服务峰会上发表视频致辞，提出要打造"数字贸易示范区"。

2. 服务外包数字化高端化发展现状

2020年1月，商务部等8部门发布关于推动服务外包加快转型升级的指导意见，立足于随着新一代信息技术的广泛应用，服务外包呈现出数字化、高端化、融合化、智能化的新趋势，推动服务外包向高附加值、高技术、高效益、高品质转型升级。通过数字引领，实现创新发展。通过促进数字技术的开发利用，逐步提升企业的创新能力，推动企业数字化转型，从而不断向着服务外包价值链中高端攀升。

截至2021年11月，国务院已先后分四个批次确定了37个服务外包示范城市，将其作为我国服务外包产业发展的重要载体和平台，加快服务模式创新、服务外包技术创新和体制机制创新，探索其中的可复制、可推广经验，在全国服务外包产业高质量发展和转型升级工作中更好地发挥出示范引领作用，为构建新发展格局作出更大的贡献。

3. 促进传统服务贸易数字化转型现状

当前，数字经济在我国蓬勃发展，尤其是在新冠疫情背景下，更是成为助推经济持续发展的强力引擎，中国信息通信研究院发布的《中国数字经济发展白皮书（2021）》显示，2020年我国数字经济规模达到39.2万亿元，占GDP的比重达到了38.6%，位居世界第二。

数字经济的方兴未艾，从国内国际双循环的角度来看，一方面拉动了内需，为新冠疫情冲击下国内经济的复苏注入了催化剂，为稳住内循环发挥了不可替代的作用。另一方面，新冠疫情在全球持续肆虐，数字经济也正在加快服务贸易数字化转型进程，增强数字服务供给能力。数字贸易、版权交易、电信计算机和信息服务、在线教育等数字服务出口成为新的增长点，生产性服务业借助保税研发、离岸外包和保税检测等方式，更加密切和高效地嵌入全球产业链和供应链，形成了联系紧密、运转高效、具有竞争力的服务产业新体系。

4. 建立健全数字贸易治理体系现状

随着数字贸易的蓬勃发展，我国逐步颁布了一系列的数字贸易政策和数据保护法律，建立健全数字贸易治理体系。

数字贸易政策方面，2019年12月，国务院颁布的《关于推进贸易高质量发展的指导意见》指出，按照高质量发展的要求，建议各地要加快数字贸易的创新和发展。一是要巩固具备优势的数字货物贸易出口，稳步提升数字服务贸易的比重并提高数字服务贸易增加值。二是要积极扩大技术密集型的高端数字服务领域出口，增强数字化产品贸易和数字服务贸易领域的出口能力。同时，积极探索远程医疗、远程教育、远程维修等数字贸易新业态和新模式。

数据保护法律方面，2021年6月10日，第十三届全国人大常委会第二十九次会议通过《中华人民共和国数据安全法》。一是明确将数据安全上升到国家安全范畴，二是建立了重要数据和数据分级分类管理制度，三是明确规定数据安全保护义务。

三、中国加快服务贸易数字化进程的挑战

1. 数字服务贸易发展程度与发达国家相差尚远

在数字经济的浪潮和新冠疫情的背景下，全球数字服务贸易发展势头正猛，成为推动全球服务贸易发展的重要力量。但是，由于数字服务贸易具有高度集聚性，规模经济效应突出，导致发展中国家和发达国家在数字服务贸易发展程度上具有明显的异质性，发展中国家与发达国家相比，相差尚远。根据中国信息通信研究院发布的《中国数字经济发展白皮书（2021）》，2020年，发达国家数字服务贸易出口额约为2.4万亿美元，而发展中国家数字服务贸易出口额约为0.7万亿美元，只是发达国家的29.17%。由此可见，数字服务贸易在发达国家形成了高度集聚。

再来看看中国数字服务贸易的发展程度，《中国数字经济发展白皮书（2021）》的数据显示，2020年中国数字服务贸易出口额为1544亿美元，稍稍低于印度的1548亿美元，在世界排名第六。在排名前十的国家中，印度和中国是仅有的两个发展中国家。反观美国，数字服务贸易出口额高达5331亿美元，位居世界第一，中国仅为美国的28.96%。2020年中国数字服务贸易进口额为1396亿美元，具有明显的超大规模市场优势，内需旺盛，相对于印度，仅为777亿美元。但是中国同美国的3176亿美元相比，仍有很大的差距，仅是美国的43.95%，也还不足其一半。

数字服务贸易国际占有率方面，2020年中国数字服务贸易的国际占有率为5%，同样与发达国家相差尚远，美国高居世界第一，占有率为17%，是中国的三倍多，随后是英国9%、爱尔兰8%、德国6%、印度同样为5%。

由此可以看出，无论是从数字服务贸易出口额和进口额，还是从数字服务贸易国际占有率来看，中国都与发达国家相差尚远，同中国贸易大国的地位极不相称，数字服务贸易的发展尚处于起步阶段，规模还不大，份额还不足，还有很大的发展空间。

2. 服务外包产业仍集中在价值链低端

目前，我国服务外包企业的中小企业占比仍超过90%，企业内部人员数量大多少于1 000人，营业收入低于5 000万元，承接离岸服务外包业务在50%以下。总体来说，规模经济效应不足，集聚性弱，国际化程度低。与中小企业为主的中国服务外包企业和谷歌、微软、脸书、亚马逊、苹果等等服务外包国际龙头企业相比，缺乏服务外包整体解决方案、系统服务和集成能力，因而导致竞争力不强，难以承接和胜任高端服务外包项目，仍然集中在价值链低端，或者说在微笑曲线的中间部分，附加值低。

以全球软件产业为例，目前形成了以美国、英国、德国、日本、印度、中国等国为主的全球软件产业分工体系。位于全球软件产业价值链高端的数据库和操作系统，以及应用软件和中间件等，大多由美国服务外包企业所主导，凭借自身的自主知识产权和规模经济优势，牢牢占据着价值链的高端，获取着高附加值。相比中国而言，虽然近年来自主创新水平不断提高，频频发力，但服务外包企业仍集中在价值链的低端位置，大多从事着制造和装配业务，科技含量和产品附加值低、规模经济优势不足。与此同时，数字化程度仍然不高，大数据、云计算、区块链、物联网、虚拟现实、人工智能、生物医学等新技术在服务外包领域的运用仍然不足。

3. 传统服务贸易数字化转型不足

新冠疫情全球肆虐已经持续两年多之久，人们犹如行驶在一条漫长的隧道，何时能够走出，重见天日还不得而知。这次疫情被称为世纪疫情。这对以旅游和物流运输等为代表的传统服务贸易造成了严重冲击，急需通过新冠疫情背景下不断蓬勃发展的数字技术，实现数字化转型，化危为机，实现破局。

然而从服务贸易数字化程度来看，也即数字服务贸易占服务贸易的比重，根据《中国数字经济发展白皮书（2021）》的数据，中国服务贸易数字化程度为55%，在世界上的排名仅为第34，传统服务贸易仍然占到了45%，在新冠疫情背景下实现数字化转型仍需发力。相比爱尔兰的服务贸易数字化程度为93%，是全球唯一超过90%的国家，高居第一。超过80%、位居前列的还有利比亚、卢森堡、巴布亚新几内亚和英国。除英国之外，这些国家服务贸易出口量相对较低。但是印度和美国，在保持服务贸易较高出口量的同时，同样也有着较高的服务贸易数字化程度，印度为75%，美国为72%，相比中国的55%，高出了20%左右。

4. 数字贸易治理体系亟需完善

从全球层面看，目前世界贸易组织的争端解决机制停摆，国际贸易多边规则的制定和完善陷入了僵局，而数字贸易正处于蓬勃发展的势头，占据着国际贸易越来越大的份额，却并没有形成完善的国际数字贸易治理体系，缺乏统一的规则来管理和规范国际数字贸易，世界贸易组织对此也缺乏强有力的支撑。

再从中国层面看，数字贸易政策上，一方面对数字贸易龙头企业的出口扶持力度，以及对增强数字化产品贸易和数字服务领域的出口能力的支持还显得不够大，导致中国尚未出现世界数字贸易巨头企业，尚未出现全球市场份额高的数字贸易旗舰产品，难以和微软、谷歌、苹果、亚马逊等企业抗衡。另一方面，也是更加令人诟病的，凭借数字贸易的集聚性和规模经济性形成的平台经济，平台企业为了追求更大的规模经济效应和最低的经营费用成本，利用其优势地位加速扩张，形成了垄断地位，再利用其垄断地位收取高额费用，加上相关的监管力度还不够，扰乱市场竞争，严重侵害了消费者的合法权益。例如，最近的中国知网涉嫌垄断事件便是典型的案例。

数据保护上，用户数据的保护力度尚需加强。数字贸易服务的提供商在用户注册和使用的过程中，会收集到海量的用户数据，其中不乏用户的个人隐私信息，甚至涉及国家安全。然而目前，用户数据违规收集、被泄露、甚至被交易的事件却屡屡发生。例如，2021年7月4日，国家互联网信息办公室发布通知：根据举报，经检测核实，"滴滴出行"APP存在严重违法违规收集个人信息问题，依据《中华人民共和国网络安全法》相关规定，应用商店即日起下架

"滴滴出行"APP。

四、中国加快服务贸易数字化进程的政策思考

1. 推动数字贸易成为联通内外循环的枢纽

内循环方面,打通制约数字贸易,尤其是数字服务贸易发展的堵点,为数字贸易的发展创造良好的内部环境。具体而言,新冠疫情背景下,新一轮科技革命和产业革命正加速推进,世界数字经济的发展成为不可阻挡的趋势。我国要正视数字服务贸易发展程度与发达国家相差尚远的挑战:一是数字服务贸易进出口规模经济效应不明显,与发达国家差距悬殊。二是数字服务贸易国际占有率与贸易大国地位严重不匹配。在内循环方面应采取相应的措施。

第一,应加快推进数字经济发展的基础设施建设,充分利用新一轮科技革命和产业革命的最新成果,例如:大数据、云计算、人工智能、5G 网络、虚拟现实、区块链等等,坚定不移地充分发挥数字经济在推动生产资源要素优化和转型升级,实现规模化、集约化的强大动力,逐步促进数字经济与实体经济的深度融合、相融相通。兼顾数字基础设施建设中的软件和硬件的协同发展,应为政府与有效市场两者协同发力,共同为数字经济更好畅通国内大循环提供扎实的基础设施保障。

第二,应提高数字经济产业链自主创新水平,有力推动芯片制造、导航系统、光纤设备、工业机器人等高端智能制造业,或者说经常被发达国家围追堵截的高科技产业的核心技术和关键功能部件的自主创新水平,扎实突破"卡脖子"技术,畅通国内循环,从而实现产业优化升级,让数字产业化和产业数字化的双轮驱动活力竞相迸发。

外循环方面,打通数字产品走出去的渠道,为数字产品走出去营造良好外部条件。具体而言,让数字产品开放的大门越开越大,用全方位的开放格局助力我国数字产品走出去,提高世界市场占有率,乃至成为世界旗舰产品。同时,让数字贸易示范区在推动我国数字经济高质量发展上行稳致远。

第一,应完善数字贸易促进政策,为数字产品更好地走出去提供政策支持和法律保障。在现有促进政策的基础上,制定国家数字服务专项促进政策,以

此推动高标准建设国家数字服务出口基地。各级政府层面支持办好数交会、数贸会等相关展会，推动数字技术和服务贸易实现深度融合，将服贸会打造成我国对外开放的品牌展会，发挥展会经济的协同拉动作用。

第二，依托国家数字服务出口基地，加快打造数字贸易示范区。在数字服务市场准入、跨境数据流动、国际规则对接、数据规范化采集和分级分类监管等方面的先行先试，依托现有的北京数字贸易示范区和浙江省数字贸易先行示范区，发挥好为国家试制度的功能，开展压力测试，北京市还可以联动国家服务业扩大开放综合示范区建设，两个示范区的建设深度融合，更好实现服务贸易数字化，从中探索实践经验，成熟时可供全国推广应用。

2. 破解服务外包产业价值链低端锁定

根据世界贸易组织（WTO）发布的《2019年世界贸易报告》，预测到2040年，服务贸易在世界贸易中的份额将提高到40%左右。服务领域的跨国投资日渐频繁，服务的数字化和外包化充分显现，服务外包产业异军突起。在这个过程中，加之近三年来新冠疫情的严重影响，服务外包产业的全球价值链正加速重构，不断冲击着原有的分工秩序，国际贸易比较优势和要素禀赋理论下的"锁定"效应正在不断被破解，甚至可以说发生了洗牌。在数字经济的推动下，以研发、营销、物流、金融、科技和品牌等为代表的服务环节助推着服务外包产业的价值链走向高端化。我国在新冠疫情下，需要危中寻机，用好数字经济新技术，推动服务外包产业链走出低端锁定。

第一，着力培育服务外包大型龙头企业，更好实现服务外包企业规模化和高端化。依托我国现有的37个服务外包示范城市，后期还可逐步有序开展扩围工作，特别是鼓励更大范围的中西部地区城市和中小城市参与创建服务外包示范城市。在示范城市大力推动建设服务外包产业园区，更大程度地发挥产业的集聚性，扶持一批有规模、有特色、有潜力的服务外包企业做大做强做优，也可推动同质化明显的中小型服务外包企业兼并重组，从而能够尽快涌现出服务外包大型龙头企业，更好地承接和胜任高端服务外包项目，从而占据微笑曲线的两端，提升国际市场份额，走向服务外包产业价值链的高端化。

第二，大力提升服务外包企业数字化水平，加大自主技术创新力度。充分利用5G网络、人工智能、大数据、物联网、区块链、虚拟现实等新兴数字技术,实施服务外包企业数字化转型升级行动,特别是要推动制造业服务外包数字化转型,提高数字智能制造服务外包业务占比。同时,加大服务外包产业自主创新力度,在当前新冠疫情的背景下,精准抓住相关产业发展利好,加快发展生物医药研发服务外包、公共卫生咨询服务外包和线上办公学习软件服务外包等,大力发展法律、会计、咨询、设计等重点服务外包业务领域。加快服务外包企业自主创新能力的培育,提高服务外包业务的科技含量和附加值,为我国走出去企业提供云服务支持,推动云外包企业更好更强地走出去,有效破解我国服务外包产业价值链的低端锁定效应。

3. 数字赋能传统服务贸易转型升级

当前,走出新冠疫情的阴霾尚需时日,无法预估。况且疫情已经持续在全球肆虐两年多之久,堪称世纪疫情,已经打破了全球经济发展和社会生活的正常运行轨道,影响深远。就算到了疫情解除的时刻,疫情下形成的经济思维和生活习惯仍会保持一定时期的惯性作用,难以短时间恢复。例如,对长期投资缺乏信心和保持社交距离等等。因此,以国际旅行和国际物流运输等为代表的传统服务贸易迫切需要通过数字赋能,完成产业转型升级,以应对新冠疫情带来的严重冲击,在危机中找到发展机遇。

政府层面上,制定扶持政策支持国际旅游、国际运输等传统服务企业开展数字化转型升级,例如助力国际旅游业开展云上旅游服务,国际物流运输业签发区块链电子提单。具体而言,一是增强传统服务贸易企业数字赋能成果转化效率,为传统服务贸易企业,特别是中小服务贸易企业提供公益性的数字化转型咨询服务,让企业全方位获知转型路径、数字技术提升方案和人才培养模式等等。二是支持信息服务企业开发公共的传统服务贸易数字化转型技术平台,增强传统服务贸易企业数字技术的便捷可获得性。

企业层面上,一是在当前新冠疫情背景下,牢固树立传统服务贸易数字化转型的意识,大力培育和发展远程医疗、智慧物流、在线教育、线上办展、数字金融和保险、云上旅游、数字支付、智能体育等传统服务贸易新型业态,统筹疫情防控和经济社会的发展,较好地满足人民群众的多样化需求。二是充分运用数字技术,契合新冠疫情下的新消费需求,化传统服务贸易的发展危机为转型升级机遇。例如国际旅游业,可以运用虚拟现实(VR)技术,开展VR云旅游服务，或者运用线上直播的技术，在线与网友进行云观展、云赏景，并广泛开展互动。

4. 提升数字贸易综合治理能力

新冠疫情背景和数字经济的浪潮下，数字贸易的发展方兴未艾，为全球经济的复苏和增长注入了强劲动力。但与此同时，也对我国和世界提升数字贸易综合治理能力提出了挑战，成为迫切需要解决的问题。

全球层面上，首先，应深刻认识到数字贸易让全球各国的关系更加紧密，更加成为一个名副其实的"地球村"和命运共同体，更加需要完善全球数字贸易综合治理体系，提升数字贸易综合治理能力。其次，应坚持多边主义，反对单边主义，支持以世界贸易组织为核心的多边贸易体制，为提升全球数字贸易综合治理能力提出中国方案，贡献中国智慧，践行共商共建共享的全球治理观，动员全球资源，应对全球挑战，促进全球发展。再次，应发挥好《区域全面经济伙伴关系协定》（RCEP）参与数字贸易规则构建的作用，在"跨境自由流动"和"数字存储非强制本地化"等方面提出解决方案，完善数字贸易争端解决机制和透明度规则。并推动《数字经济伙伴关系协定》（DEPA）在促进电子商务便利化、数据转移自由化和个人信息安全化等方面发挥更大的作用，加强人工智能和金融科技等领域的合作作出相应的规定。最后，发挥我国作为负责任的大国担当，积极构建具有全球普惠性质的数字贸易治理体系，适当提升我国在数字贸易规则制定方面的话语权和影响力。

国内层面上，数字贸易政策方面，总体而言应进一步建立健全我国数字贸易的相关法律法规，提升我国数字贸易综合治理能力。可以利用北京数字贸易示范区和浙江省数字贸易先行示范区开展先行先试，进行压力测试，总结实践经验并在全国推广。具体来说，一方面，大力扶持数字贸易独角兽企业，增强独角兽企业数字化产品贸易和数字服务领域的出口能力，充分认识到独角兽企业已经成为数字经济时代创业企业中一支异军突起的势力，受到广泛关注。数字贸易独角兽企业一旦成为全球旗舰企业，将会引领该行业激发出巨大的发展潜能，甚至会引领国家的产业优化和科技进步。另一方面，也要充分认识到基于数字经济规模效应明显，可复制程度高，具有高度集聚性，独角兽企业尤其是其中的平台企业极易造成垄断，利用其高市场份额和先进的技术和理念，大肆进行市场扩张，赚取巨额利润，扰乱市场秩序，侵害消费者的合法权益。因此，国家也应对此加强监管，必要时加大处罚力度，在权衡好做大做强数字贸易独角兽企业的同时，避免产生市场垄断行为。

数据保护上，总体而言，应对数字贸易中海量的信息，在保证数据安全和个人隐私保护的前提下，促进跨境数据有序高效流动，有力提高数字贸易运行效率。具体来说，一方面，切实保障用户的个人隐私数据和国家安全数据不被泄露，守住这一底线，大力惩治数字贸易企业泄露用户隐私和国家安全数据、开展用户隐私和国家安全数据交易的违法行为。在数字贸易主体监管、个人信息保护、数据跨境流动、重要数据出境、数据产权保护利用等领域，及时出台符合我国数字贸易发展特点的政策法规。另一方面，如果对跨境数据的流动约束过多，也必定会制约数字贸易的高效运转，因此必须权衡好跨境数据安全和效率两者的关系。在数字贸易跨境数据流动和数据存储等方面，探索建立数据分级分类的管理体系，对涉及用户隐私和国家安全的数据加强监管，其他可有序流动，在保障数据安全的前提下促进跨境数据实现高效流动。

参考文献

[1] 王晓红，夏友仁.中国数字贸易发展：现状、挑战及思路[J].全球化，2022（2）：32-45，134.DOI：10.16845/j.cnki.ccieeqqh.2022.02.008.

[2] 梁君凤，石荣，高扬.中国数字服务贸易发展的竞争力简析[J].互联网天地，2022（1）：40-45.

[3] 余淼杰，郭兰滨.数字贸易推动中国贸易高质量发展[J].华南师范大学学报（社会科学版），2022（1）：93-103，206.

[4] 曹诗茵，高扬，石荣.中国数字服务贸易现状研究[J].中国外资，2022（1）：50-53.

[5] 赵春明，文磊.数字经济助推服务贸易的逻辑与政策建议[J].开放导报，2021（6）：38-46.DOI：10.19625/j.cnki.cn44-1338/f.2021.0069.

[6] 商务部中国服务外包研究中心课题组，李爱民.中国服务贸易：机遇、挑战与高质量发展[J].中国经济报告，2021（5）：72-81.

[7] 郑小梅.我国数字贸易发展现状、问题及应对策略[J].海峡科学，2021（9）：98-102，

112.

[8] 马玉荣.数字贸易推动全球服务贸易深刻变革——专访国务院发展研究中心对外经济研究部部长、研究员张琦[J].中国发展观察,2021(17):11–14.

[9] 王玉龙,顾天竹,陈利馥.双循环背景下中国数字服务贸易发展策略[J].中国中小企业,2021(9):162–163.

[10] 茹文格.全球价值链视角下中国服务业国际竞争力分析[J].中小企业管理与科技(上旬刊),2021(10):52–54.

[11] 李锦梅.数字经济下中国服务贸易国际竞争力研究[J].商业经济,2021(7):94–97,186.DOI:10.19905/j.cnki.syjj1982.2021.07.033.

[12] 李俊.全球服务贸易变局下的中国——《全球服务贸易发展指数报告》解读[J].对外经贸实务,2021(2):8–12.

[13] 洪兆龙.国际数字服务贸易壁垒对数字服务出口的影响研究[D].江西财经大学,2021.DOI:10.27175/d.cnki.gjxcu.2021.000793.

[14] 王晓红,朱福林,夏友仁."十三五"时期中国数字服务贸易发展及"十四五"展望[J].首都经济贸易大学学报,2020,22(6):28–42.DOI:10.13504/j.cnki.issn1008-2700.2020.06.003.

[15] 中国信息通信研究院.中国数字经济发展白皮书(2021)[R].北京.2021.

[16] 中国商务部国际贸易经济合作研究院.全球服务贸易发展指数报告(2021)[R].北京.2021.

[17] 潘妍,徐金海.推动中国数字服务贸易高质量发展[J].中国经贸导刊,2020(13):40–43.

[18] 聂平香,李俊.加速推进中国服务贸易创新试点[J].国际经济合作,2020(3):47–54.

[19] 世界贸易组织.世界贸易报告2019:服务贸易的未来[M].北京:中国商务出版社,2019:1–3.

[20] ANDO Mitsuyo, HAYAKAWA Kazunobu. Impact of COVID-19 on Trade in Services[J]. Japan and the World Economy, 2022 (prepublish).

[21] Blank Sven, Egger Peter H., Merlo Valeria, Wamser Georg. A Structural Quantitative Analysis of Services Trade De-liberalization[J]. Journal of International Economics, 2022 (prepublish).

[22] Shuyi Zhou, Xuelei Zhou. Analysis on the Competitiveness of China's International Tourism Service Trade[J]. Scientific Journal of Economics and Management Research, 2022, 4 (3).

[23] Qianshun Yuan. The High-quality Development of China's Service Trade: Trade Status Quo, Challenges and Development Countermeasures[J]. Frontiers in Economics and Management, 2022, 3 (2).

数字经济保障我国产业链安全的体系构建与对策研究

裘莹　晏晨景　郭周明[*]

摘要：保障产业链安全是经济高质量发展的核心任务，我国产业链安全面临地缘政治、环境风险、公共卫生事件冲击与网络威胁等四大元风险。数字经济保障产业链安全的理论机制包括数字基础设施提供底层支撑、数据价值链提升预测能力、数字技术推进绿色转型、数字化转型提高产业链复原力、数字化治理降低交易成本等五大方面。本文提出建立国家研发支撑体系、消除区域和城乡数字鸿沟、加强产业链国际合作、构建网络安全战略、大力培养数字人才和保障数据安全流动等相关对策建议。

关键词：数字经济；产业链安全；保障体系

一、引言

近年来，全球面临百年未有之大变局。自然灾害频发，地缘政治风险加剧，国际疫情持续蔓延以及网络安全威胁升级，叠加国内人力、经营成本上升等因素，产业链外迁风险加大，产业链安全保障迫在眉睫。党的十九届六中全会强调，保障产业链供应链安全是国家长远发展的战略要求，是构建新发展格局的重要内容，稳定工业经济运行的关键举措，也是国民经济"稳经济、保增长"的重要抓手和核心任务。数字经济时代，数字技术、数字平台和数据要素同时在消费端和供给端改造传统产业链的要素结构、生产和组织方式，为产业链安全提供了技术保障，是持续实现我国产业链升级，构建完善和安全的产业

---

[*] 作者简介：裘莹　江西财经大学副院长、副教授；晏晨景　江西财经大学硕士研究生；郭周明　中国商务出版社社长（编审）。

链生态的重要驱动力。因此，如何在数字经济时代识别产业链面临的主要风险挑战，并提出保障产业链安全的创新性对策与措施，具有重要的理论意义与实践价值。

二、我国产业链面临的元风险

（一）地缘政治风险

近年来，潜在的国际社会、经济和政治动荡，贸易摩擦与技术脱钩风险、出口控制与国际网络攻击等一系列地缘政治风险逐渐上升，地缘政治风险指数波动幅度增大（见图1），成为我国甚至是全球产业链安全发展所面临的重大潜在威胁之一。例如，美国和中国之间的贸易紧张局势是2019年以来GVC变化的最重要影响因素，不仅对全球经济发展构成重大威胁，还对全球共同抵抗新冠疫情带来负面影响。地缘政治冲击中承受风险较高的是依赖进口技术密集型中间投入品且可替代性较弱的行业，将可能遭受我国全球出口市场份额的损失。地缘政治风险主要通过以下几个方面冲击产业链安全：

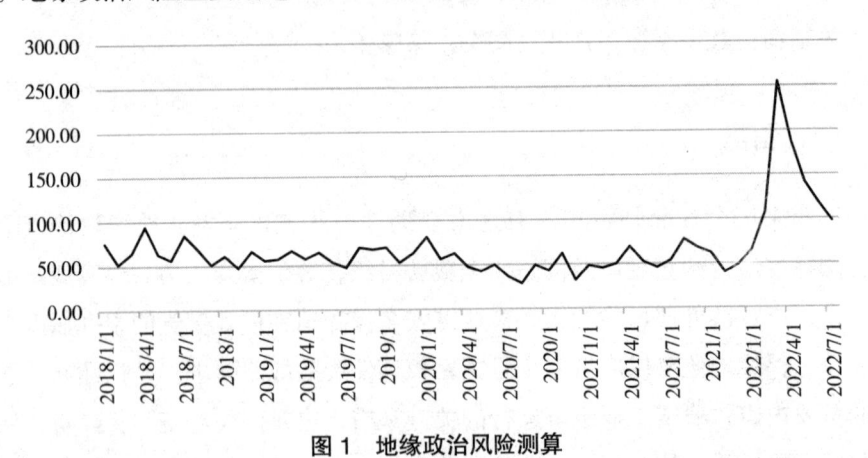

图1 地缘政治风险测算

数据来源：Caldara 和 Iacoviello（2022）"Measuring Geopolitical Risk"，American Economic Review.

第一，贸易政策不确定性风险增加。地缘政治动荡带来国际经贸摩擦，导致贸易壁垒高筑，保护主义盛行。关税和非关税壁垒增加了贸易成本，价值链中商品生产的多次跨境将放大对产业链的消极影响，中间品供应商和最终品生产商之间损失将快速传导。尤其对于国外增加值占比较大的商品，进口关税将导致成本大幅度提升。根据贸易政策不确定性指数显示，中国贸易不确定性风险在2018年中美贸易战的开始而急剧上升，2018年12月协议停止关税升级后略有下降，随着美国关税范围扩大并在2019年再次上升（见图2），对相关产业造成了剧烈冲击，还进一步加剧了各价值链参与国的贸易利得分配不公，使得全球保护主义进一步抬头。

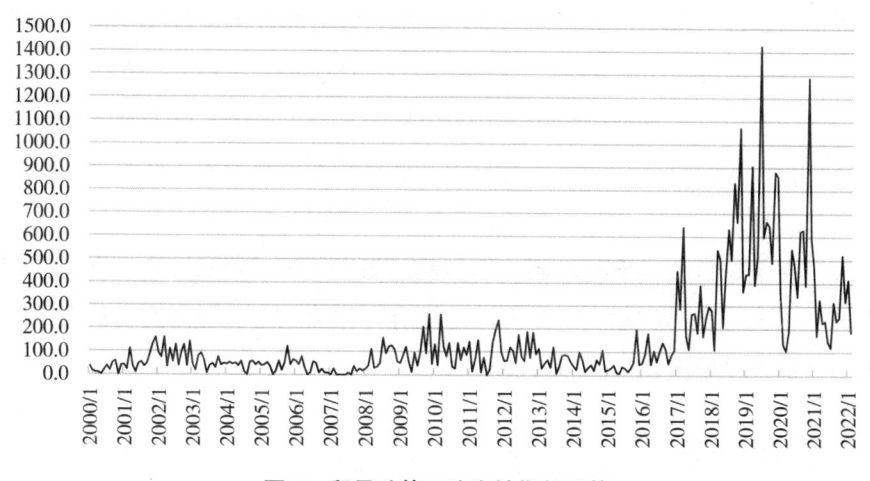

图2 贸易政策不确定性指数测算

数据来源：作者整理，https://www.policyuncertainty.com[①].

第二，诱发全球价值链脱钩的传导效应。以美国为首的发达国家对我国实行如技术封锁、出口控制、制裁、网络攻击等强制"脱钩"策略，可能进一步诱发纵向蔓延的地缘政治风险。创新团队和人员跨国面对面交流受阻，削弱上下游之间的协同效率和知识溢出，不利于知识和技术通过非正式组织进行传播。"脱钩"政策和技术限制可能会加速我国企业的进口替代，但也可能限制关键中间投入品、知识产权或技术进口，其直接负面影响可能大于加收关税，长期来看削弱我国高端出口品的国际竞争力（Xing，2021）。同时，美国也可能依靠其国际货币体系的霸权地位实施金融制裁，加大了产业资金链断链的

[①] 该网站是由美国西北大学Scott R.Baker、斯坦福大学Nick Bloom和芝加哥大学Steven J. Davis合作开发的经济政策不确定性指数线上网站。

风险。

第三，企业经营成本剧增。首先，导致生产成本与运输成本增加。地缘政治冲突导致成本从供给端传导到消费端，增加成本推动型通胀风险。例如，阻碍农产品、原材料以及能源在国际市场的自由流动，大宗商品供应短缺，改变既定的贸易运输路线等。其次，打破因比较优势而构建的全球价值链布局。地缘政治将重构价值链，新增放弃基础设施带来的沉没成本、重新开拓新市场的搜索成本，重新安排生产的要素和生产成本，规避因经济制裁或冲突爆发风险导致的保险费用等，可能导致跨国公司遭受巨大亏损。

第四，复杂价值链将遭受最大冲击。作为复杂价值链主体的数字产业等知识密集型行业同时也是合同密集型行业，最易受外包回流等负面因素影响，在内向型战略导向下可能成为萎缩最快的行业。各国政府机构以及贸易协定可能针对性出台全球价值链保护机制，例如通过制度保障、贸易协定、合同条款以及其他非正式组织措施加大资产占用性或合同保障力度，提高退出价值链的协调成本，最终导致产业生产经营成本上升。

（二）环境风险

环境风险来自对人类生存环境具有负面效应的危害，包括地理灾害、气象灾害、水文灾害和气候灾害等（见图3）。全球环境风险发生次数持续攀升，加剧了经济、全球产业链和社会福利所面临的不确定性（Dasgupta，2021）。另外，根据全球灾害数据平台显示，从1991年到2022年7月，我国环境风险造成的经济损失持续上升，仅次于美国。环境风险经由国内、区域或全球价值链之间的生产网络，从供给和需求两方面影响着我国产业链安全。

第一，冲击生产环节导致供应链中断。首先，环境灾难可能会导致企业有形资产的结构性损坏，造成高额维修和重建成本、生产率下降和停业的困境，产生直接供应短缺。频繁的极端天气事件或海平面上升导致港口、公路、航运等基础设施毁损，将加剧产能损失。Hallegate等（2019）发现美国的基础设施破坏每年给企业造成的损失超过3 000亿美元，而到2030年估计将上升到1万亿美元。其次，由于上游供应链中断而对下游企业产生消极影响。如果受到冲击的部门位于产业链上游，将严重影响下游部门生产（Jones，2011）。尤其对于即时制供应链和精益供应链而言，灾害引起的供应链中断概率将大幅提升（Tokui等，2017）。最后，集聚型生产网络结构还将加快灾害传播速度与损失程度。下游企业在产业集聚区域范围内难以找到替代性中间品，工业化程度高的地区的冲击传播速度明显更快（Inoue和Todo，2019）。

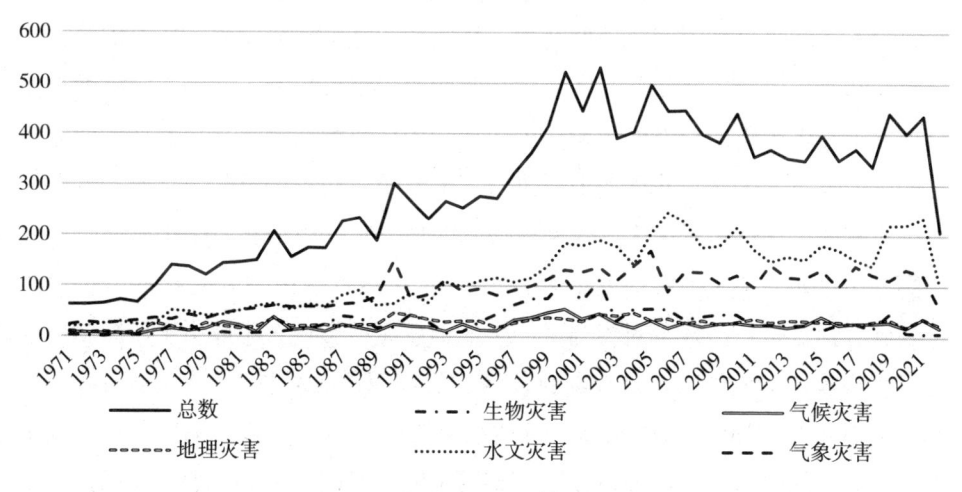

图3 全球自然灾害发生次数

数据来源：作者整理，https://public.emdat.be。

第二，灾害通过需求效应向产业链上游传递。灾害使得食品、医疗用品、应急设备和电信、运输以及救援服务的需求急剧上升，可能导致消费性商品和服务短缺和价格上涨，进而导致消费者福利损失。企业订单减少导致的失业率上升将进一步影响消费能力与意愿，加剧恶性循环，并从最终品市场传导到中间品环节。

（三）流行病风险

新型冠状病毒引发城市封锁、国界关闭、工作与生产中断，导致全球经济危机，不仅对产业链产生了重大打击，更是给全球产业链治理带来了前所未有的不确定性与挑战。新型冠状病毒疾病对产业链的影响包括：

第一，疫情抑制了密集接触性服务与产品需求。一方面，疫情暴发使许多制成品和线下服务的需求大幅下降，包括航空公司、旅游、餐馆、体育运动和其他高度依赖直接接触的服务。另一方面，隔离措施和封锁扩大了远程办公等数字经济、医药产业的需求，但由于国际供应链中断，出口产品需求波动性较大，尤其对于对外技术依存度较高的低端产品，由于可替代性较高，受到需求端冲击较为严重。

第二，疫情冲击生产要素和供应链将产生传导效应。首先，疫情限制了人们协同工作和集聚性消费活动的空间，导致产业链出现劳动力不连续供给，订单减少和工人失业。对于技术密集型行业而言，阻碍技术人员出境、集聚与流动加大了知识供应链断裂的风险，进一步与地缘政治风险结合可能加剧西方国家提高国际技术壁垒对我国产业链进行"卡脖子"封锁的风险。其次，疫情经由产业链的全球性传导放大其风险效应。全球生产网络的核心是中国、美国和德国三个区域产业链中心（Gao 等，2021），区域价值链中心受到冲击将通过采购到分销等价值链环节对参与国产生连锁反应，影响大小取决于该国和地区的经济规模、响应能力，以及与价值链中心国家的关联程度（Maliszewska 等，2020）。同时，中低收入国家远比发达国家更容易受到间接影响。最后，疫情加剧内向化战略对全球价值链动态调整的影响。我国长期面临发展中国家"中低端分流"和发达国家"高端回流"的双重竞争局面，疫情使得以美国为首的西方国家通过政策干预进一步破坏基于传统全球价值链格局，试图将我国长期锁定在全球价值链中低端。

第三，疫情导致全球产业链不确定性加剧。首先，对国际投资产生负面预期。国际投资者对疫情影响的路径、持续时间、规模和影响的极端不确定性抑制了投资者信心，影响其短期投资决策，并在全球生产网络中产生溢出效应，负面预期将导致投资低进入恶性循环。其次，各国防疫政策不确定性影响产业稳定生产。新冠疫情导致保护主义进一步抬头，一些国家对医疗产品等基本品实行出口禁令，以确保其国内的供应，导致国际供应链出现暂时性短缺。而出于保障公共卫生安全目的增加的流动性壁垒导致交易与运输成本上升，产生了贸易扭曲效应。

（四）网络安全风险

自互联网兴起，从网络互联互通到消除数字鸿沟，互联网连接程度和效率在不断提升，同时国家间网络安全问题也日益凸显。根据世界经济论坛发布的《2021年全球风险报告》显示，近年来，全球数据总量不断攀升，如图6所示，2021年全球创建的数据总量达到79ZB，2025年这一数值预计将翻一番（见图4），而我国数据量已占到全球总量的23%（见图5）[①]。大量的数据信息暴露在网络空间，将面临更高的网络风险冲击的可能，网络安全已成为各国经济和产业发展面临的最大风险之一。

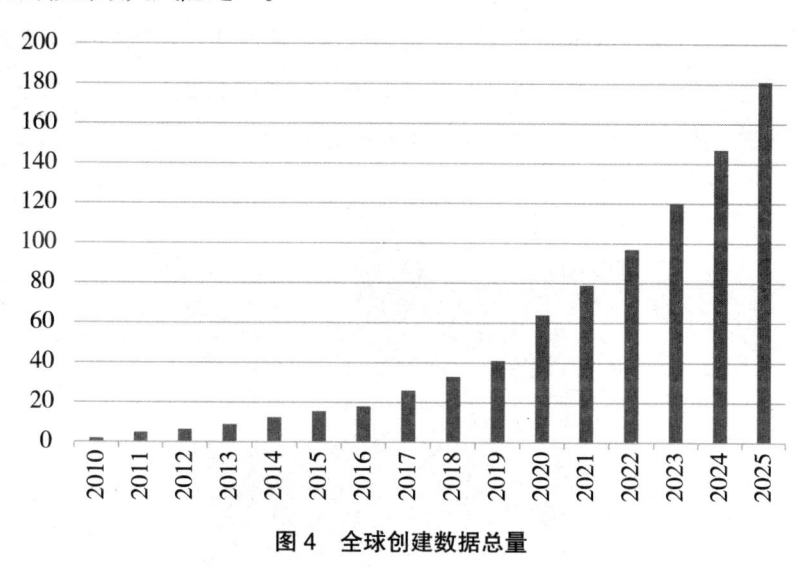

图4 全球创建数据总量

数据来源：www.statista.com.

数字经济时代，全球网络安全风险影响产业链安全的典型特征包括：第一，网络入侵愈加频繁。战略与国际研究中心（Center for Strategic & International Studies）发现网络威胁在近年波及的国家、公司数量和强度屡次创历史新高，重大网络安全事件次数自2017年以来急剧攀升，仅2022年上半年的全球重大网络安全发生次数已与2017年全年的发生次数持平（见图6）。第二，网络攻击具有组织性和多样化手段。有组织犯罪集团通过招募黑客进行网

[①] 详见：https://cn.weforum.org/reports/global-risks-report-2022。
[②] EMEA指欧洲、中东、非洲地区；APJxC指日本和亚太地区。
[③] 具体重大网络事件详见：https://www.csis.org/programs/strategic-technologies-program/significant-cyber-incidents，事件列表截至2022年6月。

络钓鱼、社会工程攻击、SIM卡交换、向受害企业发送恶意软件以获得对银行账户的控制权、散布勒索软件以及破坏关键基础设施。第三，网络风险波及范围和影响程度日益扩大。网络安全的威胁逐渐扩大到产业链各环节和利益相关者，大型公司在面临恶意网络攻击后，除了数据损坏、物联网系统崩溃、隐私泄露、声誉、客户、可靠性和市场损失等风险外，还可能造成严重的财务负担。第四，网络攻击和威胁的隐蔽性和复杂性不断加强。网络攻击已经从最初的密码破解等转变为定向网络攻击，例如数据包假脱机、高级扫描、键盘记录和拒绝服务等方式。未来，战略网络攻击预计会通过机器人、变形和恶意代码破坏等方式进行，给网络安全保障增加了难度。

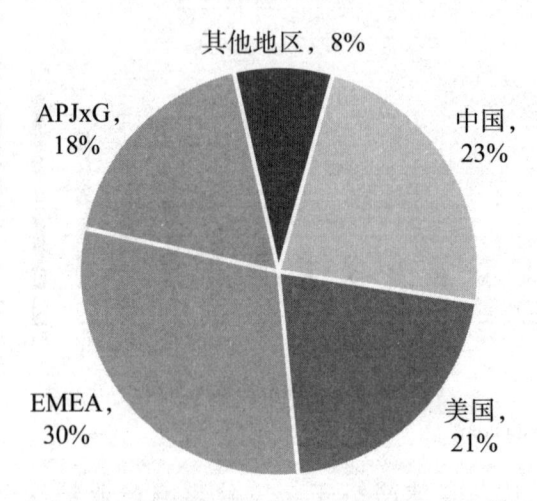

图5 2021年全球数据生产总量区域分布图[①]

数据来源：www.idc.com.

网络安全风险对产业链造成的负面影响包括：第一，导致企业网络安全保障费用激增。跨国公司必须花费巨额资金对信息技术安全进行投资，如研发或购买安全产品、建立网络安全专业团队等。网络安全人才缺乏导致成本进一步加大，《网络安全产业人才发展报告（2021年版）》指出，我国网络安全人才缺口高达140万，而每年网络安全相关专业毕业生仅2万余人，增加企业的人才

---

① EMEA指欧洲、中东、非洲地区；APJxC指日本和亚太地区。

搜寻成本①。

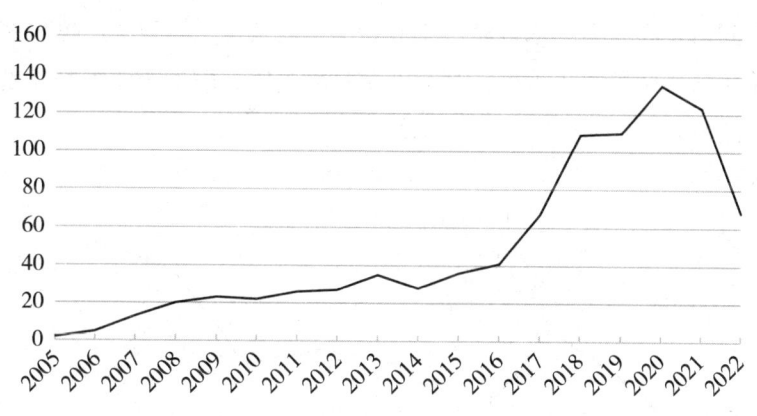

图6 重大网络安全事件发生次数

资料来源：作者整理，Center for Strategic & International Studies②。

第二，高额数据泄露成本对产业链收益造成严重负面影响。根据图7显示，2014年至2022年全球数据泄露平均成本呈现上升趋势，每次数据泄露的平均成本从2014年的350万美元增长到2021年424万美元，预计2022年将达到435万美元。其中，泄露成本排名前十的行业中多为技术与资本密集型行业（见图8），这类行业将遭受比劳动密集型行业更大的成本冲击。

第三，全球生产网络的智能性和互联性将使得产业链各环节都可能暴露在网络安全威胁之下。物联网应用加大了在企业内部遭受垂直型攻击的风险。企业中传统网络攻击的对象往往是连入网络中的计算机设备与软件系统，随着工业物联网的发展，机器人、产线等硬件设备也通过工业5G连入互联网，被攻击对象将包括企业硬件、软件和云计算平台，呈现垂直攻击特征，还可能通过与合作伙伴的数据共享而横向传导至产业链中，造成重大破坏。网络黑客不断

---

① http://www.miitxxzx.org.cn/module/download/downfile.jsp?classid=0&showname=pdf%E9%A2%84%E8%A7%88%20%E7%BD%91%E7%BB%9C%E5%AE%89%E5%85%A8%A8%E4%BA%A7%E4%B8%9A%E4%BA%BA%E6%89%8D%E5%8F%91%E5%B1%95%E6%8A%A5%E5%91%8A2021%E7%89%88(1).pdf&filename=46b486fba86547b9bab82c5abac0d38e.pdf.

② https://www.csis.org/programs/strategic-technologies-program/significant-cyber-incidents，事件列表截至2022年6月。

升级攻击手段，例如采用拒绝服务（DoS）或分布式拒绝服务（DDoS）进行攻击，短时间内发起大量请求以耗尽服务器的所有资源，导致工厂里相互连接的生产设备（如传感器等）崩溃，甚至产生物理损害，增加企业维修和更新服务器等设备的风险。

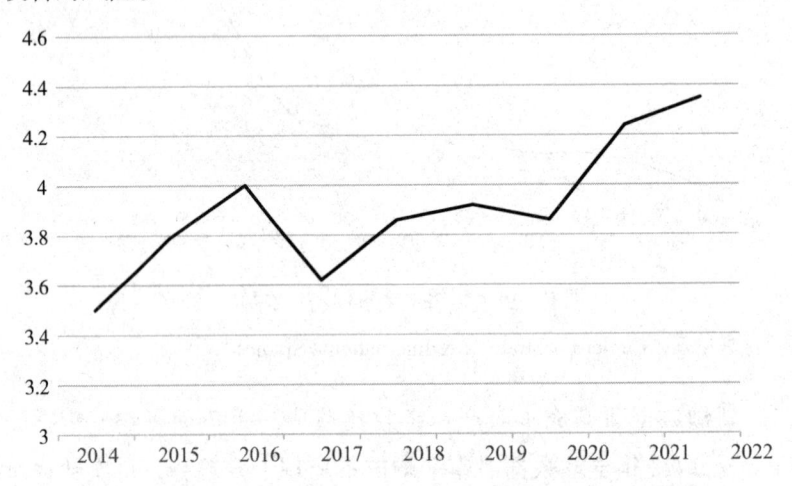

图7 2014—2022年全球每次数据泄露平均成本（百万美元）

数据来源：www.statista.com。

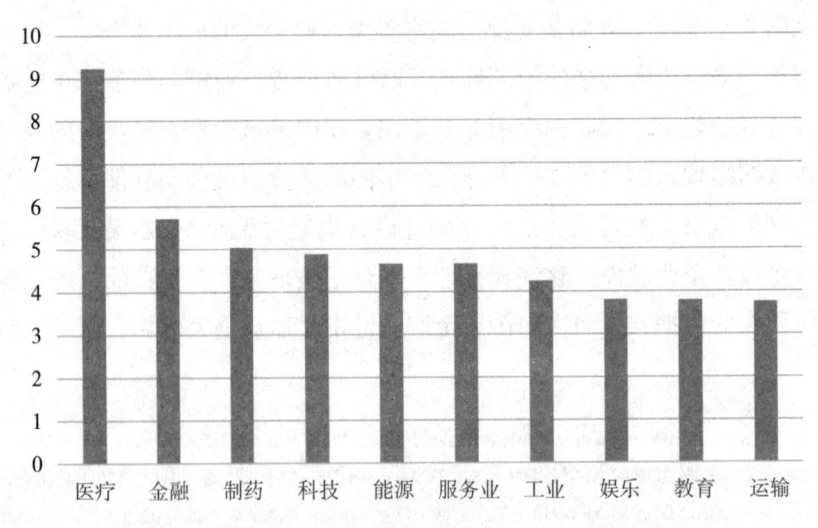

图8 2021年各行业每次数据泄露平均成本（百万美元）

数据来源：www.statista.com。

三、数字经济保障产业链安全的理论体系构建

（一）数字基础设施持续升级为产业链安全提供底层技术支撑力

夯实数字基础设施带动产业链边际成本下降，促进国际投资。2022年，北美电信联盟发布了《6G路线图》，将基于5G基础上的6G特征概括为：组件改进，基于AI与分布式云以及绿色通信的无线电技术，适应网络拓扑和分布式云计算的网络构架，基于智能网络控制器和绿色网络的网络运营模式，以及基于后量子密码学（PQC）等安全保障的数据隐私保护。6G通信网络搭建需要电缆、移动基站、交换和控制中心等昂贵设备，持续改进数字基础设施可能导致产业链铺设的固定成本上升，但是电信等生产性服务作为连接全球价值链的"桥梁"，6G等技术的信号低穿透损失、高覆盖率、高带宽和高安全性等特征保证了产业链各环节使用者所分担的成本随着用户数量的增加而降低，在长期大幅度降低产业链连接的边际成本，提升国际投资者收益，同时降低企业在国际网络中遭受定向攻击的威胁。

拓展无接触生产范围来降低疫情等公共卫生事件对产业链的冲击。加快部署数字基础设施能强化产业链各个环节的连接，降低因地缘政治、环境风险等冲击导致的各个环节地理距离扩大与区域"脱钩"。同时，远程通信平台与设备远程控制工具的广泛应用改变人类工作场景的空间限制，降低了生产过程的接触密集性，减少产业链因为地缘政治或新冠疫情等风险对人员造成潜在危害而中断的概率。数字基础设施为远程办公与远程控制提供网络保障，减轻风险带来的人口空间流动受限对产业链的冲击。

（二）数据要素提升产业链抗风险能力和收益

数据价值链的预测能力帮助产业积极应对不确定性日益增强的市场变化。企业数字化转型的核心在于构建数据价值链，是指数字企业和数字化转型企业基于大数据分析技术拓展的一条全新价值链，包括数据采集、数据清洗、数据建模和分析、数据预测等各个环节。首先，通过数据挖掘搜集海量数据，经过数据清洗将非结构数据转变为结构性数据，形成可采可信的高质量数据资源；

其次，通过数据建模和分析来进行预测；最终形成数据智能来辅助企业进行科学决策。大数据分析可以帮助企业实现产品精准预测与销售，降低多种风险带来的不确定性对最终需求和中间投入品市场冲击的影响。

数据要素具有零边际成本特征，将大幅度提升企业价值。绝大部分数据资源具有非竞争性和非排他性，因而可以以接近于零的边际成本进行复制和扩散，并进一步加工为数据资产和数据资本。首先，数据资产化在合法对数据资源进行确权和脱敏的前提下，通过数据要素市场进行交易和流通，为数据所有者和使用者带来价值增值。其次，数据资本化是对数据资产进行资本化运作和资本定价，以产权化、证券化形式变成可流通的资本，通过数据市场化租赁经营、参股控股、交易转让等各种途径实现优化配置，实现企业价值最大化，提升产业链抵御各类风险的能力。

（三）数字技术帮助产业实现动态化和绿色化转型

数字技术构建灵活的智能供应链，提升产业应对风险的能力。数字技术为海量消费者数据处理提供支撑，企业通过高速的数据传输和处理能够实时跟踪消费者需求变化并精准预测需求。数字营销通过消费者画像精准定位消费者需求，应用数字产品的零边际成本和网络效应来实现收益和利润的线性增长。数据技术支撑产业链智能仓储系统构建，按需求动态调整库存水平，降低风险库存，维护需求链稳定。

数字技术助推产业环保偏向型升级。首先，数字技术推动了计算存储和数据中心的可持续性。数字技术通过网络效应和通用技术属性优化创新效率（Spiezia，2011），并进一步优化生产过程来减少能源消耗（Lange et al.，2020）。人工智能与机器学习技术通过动态优化网络服务，保证网络服务最优可用性，降低基站、设备和核心网络的能耗，通信网络频谱功率优化能有效降低设备和无线电功耗。采用数字技术可以加大部门的能源投入力度，既包括采用先进的清洁能源技术，同时也包括将清洁能源作为新的生产要素投入生产。再次，数字技术推动绿色供应链的构建。数字技术通过为供应链提供绿色身份凭证和能源消耗指标，使厂商能够实时虚拟化管理供应链，使其符合绿色标准的指标体系，助力工业企业节能减排，推动高耗能产业的绿色低碳转型，加速产业的节能和绿色化改造。

（四）传统产业链的数字化转型提升产业链复原力

数字化转型促进产业链创新来提升其风险抵御能力。企业数字化转型体现在采用人工智能、物联网等数字技术从基础层、网络层和应用层对传统企业业务流程、生产方式和管理模式进行全流程数字化改造，并通过前向关联和后向关联价值链上下游进行渗透，最终重塑价值链分工网络和协同方式。智能制造提升零部件等中间品生产的性能稳定性、质量可靠性和环境适应性。数字技术创新可以加快绿色环保新产品开发，加强技术含量高、附加值高、资源和能源消耗低的绿色环保新产品开发，积极应对环境风险。

数字化转型构造完整的产业链安全保障模式。首先，企业通过数字化转型提升生产流程的连接紧密性和灵活性。数字化转型优化价值链核心流程，支持精益制造、全面加强质量管理，提升生产流程效率。工业5G等高效网络支持数据及时反馈，允许操作员远程监控和指导制造过程，保障生产效率达到技术前沿面。其次，厂商能对风险冲击导致的流程故障与停滞进行实时监控，提前实施预测性维护。例如，6G技术支持"M2M"（Machine-to-Machine）和"H2M"（Human-to-Machine）通信的高速数据流动，将硬件、软件、人力共同连入工业互联网中，确保生产过程平稳运行。最后，关键数字技术提升企业应对风险冲击的决策能力。数字孪生实现了虚拟制造过程与物理制造过程同步，使企业能通过模拟风险冲击以及生产流程的虚拟调试，提前制订风险应对预案。工业物联网与人工智能算法共同支持厂商创建复杂且智能的生产运营系统，并实现生产系统的自我调节，帮助企业制定基于实时信息的数据驱动型决策。

数字化转型提升供应链稳定性。首先，数字化转型提高供应链智能化管理水平，增强供应链风险智能应对能力。云制造、供应链数字孪生、数据驱动建模等技术加强数据驱动的供应链规划、供应链实时监控来支持企业决策，增加其面临风险冲击时的灵活性和响应能力。其次，企业数字化转型支持供应链贸易伙伴之间的需求数据传输和通信技术连接，巩固供应链稳定性。企业利用超低延迟性、超高网络带宽和自动订购系统来建立采购数据存储库，为企业提供采购订单状态、活跃供应商等静态和动态记录，用于指导采购决策。最后，数字化转型提高运输物流运营效率。数字化转型解决了带宽不足、速度和延迟问题，企业使用区块链技术和大数据计算平台能够快速真实可靠地记录和分析物流过程中的各项信息，减少了环境风险与网络安全风险的冲击，保证信息传递过程的实时性、高效性和安全性。

（五）数字化治理降低产业链交易成本

数字化治理推动国际经贸规则变革，从制度要素层面保障产业链安全。众多区域贸易协定和双边贸易协定的深层次条款在网络安全、数据隐私、数据主权、存储本地化、知识产权、地缘政治等一系列问题上形成全球性制度安排和监管方案，密切跟踪数字经济时代产业链安全的风险防范，在政策层面保障产业链安全。数字化治理具备跨空间、跨链条和跨技术特征，构建起对风险预防、监测、保护的管理闭环。产业链在面临如疫情或自然灾害等重大突发性事件时，数字化治理帮助企业以更智能高效的跨区域协同方式，实现社会资源的密切协同和灵活调度，提升了区域协同和资源调度能力。

数字化治理能降低产业链信息成本，提高劳动生产率。互联网能够降低信息搜寻成本，提高了搜寻效率。数字化治理通过 PC 端和移动端消除企业对于政务信息的不对称性，提高其信息透明度和议价能力。运用大数据技术能够改善政府运作模式及内部决策效率，提高信息透明度，改善传统政府治理理念和模式（Rajagopalan and Vellaipandiyan，2014），更加高效、快捷地为企业提供服务，优化营商环境从而提高企业的劳动生产率。

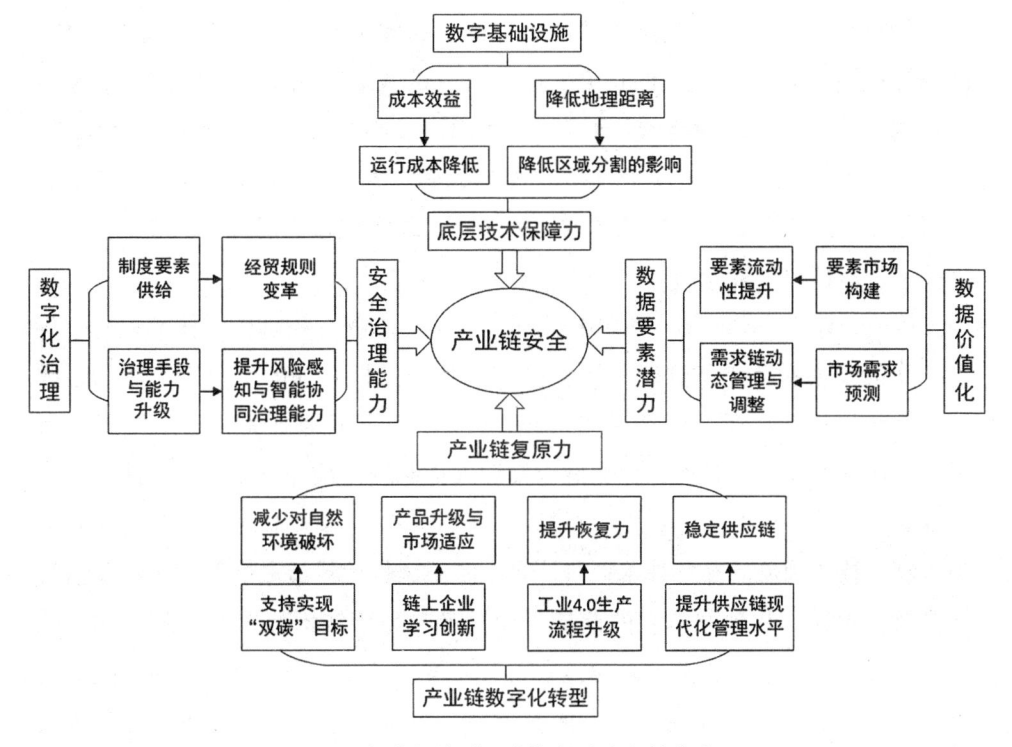

图 9 数字经济"四力"保障产业链安全

四、数字经济时代构建我国产业链安全保障体系

数字经济保障我国产业链安全的核心是围绕我国产业链安全多方位构建国家数字经济发展战略，因此战略的总体框架应是包括技术研发与创新、人才供应、国际合作、要素和安全等维度推进产业链安全。

第一，建设由政府主导的数字基础设施研发支撑体系。首先，确定产业链安全重点资金支持方向和支持计划。我国要以基于"东数西算"体系的数字基础设施作为我国产业链安全战略建设重要任务，并将加强高速互联网、以人工智能、云计算、区块链等为代表的数字技术以及实现核心零部件和设备的国产化为国家重点投资方向。其次，探索建立"数字技术研发补助金"。为数字技术研发企业提供税收抵免和财政奖励等多种方式为技术开发提供资金支持，资助加强企业对标准制定过程的参与。再次，构建相关实验室与平台以支持6G

等新型电信技术研发。建立由"政府支持、高效主导、多方参与"的"国家6G试验室",构建"省级（或市级）6G研究试验平台联盟",致力于6G标准制定的合作。最后,建立政府6G工作小组。该小组应包括工业和信息化部、商务部、科学技术部、国防部等相关机构,确定6G部署的频谱需求、技术使用规范和标准制定等领域的总体方向和细则,并协调和规划与产业链安全相关的技术、监管和政策行动。

第二,建立完善的数字核心技术研发机制。首先,鼓励核心技术和产业共性技术的元创新。建立政府—研究机构—企业良性互动的产学研一体化区域创新系统,构建多元化创新主体来分担风险,引导技术研发重点从应用技术转向产业共性技术。其次,建立健全知识保护制度体系开放创新前瞻计划,通过专属授权使得创新主体优先分享知识产权收益,提高创新主体参与研发的动力。制定技术预见的共性技术评价体系,实施结构性政策来确保数字产业创新链升级。再次,在独立自主的前提下积极参与数字技术研发的国际合作。最后,拓展数字技术融资模式,加强数字产业科教研发、创新创业基地与风险投资、私募基金、融资担保公司、证券公司等机构的合作交流,增强资金融通能力。

第三,构建数字经济保障产业链安全的政产学研国家创新系统。首先,为企业数字化转型搭建支持性平台,实现IT供应商技术和企业的IT工具需求的对接。其次,改善我国企业数字化的政策环境。采取降低数字化转型企业税收压力、控制企业社会保险支出、优化竞争法律法规以及为企业数字化转型提供资金支持。再次,推动供应链中各企业协同合作。鼓励数字产业生态构建,以数字龙头企业为核心保障供应链的自主性和完整性,打造共生共存共荣的生态圈,实现各企业间在数据利用、技术研发、物联网安全和商业模式创新等方面的深化合作。最后,在数字化转型过程中重视安全建设,保护企业免受风险侵害。加强政府与组织、安保公司、保险公司等合作建立企业数字化转型过程中受到风险冲击的保障支持机制,为企业提供全方面的安全保障服务。

第四,全面消除区域间和城乡间数字鸿沟。首先,全面升级农村数字基础设施。支持农村地区升级网络带宽与无线网络效率,将数字鸿沟关注点逐渐由

"接入鸿沟"转向"使用鸿沟"和"效益鸿沟",提升农村产业的竞争力。其次,提升弱势群体的数字素养。鼓励数字企业和教育部门推进消除数字鸿沟,提升数字素养的培训项目,保障产业链安全和实现共同富裕的目标相辅相成。

第五,通过开放共赢战略打破西方国家的产业链"脱钩"企图。首先,积极组织国际数字经济发展政策和安全系列会议和论坛。邀请国外政府、行业和民间社会的利益相关者,并定期组织数字经济发展政策会议,讨论技术发展、安全和标准制定等关键问题。其次,创建多边数字开发银行为"一带一路"和数字丝绸之路提供资金支持。与伙伴国的出口信贷和出口金融实体机构合作,以新数字开发银行为抓手,促进数字技术研发合作和产业链安全发展,并消除较不富裕国家的数字鸿沟。以此提升我国在国际上的话语权,打破美国遏制电信技术的垄断和对我国电子通信企业的限制。再次,提升与其他国家技术和网络安全合作水平,在巩固中俄的网络安全合作并加强 RCEP 国家合作的基础之上,积极拓展我国与其他发达国家间的合作,并不断开拓技术与安全合作形式,不仅局限于对话、协议、联合声明等形式,还应探索建立具有实际操作性的合作形式。最后,围绕数字化治理开展科技外交活动。在坚持开放、公平、公正和非歧视的原则下与各国政府合作建立数字经济发展的国际生态环境,积极参与行业国际标准制定,并着重应对技术政策决策中的地缘政治风险。

第六,构建法律法规与政策一体化的网络安全战略。首先,确定开发和应用数字基础设施和网络的安全原则。与此同时,有机会开发检测和缓解网络安全漏洞的工具,特别是采用零信任模型。我国应主动与学术界和企业界开展合作共同识别安全风险并推进网络安全原则的构建。其次,建立网络安全基金,为网络安全提供资金支持。这可以为采用开放无线点接入网解决方案提供资金,从而鼓励供应商多元化,促进市场竞争。安全基金可以与数字开发银行配合实施。最后,建立网络安全国际合作关系。我国应开拓与其他国家建立更紧密的情报、技术和安全合作伙伴关系,并在解决数字技术开发、运营等领域存在的安全问题等方面进行合作。

第七,构建数字人才培养体系。首先,树立数字化发展理念,全面拥抱数字经济，提升大数据分析等数字技术对全校专业和学科的辐射和赋能作用；其次，打造大数据实验中心，加大数据要素对学科、专业和科研的支持力度，升级数字软硬件设施，为学科和专业数字化转型提供有力支撑；再次，大力发展数字经济相关新兴交叉专业，围绕数字化构建金课体系，加快培养兼具数字素养和数字技能的复合型人才；最后，推进学科整合，加快经济管理类学科与信息管理、软件技术、大数据统计等专业的数字化交叉融合，建立数字化跨学科生态体系和特色数字学科总体布局。

第八，同时保障数据流动性和数据安全性。首先，推动公私数据流动和利用。通过政府与企业合作打造利于数据高效稳定传输的环境，建立公私数据混合使用机制，推动共享经济发展。在推动数据传输，制定跨领域数据共享机制时不仅重视数据市场的安全公平和透明，还强调数据交易契约自由的原则。其次，注重个人信息安全保障，推动匿名化技术的开发并不断完善个人信息保护法，以保护个人隐私。最后，加强政府信息系统网络安全。政府应将网络安全摆在国家安全中重要的位置，并加强我国政府机构的网络安全建设，如强化政务信息系统安全，扩大政府云服务，实施持续诊断和响应的网络安全架构；同时，在推进政务标准修订工作时，着力开发"政府信息系统安全评估系统"，以保障政务信息系统的安全性。

参考文献

[1] Acemoglu D, Akcigit U, Kerr W. Networks and the macroeconomy: An empirical exploration[J]. Nber macroeconomics annual, 2016, 30（1）: 273-335.

[2] Acemoglu D, Carvalho V M, Ozdaglar A, et al. The network origins of aggregate fluctuations[J]. Econometrica, 2012, 80（5）: 1977-2016.

[3] Barrot J N, Sauvagnat J. Input specificity and the propagation of idiosyncratic shocks in production networks[J]. The Quarterly Journal of Economics, 2016, 131（3）: 1543-1592.

[4] Caldara D, Iacoviello M. Measuring geopolitical risk[J]. American Economic Review, 2022, 112（4）: 1194-1225.

[5] Carvalho V M, Nirei M, Saito Y U, et al. Supply chain disruptions: Evidence from the great east japan earthquake[J]. The Quarterly Journal of Economics, 2021, 136（2）: 1255-1321.

[6] Constantinescu C, Mattoo A, Ruta M. Policy uncertainty, trade and global value chains: some facts, many questions[J]. Review of Industrial Organization, 2020, 57（2）: 285-308.

[7] Dasgupta P. The economics of biodiversity: the Dasgupta review[M]. Hm Treasury, 2021.

[8] Di Giovanni J, Levchenko A A, Mejean I. The micro origins of international business-cycle comovement[J]. American Economic Review, 2018, 108（1）: 82-108.

[9] Espitia A, Mattoo A, Rocha N, et al. Pandemic trade: COVID - 19, remote work and global value chains[J]. The World Economy, 2022, 45（2）: 561-589.

[10] Gao Y, Meng B, Suder G, et al. Who dominates global value chains? multinationals vs domestic firms[R]. Institute of Developing Economies, Japan External Trade Organization（JETRO）, 2021.

[11] Gentile E, Li G, Mariasingham M. Assessing the Impact of the United States–People's Republic of China Trade Dispute Using a Multiregional Computable General Equilibrium Model[J]. Asian Development Bank Economics Working Paper Series, 2020（620）.

[12] Grossman G M, Helpman E. When Tariffs Disturb Global Supply Chains[R]. National Bureau of Economic Research, 2020.

[13] Hallegatte S, Rentschler J, Rozenberg J. Lifelines: The resilient infrastructure opportunity[M]. World Bank Publications, 2019.

[14] Inoue H, Todo Y. Firm-level propagation of shocks through supply-chain networks[J]. Nature Sustainability, 2019, 2（9）: 841-847.

[15] Jones C I. Intermediate goods and weak links in the theory of economic development[J].

American Economic Journal: Macroeconomics, 2011, 3（2）: 1–28.

[16] Kajitani Y, Tatano H. Estimation of production capacity loss rate after the great east Japan earthquake and tsunami in 2011[J]. Economic Systems Research, 2014, 26（1）: 13–38.

[17] Lange S, Pohl J, Santarius T.2020. Digitalization and energy consumption. Does ICT reduce energy demand? [J]. Ecological Economics, 176: 106760.

[18] Maliszewska M, Mattoo A, Van Der Mensbrugghe D. The potential impact of COVID-19 on GDP and trade: A preliminary assessment[J]. World Bank Policy Research Working Paper, 2020（9211）.

[19] Rajagopalan, M. R. and Vellaipandiyan, S..Big Data Framework for National E- governance Plan.International Conference on Ict & Knowledge Engineering.IEEE Working Paper.2014.

[20] Spiezia V.2011. Are ICT users more innovative?: an analysis of ICT-enabled innovation in OECD firms[J]. OECD Journal: Economic Studies, 2011（1）: 1–21.

[21] Tokui J, Kawasaki K, Miyagawa T. The economic impact of supply chain disruptions from the Great East-Japan earthquake[J]. Japan and the World Economy, 2017, 41: 59–70.

[22] Xing Y, Huang S. Value captured by China in the smartphone GVC–A tale of three smartphone handsets[J]. Structural Change and Economic Dynamics, 2021, 58: 256–266.

基于规则文本深度测算的 RCEP 与 DEPA 数字贸易规则比较

陈伟雄　卓友嵩[*]

摘要：伴随着第四次工业革命的持续推进，当前以数字贸易为代表的数字技术贸易方式渗透到各行各业，以往传统的贸易形式已经不再满足当前的需求。但与数字贸易蓬勃发展形成对比的是，数字贸易规则总体发展却处于滞后的状态。本文基于目前已经签署的 RCEP、DEPA 的数字贸易规则文本，借鉴并且改进现有的对于数字贸易规则深度测量方法，来衡量两大数字贸易规则的深度。通过对 DEPA、RCEP 中数字贸易相关规则的深度测算发现，与 RCEP 相比，DEPA 开放程度更广、便利化程度更高、创新性更强，是一个更高标准、高包容的数字贸易规则。当前，我国已经申请加入 DEPA，为了对接国际高标准的数字贸易规则，打造数字贸易领域的话语权，本文提出倒逼国内数字贸易规则改革、推动国内治理和国内法规的国际化以及持续优化升级数字基础设施建设等措施，对中国对接 DEPA 以及完善数字贸易规则具有参考价值。

关键词：数字贸易规则；DEPA；RCEP；深度测算

一、引言

自 20 世纪末以来，随着互联网技术的不断升级，出现了大数据、物联网、区块链等现代新兴信息技术，伴随着这些技术的快速发展，数字贸易这种新型的贸易形式在全世界迅速地兴起，成为国际贸易发展的新趋势。与此同时，数字贸易的虚拟化、平台化、时效快以及个性化是传统的贸易方式所不具备的，

---

[*] 作者简介：陈伟雄　厦门工学院商学院、福建师范大学经济学院副教授；卓友嵩　福建师范大学经济学院研究生。

这大大改变了全球的商业模式，为众多的中小企业国际化提供了广阔的发展机遇和空间。但与蓬勃发展的数字贸易相比，国际上的数字贸易规则建设却比较滞后，特别是以 WTO 为框架的数字贸易规则已经不能满足当前的需要。因此，各国结合自身经济发展水平和各自的利益诉求，纷纷围绕数字贸易开展日益激烈的规则博弈。

2022 年 1 月 1 日，RCEP 正式生效，相比于中国之前签订的自贸协定，RCEP 在承诺开放、贸易便利化以及透明度上都有新的规定，较以往开放的水平更高。但是与"美式模板""欧式模板""新式模板"相比，RCEP 在规则深度以及条款设置上存在着一定的差距。《数字经济伙伴关系协定》（DEPA）则是由新加坡、智利、新西兰三国于 2020 年 6 月 12 日在线上签署，是全世界第一个针对数字贸易而设定的专项协定。2021 年 11 月 1 日，我国正式提出申请加入《数字经济伙伴关系协定》（DEPA）。习近平总书记强调，中国将深度参与绿色低碳、数字经济等国际合作，积极推动加入《数字经济伙伴关系协定》。加入 DEPA，对我国数字贸易规则的完善，对接国际著名的数字贸易规则具有重要意义。

二、数字贸易规则文本深度测算方法

数字贸易规则深度指的是 RTA 中各项数字贸易规则在执行过程中受到的法律体系保障程度，深度测算数值越大表明该协定中的数字贸易规则执行力度越强，依据越可靠，在发生争端时候更有完善的处理机制。针对数字贸易规则的深度测算，国内外学者做出了诸多的创新，首先是 Horn（2010）开创了 HMS 法，其分别量化了 28 个自贸协定中 52 个规则领域分类下的条款法律可执行性。同时，Kleiman（2014）与 Dalke（2016）利用这一方法对东盟成员国、加拿大等国进行研究。但是，随着新兴数字贸易规则出现，贸易协定开放力度加大，出现了更多更新的规则大类，原有的计分细则对最新的规则考量上有所欠缺。Hofman（2017）采取的做法就是收集所有有效的 RTA 信息建立了一个新的数据库，构建了深度综合指数，用于衡量 RTA 中贸易深度。卢塞恩大学的 Burri&Polanco 构建的 TAPED 数据库审查了 2000—2021 年间 184 项涉及数字贸易规则的贸易协定,对所涉及的条款进行编码统计。此外,李艳秀(2021)基于 WTO 数据库中 63 个经济体相互签订的自由贸易协定文本,通过对有关数字贸易市场准入、贸易促进、消费者保护、数据相关问题及其他问题的规定进行赋值,从而度量自由贸易协定数字贸易规则的条款深度,实证检验数字贸易规则对价值链贸易的影响。

总体来看,国内外学者认为,当前的数字贸易规则落后于当前数字贸易建设,而 DEPA 作为一个新兴协议,是当前较为完整全面的协定,针对目前对数字贸易规则深度测量也有学者作出了贡献。但是由于数字贸易规则的更新速度快,一些深度规则的测算不能满足最新的数字贸易发展情况,为了适应当前数字贸易规则的发展现状,需要对先前的数字贸易规则深度测评进行改进。

当前数字贸易规则深度中,TAPED 数据库提供了很好的思路。其从数字经济、数据流动、数字服务章节涉及数据以及数据传输、知识产权章节、特殊谅解或规定、与大数据相关的商品贸易规则以及一般例外 7 个部分组成共计 104 条测算标准,全面地体现一个 RTA 数字贸易规则深度,但是也存在一些问题,首先是数字贸易规则日趋多样化,而数据库的更新较为滞后,例如 TAPED 数据库不包含数字包容与数字身份这两个评价指标。其次 TAPED 数据库 8 将所有的测算结果加总,而并未根据规则做出全面而细致的划分,在衡量具体的指标上不明显。

为了让数字贸易规则深度测算符合当下的标准,本文参考 Hofmann、Horn 等学者的研究,对 TAPED 的方法进行修正,加入数字包容与数字身份两个评价指标。同时,根据 DEPA 与 RCEP 的数字贸易规则的特点,划分出 12 个具体的一级指标评分细则,使得数字贸易规则比较更加具体。

三、RCEP 与 DEPA 数字贸易规则比较

RCEP 的数字贸易规则主要分布于第 10 章"投资"、第 11 章"知识产权"、第 12 章"电子商务"、第 14 章"中小企业"以及第 8 章"服务贸易"及三个部门附件(分别是"金融服务""电信服务""专业服务"),DEPA 全文均与数字贸易规则有关,全文共有 16 个模块。具体测算指标如下:

首先在数字贸易规则覆盖程度上，设计包括：对数字产品待遇、数据保护、透明度、贸易便利化、信任环境等12个指标进行细分，根据这一些指标，对于自贸协定的文本查找后，如果协定并未涉及相关的规定，则赋予0分；如果涉及了，但是所设计内容并未提出相应的要求，称之为软要求，赋予1分；如果文本协定及具体内容并且提出了相应的要求，则赋予2分。统计数据结果如表1所示：

表1 RCEP数字贸易规则相关章节与DEPA规则的文本对比

一级指标	评分内容	RCEP	DEPA
数字产品待遇	是否包含非歧视待遇	0	2
	协议是否包含使用密码术的信息和通信技术（ICT）产品	0	2
	是否有关于不征收关税的规定	1	2
数据保护	协议是否包括个人信息保护	2	2
	协议是否包含通过电子方式跨境传输信息	1	2
	协议是否包含了计算设施的位置	2	2
透明度	该协议是否包括了电子商务章节中关于透明度的条款	1	2
	该协议是否包括公开数据的途径与要求	1	2
贸易便利化	该协议是否包括有关无纸化交易的条款	1	2
	协议是否保护国内电子交易框架	1	2
	协议是否包括对物流的要求	0	2
	协议是否包含电子发票	0	2
	协议是否包含快运货物	0	2
	协议是否包括电子支付	0	2
	协议是否包括电子认证、电子签名或数字证书的规定	1	0
信任环境	该协议是否包括有关网络安全的条款	1	1
	该协议是否包括网上安全和保障	1	1
	该协议是否包含电子商务对话	1	0

续 表

一级指标	评分内容	RCEP	DEPA
技术支持	该协议是否有要求在金融科技合作	0	1
	是否对人工智能提出要求	0	1
	是否对竞争政策合作提出要求	0	1
	协议是否包括允许政府采购包括电子手段	0	1
消费者信任	协议是否包含非应邀商业电子信息	2	2
	协议是否包括有关消费者保护的条款	2	2
	协议是否包括电子商务访问和使用互联网的原则	0	1
数字创新	是否对公有领域提出要求	0	1
	该协议是否包括关于公开政府数据的条款	0	2
	该协议是否包括关于数据创新的条款	0	1
中小企业便利合作	是否对增强中小企业在数字经济中的贸易和投资机会的合作提出要求	1	1
	是否对信息共享提出要求	2	2
	是否对数字中小企业对话提出要求	1	1
数字大众化	是否包含数字身份	0	2
	是否包含数字包容	0	2
争端解决	是否要求设立相关的调解机构	1	1
	是否有一套完整的调解流程（请求—启动—调解—实施）	2	2
	协议是否设置了仲裁机构	1	1
	是否有一套完整的仲裁流程（请求—启动—调解—实施）	2	2
联合委员会	是否有明确联合委员会的职能	0	2
	是否对联合委员会的规则与实施提出要求	0	2
	是否要求建立联络点	0	2
总分		28	64

数据来源：根据官方文本整理得出。

根据前文构建的测算体系和计分原则，在对 RCEP、DEPA 文本分析之后，得到数字贸易规则的深度计算得分如表 2 所示：

表2 RCEP数字贸易规则相关章节与DEPA规则的一级指标得分对比

一级指标	RCEP	DEPA
数字产品待遇	1	6
数据保护	5	6
透明度	2	4
贸易便利化	3	12
信任环境	3	2
技术支持	0	4
消费者信任	4	6
数字创新	0	4
中小企业便利合作	4	4
数字大众化	0	4
争端解决	6	6
联合委员会	0	6

数据来源：根据官方文本整理得出。

表2的测算结果显示，相较于RCEP，在数字贸易上DEPA的规则深度更高，测算水平较高。其中在数字产品待遇、贸易便利化、技术支持、数字创新、数字大众化、联合委员会上存在着较大的差距，深度得分差距在4分以上，RCEP在信任环境上略高于DEPA，中小企业便利合作、争端解决上与DEPA的得分一样。具体来看，DEPA规则相比RCEP数字贸易规则具有以下特点：

（一）更高的开放程度

在数字产品待遇上，RCEP得分为1，DEPA得分为6，这主要体现在：DEPA第3.3条规定缔约方在缔约方领土内的生产、创造等方式生产的数字产品的待遇，不得低于其给予其他同类数字产品的待遇。而RCEP并未涉及非歧视待遇方面的规则。而数字产品的非歧视待遇对于缔约方企业至关重要，可以促进缔约方直接数据流动与创新。在使用密码术的ICT产品上，在数字时代，数字经济发展的同时，数据安全的重要性深受重视，密码技术作为支撑数据安全的重要支撑。但是由于国别的不同，对技术要求各不相同，这就有可能导致密码技术被黑客滥用，安全性能低等问题。因此，保障数据的安全，防止技术泄露也是 DEPA 所关注的一个重点。在 DEPA 第 3.4 条使用密码术的信息和通信技术（ICT）产品明确规定了针对使用密码术的 ICT 产品，缔约方不得对其实施技术法规或合格评定程序，任何供应商或制造商不得要求缔约方企业转让特定的技术、算法说明或其他设计细节，或者要求使用特定的密码算法。相比之下，RCEP 并未涉及与 ICT 产品有关的规则。

在数字大众化上，RCEP 得分为 0，DEPA 得分为 4。DEPA 提出了数字身份与数字包容，这两部分都是 RCEP 所没有的。数字身份将会增强区域之间的互联互通，但是每一缔约国针对数字身份技术与法律要求各不相同，因此 DEPA 要求缔约方建立或者维持适当的框架，以促进每一缔约方数字身份制度之间的技术交互操作。数字包容上，DEPA 认为保证所有人和所有企业参与数字经济、作出贡献并从中获益的重要性。因此，缔约方应该就数字包容性相关事项进行合作，包括：分享经验，解决获得数字经济机会的障碍、分享与数字经济参与相关的分类数据收集等方式，必要时可以调节缔约方各自机构、企业、工会、民间社会、学术机构和非政府组织等以开展与数字包容性相关的合作活动，从而保证数字经济的利益得到更广泛的发展。

（二）便利化程度更高

根据上表测算显示，在数字贸易便利化上，RCEP 得分为 3 分，而 DEPA 的得分为 12 分，在数字贸易便利化上取得较大的领先，主要是以下几点因素的影响：

无纸化交易上，RCEP 和 DEPA 均倡导无纸化交易，但 RCEP 仅仅要求致力于使用无纸化倡议，并且要求无纸化文件与纸质版具有同等的法律效力，要保证电子形式的文件可以公开获得。而 DEPA 对无纸贸易做出了更加详细的规定，包括设立单一窗口，在数据交换系统的使用上进行合作，在语言上提供以英语或 WTO 任何其他官方语言的电子版文件等。因此，在 DEPA 框架下企业不仅能便捷地获得电子文件，还可以方便企业其他成员之间的贸易文件管理系统的互操作性。

在物流与快速货运方面，DEPA要求各缔约方采取措施降低物流成本以及提高供应链的速度以及可靠性。鼓励缔约方努力分享关于物流部门的最佳实践和一般信息，包括最后一公里配送，跨境交付系统，新的物流配送和商业模式等等。此外，DEPA要求缔约方设立快速的海关程序，以便于货物快速通关以及减少企业成本。RCEP在物流与快速运输上并未提出相关的规定。

电子发票上，传统的商业活动中，手动开发票存在效率低下、成本高、不易查找等缺点。DEPA是第一个涵盖电子发票的协定，其要求缔约方在电子系统内进行合作，建立可以互相支持以及互相操作的系统，鼓励企业采用电子发票。电子发票可以大量节省发票处理的时间与成本，从而提升商业达成的效率，提高资金运转周期。

电子支付系统，随着电子技术、智能手机等电子支付的技术兴起，如今电子支付的需求快速增长，在商业上使用越来越普遍。DEPA要求缔约方及时公开各自关于电子支付的法规，建设国际公认的支付标准，促进应用程序编程接口（API）的使用，以便利电子支付生态系统的可交互操作性和创新性。并且对电子支付系统、信任和保障提出了要求。RCEP并未对电子支付系统提出要求。

（三）更高标准、高包容的数字贸易规则

在透明度要求上，RCEP得分为2分，DEPA得分为4分。虽然RCEP与DEPA规则都涉及了透明度，但是DEPA在透明度如何执行上提出了详细的要求。DEPA第十三章透明度共有5条规则要求，分别是定义、公布、行政程序、复审和上诉、通知与提供信息。其中要求缔约方如有必要建立司法行政法庭或程序，使行政程序当事人获得相关权力机构汇编记录作出的决定。在确保信息透明度上有着充分的程序保护。而RCEP电子商务章节第12条透明度仅要求缔约方公布一般适用的相关措施并且答复相关缔约方关于特定信息的请求。

在关税免收方面，RCEP得分为1分，DEPA得分为2分，体现在RCEP与DEPA都对电子传输产品海关免关税都提出了相应的要求，RCEP第十一条海关关税提出缔约方之间不征收关税，但是缔约方可以做任何进一步的决定从而

修改征收关税的做法，这样就意味着 RCEP 在电子传输产品上征收关税随时可能修改；而 DEPA 针对关税作出了更加强硬的要求，要求任何缔约方不得对任意一方的电子传输产品征收关税，在关税免征上面提出了更加高的标准。

在跨境数据流动上，DEPA 与 RCEP 针对数据跨境流动上提出了要求，RCEP 要求不得阻止商业行为而使用的电子方式跨境信息传输，但是有两个条件例外：1. 该政策不构成不合理的歧视或变现的贸易限制。2. 认为对保护其基本安全利益所需的；DEPA 要求缔约方允许通过电子方式跨境传输信息，包括个人信息，这是 RCEP 所没有的。此外，限制电子方式跨境信息传输上 DEPA 剔除了基本安全例外这个要求，对于电子方式跨境信息传输的要求更高。

在技术要求上，RCEP 得分为 0 分，DEPA 得分为 4 分。DEPA 重视技术创新，认为技术创新对数字经济发展的发展至关重要，第 8 章新兴趋势和技术针对未来的科技合作提出了要求，主要有 4 条，分别是金融科技合作、人工智能、政府采购、竞争政策合作。而 RCEP 在政府采购有所涉及，其他条款都是 RCEP 没有的。DEPA 要求缔约方要促进其金融科技产业间的合作，可以在金融科技部门中间企业合作、解决方案以及创业人才上展开合作。人工智能上，DEPA 认为未来的数字经济中 AI 技术将会广泛使用，因此缔约方要制定 AI 道德和治理框架，并在此进行合作。在竞争政策合作上，DEPA 认为缔约方可以在数字经济市场竞争上获得益处，因此缔约方要制定数字市场竞争政策、提供咨询、分享案例等，并在执法问题上进行合作。

（四）更具有创新性

在数字创新上，RCEP 得分为 0 分，DEPA 得分为 4 分。DEPA 重视数字经济的创新，第九章创新与数字经济专门涉及数据创新，其要求缔约方肯定技术创新、传播有利的知识和技术转让是促进社会和经济福祉的重要手段。DEPA 重视数据的可获得性，其要求缔约方设立知识产权数据库并且让客体可以在公有领域获得数据。此外，DEPA 鼓励企业按照法律法规共享数据，这些数据甚至包括个人信息，国家之间可以在共享项目、数据新用途方面展开合作，以促进数据驱动的创新。而 RCEP 条款并未涉及相关的条例。

此外，DEPA 鼓励政府开放数据，DEPA 第 9 章 5 条针对政府公开数据的合作提出了多条合作建议，包括：确定可以利用开放数据集促进技术转让、人才培养和创新部门；开发以开放数据集为基础的新服务；开放许可模式让任何人可以自由访问使用数据等方式。

（五）有专设的联合委员会和联络点

与 RCEP 不同，DEPA 要求缔约方政府代表组成联合委员会。设立联合委员会将会便捷各缔约方之间针对数字经济展开合作、完善规则减少冲突等优势。DEPA 第 12 章联合委员会和联络点就对委员会的主要责任：DEPA 协定的实施运作、修正协定、制定争端解决的议事规则等提出了要求，并对联合委员会的决策、议事规则、实施提出了相关的实践路径，同时要求缔约方要指定一总的联络点，便于缔约方之间对事项进行沟通。

四、加入 DEPA 带来的机遇与挑战

（一）机遇

1. 有利于进一步激发数字消费潜力

中国拥有巨大的数字经济规模，加入 DEPA 将会释放我国在数字贸易上的潜力。根据中国互联网中心的《中国互联网发展报告（2021）》显示，截至 2021 年，中国网民规模达到了 10.11 亿人次，其中互联网普及率达到了 71.6%，网络购物用户规模达到 8.12 亿人次，占全体网民的 80.3%。在数字基建上，一直以来中央多次部署"新基建"相关的任务。截至 2021 年 6 月，中国拥有 5G 基站总数达到了 96.1 万个，占全球的 70% 以上。众多的互联网人口以及覆盖广泛的数字新基建，将对中国的数字经济发展增添活力。我国在数字经济规模、国内市场广阔、企业具有独特的国际竞争优势，在数字经济领域具有可观的潜力。加入 DEPA，对于促进企业获得广阔的国际市场、丰富消费者的消费选择、节省企业交易成本具有重要价值。

2. 有利于深化国内改革和扩大高水平对外开放

当前,中国正在加快建设数字经济、数字社会、数字政府,以数字化转型整体驱动生产方式、生活方式和治理方式变革,促进数字技术与实体经济深度融合。加入 DEPA 将会给我国企业和政府的数字化建设带来契机,高标准的规则将会倒逼我国企业的转型升级,催生新的发展模式,深化国内企业改革。另外,加入 DEPA 也符合我国继续扩大对外开放水平的要求,在逆全球化和保护主义抬头的国际背景下,中国持续扩大对外开放水平,体现出一种大国担当,对于打造良好的国际形象有着积极的作用。

3. 有利于增强数字贸易规则领域话语权

当前,一些发达国家将数字贸易规则的制定作为国家数字战略的核心内容,试图建立有利于自身的数字贸易规则体系。比如,美国主导了以美墨加协定为主的"美式模板",在数字贸易规则上领先于其他国家;欧盟的"欧式模板"强调保护个人隐私,坚持文化和视听例外原则,形成了独特的数字贸易模板。中国作为世界第二大数字经济体,在国际数字贸易规则领域却未有太多的话语权,这不符合当前的中国数字经济地位。

因此,加入 DEPA 有利于提高我国参与世界高标准的数字贸易领域规则的制定权和话语权,是中国在全球治理当中积极作为的体现。在全球数字经济治理规则中提供中国方案,也有助于保障发展中国家的利益,促进国际秩序公平公正。

(二)挑战

1. 关键议题上存在分歧

DEPA 主张包括个人信息在内的数据自由流动,取消计算设施本地化限制,这也与中国强调数字主权和国家安全的诉求相冲突。2016 年颁发的《网络安全法》"关键信息基础设施的运营者在中华人民共和国境内运营中收集和产生的个人信息和重要数据应当在境内存储。因业务需要,确需向境外提供的,应当按照国家网信部门会同国务院有关部门制定的办法进行安全评估",明确规定中国的跨境数据流动"本地区储存,出境要评估"的规则。因此在数据流动上,中国还是非常谨慎。虽然 RCEP 对数据本地化存储有着要求,但是其弹性更大，其他缔约国家可以根据自身要求单独设定数据本地化要求。因此，在这一方面，中国在对接 DEPA 上存在着困难。

2. 高标准的规则短期难以实现完全对接

在上文的分析中，DEPA 在数字贸易便利化、数字创新、数字大众化等领域比 RCEP 规则深度更深，要求更严格。DEPA 在电子贸易管理文件系统、电子支付系统和电子发票系统都要求缔约国之间的数据交换系统之间可交互操作、互相联通性。目前我国与国际之间系统操作不同，因此要实现与 DEPA 成员国之间的对接，这需要我国完善系统并实现与国际标准之间的对接。而如何实现与其他成员国的对接成为现实的难题，因为对接系统需要更新配套的法律与程序框架。

在数字大众化上，现存中国所签订的协定，包括 RCEP 都未涉及数字身份与数字包容，且国内对于数字身份制度也处于摸索阶段，要实现与 DEPA 的对接，这对我国提出了不小的挑战。

五、我国应对 DEPA 规则的策略

（一）对标 DEPA 条款倒逼国内数字贸易规则改革

DEPA 对数字贸易提出较高的标准，是对我国数字经济发展以及对标国际高标准，提升数字经济综合实力的一大契机。因此，可考虑对标 DEPA 的条款，将国内的标准逐渐与 DEPA 对接，逐步实现规则的对接。

实现对接，首先可以在自贸试验区开展部分规则的先行先试，加快建设国内的数字贸易制度先行示范区，将我国自贸试验区、自贸港打造为数字贸易对外开放的窗口，先行推进数字贸易创新发展试点开放平台建设。其次，对接数字经济标准国际框架。中国应该持续推进数字系统采用国际标准，逐步实现国内操作系统与国际标准相对接。当前，我国应该对国际标准进行分析研究，结合目前国内的实际情况，将部分标准先行纳入国际标准。另外可以加强与国际组织合作，加快制度管理新兴技术的标准与准则对接的速度。再者，要缩小数字鸿沟，加大诸如西部、东北、西南等偏远地区数字经济参与的力度，持续

推进"东数西算"工程等利于西部地区参与数字经济建设的工程上来。要打造中国数字经济的话语权，就要尽量减少国家内部经济发展不平衡以及不兼容的发生。

（二）推动国内治理和国内法规的国际化

DEPA 对数字贸易提出较高的标准，中国需要进一步完善法规细则落地，进一步推进制度性开发。

首先要加快推进《个人信息保护法》等相关的法律法规的起草和修订，切实在保障数据的前提下促进数据流动和数据开发利用。必要的时候考虑建立"黑名单"制度，对于违规泄露个人信息的企业进行惩罚，进行贸易限制以及公示。对于违法盗取个人信息的个人或者传播未经请求的商业电子信息或"垃圾邮件"可以采取巨额罚款的措施，严重者可以采取刑事手段。另外，在国际层面加强合作，探索全球个人数据保护办法。其次，要制定高水平的知识产权保护法规，提高知识产权的保护标准。数字产品传播快，多为虚拟产品，这就导致了这些产品可复制性强，当今的知识产权保护法未能满足这类产品的保护。针对数字产品要制定专门的法律，加大对盗版产品行为的打击，尝试与 DEPA 创始国如新加坡、新西兰等国家的知识产权保护法规的对接。此外，加快数据跨境规则落地。对比 DEPA 的相关内容，中国需要在保障国家安全、网络主权和国家利益的前提下，推进数据跨境流动的规则落地，加快数字贸易领域的制度性开放和先行示范区。

（三）持续升级优化数字基础设施

对接好 DEPA，持续优化升级数字基础设施必不可少。目前我国在"新基建"上已取得了不小的成就，超过 98% 的县城城区和 80% 的乡镇实现了 5G 基站的覆盖。下一阶段数据运算和云计算平台也是我国优化数字基建的新的发力点，因此要加大对公共运算平台的建设，形成高效处理公共数据的算力设备。另外政府层面也要加快建设区域政府公共云计算平台，为高效处理海量的公共数据提供基础的算力设备，避免因国内设施不完善而跨境购买云服务导致的巨额成本亏损。

此外，消除数字鸿沟离不开人员的培训。随着数字经济的持续推进，对于全民的数字素养以及数字技能提出了更高的要求，这就需要国家打造数字技能培训平台，大力推进基础的数字技能普及培训，例如：电子商务操作、网络办事基本流程、基础的数据分析能力等等。此外，针对企业想要培训数字人才，可以实现高等教育与企业培训为一体的培训，开设专门的课程，实现智慧教学以及数字职业技能培训。针对学有余力的个人，国家可以引进或者开设相关的课程，实现全民无障碍学习数字技能，并对通过课程的个人颁发证书，培养因需教学、因趣教学的终身学习体系。

参考文献

[1] 周念利, 吴希贤, 焦婕. 基于DEPA探究亚太地区数字贸易治理前景[J]. 长安大学学报（社会科学版）, 2022: 1-8.

[2] 陈维涛, 朱柿颖. 数字贸易理论与规则研究进展[J]. 经济学动态, 2019（9）: 114-126.

[3] 蓝庆新, 窦凯. 美欧日数字贸易的内涵演变、发展趋势及中国策略[J]. 国际贸易, 2019（6）: 48-54.

[4] 刘斌, 甄洋, 李小帆. 规制融合对数字贸易的影响：基于WIOD数字内容行业的检验[J]. 世界经济, 2021（7）: 3-28.

[5] 柯静. WTO电子商务谈判与全球数字贸易规则走向[J]. 国际展望, 2020（3）: 43-62, 154-155.

[6] 李轩, 李珮萍. 数字贸易理论发展研究述评[J]. 江汉大学学报（社会科学版）, 2020（5）: 44-57, 125-126.

[7] 熊鸿儒, 马源, 陈红娜, 等. 数字贸易规则：关键议题、现实挑战与构建策略[J]. 改革, 2021（1）: 65-73.

[8] 李杨, 高媛. RCEP服务贸易规则深度测算与国际比较研究[J]. 亚太经济, 2022（2）: 50-56.

[9] 彭德雷, 张子琳. RCEP核心数字贸易规则及其影响[J]. 中国流通经济, 2021（8）: 18-29.

[10] 赵旸顿, 彭德雷. 全球数字经贸规则的最新发展与比较——基于对《数字经济伙伴关系协定》的考察[J]. 亚太经济, 2020（4）: 58-69, 149.

中国数字交付服务贸易的本地市场效应及作用机制

——基于数字基建与 DSTRI 视角

万璐 王蕊 付亦重[*]

摘要：数字技术经过十余年发展，重构了生产要素和全球价值链，成为人类社会快速发展的"助燃剂"。经过新冠疫情的洗练，数字交付服务业成为数字经济中的优势产业并得到快速发展。数字交付服务能否在"双循环"格局下推动我国经济高质量发展，本研究借助本地市场效应理论与"双循环"理念的契合点来回答这个问题。运用 2014—2019 年中国与 49 个国家 6 个分行业的数字交付服务双边贸易数据，引入数字基建和数字贸易壁垒指标进行本地市场效应检验，更进一步地以集聚水平作为中介变量检验本地市场效应的实现路径。实证结果表明，中国数字交付服务出口存在本地市场规模效应、本地市场结构效应，数字基建能显著促进数字交付服务出口，数字贸易壁垒则相反。中介机制检验证实了本地市场效应能够通过提高产业集聚水平促进中国数字交付服务出口。

关键词：本地市场效应；数字交付服务贸易；作用机制；数字基建；数字贸易壁垒

---

[*] 作者简介：万璐 北京林业大学副教授、教务处副处长；王蕊 北京林业大学研究生；付亦重 北京林业大学教授、国际处副处长。

一、引言

自 2008 年金融危机之后，世界经济一直未能真正摆脱阴暗的"乌云"，2020 年新冠疫情使世界经济的潜在风险与脆弱性再次显现，中美在信息和贸易中无声竞争，俄罗斯与乌克兰战争打响，欧美与国际组织实施对俄制裁，大宗商品价格高位波动，在复杂的国际背景下，我国的发展不可谓不艰难。数字经济通过形成新的产业、升级传统产业、淘汰落后产业的方式成为新旧动能转换的主要推动力（李晓华，2019）。数据显示，2020 年全球数字经济规模达 32.6 万亿美元，我国以 5.4 万亿美元的规模位居世界第二（中国信通院，2021）。联合国贸易和发展会议发布的《2021 年数字经济报告》中指出，中国和美国是在数字经济中最大的受益主体，苹果、微软、阿里巴巴和腾讯等数据企业，通过平台式服务或数据分析处理服务不断提高企业的规模、利润、市场价值和主导地位。

在学术意义上，本研究将扩大本地市场效应的研究领域，构造并引入新的影响因素，丰富现有的研究内容。第一，拓展本地市场效应理论的研究范围。现有研究主要集中于制造业、传统服务业等，缺乏对新兴行业的分析，而本文对数字服务贸易的本地市场效应研究正好补充了这一研究缺口。第二，扩大本地市场效应的研究视角。数字时代形成了新的贸易壁垒，过去惯用以贸易自由度（毛艳华，2015）或地理距离（张奕芳，2019）来衡量的贸易壁垒已经不符合新时代的实际需求，而本研究从数字基建发展和数字贸易壁垒的研究视角恰恰丰富了该部分的研究内容。第三，推动本地市场效应实现机制的探索。现有的文献对机制的检验较少，主要局限于理论层面，本研究将在上述基础上进一步尝试厘清本地市场效应的影响机制。在应用价值上，本地市场效应恰好与以内循环带动外循环的内涵相匹配，为我国是否能利用国内超大规模的市场需求激发对外贸易潜力做出回答，同时也能为如何实现国内国际双循环提供理论依据。

二、核心概念界定

理解数字交付服务贸易要从理解数字贸易开始。2017 年，USITC 对数字贸易的界定为"通过互联网及智能手机、网络连接传感器等相关设备交付的产品和服务"。学界通常认为该定义属于"狭义"的数字贸易定义（盛斌和高疆，2020）。OECD（2017）从贸易方式、贸易对象和贸易行为者三个维度对数字贸易进行全面概括。贸易方式：数字订购、平台支持和数字交付；贸易对象：货物、服务和信息；贸易行为者：消费者、企业和政府。2019 年 OECD、IMF 与 WTO 联合发布的"数字贸易测度手册"认为数字贸易是通过数字订购或数字交付或数字订购和数字交付的方式来提供货物和服务的国际贸易，并且指出没有进行货币交易的数据和信息的交换不算作数字贸易，必须是数据的货币交易才包含在数字贸易的定义中（如图 1 所示）。

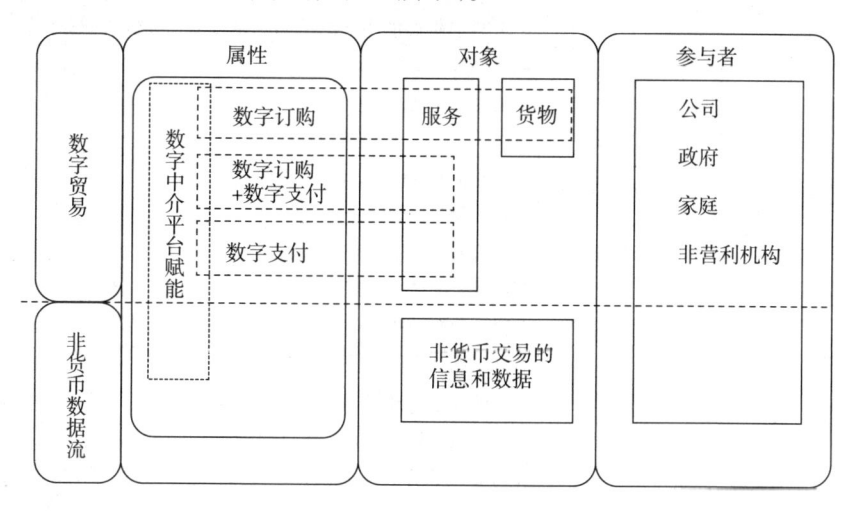

图 1 数字贸易概念框架

注：根据 OECD，Handbook on Measuring Digital Trade，2019 年整理得出。

OECD 与 IMF（2017）从贸易属性、交易对象和参与者三层交叉的维度，列举了 16 种数字贸易类型。2019 年数字贸易测度手册将 16 种数字贸易类型扩大到 20 种，表 2.1 展示了其中属于服务贸易的部分。其中，贸易属性为数字交付 7 种跨境贸易属于"狭义"数字贸易范畴。该报告认为，数字服务贸易是"经由互联网提供的跨境服务"。

表 1 数字贸易（货物与服务）的类型

数字订购	平台支持	数字交付	参与者	描述
√	×	×	B2B	A 国的企业直接从 B 国的供应商那里在线购买服务，该服务是实际交付的
√	×	×	B2C	A 国的消费者直接从 B 国的供应商那里在线购买服务，该服务是实际交付的
√	√	×	B2B	A 国的企业通过位于 A、B 或 C 国的在线平台从 B 国的供应商那里购买服务，并且该服务是实体交付的
√	√	×	B2C	A 国的消费者通过位于 A、B 或 C 国的在线平台从 B 国的供应商那里购买服务，该服务是实体交付的
√	√	×	C2C	A 国的消费者通过位于 A、B 或 C 国的在线平台从 B 国的另一个消费者那里购买服务，该服务是实体交付的
√	√	×	C2C	A 国的消费者通过位于 B 国的在线平台从 A 国的另一个消费者那里购买服务
√	×	√	B2B	A 国的企业直接从 B 国的供应商那里在线购买服务，该服务以数字方式交付
√	×	√	B2C	A 国的消费者直接从 B 国的供应商那里在线购买服务，该服务以数字方式交付
√	√	√	B2B	A 国的企业通过 A、B 或 C 国的在线平台从 B 国的供应商购买服务，服务以数字方式交付
√	√	√	B2C	A 国的消费者通过 A、B 或 C 国的在线平台从 B 国的供应商购买服务，服务以数字方式交付
√	√	√	C2C	A 国的消费者通过位于 A、B 或 C 国的在线平台从 B 国的消费者那里购买服务，该服务以数字方式提供
×	×	√	B2B	A 国的企业直接从 B 国的供应商购买离线订单服务，服务以数字方式交付
×	×	√	B2C	A 国的消费者从线下购买 B 国供应商的服务，服务以数字方式交付

注：资料来源于 OECD，Handbook on Measuring Digital Trade，2019.

从狭义数字贸易概念看，其本质是通过数字方式交付的、而非通过线下以实体方式交付的，以数字格式存在的产品或服务的跨境贸易。需要明晰的是，数字贸易测度手册（2019）指出，不同组织或学者提出的数字服务贸易、ICT 赋能服务贸易、可数字化服务贸易、数字交付贸易以及数字交付服务贸易虽然表述不同，但实际上内涵是基本一致的。为了与 OECD、UNCTAD 和 WTO 等国际组织的表述紧密联系起来,本研究将采用数字交付服务贸易的表述,尝试推动有关概念的统一。

为了与国内外研究机构和学者相统一,本研究采用产业识别法,将国际收支表中的服务产品分类筛选进而计算出各国数字服务贸易的出口数据。本研究具体统计口径参考 UNCTAD（2015）,在《扩展的国际收支服务分类》（EBOPS）中:保险及养老金服务,金融服务,知识产权使用费,电信计算机和信息服务,其他商业服务,个人、文化和娱乐服务,属于数字交付服务。

三、特征性事实

（一）中国数字交付服务贸易规模强劲增长

近十年,我国数字交付服务贸易规模无论是在进口还是出口上都有大幅度增长。根据联合国贸发会数据,经过疫情刺激,2020 年我国数字交付服务出口已达 1544 亿美元（图 2）。相比 2010 年,出口规模约增长 3 倍。2010 至 2020 十年间,只有 2012 年和 2015 年出现负增长,其余年份均为正向增长,其中 2018 年增速最快,为 28.86%。2015 年至 2020 年持续增长,平均年增长率为 13.09%。

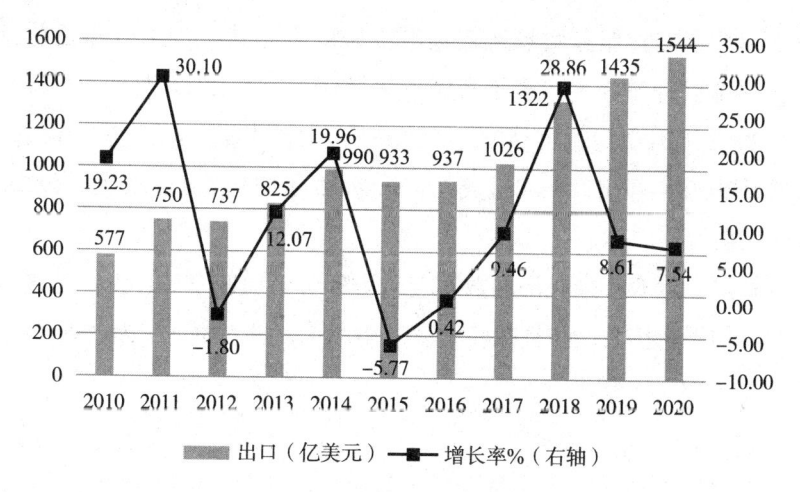

图 2　中国数字交付服务出口规模

数据来源:UNCTAD.

在占总服务贸易比重上（图3），自2015年起中国数字交付服务贸易进出口所占比重逐年稳定上升。2020年中国数字交付服务贸易出口已达总服务贸易出口的55%，比上年增加5个百分点；中国数字交付服务贸易进口已达到总服务贸易进口的36.63%，较上年增加11个百分点，是增长速度最快的一年。

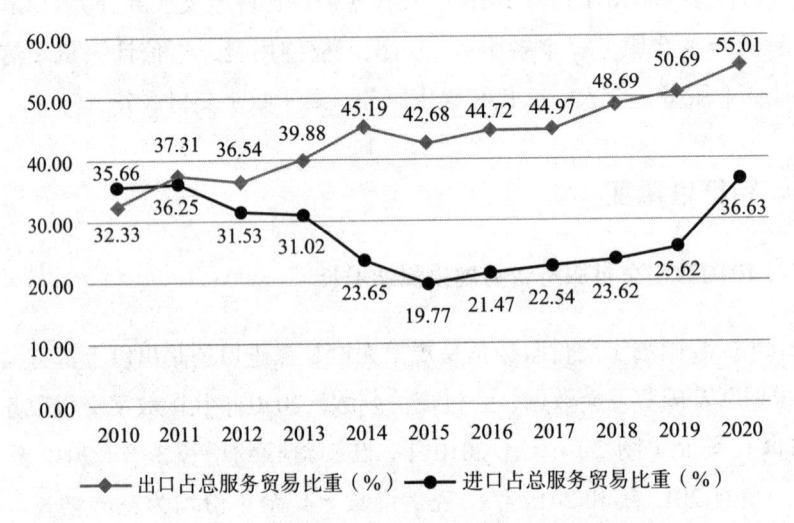

图3　中国数字交付服务进出口占总服务贸易比重

数据来源：UNCTAD.

近十年数字交付服务贸易逆差逐步转为顺差（图4）。2013年之前，中国数字交付服务以进口为主，多年来保持贸易逆差。自2014年起，贸易逆差逐渐减少，2015年出现短暂贸易顺差。2018年后出口规模大于进口规模，保持贸易顺差，2020年净出口148亿美元，较2010年增长261亿美元，较2013年增长348亿美元。

可以看出，近五年来我国的数字交付服务贸易加速发展，无论是进口还是出口，规模均不断扩大，并且扭转贸易逆差形式，进入贸易顺差的时代。

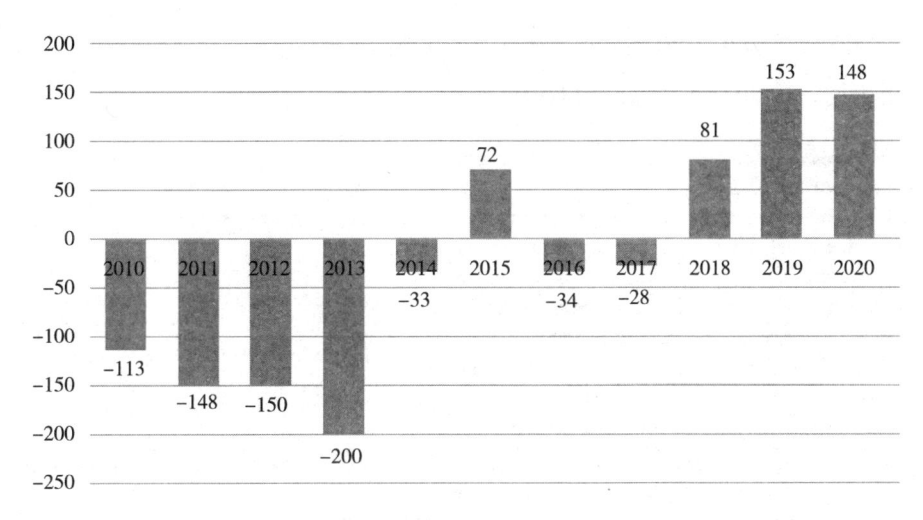

图 4 中国数字交付服务净出口

数据来源：UNCTAD.

（二）中国数字交付服务出口结构显著优化

在数字交付服务行业中，我国的强势行业是其他商业服务行业，但增长点在 ICT 服务行业和文娱服务行业。UNCTAD 数据显示（图 4.4），自 2011 年起，各行业具有不同程度涨幅变化。十年间从增长量来看，增长最快的是 ICT 服务行业，2011 年，该行业出口规模约为 139 亿美元，2020 年增长全 590 亿美元，增长了 451 亿美元；从增长率来看，文娱服务行业增长最快，2020 年出口规模约为 2011 年的 13 倍。

2020 年，ICT 服务出口额约为 2011 年的 4.2 倍，2019 年增长率为 9.67%。文娱服务行业是我国数字交付服务中的弱势行业，在 2011 年至 2014 年出口规模均在 1 亿美元左右，直至 2015 年才增长至 7 亿美元，可见该行业起步较晚，早期出口规模增长缓慢，但在 2015 年之后呈现较快增速。2020 年，文娱服务行业出口规模约为 13 亿美元，较 2011 年增长了 12 倍。尽管文娱服务行业增长速度快，但增长量很小，说明该行业还有很大发展空间，因此文娱服务行业可以作为数字服务行业的重点培育对象之一。知识产权使用服务行业也表现出了强劲的增长势头，2011年，该行业出口规模约为7亿美元；2020年增长至89亿美元，较2011年增长了11.7倍。

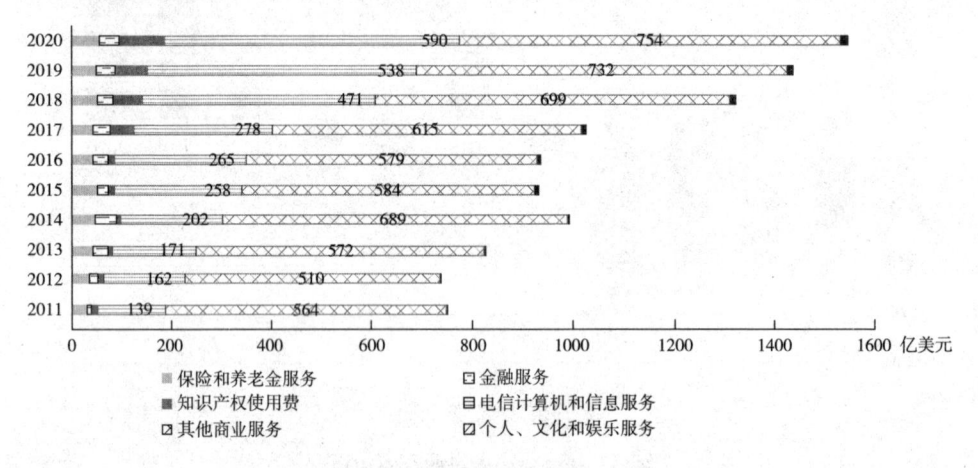

图5 中国数字交付服务出口行业结构

数据来源：UNCTAD。

总的来说，中国数字服务出口贸易的结构虽然有所改善，但仍然存在不平衡、不充分的问题。通过占比结构分析可以看出ICT服务行业能够在大环境中实现跨越式发展，知识产权服务则是初具规模，稳定增长，而文娱服务行业则在大行业中增长乏力。

四、中国数字交付服务贸易的本地市场效应及作用机制检验

（一）中国数字交付服务贸易的本地市场效应检验

1. 模型构建

本文参考Schumacher和Siliverstovs（2006）、阚大学和吕连菊（2014），并基于前文分析，引入数字贸易壁垒、数字基建水平以及其他控制变量，构造模型如下：

$$\ln re\_EX_{ijt} = \beta_0 + \beta_1 \ln re\_SAV_{ijt} + \beta_2 \ln re\_eq_{ijt} + \\ \beta_3 \ln re\_DSTRI_{ijt} + \beta_4 \ln re\_DE_{ijt} + \beta_5 \ln re\_K_{ijt} + \\ \beta_6 \ln re\_SPMY_{ijt} + \beta_7 \ln re\_ZL_{it} + \xi_{ijt} \quad (1)$$

其中下标 i 表示出口国中国，j 贸易伙伴国，t 代表年份（t=2014，…2019），ξ_{ijt} 代表随机误差项。当 β_1>0 时，则存在本地市场规模作用的本地市场效应；当 β_2>0 时，则存在本地市场结构作用的本地市场效应。

2. 变量说明与数据来源

被解释变量 re_EXijt：数字交付服务贸易相对出口。参考商务部（2019）、中国信通院（2021）的统计方法，根据 UNCTAD（2015）所提供的数字交付服务产品列表识别 OECD 数据库中的国际数字交付服务贸易数据。受 OECD 数据库限制，本文最终选择 49 个贸易伙伴国家和地区 6 个服务行业的样本数据，样本年度为 2014—2019 年。这 49 个国家和地区包括：澳大利亚、奥地利、比利时、加拿大、智利、哥伦比亚、哥斯达黎加、捷克共和国、丹麦、爱沙尼亚、芬兰、法国、德国、希腊、中国香港、匈牙利、冰岛、爱尔兰、以色列、意大利、日本、韩国、拉脱维亚、立陶宛、卢森堡、墨西哥、荷兰、新西兰、挪威、波兰、葡萄牙、斯洛伐克共和国、斯洛文尼亚、西班牙、瑞典、瑞士、土耳其、英国、美国、阿根廷、巴西、印度、印度尼西亚、马来西亚、秘鲁、俄罗斯、沙特阿拉伯、南非、泰国。以上国家和地区包含了我国数字服务贸易出口的主要伙伴，且数字服务出口累计国际市场占有 80% 以上，具有代表性。

re_SAVijt：相对需求规模。毛艳华（2015）、阚大学（2014）认为服务业发展离不开其他产业加持，因此采用 GDP 来衡量更接近一国市场规模的真实值。而本文认为使用 GDP 衡量数字交付服务的本地市场可能不具有针对性，因此参考左思明（2019）使用服务业增加值衡量市场规模大小，在稳健性检验中使用 GDP 来替换，数据来自世界银行。

re_eqijt：相对需求结构。阚大学（2014）指出非位似偏好中，收入分布直接影响需求结构，一国需求结构可以由收入差距来代表。在实证研究中，基尼系数是常用于衡量收入分配不平等的指标，因此，本文采用基尼系数之比来衡量我国的相对市场结构。数据来自 WIID。

表 2 变量说明

变量类型	变量代码	变量	变量解释	数据来源	预期符号
被解释变量	lnre_EXijt	数字交付服务贸易相对出口	中国对伙伴国出口与进口之比	OECD	/
核心解释变量	lnre_SAVijt	相对需求规模	服务业增加值之比、GDP之比	WB	+
	lnre_eqijt	相对需求结构	基尼系数之比	WIID	+
控制变量	lnre_Kijt	相对要素禀赋	高等院校入学率之比	WDI	+
	lnre_SPMYijt	相对贸易自由度	商品贸易占GDP之比	WDI	+
	lnre–DSTRIijt	相对数字贸易壁垒	DSTRI、DSTRI-H	OECD	–
	lnre_DEijt	相对数字基建	每百人固定宽带用户量、移动网络覆盖率	WDI	+
	lnre_ZLijt	相对创新能力	专利申请量、RD投入	WDI	+
中介变量	Q	集聚效应	空间基尼系数	国家统计局	+

re_Kijt：相对要素禀赋。受资本存量数据可获得性影响，采用人力资本水平作为资本—劳动比的代理变量，因为一国人力资本与其要素禀赋有很强的相关性。因此，参考涂远芬（2015）以高等院校入学率衡量人力资本水平。当此变量显著为正，则表示该行业为资本密集型行业，若变量显著为负则表示该行业为劳动密集型行业，劳动比较优势将促进贸易出口。

re_DSTRIijt：相对数字贸易壁垒。关于贸易壁垒如何衡量，学界有多种做法，周宏燕（2017）使用知识产权保护水平，毛艳华（2015）使用EFW指数，张奕芳（2019）使用进口国贸易开放程度。相比之下，DSTRI能更全面、更有针对性地评价数字服务业的贸易壁垒。本文将以中国和伙伴国的DSTRI之比来衡量相对数字贸易壁垒。孟夏等（2020）指出，贸易伙伴国之间政策的差异也属于贸易成本的一部分，将会对贸易产生拖累作用。因此本文将在稳健性检验中使用数字贸易监管异质性（DSTRIH）来代替DSTRI。

re_DEijt：相对数字基建。施炳展（2016）利用网络连接数量衡量互联网水平，发现互联网可以增加企业出口的概率，增加出口数量。本文综合参考齐俊妍和任奕达（2020）使用每百人固定宽带用户量、移动网络覆盖率代表数字基建。移动网络覆盖率在稳健性检验中使用。

re_SPMYijt：相对贸易自由度。本文参考毛艳华和李敬子（2015）在本地市场效应模型中引入贸易自由程度，以商品贸易占GDP的比值来衡量，数据来自世界银行。

re_ZLijt：相对创新能力。本文参考周宏燕（2017）引入以专利申请量衡量的相对创新能力，检验相对创新能力的提高能否促进数字交付服务相对出口。在稳健性检验中使用研发支出占GDP的比重进行替换。

接下来本文将围绕前文中提出的五项待检验假设（表3）进行实证检验。

表3 待检验假设

序号	待检验假设
假设1	我国本地市场规模扩大能促进我国数字交付服务贸易相对出口
假设2	我国本地需求结构升级能提高我国数字交付服务贸易相对出口
假设3	我国数字贸易壁垒将对数字交付服务贸易相对出口产生负向作用
假设4	我国数字基建将对数字交付服务贸易相对出口产生正向作用
假设5	本地市场规模通过提高行业集聚水平促进数字交付服务相对出口

3. 全样本回归结果分析

将经过缩尾处理的数据分别代入随机效应和固定效应模型，豪斯曼检验结果等于0.0123拒绝原假设，因此本文选用固定效应模型检验数字交付服务贸易是否存在本地市场效应。表4展示了将变量逐步纳入回归的结果。

从全样本回归结果来看，lnre_SAV在1%的水平下显著为正，表示我国数字交付服务贸易存在本地市场规模效应，我国的数字交付服务市场越大，数字交付服务的相对出口越多。随着人民生活水平的提高，对服务的需求持续扩张，促进了专业化分工和产业链延伸，提高了企业生产率，从而增加了出口。因此，假设1成立。

lnre_eq在1%的水平上显著为正，代表着我国的数字交付服务也存在由本地市场结构作用的本地市场效应，这背后的原因是我国的收入差距拉大和高收入群体的增加，需求结构升级，且数字交付服务具有多样性，替代弹性下降，从而出现了本地市场结构效应。与相对市场规模相比,相对市场结构的系数更大,表示相对市场结构对数字交付服务相对出口的促进作用更大。因此,假设2成立。

lnre_K 在 5% 的水平下显著为负,表明数字交付服务行业仍然是劳动力优势主导的行业,并没有完成向资本比较优势的转变。数字交付服务理应是资本与技术密集型行业,可我国的出口主要以劳动密集型产品为主,这从一定程度上反映出行业的问题:一方面,我国的数字交付服务产品仍然处于发展的初级阶段,缺乏创新性,未能充分利用资本要素和劳动力中的知识与技术要素,未能实现劳动力要素与资本要素的转型。另一方面,在数字经济领域,对手是数字科技强国美国和多数发达国家所在的欧盟,与这些国家相比我国的资本实力仍然有待发展。

表 4　全样本回归结果

变量	(1) lnre_EX	(2) lnre_EX	(3) lnre_EX	(4) lnre_EX	(5) lnre_EX	(6) lnre_EX	(7) lnre_EX
lnre_SAVijt	0.182*** (3.25)	0.181*** (2.98)	0.249*** (3.37)	0.264*** (3.33)	0.139 (1.59)	0.419*** (2.70)	0.523*** (3.32)
lnre_eqijt		0.821 (1.61)	1.019* (1.95)	1.108** (2.02)	1.214** (2.25)	1.333** (2.48)	1.401*** (2.61)
lnre_Kijt			−0.620 (−1.61)	−0.527 (−1.24)	−0.758* (−1.79)	−0.888** (−2.09)	−0.864** (−2.05)
lnre_DSTRIijt				−0.146 (−0.52)	−0.529* (−1.76)	−0.535* (−1.79)	−0.763** (−2.38)
lnre_DEijt					0.387*** (3.12)	0.377*** (3.06)	0.349*** (2.77)
lnre_SPMYijt						1.086** (2.18)	1.389*** (2.72)
lnre_ZLijt							0.028 (0.59)
Constant	0.291* (1.67)	−0.423 (−1.01)	−0.453 (−1.09)	−0.573 (−1.20)	−0.289 (−0.61)	−1.722** (−2.13)	−2.336*** (−2.72)

续表

变量	(1) lnre_EX	(2) lnre_EX	(3) lnre_EX	(4) lnre_EX	(5) lnre_EX	(6) lnre_EX	(7) lnre_EX
R-squared	0.042	0.063	0.074	0.075	0.116	0.135	0.158

注：括号内为标准误，* p<0.1，** p<0.05，*** p<0.01。

re_DSTRI 系数显著为负，代表着数字贸易壁垒越大，数字交付服务相对出口越小，与周念利和姚亭亭（2021）的研究结果一致。数字贸易壁垒的回归系数的绝对值比相对市场规模的系数更大，说明数字壁垒对数字交付服务出口负面作用比本地市场规模效应的促进作用更大，数字贸易壁垒的影响力不容忽视。因此，假设3成立。

re_DE 系数显著为正，表示我国相对数字基建越强，数字交付服务贸易相对出口越大，与岳云嵩（2020）的研究结果一致。因此，假设4成立。

re_SPMY 显著为正，表示我国的相对贸易自由度越大，越有利于我国数字交付服务贸易相对出口。

re_ZL 系数为正，但没有通过显著性检验，说明在数字交付服务贸易的本地市场效应中相对创新能力没有显著促进出口。

4. 行业异质性回归结果分析

数字交付服务贸易的6个行业中存在资源禀赋差异、性质差异、目标差异、成本差异等，收入不平等也引起需求结构和非位似偏好的变化，那么在行业异质的情况下，本地市场效应是否仍然存在呢？表4.4汇报了6个数字交付服务细分行业的回归结果。

保险、ICT 和其他商业服务的 re_SAV 均显著为正，说明本地市场规模扩大对这几个行业出口有明显的促进作用。金融和个人文娱行业的本地市场规模均未通过显著性检验，代表这两个行业的数字交付服务出口并未明显受到本地市场规模的影响。本文认为金融服务行业受国际市场变动的影响较大，影响因素复杂，在前文的现状分析中也表现出了较为明显的震荡，因此在本文的年度区间中并未检验出与预期结论相符的结果，推测需要扩大时间跨度和增加控制变量来检验其本地市场规模效应。本文认为个人文娱行业没有检测出本地市场效应的原因是我国个人文娱服务行业起步较晚，受众仅限于年轻或受教育程度较高的群体，中老年市场和农村市场亟待开发，所以本地市场规模较小，国际化能力较为薄弱，对进口依赖较强，因此目前的规模经济效应难以发挥作用。知识产权的 re_SAV 显著为负，即我国的相对市场规模越大，知识产权服务行业的相对出口越小，换句话说，东道国的本地市场规模越大，我国的知识产权服务相对出口才会越大，也就是逆本地市场效应。这代表着东道国的需求规模是我国知识产权服务相对出口扩大的主要推动力之一。

re_eq 在金融和知识产权服务行业显著为正，表示我国市场需求结构的升级对这两个行业的相对出口有显著带动作用，值得一提的是这两个行业恰巧都没有出现本地市场规模效应，这表明在 2014—2019 年间金融服务和知识产权服务行业的出口扩张与我国国民收入差距扩大、高收入群体增加的情况密不可分。

要素禀赋在金融行业与电信行业表现出显著作用，但 re_K 在金融行业显著为正，表示金融行业需要大量的资本要素促进其相对出口。re_K 在 ICT 和个人文娱服务行业均显著为负，原因是 ICT 服务和个人文娱服务行业需要大量的高端人才和优质的服务作为重要的发展能力，这些都需要高质量的劳动力来实现。

数字贸易壁垒在各个行业中系数一致为负，但金融、知识产权和其他商业服务行业该系数未能通过显著性检验，表示数字贸易壁垒的强弱程度并不是影响这些行业的主要因素。保险、ICT 和个人文娱服务行业 re_DSTRI 的回归系数显著为负，并且均大于全样本中 re_DSTRI 系数的绝对值，表示与全行业比起来，数字贸易壁垒对这三个行业有着更深刻的抑制作用。

表5 行业异质性下的回归结果

变量	(1) EX-保险	(2) EX-金融	(3) EX-知识产权	(4) EX-ICT	(5) EX-其他商业	(6) EX-个人文娱
lnre_SAVijt	0.988*** (3.34)	−0.697 (−1.13)	−0.498* (−1.90)	1.085*** (3.30)	0.498** (2.31)	0.286 (1.03)
lnre_eqijt	0.024 (0.18)	5.398** (2.48)	1.771** (2.03)	0.671 (0.63)	0.081 (0.84)	−0.316 (−0.38)

续 表

变量	(1) EX-保险	(2) EX-金融	(3) EX-知识产权	(4) EX-ICT	(5) EX-其他商业	(6) EX-个人文娱
lnre_Kijt	−0.049 (−0.14)	3.572** (2.09)	0.609 (0.89)	−0.730** (−2.28)	0.062 (0.11)	−0.719*** (−2.64)
lnre_DSTRIijt	−0.804* (−1.71)	−1.967 (−1.45)	−0.096 (−1.23)	−2.567*** (−4.34)	−0.473 (−1.05)	−1.823*** (−3.12)
lnre_DEijt	0.316*** (3.20)	2.230** (2.06)	0.351* (1.72)	0.119 (1.16)	0.869** (2.26)	0.425** (2.06)
lnre_SPMYijt	2.655*** (2.69)	−1.421 (−0.67)	−1.983** (−2.32)	2.014* (1.95)	1.940*** (2.67)	1.269 (1.51)
lnre_ZLijt	−0.023 (−0.09)	−0.184 (−0.35)	0.091 (1.19)	−1.141*** (−4.15)	−0.023 (−0.12)	0.176** (2.23)
Constant	−3.153** (−2.50)	−2.993 (−0.90)	0.534 (0.39)	0.100 (0.06)	−2.013** (−2.16)	0.166 (0.11)
R-squared	0.115	0.113	0.190	0.158	0.072	0.089

注：括号内为标准误，* p<0.1，** p<0.05，*** p<0.01。

re_DE 的回归系数均为正，保险、金融、知识产权、个人文娱以及其他商业服务行业通过了显著性检验，其中金融行业的回归系数为 2.23，是回归系数最大的行业。个人文娱服务行业虽然是 6 个数字交付服务行业中规模最小的行业，但进入网络时代后个人文娱服务行业一改过去低效率的性质，规模效应和范围效应得到了充分的发挥（江小涓，2018）。

5. 稳健性检验

本研究使用替换变量等方法来进行稳健性检验。保持其他变量不变，使用我国与东道国 GDP 之比作为相对市场规模的替代变量，使用 DSTRIH 作为 re_DSTRI 的替代变量，使用移动网络覆盖率作为数字基建水平的替代变量，使用 R&D 收入占 GDP 占比替换 re_ZL。模型表现出了较好的稳健性（受篇幅所限，稳健性结果汇报略去），前文所证实的假设得到进一步巩固。

（二）中国数字交付服务贸易的本地市场效应作用机制检验

1. 模型构建和变量说明

由前文对本地市场效应实现机制的分析可知，本地市场规模的扩大能够引发集聚效应，从而推动产品质量提升和成本降低，最终使出口规模不断扩大。因此本文以集聚效应作为本地市场规模的中介变量，参考温忠麟（2004）构造如下模型：

$$\ln re\_EX_{ijt} = a_0 + a_1 \ln re\_SAV_{ijt} + a_2 \ln re\_eq_{ijt} + a_3 \ln DSTRH_{ijt} + a_4 \ln re\_DE_{ijt} + a_5 \ln re\_K_{ijt} + a_6 lnre\_SPMY_{ijt} + a_7 lnre\_ZL_{ijt} + \mu_t \quad (2)$$

$$\ln Q = b_0 + b_1 \ln re\_SAV_{ijt} + b_2 \ln re\_eq_{ijt} + b_3 \ln re\_DSTRI_{ijt} + b_4 \ln re\_DE_{ijt} + b_5 \ln re\_K_{ijt} + b_6 lnre\_SPMY_{ij} + b_7 lnre\_ZL_{ij} + \mu_t \quad (3)$$

$$\ln re\_EX_{ijt} = c_0 + c_1 \ln re\_SAV_{ijt} + c_2 \ln re\_eq_{ijt} + c_3 \ln re\_DSTRI_{ijt} + c_4 \ln re\_DE_{ijt} + c_5 \ln re\_K_{ijt} + c_6 lnre\_SPM_{ijt} + c_7 \ln Q + c_8 lnre\_ZL_{ijt} + \mu_t \quad (4)$$

其中 Q 表示中介变量：集聚效应。首先检验（4-2）式中市场规模的系数 a_1 的显著性和大小，第二步检验（4-3）式中 b_1 的显著性和大小，第三步检验（4-4）式中 c_7 显著性和大小。如果均显著则存在中介效应。

Q：集聚效应。产业集聚程度有多种算法，包括区位熵、空间基尼系数和赫芬达尔指数（HHI）等。参考封伟毅和杨硕（2020），本文采用空间基尼系数作为衡量数字服务贸易集聚水平的指标，算法如下：

$$Q = \sum_{i=1}^{n} (S_i - X_i)^2$$

Q 为数字交付服务产业的集聚水平，S_i 表示 i 地区该行业就业人数占全国该行业就业人数之比，X_i 表示 i 地区总就业人数占全国总就业人数之比。由前文可知，ICT 服务业是数字交付服务中的代表性行业，因此本文以信息传输、软件和信息技术服务业集聚水平作为衡量数字交付服务行业集聚水平的代理变量。数据来自国家统计局。集聚水平 Q 标准化后代入模型。

2. 机制检验及回归结果分析

下表报告了中介效应的回归结果模型。表4.5中模型（1）代表了中介效应检验的第一步，相对需求规模的系数 a_1 在1%的水平下显著为0.523；模型（2）代表中介检验的第二步，相对需求规模系数 b_1 在1%的水平下显著为1.508，代表本地市场规模的扩张能够显著提高产业集聚水平，从而发挥规模经济效应；模型（3）中的系数 c_7 显著为0.48，表明中介效应成立，同时re_SAV的系数未通过显著性检验，这表示出现了完全中介效应，即本地市场规模仅通过提高本地集聚水平来影响数字交付服务的出口。

表6 中介效应检验回归结果

变量	（1） lnre_EXijt	（2） Q	（3） lnre_EXijt
lnQ			0.480*** (2.83)
lnre_SAVijt	0.523*** (3.32)	1.508*** (4.76)	0.253 (1.22)
lnre_eqijt	1.401*** (2.61)	2.265** (2.03)	1.463** (2.57)
lnre_Kijt	−0.864** (−2.05)	1.457* (1.67)	−1.221** (−2.37)
lnre_DSTRIijt	−0.763** (−2.38)	−1.364** (−2.46)	−0.379 (−0.71)
lnre_DEijt	0.349*** (2.77)	1.678** (2.42)	0.400** (2.18)
lnre_SPMYijt	1.389*** (2.72)	0.320 (0.29)	1.177** (2.03)
lnre_ZLijt	0.028 (0.59)	−0.093 (−0.34)	−0.177 (−1.22)
Constant	−2.336*** (−2.72)	−6.737*** (−3.95)	−1.337 (−1.29)
R-squared	0.158	0.525	0.183

注：括号内为标准误，* $p<0.1$，** $p<0.05$，*** $p<0.01$。

机制检验结果表明，在数字交付服务国际贸易中，随着本地市场规模的不断扩大，我国的数字交付服务企业不断在国内集聚，减少了企业之间信息交流的成本，有利于形成示范效应和学习效应，同时使产业链上的分工更加合理，形成了产业集聚效应，从而提升了本地数字交付服务产品的竞争力，提高了该行业的出口规模。由此证实了本地市场规模效应能够通过提高产业集聚水平来促进数字交付服务的出口，假设5成立。

五、结论与建议

（一）扩大本地市场需求规模

从供给侧来讲，数字交付服务企业需要坚持以创新为动力，提高自身产品竞争力，加快要素禀赋的优化升级，从国内市场抓起，借助"内循环"势能逐渐走向"外循环"。从国家层面来讲，一是中国需要坚持稳定的经济增长战略，采取稳中求进政策，刺激数字服务消费需求，促进数字服务业提质扩容，消除数字服务的地域性限制因素，推动全国市场一体化进程。二是各地政府需要加大对数字交付服务企业的扶持，放松市场准入管制，引导行业百花齐放，促进行业繁荣发展。三是坚持推进数字产业化与产业数字化，鼓励科技企业自主研发，摆脱核心科技被"卡脖子"的困难局面，加强数字产业化对数字服务行业的支撑作用，大力发展数字金融、互联网+医疗健康、在线教育、数字政府、智慧城市等。

（二）建立数字科技园区

针对中介机制检验结果，本文建议在扩大本地市场规模的同时，要促进同类型、同产业链的企业形成集聚效应。鼓励数字经济发展水平高的城市建立数字科技产业园区，牵引数字硬件企业与数字服务企业的衔接配合，形成数字创新高地。深化并扩大由北上广、江浙为增长极的区域产业集聚效应，加强京津冀数字协同，提升广深"双城"联动效果。推动成立大数据交易所，完善数据交易运营机制与法律法规。

（三）升级本地市场需求结构

从国家层面来说，收入分配上需要实行"提低、扩中、控高"的政策，通过多种渠道增加人民收入，不断提高最低工资水平，加大人民转移收入。贯彻落实乡村振兴政策，推进新型城镇化建设，提高人民生活质量，全面释放国内充足的内需潜力。在企业层面，根据不同贸易伙伴和不同行业特点，企业应时时关注贸易伙伴国的经济状况，有针对性地选择贸易产品、贸易伙伴。

（四）降低数字贸易壁垒

降低数字贸易壁垒一方面是在各国之间贸易规则上的努力，另一方面则是在国内监管政策上的探索。实践证明，无论是数字贸易壁垒，还是各国数字贸易监管政策的差异，都将成为数字交付服务贸易发展的阻碍。在国际上，中国有必要积极加入多边数字贸易的规则制定，提高我国在国际数字贸易大环境中的话语权，努力降低与发达国家之间的数字贸易壁垒，同时保证在贸易过程中我国国民的信息安全不受侵犯。推动构建更平衡、更包容、更持续的数字贸易框架，充分考虑发展中国家诉求，在国际舞台上拿出"中国方案"。在国内，要坚定落实《个人信息保护法》，促进数据信息的合理利用和有效流动，规范市场行为，为我国数字服务的内循环注入活力，促进外循环健康流动。

（五）提高数字基建水平

数字基础设施是进行数字贸易的必要条件，我国需要持续加强数字中国的构建布局，建立政府、市场、社会的协同治理体系，鼓励区域之间互联互通，构建全国一体化大数据体系。推动移动网络和固定宽带提速降费，扩大移动网络覆盖面积，推进5G广泛应用。打造智慧城市和数字乡村，重点培养云计算服务产业、人工智能产业，加快产业数字化和数字产业化进程，更好赋能"双循环"。坚持由单维度向多维度、单链条向多链条逐步扩大的高水平对外开放。为了促进数字经济的繁荣，中国需要深刻理解数字服务贸易企业的需求与困难，加强对中小微企业的信贷支持，畅通外汇服务，推动落实跨境服务贸易负面清单，深化通关流程改革，助力数字服务企业提高效率，降低成本。

参考文献

[1] CAICT.数字贸易发展白皮书——驱动变革的数字服务贸易[R].北京：中国信息通信研究院.2020.

[2] CAICT.全球数字经济白皮书——疫情冲击下的复苏新曙光[R].北京：中国信息通信研究院.2021.

[3] CAICT.中国数字经济发展白皮书[R].北京：中国信息通信研究院.2021.

[4] 陈寰琦.签订"跨境数据自由流动"能否有效促进数字贸易——基于OECD服务贸易数据的实证研究[J].国际经贸探索，2020，36（10）：4-21.DOI：10.13687/j.cnki.gjjmts.2020.10.001.

[5] 陈启斐，王晶晶.多边框架下的中国制造业本土市场效应测算[J].南方经济，2013（2）：12-23.

[6] CNNIC.第48次中国互联网络发展状况统计报告[R].北京：中国互联网信息中心.2021.

[7] 国研中心外经部，CAICT.数字贸易发展与合作报告2021[R].北京：国务院发展研究中心对外经济研究部，中国信息通信研究院.2021.

[8] 江小涓.网络空间服务业：效率、约束及发展前景——以体育和文化产业为例[J].经济研究，2018，53（4）：4-17.

[9] 阚大学，吕连菊.中国服务贸易的本地市场效应研究——基于中国与31个国家（地区）的双边贸易面板数据[J].财经研究，2014，40（10）：71-83.

[10] 李剑培，顾乃华，潘捷.中国制造业省际贸易的本地市场效应研究[J].国际经贸探索，2021，37（7）：50-68.

[11] 李敬子，陈强远，钱学锋.非位似偏好、非线性本地市场效应与服务贸易出口[J].经济研究，2020，55（2）：133-147.

[12] 李俊，李西林，王拓.数字贸易概念内涵、发展态势与应对建议[J].国际贸易，2021（5）：12-21.

[13] 李晓华.数字经济新特征与数字经济新动能的形成机制[J].改革，2019（11）：40-51.

[14] 毛艳华，李敬子.中国服务业出口的本地市场效应研究[J].经济研究，2015，50（8）：98-113.

[15] 孟夏，孙禄，王浩.数字服务贸易壁垒、监管政策异质性对数字交付服务贸易的影响[J].亚太经济，2020（6）：42-52，147.

[16] 齐俊妍，强华俊.数字服务贸易壁垒影响服务出口复杂度吗——基于OECD-DSTRI数据库的实证分析[J].国际商务（对外经济贸易大学学报），2021（4）：1-18.

[17] 齐俊妍，任奕达.东道国数字经济发展水平与中国对外直接投资——基于"一带一路"沿线43国的考察[J].国际经贸探索，2020，36（9）：55-71.DOI：10.13687/j.cnki.gjjmts.2020.09.004.

[18] 钱学锋，黄云湖.中国制造业本地市场效应再估计：基于多国模型框架的分析[J].世界经济，2013，36（6）：59-78.

[19] 商务部.中国数字贸易发展报告2020[R].北京：中华人民共和国商务部服务贸易和商贸服务业司.2021.

[20] 佘群芝，户华玉.中国制造业的本地市场效应再检验——基于增加值贸易视角[J].中南财经政法大学学报，2021（3）：79-90，159-160.

[21] 盛斌，高疆.超越传统贸易：数字贸易的内涵、特征与影响[J].国外社会科学，2020（4）：18-32

[22] 施炳展.互联网与国际贸易——基于双边双向网址链接数据的经验分析[J].经济研究，2016，51（5）：172-187.

[23] 涂远芬.中国服务贸易的本地市场效应研究——基于面板协整模型的分析[J].经济问题探索，2015（5）：100-106.

[24] 王洪涛，张建中.中国创意产品出口存在本地市场效应吗——基于新贸易理论的实证研究[J].国际贸易问题，2017（11）：3-12.

[25] 王拓.数字服务贸易及相关政策比较研究[J].国际贸易，2019（9）：80-89.

[26] 温湖炜，舒斯哲，郑淑芳.全球数字服务贸易格局及中国的贸易地位分析[J].产业经济评论，2021（1）：50-64.

[27] 岳云嵩，赵佳涵.数字服务出口特征与影响因素研究——基于跨国面板数据的分析[J].上海经济研究，2020（8）：106-118.

[28] 张奕芳.互联网贸易、产品质量改善及本地市场效应——一个新的理论模型及来自中国的经验证据[J].当代财经，2019（5）：108-118.

[29] 周宏燕.本地市场效应与中国文化产品出口贸易——基于动态面板数据模型的研究[J].国际贸易问题，2017（10）：25-36.

[30] 周念利，姚亭亭，黄宁.数据跨境流动壁垒对数字服务贸易二元边际影响的经验研究[J].国际经贸探索，2022，38（2）：4-21.DOI：10.13687/j.cnki.gjjmts.2022.02.004.

[31] 周念利，姚亭亭.数字服务贸易限制性措施贸易抑制效应的经验研究[J].中国软科学，2021（2）：11-21.

[32] 左思明.中国服务业出口本地市场效应的实证分析[J].统计与决策，2019，35（8）：139-142.

[33] BEA. Measuring the Digital Economy: An Update Incorporating Data from the 2018

Comprehensive Update of The Industry Economic Accounts[EB/OL].https://www.bea.gov/system/files/2019-04/digital-economy-report-updateApril-2019_1.pdf, 2019

[34] Claver N D, CF Castejón, Gracia F S . The home market effect in the Spanish industry, 1965-1995[J]. The Annals of Regional Science, 2011, 46（2）: 379-396.

[35] Combes P P, Mayer T, Thisse J F. Economic Geography: The Integration of Regions and Nations[J]. Post-Print, 2008.

[36] Davis D, Weinstein D. Does Economic Geography Matter for International Specialization? [J]. David Weinstein, 1996.

[37] Davis D, Weinstein D. Economic Geography and Regional Production Structure: An Empirical Investigation[J]. European Economic Review, 1999, 43（2）: 379-407.

[38] Davis D, Weinstein D.Market access, economic geography and comparative advantage: an empirical test[J]. Journal of International Economic, 2003, 59（1）: 1-23

[39] DIGITAL ECONOMY REPORT 2021[R].Geneva: UNCTAD, 2021.

[40] Global Digital Trade 1: Market Opportunities and Key Foreign Trade Restrictions[R]. Washington: USITC, 2017.

[41] HANDBOOK ON MEASURING DIGITAL TRADE Version 1[R]. OECD, WTO and IMF, 2020.

[42] Implementing a Survey on Exports of ICT-enabled Services[R].Geneva: UNCTAD, 2018.

[43] International Trade in ICT Services and ICT-enabled Services[R].Geneva: UNCTAD, 2015

[44] Lin F. Estimating the effect of the Internet on international trade[J]. The Journal of International Trade & Economic Development, 2015, 24（3-4）: 1-20.

[45] López González, J. and M. Jouanjean（2017-07-27）, "Digital Trade: Developing a Framework for Analysis", OECD Trade Policy Papers, No. 205, OECD Publishing, Paris. http://dx.doi.org/10.1787/524c8c83-en

[46] Ojanper S, Graham M, Zook M. The Digital Knowledge Economy Index: Mapping Content Production[J]. Journal of Development Studies, 2019, 55.

[47] Paul Krugman. Scale Economies, Product Differentiation, and the Pattern of Trade[J]. The American Economic Review, 1980, 70（5）: 950-959.

[48] Pinilla, V, Serrano. Changes in the structure of world trade in the agri-food industry: the impact of the home market effect and regional liberalization from a long-term perspective, 1963-2010.[J]. Agribusiness, 2014, 30（2）: 165-183.

[49] Rashmi Banga. Growing Trade in Electronic Transmissions: Implications for the South[R]. UNCTAD Research Paper No. 29, February 2019, pp. 39-40.

[50] Schumacher D, Siliverstovs B. Home-Market and Factor-Endowment Effects in a Gravity Approach[J]. Review of World Economics（Weltwirtschaftliches Archiv）, 2006, 142（2）: 330–353.

[51] Schumacher D. Home Market and Traditional Effects on Comparative Advantage in A Gravity Approach[J]. DIW discussion paper, 2003: 344.

数字服务贸易壁垒对服务贸易进口的影响分析

王维薇　傅宇轩[*]

摘要：数字时代的到来对贸易监管提出新的要求，各国为保障本国数字服务行业的发展，相继制定数字服务贸易限制性措施，形成数字服务贸易壁垒。为探究其贸易效应，本文选取50个国家2014—2019年的面板数据，构建扩展引力方程，运用固定效应模型对数字服务贸易壁垒给服务进口带来的影响展开实证分析，结论显示：数字服务贸易壁垒显著阻碍服务贸易进口；分政策领域来看，基础设施连通性的限制政策对服务进口负向影响强度最大；分行业来看，金融服务受到数字服务贸易壁垒的抑制效果最强；分国家类型来看，OECD国家和发达国家受到数字服务贸易壁垒的影响更显著；此外，互联网发展水平的升高具有削弱数字服务贸易壁垒贸易效应的调节作用。

关键词：数字服务贸易限制性措施；数字服务贸易壁垒；服务贸易进口

一、引言

近些年来，新一代互联网和电子信息技术的迅猛发展，带动了物联网、云计算、大数据等领域的兴起，数字新时代逐渐来临，信息传递、数据流动被广泛应用并占据主导地位，促使如今全球的经济形态和贸易模式发生了重大改变：数字经济和数字服务贸易诞生并不断发展壮大，成为国际贸易新的手段和方式，同时也促进了许多新产业的繁荣。数字服务贸易诞生于数字经济时代背景下，它以互联网为载体，运用电子信息技术高效地进行实体货物、数字

---

[*] 作者简介：王维薇　天津财经大学讲师；傅宇轩　天津财经大学学生。

产品与服务、数字化信息的跨境交换，从而使制造业达到智能化（马述忠等，2018）。在数字服务贸易中，许多中间环节被简化，贸易成本被大幅度降低，一些发展中国家和众多中小型企业也能更好地参与进国际市场中；同时，互联网使消费与生产流通间交流更便捷，消费者的需求偏好得到了满足。新冠疫情全球范围内的暴发流行，也让数字服务贸易相较于传统贸易方式的一系列优势更加凸显出来。

数字服务贸易时代的到来对贸易的监管提出了新的要求，也为当今世界的国际贸易活动和国际贸易规则带来了严峻的挑战。由于缺乏普遍性较广、适用性较强的数字服务贸易政策的国际标准，各国为保障本国数字服务行业的发展，相继制定了不同的、有针对性的数字服务贸易限制性措施，如对信息传递和网上银行的限制、对电子商务许可和知识产权的歧视性条件等，这些措施构成了数字服务贸易壁垒。随着数字服务贸易的不断进步，其壁垒也对贸易有着越来越关键的影响。OECD将这些政策措施分为五个领域[①]，对其进行梳理、量化，并据此提出了数字服务贸易限制指数，来反映各个国家数字服务贸易监管环境的复杂性和严苛性。但这些限制性措施具有怎样的贸易效应和作用机制，解答这一问题还需从实证层面上进行探究和分析。

为此，本文利用50个国家2014—2019年的面板数据，构建扩展引力方程，对这些国家的数字服务贸易壁垒给其服务进口带来的影响展开回归分析，发现数字服务贸易壁垒显著地阻碍了服务贸易进口。同时，还得出结论：分政策领域来看，基础设施连通性的限制政策对服务进口负向影响强度最大；分行业来看，金融服务受到数字服务贸易壁垒的抑制效果最强；分国家类型来看，OECD国家和发达国家受到数字服务贸易壁垒的影响更显著；此外，互联网发展水平的升高具有削弱数字服务贸易壁垒贸易效应的调节作用。这一研究有助于在微观层面分析并解明数字服务贸易壁垒的贸易效应及其影响规律，也为我国建立健全数字服务贸易体系及参与有关数字贸易的国际谈判、规则拟定给予学术和政策上的支持，对推动我国数字服务贸易持续良好发展具有一定的理论和现实意义。

---

① 五个领域分别为基础设施连通性、电子交易、支付系统、知识产权和其他障碍。

本文其余部分的结构安排如下：第二部分从服务贸易影响因素和数字服务贸易壁垒两个方面对已有文献进行回顾，并引出本文的问题；第三部分对其影响机制进行理论分析，提出本文的三个研究假设；第四部分运用计量模型，根据基准回归、异质性分析、调节效应等实证检验服务贸易壁垒对服务贸易进口的影响；第五部分梳理计量分析的结论，并根据结论提出相关建议。

二、文献综述

（一）关于服务贸易影响因素的研究

服务贸易影响因素是各个国家建立服务贸易制度和政策以及评定服务贸易经济效应的核心与基础，随着服务贸易的发展壮大，对服务贸易影响因素的探究也逐渐增加。殷凤和陈宪（2009）通过计量模型，分析发现经济规模、收入水平、服务开放度、服务业发展水平和货物贸易规模会对服务贸易进出口产生主要影响。卢现祥和马凌远（2009）采取引力方程研究了影响发展中国家服务出口的主要因素，发现相比于边界是否接壤和自贸区加入与否，国家间距离和语言差异的影响更为显著。毕玉江（2016）构建了42个国家30年间的面板数据，经实证研究得出结论：货物贸易额的不断提升有助于服务贸易的增加；相比之下，货币汇率的变动对服务贸易发展的影响较小。丁平（2007）研究发现外商直接投资额、货物出口额和国内消费水平是影响我国服务贸易竞争力的关键因素。赵瑾（2017）认为我国应根据不同服务业的特点进行服务业规制改革，根据不同经济体、不同产业市场的开放程度进行服务业点对点投资，不断推进我国服务业对外开放。刘斌和赵晓斐（2020）表示，我国应持续完善与服务贸易相关的监管制度，制定适合的服务贸易发展战略，推进新兴制造产业与高端服务业的深度融合；就服务贸易方面加强与其他国家的交流，积极参与议题谈判，在合理范围内降低服务贸易壁垒。

（二）关于数字服务贸易壁垒的研究

随着数字服务贸易的蓬勃发展，有越来越多的学者开始着力于研究数字服务贸易和数字服务贸易壁垒。王岚（2021）根据保护国家和人民安全的目的、贸易方式和贸易主体的非歧视性、最小且必要原则以及监管实施共四项条件来判断数字服务贸易壁垒，并对其内涵进行了界定。王拓（2019）聚焦于世界上的主要经济体，梳理并探讨了其数字服务贸易限制性政策，认为当今各国的数字贸易壁垒水平较过去几年有了一定增强，且将不断提升。Ferencz（2019）发现国家间数字服务贸易壁垒水平具有显著差异的原因是不同国家在数字服务贸易规则方面有着不同的诉求。陈秀英和刘胜（2019）基于OECD的DSTRI数据库对我国的数字贸易壁垒进行分析，发现当前我国在基础设施连通性、电子交易、支付系统、知识产权等不同政策领域均与发达国家还存在较大差距。赵瑾（2021）分别分析了欧洲和OECD的数字贸易限制指数，认为关税壁垒、非关税壁垒和数据限制是阻碍当今数字贸易进一步发展的重要因素；相比于发达国家，发展中国家有着更为严苛的数字贸易壁垒，且发达国家与发展中国家主要采用的限制措施也不尽相同。

由于数字服务贸易壁垒对国家间的贸易往来和各国的外贸发展的显著作用日渐增加，许多研究开始关注数字服务贸易壁垒具有怎样的经济效应。Ivan Sarafanov和白树强（2018）认为跨国公司不得不适应各个国家不同的监管规则，这些数字贸易壁垒中的非关税措施提升了从事贸易的成本，抑制了数字贸易的发展。Ferracane和Marel（2019）构建扩展引力方程，证明了对跨境数据流动进行限制会给双边服务出口带来负面影响。齐俊妍和强华俊（2021）运用WIOD数据库和OECD数据库建立回归方程，研究发现数字服务贸易壁垒减缓了技术创新进而导致服务行业出口复杂度的下降，且不同行业受到的影响不同。孟夏等（2020）梳理了主要国家的数字贸易壁垒现状，并通过实证检验发现数字贸易壁垒对数字交付贸易的发展具有抑制作用，且各个经济体间监管模式、规则的不同会使该抑制效果具有不同的强度。周念利和包雅楠（2021）对数字服务贸易限制性措施展开研究，运用计量模型回归得出结论：其具有降低制造业服务化水平的经济效应，分政策领域来看，与知识产权相关的贸易壁垒有着更大的负向影响。

为寻求数字贸易的不断向好发展，越来越多的国家开始在区域贸易协定（RTA）中将加入有关数字贸易的条款，以减弱因数字贸易壁垒的限制性而带来的影响，实现数字贸易自由化。陈寰琦（2020）分析了目前众多RTA中"跨境数据自由流动"规则的不同情况，发现签订这一条款可以推动数字服务贸易的发展，这种推动作用在不同的行业中有明显不同，同时其效果随着贸易双方的经济水平差距的变大而更显著。周念利（2020）研究了RTA中的美式数字贸易规则，得出结论：具有美式规则的RTA对签署方彼此间的数字贸易发展有着正向作用，其在金融、保险和其他商业服务方面有着更强的影响，且不同的政策、规则所带来的促进效果不同。

通过回顾现有的文献，不难发现一部分学者的研究多集中在对服务贸易影响因素的探索和对服务贸易竞争力的分析上，一部分学者的研究多集中在对数字服务贸易壁垒经济效应的研究上。那么，如果将以上两部分进行综合考虑，如何评价数字服务贸易壁垒和服务贸易的关系，至今缺少来自实证层面的经验研究。这也不禁使我们提出这样的疑问：数字服务贸易壁垒对服务贸易是否具有影响？若有影响，其又有怎么样的影响机制呢？本文试图通过实证研究，解明数字服务贸易壁垒与服务贸易进口的内在关系，在微观的视角下分析数字服务贸易壁垒对服务贸易发展的作用机理。

三、影响机制与研究假设

各个国家的数字服务贸易限制性措施形成了外国服务企业进入本国的壁垒，限制了本国的服务开放程度，提升了贸易的成本（周念利和姚亭亭，2021），增加了国外服务进入本国的难度；对于本国服务业保护强度的提升降低了外国服务的市场竞争力，造成进口服务供过于求的局面，服务提供方无法获得预期的利润；同时，一些歧视性的限制措施也损害了服务提供方的切身利益，这些都会导致服务进口减少。此外，数字服务贸易包含于服务贸易，在服务贸易中占有一定的比重，如通信服务、保险服务等，数字服务贸易壁垒的存在势必会阻碍数字服务贸易的发展，进而使整体服务贸易额下降。

基于以上分析，本文提出假设1：数字服务贸易壁垒阻碍了服务贸易进口。

分政策领域分析，数字技术主要依赖于信息传递和数据流动，对基础设施连通性的限制会影响信息国际间流通，沟通交流与信息获取更加困难，不利于服务贸易进口的开展；电子交易中的歧视性措施为贸易双方的合同签署带来了挑战，直接影响了服务进口；支付系统的支付安全标准各国间有所不同、网上银行或保险的限制使贸易双方的交付具有风险，阻碍了服务贸易的进口；在知识产权保护中，对出口方的歧视使服务提供方的利益受损，出口方不愿出口，本国服务贸易进口下降；其他壁垒也会在一定程度上影响贸易，如贸易成本的提升，使出口方供给减少，进而导致本国服务贸易进口减少。

基于以上分析，本文提出假设2：数字服务贸易壁垒的不同政策领域对服务贸易进口的影响不同。

互联网的发展使世界连成一个整体，互通交流和信息获取都更加容易，电子支付的出现更是让国际贸易便利化的水平空前提升，互联网水平的提升也对从事服务贸易具有积极的正向影响（Choi，2010）。互联网技术的飞速发展催生了以互联网为载体的数字服务贸易，互联网发展早、水平高的国家，其数字服务贸易的发展水平往往在国际上也较为领先，该国的贸易环境也更趋于自由化，更利于服务贸易的开展。

基于以上分析，本文提出假设3：互联网水平的提升减弱了数字服务贸易壁垒对服务贸易进口的阻碍作用。

四、实证检验与结果分析

（一）计量模型

本文借鉴了齐俊妍和强华俊（2021）、周念利和姚亭亭（2021）的研究思路，调整并构建扩展引力模型，利用50个经济体从2014年到2019年的经验数据，实证分析数字服务贸易壁垒对服务贸易进口的影响。基准模型设置如下：

$$\ln IM_{ijt} = \alpha_0 + \alpha_1 DSTRI_{it} + \alpha_2 \ln GDP_{it} + \alpha_3 \ln GDP_{jt} + \alpha_4 \ln INT_{ijt} + \alpha_5 \ln DIS_{ij} + \alpha_6 LAN_{ij} + \alpha_7 TIG_{ij} + \alpha_8 COL_{ij} + \varphi_{i,j} + \theta_t + \varepsilon_{ijt} \quad (4.1)$$

其中，IM_{ijt}表示 i 国对 j 国在 t 年的服务贸易进口总额，由不同服务行业进口额加总得到；$DSTRI_{it}$表示 i 国在 t 年的数字服务贸易限制指数，用来代表数字服务贸易壁垒水平；GDP_{it}和GDP_{jt}分别表示 i 国和 j 国在 t 年的 GDP，用来代表双边国家的经济规模；INT_{ijt}表示双边国家在 t 年的整体互联网发展水平，用互联网用户占国家人口总数的比例衡量，由两国各自的互联网发展水平相加构成，即$INT_{ijt}=INT_{it}+INT_{jt}$；$DIS_{ij}$表示双边国家间的地理距离；$LAN_{ij}$、$TIG_{ij}$、$COL_{ij}$分别表示双边国家是否具有共同语言、共同边界和殖民关系；φ_{ij}和θ_t分别代表国家固定效应和年份固定效应变量，ε_{ijt}代表误差项。

（二）数据来源及变量描述

本文选择 OECD-DSTRI 数据库中 38 个 OECD 国家和 12 个非 OECD 国家[①]，根据 WTO 对服务贸易的分类并结合 OECD-ITSS 数据库中各个服务业贸易额数据的完整性，最终选取了 2014—2019 年中商业服务、金融服务、电信服务、运输和旅游共 5 个服务行业的样本数据，具体说明和来源如表 4.1 所示。

本文基准回归的样本量为 5634，被解释变量服务贸易进口额在数值上差距明显，但同时也存在一些国家贸易体量较小，贸易额偏低的情况；核心变量数字服务贸易壁垒水平数值上分布较分散，同样具有国家间差异。其他变量的描述性统计量如表 4.2 所示。

表 4.1 变量含义、数据来源和符号预期

变量	变量含义	数据来源	符号预期
$lnIM_{ijt}$	i 国对 j 国在 t 年的服务进口总额对数值	OECD-ITSS 数据库	无
$DSTRI_{it}$	i 国在 t 年的数字服务贸易壁垒水平	OECD-DSTRI 数据库	−
$lnGDP_{it}$	i 国在 t 年的 GDP 对数值	WolrdBank-WDI 数据库	+

---

① 38 个 OECD 国家为：澳大利亚、奥地利、比利时、加拿大、智利、哥伦比亚、哥斯达黎加、捷克、丹麦、爱沙尼亚、芬兰、法国、德国、希腊、匈牙利、冰岛、爱尔兰、以色列、意大利、日本、韩国、拉脱维亚、立陶宛、卢森堡、墨西哥、荷兰、新西兰、挪威、波兰、葡萄牙、斯洛伐克、斯洛文尼亚、西班牙、瑞典、瑞士、土耳其、英国、美国；12 个非 OECD 国家为：阿根廷、巴西、中国、印度、印度尼西亚、哈萨克斯坦、马来西亚、秘鲁、俄罗斯、沙特阿拉伯、南非、泰国。

续 表

变量	变量含义	数据来源	符号预期
$lnGDP_{jt}$	j 国在 t 年的 GDP 对数值	WolrdBank-WDI 数据库	+
$lnINT_{ijt}$	i 国和 j 国在 t 年整体互联网水平对数值	WolrdBank-WDI 数据库	+
$lnDIS_{ij}$	i 国和 j 国的地理距离对数值	CEPII 数据库	−
LAN_{ij}	i 国和 j 国是否具有共同语言	CEPII 数据库	+
TIG_{ij}	i 国和 j 国是否具有共同边界	CEPII 数据库	+
COL_{ij}	i 国和 j 国是否具有殖民关系	CEPII 数据库	+

表 4.2 变量描述性统计

变量	观测值	平均值	标准差	最小值	最大值
$lnIM_{ijt}$	5 634	6.134	1.858	−0.223	11.01
$DSTRI_{it}$	5 634	0.128	0.057 9	0.043 0	0.319
$lnGDP_{it}$	5 634	13.24	1.611	10.04	16.88
$lnGDP_{jt}$	5 634	13.25	1.549	9.771	16.88
$lnINT_{ijt}$	5 634	5.092	0.121	4.236	5.283
$lnDIS_{ij}$	5 634	7.755	1.174	4.088	9.866
LAN_{ij}	5 634	0.075 6	0.264	0	1
TIG_{ij}	5 634	0.094 8	0.293	0	1
COL_{ij}	5 634	0.045 8	0.209	0	1

（三）数字服务贸易壁垒与服务贸易进口的关系

数字服务贸易壁垒与服务贸易进口关系的散点图与拟合回归线如图 4.1 所示。从散点的分布情况可以看出样本中多数国家的数字服务贸易壁垒水平主要集中在 0.08 ～ 0.17 这一区间内；斜向右下的拟合回归线反映了一国的数字服务贸易壁垒与其服务贸易进口存在负向相关关系，这也表明数字服务贸易壁垒对服务进口具有抑制作用，与本文的假设相一致。

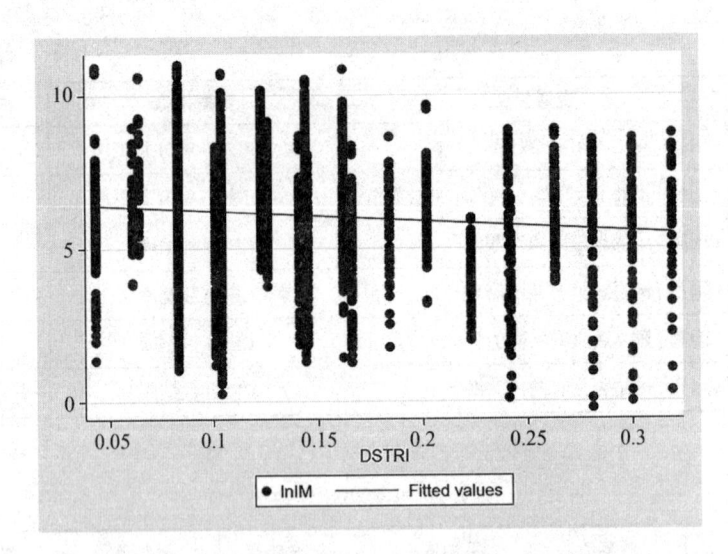

图 4.1 数字服务贸易壁垒与服务贸易进口的关系

(四) 实证分析

根据 Hausman 检验结果,本文将选择固定效应模型,同时固定国家和年份,采用异方差稳健标准误,对 50 个国家 6 年的面板数据进行计量分析。

1. 基准回归

表 4.3 的回归结果显示,在已有核心变量的基础上依次在回归方程中加入控制变量和虚拟变量,1—3 列 DSTRIit 的回归系数均显著为负,这表明数字服务贸易壁垒阻碍了本国的服务贸易进口,这个结果也验证了本文的假设 1。

表 4.3 基准回归①

VARIABLES	(1) $lnIM_{ijt}$	(2) $lnIM_{ijt}$	(3) $lnIM_{ijt}$
$DSTRI_{it}$	−1.255*** (0.222)	−0.552** (0.170)	−0.419** (0.161)
$lnGDP_{it}$		1.109*** (0.0147)	1.070*** (0.0127)

---

① ***、** 和 * 分别表示在 1%、5% 和 10% 的水平上显著,下表同。

续　表

VARIABLES	(1) lnIM$_{ijt}$	(2) lnIM$_{ijt}$	(3) lnIM$_{ijt}$
lnGDP$_{jt}$		0.732*** (0.005 08)	0.713*** (0.004 26)
lnINT$_{ijt}$		1.176*** (0.213)	1.200*** (0.220)
lnDIS$_{ij}$		−0.994*** (0.003 98)	−0.914*** (0.003 98)
LAN$_{ij}$			0.470*** (0.032 3)
TIG$_{ij}$			0.266*** (0.014 7)
COL$_{ij}$			0.355*** (0.012 9)
Constant	5.309*** (0.019 2)	−16.37*** (1.177)	−16.49*** (1.205)
Observations	5 634	5 634	5 634
R-squared	0.437	0.836	0.844

在基准模型回归第 3 列中，所有变量回归系数都是显著的，且其符号与本文的预期一致。具体而言，一国的数字服务贸易壁垒水平每增长 1 个单位，该国的服务贸易进口将减少 41.9%，数字服务贸易壁垒限制了本国的服务开放程度，国外服务进入本国的难度变大，进而抑制了服务进口。双边国家的 GDP 各增长 1%，将会为进口国的服务贸易额分别带来 1.07% 和 0.713% 的提升，国家经济规模的不断提升，使其进口购买力和出口竞争力也变大，进而提升了服务的进口。双边国家互联网用户占人口总数的比例之和每提升 1%，进口国的服务进口将增长 1.2%，互联网的出现使信息获取和国际交易更加便利，整体互联网水平的提升降低了贸易的成本，有利于服务贸易的开展。双边国家的地理距离增长 1%，使进口国的服务进口减少了 0.914%，地理距离的增加，带来了贸易成本的升高，双方的贸易便利度下降，不利于服务贸易的进行。双边国

家拥有共同语言、共同边界、殖民关系,给进口国分别带来0.47%、0.266%、0.355%的贸易额增长,因其可以使进出口方交流更加方便,从事贸易的成本下降,促进了双边服务贸易。

2. 稳健性检验

(1)替换被解释变量

本文对被解释变量进行处理,把国家间的服务进口额延伸为国家间不同行业的数据,即将i国对j国在t年的服务进口总额对数值lnIMijt替换为i国对j国在t年的s行业服务进口总额对数值lnIMijst,并添加行业固定效应变量δ_s,在扩大样本量,使回归结果更加普遍、更具代表性的同时,避免了因整体贸易额缺少行业异质性从而带来的计量误差。新生成的回归方程如下:

$$lnIM_{ijst}=\alpha_0+\alpha_1 DSTRI_{it}+\alpha_2 lnGDP_{it}+\alpha_3 lnGDP_{jt}+\alpha_4 lnINT_{ijt}+\alpha_5 lnDIS_{ij}+ \\ \alpha_6 LAN_{ij}+\alpha_7 TIG_{ij}+\alpha_8 COL_{ij}+\varphi_{ij}+\theta_t+\delta_s+\varepsilon_{ijst} \tag{4.2}$$

回归结果如表4.4第1列所示,数字服务贸易壁垒对一国的服务贸易进口的阻碍作用是显著的,其他变量的回归结果也与基准回归一致。

(2)解释变量滞后一期

考虑到数字服务贸易壁垒对于服务进口的影响可能存在一定的时间滞后性,即当年的服务贸易进口额会受到上一年度各国数字服务贸易限制措施的影响。因此,本文采取数字服务贸易壁垒水平滞后一期的方法进行稳健性检验,得到如下方程:

$$lnIM_{ijt}=\alpha_0+\alpha_1 DSTRI_{it-1}+\alpha_2 lnGDP_{it}+\alpha_3 lnGDP_{jt}+\alpha_4 lnINT_{ijt}+\alpha_5 lnDIS_{ij}+ \\ \alpha_6 LAN_{ij}+\alpha_7 TIG_{ij}+\alpha_8 COL_{ij}+\varphi_{i,j}+\theta_t+\varepsilon_{ijt} \tag{4.3}$$

根据表4.4第2列的结果,数字服务贸易壁垒系数显著为负,其他变量系数也均显著,与基准回归结果一致,可得到结论:数字服务贸易壁垒显著抑制了服务的进口。

通过以上两次稳健性检验,可验证基准回归的结论"双边国家数字服务贸易壁垒对服务贸易进口具有显著负向影响"是正确的。

表4.4 稳健性检验

VARIABLES	(1) $lnIM_{ijst}$	(2) $lnIM_{ijt}$
$DSTRI_{it}$	-1.344*** (0.384)	
$DSTRI_{it-1}$		-1.976*** (0.147)
$lnGDP_{it}$	0.922*** (0.067 9)	0.836*** (0.006 84)
$lnGDP_{jt}$	0.775*** (0.013 1)	0.715*** (0.003 09)
$lnINT_{ijt}$	2.056*** (0.159)	1.874*** (0.062 5)
$lnDIS_{ij}$	-1.032*** (0.024 4)	-0.916*** (0.007 79)
LAN_{ij}	0.644*** (0.075 1)	0.564*** (0.010 5)
TIG_{ij}	0.157* (0.082 7)	0.0884** (0.022 1)
COL_{ij}	0.363*** (0.103)	0.438*** (0.009 24)
Constant	-21.05*** (1.208)	-16.66*** (0.156)
Observations	28 170	4 690
R-squared	0.254	0.777

3. 异质性分析

（1）分政策领域的异质性分析

为了探究数字服务贸易壁垒的不同政策领域对服务进口的异质性影响，下面将进一步对基础设施连通性、电子交易、支付系统、知识产权和其他壁垒共5个不同领域进行分析，得到如下方程：

$$lnIM_{ijt}=\alpha_0+\alpha_1 DSTRI_{itx}+\alpha_2 lnGDP_{it}+\alpha_3 lnGDP_{jt}+\alpha_4 lnINT_{ijt}+\alpha_5 lnDIS_{ij}+$$
$$\alpha_6 LAN_{ij}+\alpha_7 TIG_{ij}+\alpha_8 COL_{ij}+\varphi_{i,j}+\theta_t+\varepsilon_{ijt} \quad (4.4)$$

根据表4.5的回归结果，5个政策领域的数字服务贸易壁垒对服务贸易进口的负向影响都很显著，抑制作用由强到弱的分别是基础设施连通性、其他壁垒、支付系统、知识产权和电子交易，具体来说，它们每增加1个单位，服务进口将分别减少748.4%、731.4%、711.8%、600.5%、423.8%。基础设施连通性保障了信息及数据的高效传递和流通，而众多服务贸易的开展与实现都依赖于此，其壁垒与限制加大了获取信息和沟通交流的难度，不利于服务贸易的开展；由于其他壁垒涉及的限制措施较广，因此也较大程度地限制了服务贸易的进口；支付系统和电子交易是完成跨境服务贸易交易的必要条件，对其限制加大了贸易的风险和成本，贸易难度的增加必然会导致服务进口的减少；知识产权是对服务提供方利益和权力的保护，如果无法保证对知识产权进行有效的保护，服务提供方的出口意愿就会降低，对一国的服务进口造成负向影响。以上结论证明了本文的假设2是正确的。

表4.5 分政策领域的异质性分析

变量	基础设施连通性 $\ln IM_{ijt}$	电子交易 $\ln IM_{ijt}$	支付系统 $\ln IM_{ijt}$	知识产权 $\ln IM_{ijt}$	其他壁垒 $\ln IM_{ijt}$
$DSTRI_{itx}$	−7.484** (0.172)	−4.238** (1.835)	−7.118** (2.422)	−6.005** (2.264)	−7.314*** (1.399)
$\ln GDP_{it}$	1.071*** (0.0127)	1.080*** (0.0130)	1.069*** (0.0117)	1.074*** (0.0133)	1.073*** (0.0131)
$\ln GDP_{jt}$	0.713*** (0.00425)	0.713*** (0.00421)	0.713*** (0.00424)	0.713*** (0.00446)	0.713*** (0.00424)
$\ln INT_{ijt}$	1.200*** (0.220)	1.216*** (0.219)	1.207*** (0.220)	1.137*** (0.212)	1.190*** (0.219)
$\ln DIS_{ij}$	−0.914*** (0.00399)	−0.916*** (0.00390)	−0.915*** (0.00397)	−0.905*** (0.00284)	−0.915*** (0.00395)
LAN_{ij}	0.470*** (0.0322)	0.473*** (0.0320)	0.469*** (0.0324)	0.461*** (0.0339)	0.467*** (0.0330)
TIG_{ij}	0.266*** (0.0147)	0.261*** (0.0158)	0.265*** (0.0148)	0.269*** (0.0141)	0.263*** (0.0152)
COL_{ij}	0.355*** (0.0129)	0.353*** (0.0133)	0.356*** (0.0131)	0.368*** (0.0130)	0.354*** (0.0132)

数字服务贸易壁垒对服务贸易进口的影响分析

续 表

变量	基础设施连通性 lnIM$_{ijt}$	电子交易 lnIM$_{ijt}$	支付系统 lnIM$_{ijt}$	知识产权 lnIM$_{ijt}$	其他壁垒 lnIM$_{ijt}$
Constant	−16.51*** (1.207)	−16.99*** (1.247)	−16.53*** (1.214)	−16.33*** (1.183)	−16.33*** (1.203)
Observations	5 634	5 634	5 634	5 634	5 634
R-squared	0.844	0.844	0.844	0.844	0.844

（2）分服务行业的异质性分析

考虑到不同服务行业对数字技术的依赖程度不同，本文将服务进口分为商业服务、金融服务、电信服务、运输和旅游共 5 个行业，研究不同服务业受到数字服务贸易壁垒影响的异质性。新的回归方程如下：

$$\ln IM_{ijyt} = \alpha_0 + \alpha_1 DSTRI_{it} + \alpha_2 \ln GDP_{it} + \alpha_3 \ln GDP_{jt} + \alpha_4 \ln INT_{ijt} + \alpha_5 \ln DIS_{ij} + \alpha_6 LAN_{ij} + \alpha_7 TIG_{ij} + \alpha_8 COL_{ij} + \varphi_{i,j} + \theta_t + \varepsilon_{ijt} \quad (4.5)$$

表4.6　分服务行业的异质性分析

变量	商业服务 lnIM$_{ijyt}$	金融服务 lnIM$_{ijyt}$	电信服务 lnIM$_{ijyt}$	运输 lnIM$_{ijyt}$	旅游 lnIM$_{ijyt}$
DSTRI$_{it}$	−0.832** (0.209)	−2.113*** (0.482)	−1.817*** (0.188)	−1.126** (0.281)	−0.601** (0.162)
lnGDP$_{it}$	1.162*** (0.022 0)	1.074*** (0.044 4)	0.980*** (0.027 4)	0.925*** (0.028 5)	1.112*** (0.018 0)
lnGDP$_{jt}$	0.832*** (0.005 19)	0.890*** (0.016 1)	0.776*** (0.007 29)	0.692*** (0.002 91)	0.669*** (0.008 19)
lnINT$_{ijt}$	2.642*** (0.232)	4.931*** (0.224)	2.943*** (0.289)	1.282*** (0.133)	−0.579*¹ (0.207)
lnDIS$_{ij}$	−1.020*** (0.006 69)	−1.053*** (0.028 2)	−1.193*** (0.015 0)	−0.969*** (0.015 0)	−0.865*** (0.008 15)
LAN$_{ij}$	0.842*** (0.038 4)	1.400*** (0.075 9)	0.833*** (0.030 7)	0.0866** (0.030 8)	0.319*** (0.046 6)
TIG$_{ij}$	−0.050 7 (0.030 1)	−0.205*** (0.011 7)	−0.250*** (0.007 47)	0.299*** (0.022 0)	0.907*** (0.028 4)

295

续 表

变量	商业服务 lnIM$_{ijyt}$	金融服务 lnIM$_{ijyt}$	电信服务 lnIM$_{ijyt}$	运输 lnIM$_{ijyt}$	旅游 lnIM$_{ijyt}$
COL$_{ij}$	0.208*** （0.021 7）	0.501*** （0.036 1）	0.408*** （0.042 7）	0.667*** （0.033 0）	0.396*** （0.021 0）
Constant	−27.28*** （1.411）	−41.66*** （1.600）	−24.77*** （1.584）	−15.61*** （0.902）	−8.534*** （0.880）
Observations	5 634	5 634	5 634	5 634	5 634
R-squared	0.809	0.707	0.719	0.765	0.749

如表4.6所示，这5个行业的服务进口都被数字服务贸易壁垒显著抑制，相比较之下，其中对金融服务的影响最大，电信服务和运输次之，商业服务和旅游受到的影响较小，具体来说，数字服务贸易壁垒提升1个单位，这些行业的服务进口额依次减少211.3%、181.7%、112.6%、83.2%和60.1%。数字技术的发展给服务贸易提供了更加便利的条件，服务贸易也在数字技术的支持下逐渐繁荣，不同行业对于数字技术的关系紧密程度和依赖程度不同是数字服务贸易壁垒对不同服务进口产生差异性影响的原因，因此金融服务、电信服务等高度依赖数据信息传输的行业贸易进口受到数字服务贸易壁垒较大的影响。基础设施连通性是保障数据信息跨境流动的基础，OECD在测算DSTRI时也将其赋予了最高的权重，高贸易壁垒阻碍了国家间信息传递，给服务贸易带来不利的影响（齐俊妍和强华俊，2021），这也佐证了上述结论。

（3）分国家类型的异质性分析

鉴于不同国家的贸易政策、贸易偏好、贸易发展情况等有所不同，本文依据贸易双方是否同为OECD国家以及贸易双方是否同为发达国家[①]对样本进行分组，利用基准回归方程探究数字服务贸易壁垒的贸易效应对不同类型的国家

---

① 根据世界银行的定义，高收入国家为发达国家，其他国家为发展中国家。本文中，发达国家包括：澳大利亚、奥地利、比利时、加拿大、捷克、丹麦、爱沙尼亚、芬兰、法国、德国、希腊、匈牙利、冰岛、爱尔兰、以色列、意大利、日本、韩国、拉脱维亚、立陶宛、卢森堡、荷兰、新西兰、挪威、波兰、葡萄牙、沙特、斯洛伐克、斯洛文尼亚、西班牙、瑞典、瑞士、英国、美国；发展中国家包括：阿根廷、巴西、智利、中国、哥伦比亚、哥斯达黎加、印度、印度尼西亚、哈萨克斯坦、墨西哥、马来西亚、秘鲁、俄罗斯、南非、泰国、土耳其。

的异质性影响。

表 4.7 分国家类型的异质性分析

变量	（1）同为 OECD 国家 lnIM$_{ijt}$	（2）非同为 OECD 国家 lnIM$_{ijt}$	（3）同为发达国家 lnIM$_{ijt}$	（4）非同为发达国家 lnIM$_{ijt}$
DSTRI$_{it}$	−0.625*** (0.139)	4.337 (2.972)	−0.991** (0.487)	0.830 (1.399)
lnGDP$_{it}$	1.120*** (0.033 1)	0.960*** (0.097 6)	1.114*** (0.047 0)	0.850*** (0.089 0)
lnGDP$_{jt}$	0.732*** (0.007 32)	0.630*** (0.018 5)	0.735*** (0.010 0)	0.611*** (0.029 1)
lnINT$_{ijt}$	1.410*** (0.288)	0.234 (0.364)	1.183*** (0.226)	0.541 (0.682)
lnDIS$_{ij}$	−0.895*** (0.003 52)	−1.570*** (0.090 3)	−0.913*** (0.019 5)	−1.146*** (0.081 3)
LAN$_{ij}$	0.311*** (0.039 0)	0.950*** (0.068 2)	0.320*** (0.055 0)	1.179*** (0.154)
TIG$_{ij}$	0.424*** (0.017 0)	−0.045 5 (0.063 8)	0.403*** (0.056 1)	0.133 (0.122)
COL$_{ij}$	0.389*** (0.021 4)	0.431*** (0.088 4)	0.426*** (0.058 5)	−0.147 (0.144)
Constant	−18.66*** (1.849)	−1.274 (2.120)	17.25*** (1.266)	−7.038* (3.798)
Observations	4 644	990	4 356	1 278
R-squared	0.873	0.817	0.760	0.593

分组回归结果如表 4.7 所示，观察第 2 列和第 4 列可以看出当贸易双方非同为 OECD 国家或非同为发达国家时，核心变量回归系数均不显著；而第 1 列和第 3 列检验了贸易双方同为 OECD 国家或同为发达国家时，数字服务贸易壁垒对服务贸易进口的影响，发现其具有明显的抑制作用。继而得出结论：数字服务贸易壁垒对服务贸易的阻碍效果对于贸易双方同为 OECD 国家或发达国家时要更为显著。这一现象可能是由这些国家间的数字贸易政策存在很大差异，

贸易偏好也不同或部分国家贸易体量较小，贸易壁垒对其影响甚微等原因造成的。具体来说，同为OECD国家的双边贸易，数字服务贸易壁垒水平每增长1个单位，该国的服务贸易进口会减少62.5%；而同为发达国家的双边贸易，数字服务贸易壁垒水平1个单位的增长，将使该国的服务贸易进口降低99.1%。

4. 拓展性分析

互联网的发展让国际贸易便利化的水平空前提升，对服务贸易具有积极的影响。为探究互联网发展对数字服务贸易壁垒贸易效应的影响，本文引入数字服务贸易壁垒与互联网水平的交互项，构建新回归方程：

$$\ln IM_{ijt} = \alpha_0 + \alpha_1 DSTRI_{it} + \alpha_2 DSTRI_{it}\_\ln INT_{ijt} + \alpha_3 \ln GDP_{it} + \alpha_4 \ln GDP_{jt} + \alpha_5 \ln INT_{ijt} + \alpha_6 \ln DIS_{ij} + \alpha_7 LAN_{ij} + \alpha_8 TIG_{ij} + \alpha_9 COL_{ij} + \varphi_{i,j} + \theta_t + \varepsilon_{ijt} \quad (4.6)$$

表4.8 拓展性分析

变量	$\ln IM_{ijt}$
$DSTRI_{it}$	−51.10***
	（6.509）
$DSTRI_{it}\_\ln INT_{ijt}$	9.634***
	（1.273）
$\ln GDP_{it}$	0.836***
	（0.006 86）
$\ln GDP_{jt}$	0.715***
	（0.002 81）
$\ln INT_{ijt}$	0.434**
	（0.116）
$\ln DIS_{ij}$	−0.912***
	（0.008 08）
LAN_{ij}	0.550***
	（0.012 4）
TIG_{ij}	0.106***
	（0.014 1）
COL_{ij}	0.443***
	（0.007 91）
Constant	−9.343***
	（0.638）

续 表

变量	$\ln IM_{ijt}$
Observations	5 634
R-squared	0.779

根据表4.8的回归结果,核心变量系数显著为负,交互项系数显著为正,这说明互联网水平的调节效应是显著的,即随着互联网发展水平的不断提高,数字服务贸易壁垒对服务进口的阻碍作用会减小。互联网水平的提高让国际间信息交流、交易支付更加容易,提升了贸易便利化水平,在一定程度上削弱了数字服务贸易壁垒的负面影响;此外,互联网水平高、发展好的国家更倾向于营造较为自由的贸易环境去发展贸易,因此该国有着较弱的数字服务贸易壁垒,服务进口受到壁垒的阻碍也较少,且这些国家也更趋于选择同样互联网水平高的伙伴国开展服务贸易,当两国都有较高水平的互联网发展情况时,数字服务贸易壁垒对服务进口的抑制作用会减小。以上结论验证了文本的假设3。

五、基本结论与政策建议

(一)基本结论

本文基于OECD-DSTRI数据库和贸易影响因素理论,选取50个国家2014—2019年的面板数据,构建扩展引力方程,运用固定效应模型来探究数字服务贸易壁垒对服务贸易进口的影响,得出以下基本结论:(1)数字服务贸易壁垒显著地阻碍了服务贸易进口;(2)在5类数字服务贸易壁垒的不同政策领域中,对服务进口抑制作用由强到弱的分别是基础设施连通性、其他壁垒、支付系统、知识产权和电子交易;(3)对不同服务行业来说,金融服务受到数字服务贸易壁垒的抑制作用最大,电信服务和运输次之,商业服务和旅游受到的影响较小;(4)相比于非OECD国家和发展中国家,数字服务贸易壁垒的贸易效应对于贸易双方同为OECD国家或发达国家时的影响更为显著;(5)互联网发展水平的不断提高,会削弱数字服务贸易壁垒对服务进口的阻碍作用。

（二）政策建议

当前全球数字服务贸易方兴未艾，为世界各国带来巨大的经济福利，我国要制定符合国情的策略来应对贸易壁垒带来的影响，促进服务贸易不断向好发展。

根据研究结论，本文提出如下建议：（1）面临当今数字服务贸易蓬勃发展的时代背景，我国在完善国内数字贸易规则体系建设和相关领域法律健全的同时，应多多参与国际谈判与规则拟定，在建立包容共赢的数字服务贸易全球治理体系的过程中贡献中国方案，彰显中国智慧，建立领域内的话语权，提升国际中的领导力；（2）我国要在数字服务贸易壁垒各政策措施方面增强与其他国家的交流与合作，以保证我国数字产业安全发展为先决条件，削减过于严格的数字服务贸易限制性措施，营造自由、开放的贸易环境；（3）基础设施连通性对于服务进口的影响较大，互联网水平对于数字服务贸易壁垒的贸易效应的调节作用较为明显，我国应不断完善电子信息与数字技术的建设，保障数据信息高效跨境流动，提升我国贸易便利化水平；（4）不同服务行业、不同国家受到数字服务贸易壁垒的影响不尽相同，我国应根据其特点制定不同的优化措施与发展规划，对症下药，推进我国服务贸易对外开放，例如当贸易对象为贸易壁垒经济效应显著的国家或者进行受壁垒影响大的行业的贸易活动时，要首先考虑到适当放开市场准入条件，提高国内市场对外国服务的吸引力，反之则要更多地注重这些服务行业与实体产业贸易的融合发展；（5）随着时代发展，人工智能、大数据精算、5G等许多新技术逐渐融入服务贸易，我国要加强对这些新兴服务产业的支持，使新技术更好地赋能服务贸易，持续推动我国服务贸易良好发展。

参考文献

[1] 马述忠，房超，梁银锋.数字贸易及其时代价值与研究展望 [J]. 国际贸易问题，2018（10）：16-30.

[2] 殷凤，陈宪.国际服务贸易影响因素与我国服务贸易国际竞争力研究 [J]. 国际贸易问题，2009（2）：61-69.

[3] 卢现祥，马凌远.中国服务贸易出口潜力研究 [J]. 中国软科学，2009（9）：39-46.

[4] 毕玉江.服务贸易进出口影响因素研究——基于多国数据的动态面板实证分析 [J]. 国际经贸探索，2016，32（2）：4-19.

[5] 丁平.中国服务贸易国际竞争力的影响因素分析与对策研究 [J].世界经济研究，2007（9）：49-55.

[6] 赵瑾.全球服务贸易壁垒：主要手段、行业特点与国家分布——基于OECD服务贸易限制指数的分析 [J]. 国际贸易，2017（2）：31-39.

[7] 刘斌，赵晓斐.制造业投入服务化、服务贸易壁垒与全球价值链分工 [J]. 经济研究，2020（7）：159-174.

[8] 王岚.数字贸易壁垒的内涵、测度与国际治理 [J]. 国际经贸探索，2021，37（11）：85-100.

[9] 王拓.数字服务贸易及相关政策比较研究 [J]. 国际贸易，2019（9）：80-89.

[10] 陈秀英，刘胜.数字化时代中国服务贸易开放的壁垒评估及优化路径 [J]. 上海经济，2019（6）：5-15.

[11] 赵瑾.数字贸易壁垒与数字化转型的政策走势——基于欧洲和OECD数字贸易限制指数的分析 [J]. 国际贸易，2021（2）：72-81.

[12] 沙拉法诺夫，白树强.WTO视角下数字产品贸易合作机制研究——基于数字贸易发展现状及壁垒研究 [J]. 国际贸易问题，2018（2）：149-163.

[13] 齐俊妍，强华俊.数字服务贸易壁垒影响服务出口复杂度吗——基于OECD-DSTRI数据库的实证分析 [J]. 国际商务——对外经济贸易大学学报，2021（4）：1-18.

[14] 孟夏，孙禄，王浩.数字服务贸易壁垒、监管政策异质性对数字交付服务贸易的影响 [J]. 亚太经济，2020（6）：42-52.

[15] 周念利，包雅楠.数字服务贸易限制性措施对制造业服务化水平的影响测度：基于OECD发布DSTRI的经验研究 [J]. 世界经济研究，2021（6）：32-45.

[16] 陈寰琦.签订"跨境数据自由流动"能否有效促进数字贸易——基于OECD服务贸易数据的实证研究 [J]. 国际经贸探索，2020（10）：4-21.

[17] 周念利，陈寰琦.RTAs框架下美式数字贸易规则的数字贸易效应研究[J].世界经济，2020（10）：28-51.

[18] 齐俊妍，强华俊.数字服务贸易限制措施影响服务出口了吗？基于数字化服务行业的实证分析[J].世界经济研究，2021（9）：37-52.

[19] 周念利，姚亭亭.数字服务贸易限制性措施贸易抑制效应的经验研究[J].中国软科学，2021（2）：11-21.

[20] 徐金海，周蓉蓉.数字贸易规则制定：发展趋势、国际经验与政策建议[J].国际贸易，2019（6）：61-68.

[21] Choi C. The Effect of Internet on Service Trade[J]. Economics Letters, 2010, 109（2）: 102-104.

[22] Ferencz J. The OECD Digital Services Trade Restrictiveness Index[R]. OECD Trade Policy Paper, No.221, 2019.

[23] Ferracane M F, Marel E. Do Data Restrictions Inhibit Trade in Services[R]. EUI Working Papers, No.29, 2019.

第四部分　多双边贸易

积极稳妥推动中欧经贸关系发展

夏翔[*]

一、中欧经贸关系长期稳定增长

一是基数大，增速快，占比大。据欧盟统计局数据，2021年，欧盟与中国的贸易额显著增长，总额为6 950亿欧元，对中国出口2 230亿欧元，占欧盟出口10%；自中国进口4 720亿欧元，占欧盟进口22%，欧盟逆差2 490亿欧元，增长37.6%。中欧贸易2011年是3 660亿欧元，10年间增长90%。

2021年，中欧贸易逆势上扬，创下纪录，为8 281亿美元（按中方统计），增长27.5%。占中国总贸易额的16.1%。这一数字是中欧1975年建交时的345倍，是1978年中国改革开放时的170倍，是2001年中国入世时的11倍。2019年，前欧盟连续16年为中国最大贸易伙伴，中国连续15年为欧盟第二大贸易伙伴，2020年，中国成为欧盟第一大贸易伙伴。

当前"黑天鹅"满天飞，"灰犀牛"满地跑，中欧贸易还是保持稳定增长。2022年上半年，双边贸易额达4 206亿美元，同比增长8.4%。占中国总贸易额的15.57%，预计全年将保持健康发展势头。

二是贸易质量不断提高。中欧双边贸易结构持续优化，航空航天、生物、光电、电子、材料等领域的贸易增速超过30%。中欧服务贸易在不断扩大，我国存在逆差。欧盟企业在服务贸易方面，如金融服务、工程、设计、品牌的方面还是比我国要强。中欧地理标志协定3月1日生效，首批中欧各100个地理标志即日起受到保护。这是中国对外商签的第一个全面、高水平的地理标志协定，对深化中欧经贸合作具有里程碑意义。这必将促进双方在农产品贸易方面

---

[*] 作者简介：夏翔　中国国际贸易学会经商参赞咨询指导委员会特聘专家、前驻欧盟商务公使。

高质量发展。

三是贸易方式灵活多样。2021年,中欧班列1.5万列,综合重箱率为98.1%。1至6月,中欧班列开行7 514列,运送货物72.4万标箱,已连续26个月保持"月行千列"水平。现在中欧班列集装箱供不应求。

跨境电商贸易在不断扩大,海外仓扩张迅速。防疫物资、居家用品,如哑铃脱销、瑜伽垫、电子产品等需求旺盛。

四是中欧贸易互补性强。双方在制成品、原材料、农产品贸易方面都有很强的互补性。中方对欧盟出口制成品占99%,双方出口中间产品都超过50%,都是双方必需进口的产品,这说明双方都深入融入对方的产业链。我国进口欧盟高科技产品多、奢侈品多、高质量农产品多。中国的日用品、防疫物资、加工制成品也是欧盟必需进口的。作为世界第二和第三大经济体的中国和欧盟,2021年,两者经济总量约占世界的36%,在世界经济中的地位举足轻重。

二、中欧双向投资很有潜力

商务部部长王文涛在2022年3月1日国新办新闻发布会上表示,双向投资稳中有进。中欧双向投资规模累计超2 700亿美元,在金融、疫苗研发、新能源、电动汽车、物流等领域投资合作非常活跃。商务部发言人高峰在6月新闻发布会上称,2022年前5个月,欧盟对华实际投资同比增长16.8%。

近期中国欧盟商会发布了《2021年商业信心调查》报告,显示受访的在华欧企中,73%的企业2020年实现了盈利,约68%的企业对所在行业未来两年的商业前景持乐观态度,60%的企业计划2021年扩大在华业务规模,1/4的企业正在或者即将加强在华供应链建设。包括欧洲企业在内的各国投资者用实际行动说明,中国仍然是全球外商投资的重要目的地。

中国欧盟商会和欧盟中国商会这两个商会调查,受访的双方企业希望继续投资的比例还是挺高的,中方在欧企业占48%,60%多欧盟在华企业依然看好中国市场潜力,大众汽车拒绝撤出在新疆的投资,欧盟企业对中国创新生态系统表示满意,中国欧盟商会会长表示撤出中国市场只会伤害自己。

但遗憾的是中欧投资协议开了花,没结果。欧方要求以取消对欧盟制裁为先决条件重启中欧投资协定批准程序。

三、中欧经贸关系前景仍然看好

高层对话不断，政治引领双边经贸发展。这几年与欧盟对话非常频繁，习近平主席多次与欧盟、德国、法国等国和经济体的领导人对话沟通。各领域的高级别对话一直没断，包括战略对话、经贸对话、抗击疫情、气候变化、绿色经济、蓝色经济、数字经济对话等。

最近一次对话是中欧第九次经济高层对话。2022年7月19日，中共中央政治局委员、国务院副总理刘鹤与欧盟委员会执行副主席东布罗夫斯基斯以视频会议形式共同主持第九次中欧经贸高层对话。双方围绕宏观经济、产业链供应链、贸易与投资、金融合作四个专题，进行了务实、坦诚、高效的讨论，交流富有建设性。双方就宏观经济政策协调、产业链供应链合作、世贸组织改革、扩大市场开放、中欧地理标志协定实施、动植物检验检疫、金融业双向开放和监管合作等八个方面达成一系列成果和共识。

7月1日，南航、国航、东航三家中国航空公司发布公告称，将向欧洲飞机制造商空客公司合计购买292架空客A320NEO飞机，总金额超过370亿美元（约合人民币2 400亿元）。

近日，中车唐山公司出口波尔图地铁的首列车下线，中企承建的佩列沙茨大桥通车，实现了中国企业在欧盟市场的多个"第一次"。

四、中欧经贸关系困难不少

一是对中国认知错误。欧盟在2019年3月出台的涉华政策文件里，将中国定义为：伙伴、竞争者、系统性对手。

二是经贸关系政治化、价值观化。强调与美国坐在一边。欧盟在意识形态方面紧跟美国，在人权、西藏、新疆等方面对中国发难。在对外关系中强调价值观一致、志同道合，强调政治正确，在欧盟一些机构中，反华就是政治正确，谁反华、对华强硬，谁就提升快。如在欧洲议会中欧投资协议受阻。

三是对华经贸关系地缘政治化和泛安全化。对中国处处设防，反对"一带一路"，搞欧亚互联互通战略以对冲，质疑并暗中反对中国与中东欧的16+1。在并购上对华企业提高审查门槛，搞技术壁垒，称在供应链上不能过度依赖中国等等，对华不再天真。

四是欧盟对华两面性突出。又想发展，又害怕，两面派。刚举行过第九次经贸高层对话，欧盟副议长就跑去中国台湾窜访。

五是对中国快速发展极度不适应。对中国发展感到焦虑、恐惧，特别是中国高科技发展。欧盟在许多方面已落后中美，如基础建设、创新经济、数字经济、绿色经济等。

六是在规则上阻击中国。过去强调自由贸易，现在强调公平贸易。在反倾销反补贴、政府采购、政府补贴采取措施。指责中国产能过剩，

七是在对华关系上被媒体和非政府组织"带节奏"。

八是在对华交往上：欧盟非常虚伪，也非常虚荣。在抗疫中，中国援助欧盟，他们很是别扭，还沉醉在昔日的荣光里。

五、欧盟自身问题多多

战略上：无法做到战略自主。在地缘、政治、军事、外交等被美国绑架，随美国起舞，专干损人不利己的事。

政治上：各自为政。欧盟并非铁板一块，如匈牙利、比利时、荷兰等国在对华立场上与其他成员国相左。

经济上：缺乏长远规划，财政金融政策不协调，成跛腿鸭。各成员国利益难以平衡协调。摆脱不了美元，对外贸易70%货币仍以美元作为结算货币。

社会上：人口老龄化突出，民粹主义上升，工会力量强。

科技上：创新乏力，数字经济方面全部用美国平台，创新公司或被美国收购或被扼杀，许多领域落后中美。现在欧盟前10大企业还都是传统行业，没有一家数字头部企业。

法律上：过度规制。欧盟规则过多，捆绑了自己的手脚，也阻碍了外来投资。

宣传上：跟在美国后面鼓噪。美国竭力并成功地将俄罗斯塑造成欧盟的敌人，是为了牢牢控制欧盟，割欧盟的韭菜，因为欧盟也是一头肥羊。

在行政上：效率低下，许多问题欧盟与成员国难以协调，如抗疫，欧盟乱成一锅粥。

六、稳定中欧经贸关系的基本面

当前，欧盟面临乌俄冲突、经济下行、通胀高企、能源危机、货币贬值、外资出逃、银行加息，欧盟有点焦头烂额，欧盟现在好像有点回过味来了。国与国之间没有永恒的友谊，只有永恒的利益。我国需要审时度势，继续努力，稳住中欧双方经贸关系基本盘极具重要意义。

一是要抓牢欧盟，平衡美国力量。欧盟紧跟美制裁俄损人不利己。乌俄冲突对我国是机遇，会增加中欧双边投资，如欧洲需要恢复核电、石化能源供电等，这都是中国的机遇，以至于推动双边投资协议的签署。欧盟难民问题也会是中国的机遇。

二是要继续分化欧盟。胡萝卜＋大棒。欧盟不是铁板一块，有做工作的余地。要对欧盟资本与美国资本之间的关系作更深入研究，善加利用。欧美勾连多以血缘、宗教和资本为纽带。

三是要尽量多用欧元和人民币进行双边贸易计价和结算。现在欧元已超过美元在世界结算中的比例，39.03：38.35，虽然60%的世界储备和40%贸易结算货币仍然是美元，但美元信用下降显而易见。如中欧贸易用欧元计价和结算，对美元霸权将是威胁和打击。

四是要继续促中欧投资协议签署。中欧双边投资，中欧双向投资规模累计超2 700亿美元，占各自吸引外资的比例非常小。因此，第一步力促欧方能够尽快签署中欧投资协议；第二步可视情况与欧盟探讨中欧自贸协定的可行性研究。

五是要加强科技交流。在数字、气变、绿色、蓝色、金融、供应链等方面交流合作。气变是一个很广阔的领域，在商业合作上想象的空间非常大。疫情后还需加强双方文化交流，以推动双方服务贸易。

六是要讲好故事。多说数据，少说空话，对于欧盟媒体的歪曲、抹黑要坚决予以回击。

七是要发挥好中介组织和媒体的作用，整合中介组织的力量，让中介组织发挥出政府难以发挥的作用。

八是要排除中欧关系中，美国、英国等干扰。中欧关系中，美国因素需全盘考虑，不能被美国左右。美国一直是中欧关系中的阻扰因素。中欧合作一般美国都是反对的，并从中作梗。

中美经贸摩擦下全球芯片供应链调整的新动向及中国应对

李宏兵　赵路犇　翟瑞瑞[*]

摘要：随着以中美经贸摩擦为代表的大国博弈加剧及非传统安全因素日渐显现，芯片供应链安全的重要地位愈发凸显。全球芯片供应链加速调整，逐步呈现出"短链化""近岸化"和"本土化"的特征，芯片供应链构建原则由追求效率和成本最优原则转为以追求供应安全为主的次优配置原则。通过梳理当前全球芯片供应链主要布局方式及核心国家调整动向，总结当前芯片供应链调整的新特点，并从进入壁垒、外资企业外迁风险、关联行业发展等方面着手，重点研判其对于我国芯片供应链安全可能产生的不利影响。对此，需要在进一步提升营商环境的基础上，探寻平衡发展路径，充分发挥本土芯片产业联盟的作用，补齐国内芯片供应链关键短板，完善产业生态，增强产业协同发展能力。

关键词：中美经贸摩擦；全球芯片供应链；供应链调整；供应链韧性

一、引言

作为新一轮信息技术底层应用模块的共同关键器件，芯片供应链的安全与稳定关系到未来科技的发展与国家战略的实施，成为国家间战略争夺的制高点。受疫情、地缘政治冲突和能源紧张等不确定性因素的叠加影响，全球芯片短缺、"芯荒"等困局仍在持续，越来越多的供应中断、上游工厂停工减产，芯片供应链安全凸显，致使美欧日等加快重构安全独立完整的供应链体系，避

---

[*]作者简介：李宏兵　北京邮电大学副教授、系主任；赵路犇　中国农业大学博士研究生；翟瑞瑞　北京邮电大学讲师。

免对国际市场的过度依赖。全球芯片供应链将面临深度动态调整且调整速度进一步加快。我国如何在这一全球芯片供应链调整中稳步推动供应链向附加值更高环节攀升和增强芯片供应链韧性、安全性，以突破以美欧日为代表的"去中国化"困境，是亟需深入思考和回答的问题。然而，现有研究主要围绕芯片产业发展历程、供应链构建所面临的风险等展开，大多从我国国内视角出发，通过测算、比对关键指标或关键环节发展差距，探究我国半导体产业发展面临的困境与风险（Li，2021；袁剑琴，2021；黄烨菁，2022；马源，2022）。因此，本文在已有研究基础上，梳理当前全球芯片供应链分布格局，厘清主要国家和地区调整的新动向，挖掘其中呈现的新特点，研判其对我国产生的影响，并提出相应的对策建议。

二、全球芯片供应链布局与调整新动向

（一）全球芯片供应链分布格局

当前全球范围内的半导体供应主要由美国、韩国、日本、欧盟、中国台湾及中国大陆所主导。从2019—2021年全球半导体产能[①]分布情况来看，亚洲地区对全球半导体产能贡献率居于首位，超70%的全球产能来自该地区，在区域内形成了以中国台湾制造领衔，日、韩及中国大陆共兴的态势。从半导体产业市场份额[②]分布看，美国是全球范围内半导体供应实际市场份额占比最高的国家，达50%左右，超过世界其他国家的总和。通过对比产能与市场份额差异能够发现，中国台湾和中国大陆的产能—市场份额背离程度较大（以2021年为例，中国大陆和中国台湾均为12%），从侧面说明二者承接生产代工、制造外包业务能力突出，但需要进一步拓展其他技术密集型环节业务活动。

[①] 以实际产出地为主要测度口径核算产能。
[②] 以公司总部实际归属地为主要测度口径核算市场份额。

表1 2019—2021半导体供应链产能与市场份额分布表

产能				市场份额			
国家（地区）/年份	2019	2020	2021	国家（地区）/年份	2019	2020	2021
美国	13%	12%	12%	美国	47%	47%	51%
韩国	19%	21%	21%	韩国	19%	20%	22%
日本	17%	15%	15%	日本	10%	10%	6%
欧洲（欧盟）	9%	9%	9%	欧洲（欧盟）	10%	10%	6%
中国台湾	20%	22%	21%	中国台湾	6%	7%	9%
中国大陆	16%	15%	16%	中国大陆	5%	5%	4%
其他	6%	6%	6%	其他国家	3%	1%	2%

数据来源：BCG、SIA、WSTS、Gather IDC数据整理所得。

为进一步考察构成半导体供应链主要国家和地区所扮演的角色，本文对半导体供应链各细分环节进行更为细致的分析。在已有研究基础上，本文将半导体供应链归纳为六个环节：芯片生产设计、芯片前端制造[①]、后端制造[②]、自动软件开发与知识产权、制造设备与工具和投入材料。参照波士顿咨询公司与美国半导体协会2021年的研究报告[③]，整理得到各环节研发投入、资本投入与附加值占比（见表2）。其中，芯片设计具有最高的环节附加值（在所有环节中占比为50%），但该环节需要投入大量的研发资金[④]，整个供应链环节中研发投入的约65%用于该环节。与芯片设计活动不同的是，整个供应链环节中约64%的资本投入用于前端制造，以购买、更新、维护关键的晶片生产设备或扩大厂区面积、新建满足无菌条件的工作室等。

---

① "前端制造"通常也称"晶圆厂制造"，是将芯片设计中的纳米级集成电路印刷到硅晶片上的过程，该生产过程下需要保证十分严苛的无菌条件，以防止空气中的颗粒污染。

② "后端制造"主要指组装、封包与检测过程，主要涉及将晶圆厂制造出的硅片转化为成品芯片的过程。

③ 分类参照波士顿咨询公司与美国半导体协会2021年研究报告《不确定性下加强全球半导体供应链建设》。

④ 表2中报告的"研发投入"指不考虑半导体生产基础理论创新投入的各环节研发资金占比。

表2 半导体全球供应链各环节增加值分布表

供应链环节	研发投入	资本投入	环节附加值
芯片生产设计	65%	13%	50%
前端制造	16%	64%	24%
后端制造	3%	13%	6%
自动软件开发与知识产权	4%	1%	4%
制造设备与工具	11%	3%	11%
投入物料	1%	6%	5%

数据来源：BCG、SIA。

此外，在供应链各环节的节点上，主要国家和地区具有差异化优势：美国在供应链多点位置上处于领先地位，尤其是依靠虚拟服务、技术传递价值的设计软件开发、芯片设计等部分；中国台湾在前端制造领域具有极高的造诣，而中国大陆仅在供应链末端即后端制造上具有一定的固有优势。

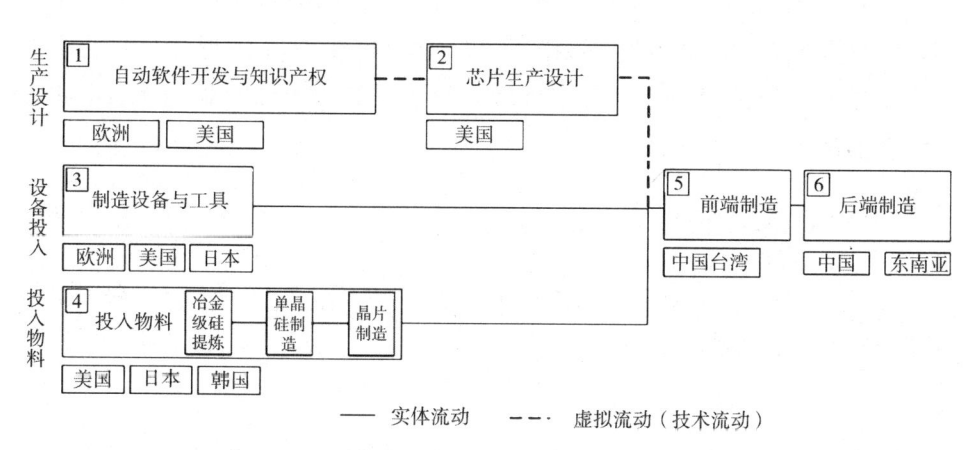

图1 芯片生产供应链流程与代表性国家（地区）

资料来源：作者整理所得。

表3 各国（地区）芯片生产附加值分布[1]

国家	2019	2020	2021
美国	39%	40%	39%
韩国	16%	18%	19%
日本	14%	12%	12%
中国台湾	12%	11%	11%
欧洲	11%	9%	9%
中国大陆	6%	7%	7%
东南亚	–	1%	1%
其他	2%	2%	2%

数据来源：CEST、SIA、根据各国各企业财报整理所得。

结合综合附加值[2]的分布（表3），可以发现美国位于全球半导体供应链的高端位置，其实际增加值稳定在40%左右。韩国附加值位列第二位，且有进一步上涨的趋势，2021年附加值达19%；日本与欧洲附加值在2019—2021年间出现轻微的下降，中国台湾地区相对平稳，附加值在11%附近轻微波动。中国大陆及东南亚地区由于主要承接后端制造项下劳动密集型环节的业务活动，产品附加值相对较低。

（二）重点国家和地区调整新动向

从政策导向及企业响应情况两个方面切入（见表4），探寻全球主要国家和地区芯片生产布局的调整方向。

---

[1] 报告中仅公布了2019年测算数据，因此本文在参考核心测算方法的基础上，汇总全球各主要国家和地区半导体企业，并将其中与芯片生产或集成电路生产关联度较低的企业剔除，将公司归属作为各国和地区各环节市场规模的基础数据来源。汇总公司数目达250家，其营收总和占当年世界半导体收入的90%以上，具有一定的代表性。

[2] 主要测算方法参考自研究报告《The Semiconductor Supply Chain: Assessing National Competitiveness》中附录A。以某一国家在每一具体环节所形成的市场规模绝对值按每一单环节所具有的附加值加权汇总后，将其结果与市场规模总和之比用于衡量该国附加值。该项所指的市场规模主要是以公司总部所在地或实际控制国家为代表的公司当年度实际营收情况表示。

1. 美国

为缓解芯片生产上严重的"空心化问题",美国半导体支持政策出台频率加快。2020年以来出台《促进半导体制造法案》《晶圆代工法案》等政策文件,对外来企业在美国本土开设半导体制造工厂予以高额的税收减免或由政府牵头创建专门的芯片基金等形式用以重振本土的芯片制造能力。此外,其激励政策存在较强的"歧视性",部分文件明确规定税收减免条件实施对象不包括中国大陆。从企业响应情况来看,短期内高精尖制造回流美国趋势较慢。美国商会2021年调查报告显示,亚洲区域生产的美国制造商中,有72%的公司在未来三年内无产业活动回迁计划。

2. 欧盟

为保证供应链安全,弥补芯片制造短板,欧盟力求在提高产能的基础上进一步打造完整的区域内芯片制造生态系统,强化尖端芯片的可持续生产能力。从政策文件来看,欧盟在《2030数字罗盘》计划的基础上,于2022年2月出台《欧盟芯片法案》,拟通过运用超过430亿欧元的共同和私人资金,力争到2030年,实现全球20%的芯片来自欧盟生产。从企业响应情况看,受法案激励,英特尔、格芯、意法半导体等头部企业于2022年宣布拟在欧洲区域下扩建大型晶圆生产基地与研发中心。

3. 韩国

韩国以半导体产业集群化、规模化为切入点,围绕芯片产业,于2021年发布"K-半导体战略"。从政策导向来看,韩国试图扩大在半导体生产领域的固有优势,进一步增强其半导体生产头部企业合作所产生的规模优势。从企业响应情况来看,SK海力士、三星为主的头部芯片制造企业均制定了未来5年间的产能扩充或产业群建立计划。据韩国贸易、工业和能源部统计数据,2022年韩国芯片厂商将在本土投资超56.7万亿韩元,以扩充韩国本土的芯片制造能力。

4. 日本

日本在政策方面强调增强半导体新技术研发与高精尖生产过程合作,严控供应安全(见表4)。在日本半导体产能与实际市场份额均呈现不断下滑趋势的背景下，其半导体发展政策以产能恢复为主，同时倡导提高本国半导体供应链"稳健性"，即鼓励半导体供应链各环节应由"友好的民主国家"构成，具有一定的结盟色彩。从企业响应情况来看，以东芝、索尼为代表的本土核心企业进一步扩大其在岸生产规模，台积电等跨国生产巨头也已拟定在日本雄县兴建晶元制造工厂计划。

5. 中国台湾

受困于中美贸易摩擦及区域内倾美思想的影响，中国台湾布局呈现出向美靠拢，限制与大陆合作的态势。2021 年发布的《在大陆地区从事投资或技术许可办法》修正案明确提及限制中国台湾与大陆的半导体产业合作，控制生产线转移与制造外包，而后制订的《产业链自主发展计划》则鼓励企业与美半导体企业合作，共同突破微节点技术，拓展在美生产活动。政策背后的核心逻辑在于控制自身高精尖制造技术溢出的同时，鼓励积极吸收领先技艺国家技术红利。从企业响应情况来看，台积电等先进半导体制造公司积极响应，制定与美、日、韩的国内企业合作协议。

6. 中国大陆

在供应链参与环节上，中国大陆半导体生产的突出优势在于封测及封测设备的制造方面。因此，在政策导向上，中国大陆积极鼓励向前端制造及芯片生产设计等供应链高附加值环节靠拢（详见表 4），以企业所得税优惠、国家专项资金支持、充分发挥行业协会作用等手段支持产业活动协同发展，强化本土企业芯片设计、前端制造能力。从企业响应情况来看，半导体企业融资速度加快，头部企业合作研发意愿不断提高，2021 年芯片设计企业数较 2020 年上涨 26%[①]，芯片设计企业数量明显增多。

7. 东南亚国家

尽管东南亚国家大多位于供应链的中下游，但相关国家仍然意识到芯片本土制造的重要性，吸引外资巨头投资设厂。凭借劳动力成本与政策支持优势，以越南、马来西亚等为代表的东南亚国家逐渐参与芯片制造的末端环节，从事组装、封测活动。此外，得益于以往半导体制造稳固的基础设施条件，新

---

① 具体数据来自 ICCAD。

加坡强势复苏，成为芯片制造商重要的投资目的地。

表4 主要国家（地区）调整政策与企业响应状况

国家或地区	政策文件及倡议	政策导向	企业响应状况
美国	1.《2020美国晶圆代工法案》 2.《2021促进半导体制造法案》 3.《2022美国竞争法案》 4. 2022推动构建"芯片四方联盟"	推动芯片本土化生产进程，扼制中国芯片制造活动发展。	《美国商会2021报告》显示，位于亚洲区域的美国制造商中，近72%无短期回迁计划
韩国	"K-半导体战略"	巩固存储芯片优势，补齐系统芯片短板，充分发挥规模优势。	SK海力士、三星等头部企业均制订了产业群扩充计划
日本	1."半导体和数字产业发展战略" 2.《半导体产业紧急强化方案》 3.《经济安全保障促进法案》	鼓励产能恢复的前提下注重保障供应链安全	本土企业中东芝、铠侠，海外企业中台积电、美光科技等均已完成在日建厂选址活动
欧盟	1."2030数字罗盘计划" 2.《欧盟芯片法案》	提高区域产能，打造欧洲区域内独立的芯片生产生态系统	格芯、意法半导体等头部企业积极协商，计划在欧洲拓展合资芯片制造厂
中国台湾	1.《先端技术与产业链自主发展计划》 2.《在大陆地区从事投资或技术合作许可办法》修正案	限制尖端制造技术向大陆扩散的同时打通与先进技艺国家合作渠道	台积电发布计划与美共建新一代微节点芯片研发实验室
中国大陆	1. 2021《中华人民共和国国民经济和社会发展第十四个五年规划和2035远景目标纲要》 2. 2020《关于促进集成电路产业和软件产业高质量发展企业所得税政策的公告》 3. 2020《新时期促进集成电路产业和软件产业高质量发展的若干政策》	支持产业活动协同发展，强化本土企业芯片设计、前端制造能力	2021年芯片设计企业数较2020年上涨26%

续　表

国家或地区	政策文件及倡议	政策导向	企业响应状况
东南亚国家	1. 2020 新加坡 NFR"研究、创新与企业 2025 计划" 2. 2021 印度"半导体产业激励计划" 3. 2021 泰国"半导体投资税收优惠计划"	扩大区域芯片产能，参与供应链建设	美光、格芯、世创、联电等跨国芯片生产巨头已做东南亚产能扩充计划

数据来源：作者整理所得。

（三）全球芯片供应链调整的新特点

1. 芯片在岸生产趋势加剧，"全球化、专业化"模式日渐式微

全球范围内经济、政治不确定性风险的加剧，大国之间贸易摩擦的频率上升以及公共卫生安全管制更加严格等对原有的以高度垂直专业化分工为主的全球化芯片生产形成了巨大的冲击。2020—2021 年芯片供应短缺波及全球 169 个国家和地区，在推动芯片价格上涨的同时加剧了下游行业产品的囤积压力，并且这一影响预计将持续至 2023 年。为保障自身半导体供应安全，以近岸化或在岸化生产为主要手段的半导体供应链配置方案，打破了原有的全球供应链配置原则，由早先的依据成本最小化原则进行的全球配置逐渐转变为寻求近岸化、本土化的以分散风险为目的的次优配置。如美国积极倡导半导体制造回流本土生产、日本大力提倡未来供应链各环节应建立在"友好国家"的基础上。

2. 美试图构建以己为主的芯片联盟，区域结盟对抗趋势凸显

由美国发起的"芯片四方联盟"（美、韩、日、中国台湾）是美国官方主导的第一个全球性芯片的"生产者联盟"，意欲实现先进工艺芯片全链条的整合，构建芯片产业的"政治秩序"。此外，以美国为主导构建的"小圈子"除了拉拢在供应链上具有比较优势的日本、韩国和中国台湾，还包括具有一定产业链承接能力的印尼、马来西亚等国，意在使其成为以美为主的西方国家制衡中国芯片产业发展的重要着力点。同时，欧盟也计划将在芯片、半导体等数字领域降低对中国和美国的依存度，打造欧洲芯片产出生态圈。在中美贸易摩擦以及国与国间战略制衡迭代出现的背景下,全球芯片产业区域化结盟对抗的可能性存在进一步提高的风险,国际芯片供应链的对抗竞争将进一步加剧。

3. 部分国家和地区"去中国化"意欲明显,供应链布局受政治裹挟严重

受地缘冲突、利益摩擦等影响,供应链的"去中国化"在这一时期的国际芯片供应链调整政策中尤为明显。以美国为主的发达国家在产业布局上不断调整,试图割裂我国生产活动与先进技艺国家的联系,迟滞我国与全球市场的联动步伐。如美国针对半导体的鼓励政策明确提出符合条件的公司指"除中国大陆控制以外的半导体企业";中国台湾地区出台的修正案指出"控制半导体制造技术、设备等向中国大陆溢出";日本也意欲将中国大陆排除在外,大力提倡未来供应链各环节应建立在"友好国家"的基础上。同时,美国提出的所谓"半导体产业联盟"具有排斥特定国家合作的色彩,也意欲遏制中国大陆可能参与的竞争。

三、全球芯片供应链调整对我国的影响

全球芯片供应链调整对我国存在以下几个方面的影响。

(一)中国大陆相关企业参与芯片供应链壁垒增高

首先,以美为主的国家及地区出台一系列针对芯片技术或材料的出口管制措施,设置实体清单拒绝或限制使用美国芯片设计服务及相关设计软件的行为,增大了下游环节进口国企业的生产成本和由搜寻替代选择所产生的机会成本。如美国商务部已通知美国芯片类企业只有在获商务部许可后,才能够将特定技术出口给中国大陆的特定芯片制造商或使用商,同时呼吁盟友共同抵制中国半导体领域产品,封锁打压中国芯片产业发展。其次,在直接投资层面,收紧中国对美投资的风险审查,《2022年美国竞争法案》建立了新的外商投资审查机制,新设立的"国家关键能力委员会"将有权审查"对一项或多项国家关键能力构成不可接受风险"的外国直接投资。严格的出口管制和投资审查等增加了中国大陆相关企业参与国际芯片供应链的难度,不利于大陆企业开展相关技术的国际合作,阻碍国际人才、技术等生产要素流入,挤压供应链

上下游相关企业的国际发展空间。

（二）区域化、联盟化趋势加剧被脱钩风险

部分国外研究认为中国在芯片制造领域的进步是增加国际供应链风险的重要原因，因此，以美为主导的联盟竭力将中国大陆排除在外，试图在芯片领域重建脱离中国大陆的供应链，积极倡导在全球供应链重构过程中"去中国化"。一方面，从合作对象看，美国既与区域经济水平较强、芯片产业具有优势的日本、韩国以及中国台湾寻求联盟合作，也与位于供应链下游的印尼、马来西亚等国展开合作，意欲打通美国—亚太供应链，实施对华"脱钩"。另一方面，从美出台的激励政策看，将中国大陆企业排除在外，不能享受其鼓励支持政策。美国总统拜登也曾强调供应链"不能依赖国家利益和价值观不同的外国"。同时，以美为主导的联盟对中国大陆的主动脱钩会对在华投资的相关企业产生负面影响，在叠加母国政策的诱压下，可能迫使一些已投资在华外资企业将芯片相关的生产、设计等回迁本土或外迁他处。

（三）短期下芯片短缺风险存续

短期来看，中国大陆仍面临芯片供应短缺的风险，尤其是应用在CPU、GPU下高端芯片的结构性缺芯仍将持续。当前，全球主要的芯片高产能区域仍处于产能恢复阶段，其生产调整往往需要数周时间。新的供应不可能一蹴而就。在外部大环境供应短缺的情况下，中国大陆的芯片短缺仍将持续。尽管在中短期内，"去中国化式"供应链布局将限制中国大陆由组装、测试、封包等低附加值环节向半导体设计、新一代微节点芯片制造等高附加值环节演进，加剧我国大陆对美国、欧洲国家的供应依赖。但长期来看，为突破以美为主的封锁和打压，我国大陆或将依据完备的工业体系、不断增强的科技创新能力、庞大的市场需求规模等倒逼本土芯片供应链更加完善。"中国制造2025"指明我国半导体重点发展领域为半导体设计与制造环节，财政扶持重点起初集中在芯片设计人才培养与晶圆制造厂投入，布局中国大陆向芯片供应链高附加值环节转移，鼓励培育优势高端芯片制造企业，扩大本土内芯片供应链。

（四）面临技术和规则双霸权可能性加大

在供应布局动态调整趋势加剧的背景下，占据芯片供应链高附加值环节的发达国家，对生产技艺落后、核心芯片供给主要来自进口的技术滞后国家，实施技术霸权与规则霸权的可能性上升。在技术霸权上，核心设计与制造环节受制于人，这难以保证芯片不存在监视模块与其他非正当数据获取功能，其一旦装备于保存大量核心商业数据或相关机要文件的电子设备，即成为有针对性的打击企业发展、威胁国家安全的重大隐患。在规则霸权上，美国等发达国家凭借自身霸权主义以数据公开透明的名义强行掠夺跨国半导体企业的生产经营与商业数据，而将其在中国等发展中国家合理的技术外溢现象定义为极端的黑客攻击行为。同时，积极推动TTC、ITA技术规则覆盖范围，对技术转让与核心知识产权使用许可实行严苛的监管，阻碍中国获取先进技术渠道；以对国有企业补贴扭曲半导体生产为由，对我国的半导体补贴政策实施不当制裁。

四、中国应对全球供应链调整的对策

（一）补齐国内芯片供应链关键短板

目前我国的中低端芯片已经实现量产，但在高端芯片上距离国际先进水平还有很大距离。为摆脱芯片供应链受制于人的被动局面，我们亟需从顶层设计优化布局，在长三角、京津冀、粤港澳大湾区、成渝经济圈等实现错位协同、优势互补；加强制造工艺、关键设备材料等供给保障，提升供应链的稳定性；加快关键核心技术攻关突破，面向重大需求积极推进国内芯片制造向高端化转变，全面提升芯片供应链各环节的技术水平；以芯片产业基础相对雄厚、技术水平相对较高的张江高科技园区所在的长三角为着力点，打造国内芯片产业集群，打通供应链堵点，进而辐射带动长江三角洲城市群、长江中游城市群和成渝城市圈等长江经济带"三极"；强化基础研究，积极探索、指导产业技术发展路线，提前布局下一代芯片技术发展方向；逐步实现芯片供应链各环节的国产化，构建自主可控的芯片供应链体系，稳步增强国内芯片自给能力，减少对外部的依赖。

（二）充分发挥本土芯片产业联盟作用

第一，以中国高端芯片联盟成立为契机，不断拓展联盟影响面，切实推动建立产、学、研、用深度融合的芯片产业联盟，覆盖产业链上下游的重点企业、高校、研究所等，整合行业内各方资源，打造开放式的芯片产业共性和关键技术创新平台，推进产业内联合攻关和协同创新，实现芯片产业必要的基础技术突破。第二，探索体制机制创新，逐步完善产业链上下游合作机制，促进信息、技术、标准等沟通协作，加强供需对接，提高资源配置效率，推进龙头骨干企业强链补链，积极帮助企业协调解决要素保障等难题，推动国内芯片企业打破相关技术封锁、建立生态体系。

（三）着力优化营商环境

面对芯片外资巨头回迁和外迁他处的风险，着力打造最优营商环境。第一，改善软环境，加大对科技、产业、金融等领域的政策创新和制度供给的开放力度，继续释放有利政策，持续深化"放管服"改革，提升政府服务效能，着力聚集和吸引全球一流芯片企业，注重培育汇聚重点企业和重大项目，加强企业服务，让企业办事更加便捷。第二，夯实吸引和留住外资的硬环境，持续推进数字化基础设施建设，不断改善交通、水、电等基础设施，逐步完善全国"新基建"布局，巩固相对比较优势，吸引外资企业加大本土化生产布局。

（四）发起芯片产业安全规则倡议

芯片应用覆盖医疗、交通、能源、通信和工业自动化的关键应用程序和基础设施，是数字经济的核心。保障其安全防御是维护数据安全的重中之重。第一，在切实提升自身芯片设计、制造等技术的基础上，强化芯片安全防御标准的制定和推行，保障芯片数据安全；第二，以《中国—东盟关于建立数字经济合作伙伴关系的倡议》以及申请加入《数字经济伙伴关系协定》（DEPA）为着力点，在已提出《全球数据安全倡议》的基础上，发起芯片产业安全规则倡议，可推出芯片底层技术的区域安全标准，打造区域安全产业联盟和安全标准联盟，保证芯片设计与制造等相关技术的"清洁"，保障芯片应用的基础设施的数据安全。

（五）以多双边合作为突破口增强国际供应链弹性

中国芯片产业需要在建立国内供应链的基础上，稳定国际供应链，实现国内外双供应链的良性循环。第一，充分借助"一带一路"倡议、《区域全面经济伙伴关系协定》的关键作用，除继续加强原有芯片供应链合作之外，拓展与相关国家和地区芯片产业的合作与交流。第二，以重点国家和地区为切入点，加强与日本、韩国芯片产业的合作，利用粤港澳大湾区增进与东盟国家的深度合作等，鼓励国内优势芯片企业积极开拓海外国际市场，强化国际合作研发，打造具有更强创新力、更高附加值、更安全可靠的供应链。第三，还可由产业协会或政府主导共设咨询机构，联合评估区域内半导体供应链韧性、敏捷性及稳健性，在把握区域内半导体供应链发展特点的基础上，加强参与各方对供应链面临的潜在风险的认识，通过多方助力加强生态系统共建，共同提升供应链各环节抵抗外部冲击能力，保障半导体供应安全。

参考文献

[1] 符正平，叶泽樱.大国博弈下全球供应链的中断风险与"备胎"管理——基于华为公司的案例[J].江苏社会科学，2021（4）：111-119.

[2] 葛琛，葛顺奇，陈江滢.疫情事件：从跨国公司全球价值链效率转向国家供应链安全[J].国际经济评论，2020（4）：67-83.

[3] 张振华.我国半导体显示产业财政补贴效应及研发效率研究[J].工业技术经济，2020，39（2）：151-160.

[4] 黄烨菁，孙美露，窦钱斌.中国集成电路产业跨国供应链风险、成因及发展趋势[J].亚太经济，2022（3）：119-128.

[5] 林梦，路红艳，孙继勇.全球供应链格局调整趋势及我国应对策略[J].国际贸易，2020（10）：19-25.

[6] 马源，屠晓杰.全球集成电路产业：成长、迁移与重塑[J].信息通信技术与政策，2022

(5): 68–77.

[7] 苏庆义. 全球供应链安全与效率关系分析[J]. 国际政治科学, 2021 (6): 1–32.

[8] 陶涛. 中美供应链调整与中国产业应对[J]. 国际贸易, 2020 (12): 13–19.

[9] 吴晓波, 张馨月, 沈华杰. 商业模式创新视角下我国半导体产业"突围"之路[J]. 管理世界, 2021, 37 (3): 123–136+9.

[10] 杨继军, 金梦圆, 张晓磊. 全球供应链安全的战略考量与中国应对[J]. 国际贸易, 2022 (1): 51–57+96.

[11] 袁剑琴. 数字经济背景下我国半导体产业链安全研究[J]. 信息安全研究, 2021, 7 (7): 640–645.

[12] 张云涛, 陈家宽, 温浩宇. 中国集成电路制造供应链脆弱性研究[J]. 世界科技研究与发展, 2021, 43 (3): 356–366

[13] 赵可金, 郎昆. 中美竞争下的供应链安全研究[J]. 东北亚论坛, 2022, 31 (2): 19–39+127.

[14] Ishak S, Salim N A M, Lazim N L, et al. A Conceptual Paper of Supply Chain Adaptive Strategies During Covid-19 Pandemic and the Impact on Performance to Semiconductor Industries[J]. Asian Journal of Research in Business and Management, 2022, 4 (1): 1–14.

[15] Khan S, Mann A, Peterson D. The semiconductor supply chain: Assessing national competitiveness[J]. Center for Security and Emerging Technology, 2021: 8–24+63.

[16] Li Y. The Semiconductor Industry: A Strategic Look at China's Supply Chain[M].The New Chinese Dream. Palgrave Macmillan, Cham, 2021: 121–136.

[17] Kumar R. The supply chain diversification and India–South Korea cooperation in a contested East Asia in the post-COVID-19 era[J]. The Journal of Indian and Asian Studies, 2021, 2 (2): 1–21.

[18] Grimes S, Du D. China's emerging role in the global semiconductor value chain[J]. Telecommunications Policy, 2022, 46.

介于 TPP 和 CPTPP 之间的印太经济框架

——美国的另起炉灶、日本的追随与中国的应对

王卓[*]

摘要：美国准备推出"印太经济框架"制衡中国。此举是为了填补 2017 年退出《跨太平洋伙伴关系协定》（TPP）后留下的亚太经贸战略漏洞。在百年变局和乌克兰危机的背景下，印太经济框架可能给区域内的安全环境与经济发展新增不确定性。对此中国通过申请加入全面与进步跨太平洋伙伴关系协定（CPTPP）、深化"一带一路"倡议、强化自由贸易试验区、践行中国的多边主义等予以应对。

关键词：印太经济框架（IPEF）；CPTPP；RCEP

一、引言

美国准备推出"印太经济框架—Indo-Pacific Economic Framework（IPEF）"制衡中国。此举是为了填补 2017 年退出 TPP 后留下的亚太经贸战略漏洞。早在奥巴马时期，美国在亚太地区推动签署了 TPP（现为 CPTPP），未将中国纳入其中。而在特朗普时代，美国选择退出。当前，强调"本国优先"的美国在不回归 CPTPP 的前提下，试图另起炉灶推出"印太经济框架"，或许意在削弱亚太地区没有美国参加的 CPTPP、区域全面经济伙伴关系协定（RCEP），确立以美国为中心的新框架[①]。

[①] 警惕美国印度太平洋经济框架对全球稳定发展的不利影响.21 世纪经济报道.2022-02-15.

[*] 作者简介：王卓　国家发展改革委国际合作中心华夏研究院国际交流研究所所长、研究员、博士。

拜登将与中国的关系定位为 21 世纪最大的地缘政治学考验，曾表示"中国是最严重的竞争对手"。在此背景下，美国联邦议会和美国有识之士认为，有必要制定在印度太平洋地区表达美国经济承诺的政策。包含美国回到 CPTPP 是其中最好的主张。不过，拜登否定了这个选择，而是确定了印度太平洋战略中的 IPEF。

虽然 IPEF 细节尚未公布，但美国不会重返 TPP。尽管日本、澳大利亚和新加坡等国家敦促美国重返 CPTPP①，但这会影响美国对亚太各国市场开放的进口竞争，声称以劳动者为中心的通商政策，对于即将进行中间选举的拜登来说难度很大。美国已不考虑此问题②，理由是国会两党都没有给予足够的支持，工会也表示反对。美方对 CPTPP 并不满意，特别是在冻结 TPP 知识产权保护条款方面③。TPP 中的 ISDS 条款，即企业可以起诉投资对象国政府的纠纷解决机制被 CPTPP 冻结，这一机制被认为是反全球化的，会招致主权侵犯。所以 CPTPP 与 TPP 相比自由化水平很低，加盟标准也随之降低了。

所以 IPEF 是将 TPP 和 CPTPP 折中的妥协方案，就是将医药用品的知识产权保护、数字贸易环境、劳动条款等美国可以接受的内容放入"印太经济框架"，开发符合高劳动力和环境标准的新贸易方法；以开放原则管理数字经济和跨境数据流，建立新的数字经济框架；推进多样化、开放和可预测的有弹性和安全的供应链；消除障碍，提高透明度和信息共享；在碳减排和清洁能源方面进行共享投资；利用好亚太经济合作组织（APEC）；通过实施"开放政府伙伴关系倡议"等，寻求提高印太地区的财政透明度，以揭露腐败并推动改革；把印太作为落实"重建更好世界倡议"（B3W）的重要区域，尤其是注重 5G 等数字基础设施的建设。

超越 CPTPP，又达不到 TPP。美国政府决定构建新的经济磋商框架，也是

---

① 日方频频借一些外交活动"夹带私货"，拿中国说事："岸田还表达了希望美国重返《全面与进步跨太平洋伙伴关系协定》的意愿"。环球时报.2022-05-06.

② 2021 年 11 月 15 日，美国商务部长吉纳·雷蒙德在东京电视台的采访中，美国的这种态度更加明确了。该官员明确表示，美国目前不回归 TPP12，而是以数字贸易、半导体和清洁能源为焦点，以更强大的新经济框架参与印度太平洋地区。

③ 新経済枠組み、ＣＰＴＰＰ参加目指すものではない＝ＵＳＴＲ代表.ロイター.2022-04-01.

觉得美国重返 TPP 的难度较大[①]。但 2022 年 2 月起俄乌战争持续，美欧日制裁俄罗斯，让西方国家更团结，也让美国在国际事务上拥有话语权。介于 TPP 和 CPTPP 之间的印太经济框架将如何实现，美国的另起炉灶与中国的应对又将如何展开，将是本文探讨的重点。

二、另起炉灶：美国主导印太经济框架

战后美国先后主导了三个体系的建立：一是联合国；二是以美元为主导的国际货币金融体系，为此成立了国际货币基金组织和世界银行；三是以美国为中心的国际贸易体系，为此成立了关税及贸易总协定和后来的世界贸易组织。这三个体系赋予了美元和美国一系列超出常规的权利。但随着国内制造业衰退，美国要彻底改造三大体系，另起炉灶。

拜登在 2021 年 10 月 27 日第 16 届东亚首脑会议上明确了"印度-太平洋经济框架"的构想[②]。2022 年 2 月 7 日《华尔街日报》说，拜登准备公布这个战略[③]。由于 CPTPP 无法助其解决吸引制造业回流、保护本国产业的问题，因此美国打算另起炉灶，意在削弱亚太地区没有美国参加的 CPTPP 和 RCEP，在印太地区拉拢盟国构成一个以美国为主导且尽量减少依赖中国的供应链。

（一）印太经济框架

美国执意另起炉灶主要还是为了维护自己的主导权。拜登首个印度-太平洋战略中，包含了 5 个目标和 10 个行动计划。目标之一是"促进印度太平洋地区的繁荣"，IPEF 被定位为达成目标的行动之一。IPEF 是为"印太战略"服务的，旨在制衡中国，是为了填补美国 2017 年退出 CPTPP 后留下的亚太经贸战略漏洞。

[①] 日媒：美日贸易谈判陷入停滞 重建合作框架难度高. 参考消息. 2021-11-19.
[②] 美国白宫声明 https://www.whitehouse.gov/briefing-room/statements-releases/2021/10/27/readout-of-president-bidens-participation-in-the-east-asia-summit/
[③] 林勇香. 拜登起草经济计划抵制中国的影响力. 华尔街日报. 2022-02-07.

1. 基本内容

"印太经济框架"聚焦在构建数字贸易规则、重塑地区供应链以及打造绿色技术标准等方面,美国贸易代表戴琪将领导该框架的贸易部分,这将包括数字贸易、劳动标准和贸易便利化。商务部长吉娜·雷蒙多将负责供应链、基础设施、脱碳、税收和腐败等部分。

表 1 推测的美国 IPEF 内容

论点	内容
框架的性质	印度太平洋地区的多边经济框架
形式	不是需要议会批准的贸易协定,而是寻求各个领域达成一致模块型框架 有可能与美国欧盟贸易技术委员会(TTC)类似
对象领域	贸易便利化、数字经济技术标准、供应链韧性、脱碳与清洁能源、基础设施、劳动标准等 最初的优先领域为数字经济、贸易便利化、供应链、可持续性、劳动者权利、基础设施
日程	2022 年早期开始正式的程序。年内发表关于和意向国的印度太平洋经济框架展望联合声明
其他	在基础设施领域的公私合作伙伴关系(PPP)和投资提供更大的灵活性。专注于"后疫情时代"重建经济过程中最关键的问题,例如,在供应链上进行合作,围绕供应链协调我们的投资,围绕出口管制进行协调。与本地区的盟友进一步合作,以共享相关信息、规划供应链、监控供应链、管理供应链,并对这方面的投资进行战略协调

资料来源:根据美国政府高官的发言、媒体报道等制作。

框架将包含一系列单个协议,印太国家可以选择签署这些协议。框架是一种易于接受的形式,它可以避免对立点过于突出,但不像"条约"那样具有强制效力,而是建立一个相互促进但又各自独立的"模块"组成的灵活网络[①],但无法以规则对成员国进行约束。IPEF 可能采取与美国和欧盟于 2021 年秋季成立的贸易技术评议会(TTC)相近的形式[②]。另外,IPEF 的 6 个课题中最重视的

---

① 美国贸易副代表比安奇:预计将在未来数周内公布更多印度 – 太平洋经济框架的信息. 汇通网.2022–02–02. http://forex.cngold.com/fxb/c5670032.htm

② TTC 是以管理新兴技术和协助国际贸易课题为目的的框架。目前,在技术标准、气候、清洁技术、安全供应链等 10 个领域成立了工作部会,正在进行讨论。

是数字贸易。通商和外交相关委员会所属的议员认为应通过 TPA 法案，追求多国间的数字贸易协定。CPTTP、USMCA、RCEP 中也有数字贸易和电子商务的规定，但是美国业界等要求制定更为先进的规定。由于中国于 2021 年 11 月 1 日正式申请加入《数字经济伙伴关系协定》(DEPA)，美国业界要求 IPEF 尽早制定数字贸易规定。但拜登政府内部，外交政策团队与经济政策团队围绕印太数字贸易协定等问题存在较大分歧。

表 2 《美国的印度太平洋战略》中 IPEF 的政策依据

1	2021 年 9 月 30 日，美国欧盟贸易技术评议会发表的匹兹堡声明也表明，美国从传统的贸易投资协定出发，将立足于安全保障和价值外交的经济秩序和技术合作框架。2023 年以后美国致力于促进 APEC 自由、公正、开放的贸易和投资（美国是 2023 年 APEC 主办国）
2	2021 年 6 月 G7 峰会上达成的 B3W（Build Back Better World）的倡议，加强印度太平洋地区的发展中国家基础设施，缩小地区内的基础设施差距
3	2021 年 9 月 24 日第二次日美澳印首脑会议上通过的技术原则，美国在连接四个国家的"菱形"中的中国台湾地区和东南亚国家联盟（ASEAN）中展开的尖端技术特别是围绕半导体供应链的新通商秩序的形成进行了讨论。以 5G 供应商的多样化和开放的无线接入网络（O-RAN）技术为中心，推进强韧安全的全球电信

资料来源：根据美国政府高官的发言、媒体报道等制作。

虽然印太国家谋求在美国市场销售更多农产品和制造品[①]，但预计拜登不会向他们提供关税削减，以及其他需要国会批准的具有法律约束力的市场开放措施，因为美国不愿向亚洲国家提供更多的市场准入[②]。美国的劳工组织及其民主党盟友以及一些共和党人反对贸易协定，理由是它们会损害美国的就业和制造业[③]。这从根本上限制了美国印太经济战略的可信度和吸引力。但市场准入措施被认为对加强美国在该地区的关系至关重要，尤其是美国同南亚和东南亚欠发达国家之间的关系。IPEF 与传统上促进经贸的协议不同，带有一定的政治目的。其目的是在经贸关键领域对中国形成围堵之势，以制衡中国的发展。以"超越

[①] 美媒述评：美国大推"印太经济框架"难奏效.参考消息.2022-02-09.

[②] 美国贸易副代表比安奇：将与国会就印度 - 太平洋经济框架进行密切磋商. https://xueqiu.com/512443 0882/210572328

[③] 美国民主党参议员沃伦就印度 - 太平洋经济框架致信美国商务部长雷蒙多和美国贸易代表戴琪. 2022-04-13.https://www.ylfx.com/Show/index/id/1223180/cid/45.html

贸易协定的方式"加强与盟友的关系，进一步强化亚太国家对美国的依赖，从而确保美国在全球供应链顶端的优势位置。

2. 参与国家

过去一年，拜登政府提出"四方安全对话"（QUAD）和"三边安全伙伴关系"（AUKUS）两个新概念，但一直缺少明确的印太经济政策，让深受疫情冲击和经济低迷的印太盟国难以紧密跟随美国的战略部署。IPEF通过"一国一策"进行双边磋商并形成经济合作协议。参加国由参加IPEF规定的全部内容和只参加一部分的两种方式构成。但参加贸易有关规定的国家必须参加全部规定。数字贸易、劳动、环境贸易的有关规定也是强制的。IPEF的规定在加盟国之间的相互适用性很高。美国不是要求同盟国必须加入新框架，而是展现出与盟友一起制定新框架的姿态。但框架十分鲜明地强调"第三国关切的问题"，合作对象的选取以及实施规则的选定都要以美国利益评估为先[1]。但对于参加国来说，如果没有提高对美国市场的准入和有约束力的数字贸易规则等激励，也可能不会真心参与。在国际规则形成的观点上，IPEF与作为条约、具有法律约束力的RCEP和CPTPP等相比缺乏实效性。

就加入意向，雷蒙多分别与新加坡、澳大利亚、新西兰[2]及马来西亚；戴琪与日本和韩国、印度官员会面。还有越南和印尼、泰国等。其中中国台湾地区和澳大利亚都很积极[3]，但印度尼西亚的关注度很低，越南可能会对IPEF提出的民主主义内容抱有担忧[4]。新加坡认为应立足于共赢，作为该地区的接触手段，而不仅仅是建立在战略、安全和潜在敌意的基础之上[5]。韩国已经同意参

---

[1] 美日就拟建新贸易合作框架达成一致，专家：想构成尽量减少依赖中国的供应链.环球网.2021-11-19.

[2] 越南对美国"印太经济框架"的看法.2022-03-19.商务部网站.

[3] 加紧拉拢东盟！美向新加坡推销"印太经济框架"，与东盟"每月接触一次".2022-04-07.人民网."美国之音"6日引述新加坡国立大学政治系副教授庄嘉颖的分析说："华盛顿认为新加坡是该地区的重要伙伴，它能向其他国家展示与美国合作的可能性和好处。这可能适用于'印太经济框架'以及更广泛的印太战略。"

[4] 高橋俊樹.新たな中国への貿易手段を模索するバイデン政権.（一財）国際貿易投資研究所.No.94.2022-04-28.

[5] 环球时报社评：李显龙的忠告，华盛顿本该听进去.2022-04-01.

加[1]。韩国和越南一致认为，框架关系应建立在公开、透明、包容的标准上，框架内合作应兼容区域内国家[2]。国际战略问题研究所（CSIS）认为："美国正在研究的还包括印度[3]、孟加拉国、斯里兰卡等东南亚国家"，"没有包括加拿大、墨西哥、秘鲁、智利等南北美洲太平洋沿线国的意向"[4]。太平洋岛国则在美欧日施压中所协定后举棋不定[5]。

有关此框架不同层面的对话将以不同的速度推进。但对日本，"印太地区"是其深耕多年的主打经济区域，IPEF将冲淡日本的"印太构想"[6]。韩国、东盟等与中国的经济联系也非常紧密，且处于同一个供应链和产业链的分工体系之中[7]，内心不愿美国来摘取自己多年经营的成果。拜登将于2022年5月访问日韩[8]，在此之前应该会明确IPEF的内容。当然，该框架不会把中国纳入其中[9]。而中国台湾是否参加也是问题，因会加速与大陆"脱钩"，大陆明确反对[10]。而美200名众议员则力挺[11]。戴琪表示台虽是不可缺少的合作伙伴，但"正在讨

---

① 韩国将就美国主导的新经济框架成立工作组.2022年4月20日.新浪网.米韓「供給網・新経済フレーム協力」強化、韓国通商本部長と米USTR代表が「会談」.2022-01-17.herald wowkorea.jp

② 越南韩国讨论印太经济框架及CPTPP等问题.2022-03-28.越通社.

③ 参考消息网援引路透社报道，美国白宫3月29日称，目前负责经济事务的国家安全事务副助理达利普·辛格将前往新德里，与印度政府官员会晤，同时双方将探讨俄乌问题并敲定"印太经济框架"。

④ 米国「"中国りん制"インド太平洋経済フレームワーク」に韓国を参加させる模様.2022-01-17, herald wowkorea.jp

⑤ 外交部新闻发布会：对（布林肯访问斐济）"这是美国国务卿37年来首次访问斐济。而1985年以来，到访斐济的外长级别以上中国领导人和高级官员有20多位"。

⑥ 据《日本时报》报道，是转自Bloomberg, Reuters的报道：https://www.japantimes.co.jp/news/2021/11/17/business/economy-business/us-asia-economic-framework

⑦ 韩国财长洪南基：韩国将积极讨论加入印太经济架构（IPEF）的问题.汇通网.2022-04-08.

⑧ 韩外交部：积极欢迎美国的"印太经济框架"，韩美在框架内各领域几乎没有分歧.界面新闻.2022-03-24.

⑨ 构建"印太经济框架"，美国能得偿所愿吗？2022年3月22日.中新社：据彭博社等外媒此前报道，美国商务部长雷蒙多曾表示，这一"新型经济框架"还包括协调出口管制，以"限制向中国出口'敏感'产品。美国贸易代表戴琪则公开宣称，"印太经济框架"是"独立于中国的安排"。

⑩ 美议员呼吁拜登政府邀台参与所谓"印太经济框架"，国台办回应.2022-04-13.环球网.

⑪ 美200名议员挺台进"印太经济框架"台媒体人：别做白日梦.人民资讯.2022-04-02.

论,是否加入 IPEF 则完全未定"①。"未定说"遭到"美台"的质疑与反对②。总之台湾需审慎评估,提高警觉性,保持理智,谨慎应对③。

(二)正式进程展望

作为特朗普政府"蓝点网络计划"的升级版,"印太经济框架"可追溯到 2021 年 8 月哈里斯到访东南亚时所提及的"印太新愿景",其中涉及全球供应链等经济话题。IPEF 一推出,美国即在 G20 罗马峰会期间召集包括日本、印度在内的"供应链韧性峰会"造势。

目前,IPEF 由美国贸易代表办公室和美国商务部主导。美国是 2023 年 APEC 首脑会议主办国,因此其商务部长希望在 2022 年开始谈判,但阻碍是将在 11 月举行的中期选举。IPEF 不针对市场准入壁垒的削减等,因此实施不需要美国联邦议会制定新法,对此民主、共和两党上议院议员表示不满④。但是,根据美国宪法第 1 条第 8 节第 3 项规定,与各国通商的权限在联邦议会。美国要和其他国家缔结贸易协定,总统贸易促进权限(TPA)是必不可少的,但 TPA 已经于 2021 年 7 月 1 日失效。因此必须与联邦议会紧密联系推进 IPEF。对于历史上与自由贸易背道而驰的民主党来说,工会是主要的支持群体,在临近中期选举的时候,拜登提出"制造业回归""保护中产阶级就业和福利""中产阶级外交",优先考虑 TPA 和进行贸易协定谈判的可能性很低。

IPEF 不采取贸易协定形式,优点是不需要议会的批准,所以在国内比较容易达成协议。而且由于没有法律约束力,参加框架谈判的意向国家的抵抗力很小,在这一点上达成协议也很容易。但对联邦政府计划的多边框架,议会不会熟视无睹。共和党不愿为拜登在印太促进"气候韧性"和基础设施建设提供支持。作为议员,为了自己的选区和支持群体,经常会想行使一些影响力。虽然目前没有出现直接批判 IPEF 构想的议员,但国会商务和外交相关委员会所属

---

① 米、台湾のインド太平洋経済枠組み参加は未定=USTR代表.ロイター.2022-04-01.
② 米が進めるインド太平洋の新経済枠組み、台湾が参加希望を再表明.2022-4-20.
https://news.yahoo.co.jp/articles/298c4bca3689d9f913a1d8ab76e6b65f7515b2ac
③ 王伯元.入"印太经济框架"能脱钩陆? 台湾联合新闻网.2022-01-25.
④ 新経済枠組み、CPTPP参加目指すものではない=USTR代表.ロイター.2022-04-01.

的议员认为应通过 TPA 法案，追求多国间的数字贸易协定[①]。

总之，美国试图以"印太经济框架"替代 RCEP 和 CPTPP，本质上是一种美国优先战略，搞"脱钩断链""小院高墙"，形成一个"新经济宗藩体系"[②]。IPEF 与传统上促进经贸的协议不同，它带有一定的政治目的。一是意识形态先行，具有明显的价值观色彩。美国通过拉拢其印太盟友，步步推进；二是针对性强，明确将中国排除在外，以制衡中国的发展；三是封闭性和排他性强，实现美国加速促进亚太盟友在供应链产业链方面，成员将会是美国"精心选择"的，尤其是在高新技术领域整合[③]；四是约束贸易本身，鼓吹在供应链上与中国"脱钩"，而且是一种整体上的贸易合作与精准的局部脱钩。

三、中国的应对

美国为牵制中国而设立了 IPEF。但其乐观背后掩盖了一个危险假设：参与该框架的国家与美国一样，都希望将中国排除在地区经济和技术网络之外。但实际上，许多印太地区国家并不认同美国的观点[④]。美国继《2021 年美国创新与竞争法》（1900 亿美元）、《2022 年美国竞争法》（3500 亿美元）两个重磅法案后（均包含 520 亿美元的半导体生产补贴），又通过 IPEF 和拉拢日本、韩国和中国台湾地区建立半导体"Chip4 联盟"[⑤]，将中国逐出全球半导体产业链[⑥]。日本 2022 年 1 月与澳洲签署 RAA 协定，与美国有日美地位协定，日英也签署 RAA 协定，意味着日本在加入 QUAD 后又加入 AUKUS。QUAD 曾提供 480 亿美元，对冲"一带一路"倡议。IPEF 压制中国在电子信息及人工智能等领域的发展，是封闭的、排他的，更是"美国优先"的，与多边主义和自由贸易背道

[①] 磯部 真一. 政権が打ち出すインド太平洋経済構想、国内議論が本格化（米国）. 日本貿易振興機構. www.jetro.go.jp 2022-02-09.

[②] 构建"印太经济框架"，美国能得偿所愿吗？中新社. 2022-03-22.

[③] 警惕美国"印度-太平洋经济框架"对全球稳定发展不利影响. 21 世纪经济报道. 2022-02-15.

[④] 玛丽·洛夫莉. 试图将中国排除在外的美国印太框架并不现实. 国际先驱导报. 2022-04-14.

[⑤] 美国遏制大陆半导体又一杀招："印太框架"与"Chip4 联盟"成色几何？半导体投资联盟. 2022-04-03.

[⑥] 日媒：美日将邀请东盟加入"印太经济框架"播报文章. 参考消息. 2022-04-01.

而驰。

对于拜登首份"美国印太战略报告",中国认为把中国的经济关系同"对中国的安全防范"直接挂钩,是居心不良、来者不善的[①]。中国需要警惕这种风险的蔓延。中国通过申请加入 CPTPP、深化"一带一路"倡议、强化自由贸易试验区、践行中国的多边主义、如 RCEP 和数字经济伙伴关系协定(DEPA)[②]等予以应对。

(一)开展加入 CPTPP 谈判

2021 年 9 月,中国申请加入 CPTPP。对此新加坡和马来西亚表示欢迎,越南展现中性态度,而日本和澳大利亚则明确予以质疑。下一步,中方将按照 CPTPP 有关程序,与各成员进行必要磋商。加入 CPTPP 是迈出制度型开放的重要一步,走向未来亚太自贸区,以及助推亚太经济一体化必要的路径。2022 年主动在部分自贸试验区先行先试 CPTPP 部分规则。4 月 7 日正式生效实施的《中国—新西兰自由贸易协定升级议定书》,也适用 CPTPP 投资规则[③]。

加入 CPTPP 面临着一些问题。如所谓"国家资本主义制度";美欧日对中国的加入申请产生的负面反应;如果允许中国按原样加入 CPTPP,CPTPP 将失去旨在成为"高级别贸易协定"的价值;CPTPP 在通过扩展力量约束中国等。尽管如此,马来西亚等国欢迎中国的申请,谈判将成为中国与 11 国就各种问题进行对话的宝贵平台。中国要改变"国家资本主义制度"的误解,美国要改变对 CPTPP 的态度,都需要时间。我们应该积极进取,继续谈判,和加入 WTO 一样,利用 CPTPP 这一外压促进国内改革。

加入 CPTPP 需要长期谈判。近年来,中国与欧美日等就港台藏疆和防疫等产生摩擦。与一些 CPTPP 成员国,尤其是加拿大和澳大利亚,发生了外交或贸易争端。日本对中国入盟谈判的情绪是负面的,但其他大多数国家欢迎或至少不反对中国加入进行谈判(特别是东盟)。所以要分类施策,按照 CPTPP 有

---

① 美国"印太战略报告",来者不善.直新闻.2022-02-15.
② DEPA 是新西兰、智利和新加坡签署的一项协议,被视为未来数字贸易协议的样板.
③ 海关署长倪岳峰在 2022 年全国海关工作会议上的讲话.海关总署官网.

关程序，与各成员进行必要磋商。并让日本认识到如谈判在没有他的情况下进行，其可能会失去 CPTPP 领导地位。应借鉴英国谈判经验[①]，加速谈判。对于中国来说，除了遵守 CPTPP 的所有规则，提供最大限度的市场开放之外，别无他选。如中国援用 CPTPP 的公共政策和安全保障方面的例外，加入比预想的要容易。

解决国内经济增长模式对加入 CPTPP 有利。CPTPP 涉及成员国内部的经济管理体制、管理规则，加入 CPTPP 将有利于经济增长。中国 2022 年一季度 GDP 为 4.8%，2022 年疫情再起、俄乌战争持续，GDP 保 5 困难很大。过去的增长模式过于依赖低效的房地产和政府基础设施投资，这些投资由巨额债务提供资金，2022 年起的新四万亿的副作用已成为未来增长的主要障碍。但问题如此系统和根深蒂固，以至于在 2022 年增长停滞明显出现之前，中国可能无法改变方向。外方认为即使中国加入 CPTPP，世界也不能像中国加入 WTO 后的 20 年那样，从巨大增长中受益。谈判将成为与中国对话的宝贵平台，不仅对日本，对其他国家也是如此。应通过驻 11 国的外交使领馆和商参处，以及大外宣力量，广泛传播习近平经济思想和外交思想，以及新时代中国特色社会主义市场经济，消除对中国"国家资本主义"的误解。

应和 2001 年加入 WTO 一样，在中国台湾地区加入程序开始的共识形成时，中国大陆和中国台湾地区双方约定不相互干扰加入。目前中国台湾地区在美欧日的地位凸显。如 2021 年 9 月 24 日第二次美日澳印首脑会议上通过的技术原则，对连接四国的"菱形"中的中国台湾地区和 ASEAN 中展开的尖端技术，特别是围绕半导体供应链的新通商秩序的形成进行了讨论。以 5G 供应商的多样化和开放的无线接入网络（O-RAN）技术为中心，推进强韧安全的全球电信。欧盟也提出加强与中国台湾地区的关系。立陶宛 2021 年 11 月开设"台湾代表处"。尽管遭到了中国强烈反对，但欧洲议员、立陶宛、捷克、斯洛伐克等议员团体仍反复窜访。日本安倍也制造"台湾有事""台湾借俄乌战争发难"等。

[①]2021 年 6 月和 8 月的 CPTPP 部长联合声明中确认了英国的加入手续："根据 CPTPP 中包含的所有现有规则"以及"同意提供最高水平的市场准入报价……为各缔约国提供商业意义的市场准入"。

但中国大陆和中国台湾地区的申请都将为CPTPP各国的外交和贸易政策带来巨大的机遇。中国大陆和中国台湾地区均为参加APEC成员，现在做不到像当年一样同时加入APEC，但可以按照CPTPP加入程序，认可临时加入这一原则。作为主权国家的中国、作为独立关税地区的中国台湾地区，可以适用市场准入规则，但不承认正式的成员资格，不能参加CPTPP委员会，或者只参加观察员而不给予决策权。但中国采取同意中国台湾地区加入的形式，最低限度也不能与"一个中国"相矛盾。必须阻止美印太经济框架干涉台湾地区，坚决遏制台湾独立。

根据今后一个时期我国改革发展总体形势和任务要求，最终占据FTAAP的主导权。2010年在日本举办的APEC首脑会议的"横滨宣言"中，计划通过当时谈判中的ASEAN+6（之后的RCEP）和TPP来实现FTAAP。这意味着FTAAP会是中美主导竞争。所以应避免"CPTPP的RCEP化"。与CPTPP等相比，RCEP缺乏"下一代FTA"的贸易和投资问题中包含的劳动和环境规则，也没有规定政府采购的市场开放。因此，中国不加入CPTPP，就意味着放弃经由CPTPP到FTAAP的路线，并且经由RCEP实现FTAAP，这并不现实。FTAAP只能通过CPTPP来实现，因此中国必须加入CPTPP、开展中日韩FTA、参与WTO改革、加入DEPA等，快速完成CPTPP、FTAAP，以实际行动践行真正的多边主义。

（二）深化"一带一路"高质量发展

"一带一路"倡议提出8年以来，双方往来日益紧密。中国已与约150个国家签署200多份共建"一带一路"合作文件。2022年已有尼加拉瓜、叙利亚等国加入。2021年11月19日，习近平总书记出席第三次"一带一路"建设座谈会并发表重要讲话，提出以高标准、可持续、惠民生为目标。

贸易投资是进口替代和产业转移的重要方式，2021年双边进出口11.6万亿元，增长23.6%，较同期我国外贸整体增速高出2.2个百分点。其中，出口6.59万亿元，增长21.5%；进口5.01万亿元，增长26.4%。呈现出贸易规模稳步提升；产业链供应链合作更加密切；能源、农业、矿产等领域合作向好；民营企业表现活跃等特点。2013—2021年年均增长7.5%，占同期我国外贸总值的比重从25%提升至29.7%。中国对"一带一路"沿线国家投资累计超1000亿美元，集中于制造业、采矿业以及租赁商务服务业。其中，在境外经贸合作区累计投资300多亿美元。2021年"一带一路"沿线国家和东盟对华投资增长较快，实际投资同比分别增长29.4%和29%，高于全国引资增速。

"一带一路"高质量发展也面临着一些问题。如通过投资（FDI）的产业转移，地区发展不均衡，产业单一且产业链短；基于贸易的产业合作以进口原材料为主，高端不足；来自西方国家对我国的不实指责或质疑不断；各种杂音干扰不断等。

为推动高标准、可持续、惠民生等目标的实现，贸易合作应提高对FTA的利用水平。包括RCEP在内，中国已经和26个经济伙伴签署了19份双多边FTA。中国已与13个沿线国签署了5个FTA协定，在努力构建辐射"一带一路"、面向全球的FTA网络。这种机制性的合作作出了很大的贡献。应鼓励企业在与"一带一路"伙伴国家合作过程中高度重视"一带一路"建设的机制性与非机制性合作相结合，降低贸易成本、提升贸易效率。

产业转移应发挥中国和沿线国经济上的互补性。"一带一路"合作应以世贸组织为核心，建成基于规则、开放、透明和非歧视性的多边贸易体系。充分运用新业态、新模式和新动能来挖掘彼此的市场潜力和机会，注重将数字主义与人文主义有机融合，突出以人为本、人民至上理念，积极推进数字友好治理体系建设，积极推进共建国家数字基础设施建设，消弭共建国"数字鸿沟"与"数字贫困"等社会问题。

物流合作应以中欧班列为主。2020—2022年新冠疫情暴发后，国际海运和空运受到影响，中欧班列"疫"中突围，2021年共开行15 183列，运送146.4万标箱，同比分别增长22%、29%，综合重箱率98.1%。中国推动"关铁通"项目，与哈萨克斯坦、白俄罗斯签署了"关铁通"项目合作文件。今后应保持跨国和跨区域运输和物流通道的开放来促进医疗用品的迅速获取，持续服务全球抗疫。

充分利用"经认证经营者"（AEO）。AEO是世界海关组织（WCO）制定的

《全球贸易安全与便利标准框架》中保护和便利国际商业、国际贸易的标准和优惠政策,中国于 2014 年 12 月 1 日起与国际 AEO 认证接轨。截至 2021 年底,中国共与 31 个沿线国签署了 AEO 互认协议。应提高中小企业对 AEO 认证制度的认识;加强中小企业自身管理;完善海关对中小企业的监管体系。加快海关 AEO 制度税收政策的立法进度、制定有针对性的税收优惠管理措施、扩大不同资质的海关企业税收待遇差别等。

绿色增长与碳排放合作方面发挥引领作用。中国在 2021 年 9 月作出"不再新建境外煤电项目"的承诺。"一带一路"倡议可以通过加快低碳型基础设施建设,积极落实在新兴及发展中经济体"一带一路"绿色投资原则"2023 年愿景"(Vision2023)行动计划和格拉斯哥净零金融联盟等行动倡议,在碳排放脱钩方面发挥引领作用。

(三)推动我国自由贸易试验区高质量发展

经多年发展,我国自贸试验区推出了一大批高水平制度创新成果,为高质量发展作出重要的贡献。但也面临发展不平衡、制度创新碎片化、产业布局待优化、对标国际高标准规则的示范引领作用待提高等问题。

1. 进一步优化产业布局

发挥海南自贸港的独特作用。海南自贸港"零关税"清单自 2020 年 12 月 1 日实施以来,截至 2021 年底,"零关税"政策项下累计进口货值 58.8 亿元,为企业减免税款 10.6 亿元,享惠产品涉及船舶、游艇、汽车、飞机、生产材料和生产设备。今后应加快在海南落实《"十四五"商务发展规划》中"推动自贸区港高质量发展"内容,特别是《海南自由贸易港建设总体方案》规定的 2025 年前适时启动海南全岛封关运作,建设海关监管特殊区域。对全国自贸区高质量发展有示范作用。RCEP 零关税后海南农产品价格高于东盟,对农产品产业链带来挑战。工业主要是关键零部件和原材料的零关税进口,海南高技术制造业不多,难以享受零关税优惠。应加快形成国内国际双循环相互促进的重要枢纽;赋予更大改革自主权,推动各地、各部门改革事项优先或同步在自贸区试点,下放省级管理权限;持续深化制度创新,出台自贸区跨境服务贸易负面清单,支持重点产业链开放发展等。探索建立自贸区港航一体化的治理体系,推动世界一流港口群建设;支持第五航权开放,全面推进海港、陆港、空港、信息港"四港"联动,完善全球智能物流骨干网,建设"全球快货物流圈"。

推动自贸区和海关特殊监管区域统筹发展。加强两类区域在布局、管理、政策效应、产业发展等方面的统筹,促进两类区域优势互补、协同发展。支持有需求但尚无特殊区域的设立综合保税区。在保持各类区域功能定位基础上,研究将区域适宜政策效应通过多种形式辐射到产业链上下游,推动产业集群高质量发展。方便企业更好地理解和运用各类区域政策。

2. 构建"双循环"促进平台

利用 RCEP 生效对自贸区的促进作用。要让企业而不是政府从自贸协定获益。RCEP 作为区域经贸规则的"整合器",大幅减少贸易成本。应以生效为契机,支持企业抓住协定实施的契机,增强参与国际市场竞争力,引导企业熟练运用 RCEP 原产地累积规则、经核准出口商制度和原产地预裁定的联合使用,进一步提升贸易和投资发展水平,倒逼国内产业升级。RCEP 带给自贸区适应国际规则构建的新机遇。应引导自贸区加强自贸协定与本地区经济发展的主动对接,提升自贸协定综合利用率。在提升开放平台上先行先试。对 RCEP 国际数字贸易和知识产权保护规则进行压力测试。打造高水平对外开放的"自贸区样本"。准确把握财税制度创新高地和政策洼地之间的关系。破除把自贸区视为财税政策洼地的思想意识,按照改革开放新高地的目标建成高水平开放的制度创新高地。在国家鼓励发展的领域,积极研究和测试有针对性的税收支持政策。

为加入 CPTPP、DEPA 等进行风险、压力测试。CPTPP 以制定规则为前提,约束性义务是 RCEP700 多项的数倍。加盟时要求修改基于规则的国内法。IPEF 将在很大程度上复制 QUAD、AUKUS 所具有的封闭、对抗属性。应加强同世界高标准自贸区交流互鉴,积极参与数字经济、环境保护等新规则新议题谈判。

在自贸区内试点:一是将 RCEP 累计原产地标准,与 CPTPP 贸易零关税、零壁垒、零补贴对接。减少进口产品通关的成本等。二是在服务贸易方面,提前全面推进负面清单模式,实行基于国际化的大力度调整。在数字贸易领域,开展统计测度研究。通过自贸伙伴合规地去设立商业存在，加快金融、政府采购等方面先行开放。三是在投资方面将自贸区所采用的准入前国民待遇加负面清单模式有序在全国推广。在自贸区全面开展竞争政策改革试验。四是以CPTPP知识产权规则为参照系，在自贸区率先构建知识产权标准体系。五是探索规则对接的可行性。做好CPTPP、DEPA、中欧投资协定、中日韩自由贸易协定等涉及的贸易投资自由化便利化、电子商务、公平竞争等自贸区风险和压力测试重要方面的对接准备。

四、结语

"印太经济框架"的内核，是服务于美国的"印太战略"，中国一贯主张，世界各国应该各美其美、美美与共，共同构建人类命运共同体。今后要有综合的战略和布局考虑，意识到问题的严峻性、长期性。要顺应时代潮流和发展大势，真心实意地搞合作、促发展，继续统筹全局加强国际交流合作，共同发展，互利互惠，构建人类命运共同体；继续大力增强包括高新科技与核战能力在内的军事实力，在现有西方世界秩序下，有综合实力才能真正实现公平正义；在对外改革开放过程中，要警惕和谨慎处理好金融开放问题，全力打造以人民币为基础的替代金融系统，以更坚定的意志和力量推动本国芯片制造等全产业链发展。中国需对运用经济手段促成外交目标的手法不断进行优化，同时人文交流也不能停止。

参考文献

[1] 李嘉宝：美国"印太经济框架"是什么货色？人民日报（海外版），2022-03-19
[2] 磯部 真一（いそべ しんいち）：政権が打ち出すインド太平洋経済構想、国内議論が本格化（米国）ジェトロ ニューヨーク事務所，2022年2月9日。
[3] The White House, FACT SHEET: Indo-Pacific Strategy of the United States, February 11, 2022.

区域贸易协定条款深度对中国企业 OFDI 影响的实证分析

李春顶　李董林[*]

摘要：最新贸易协定在投资开放上的条款是重要组成部分，但现有文献还未有涉及贸易协定条款深度对企业对外投资影响的分析。本文基于 FTA 条款异质性理论和既有研究基础，构建"WTO+"条款深度、"WTO-"条款深度、核心条款深度、边界条款深度和边界后条款深度，并引入单国模型考察 FTA 条款深度对中国企业对外直接投资成效的影响。研究发现，FTA 条款深度与中国企业的对外直接投资成效水平之间存在明显正相关关系，其中边界后条款深度和"WTO-"条款深度的积极效用要明显强于边界及"WTO+"条款深度。进一步研究发现，FTA 条款深度通过改善东道国营商环境进而提升投资成效水平，同时 FTA 条款深度对国有企业的 OFDI 和非绿地投资具有正向作用，此外，研究样本中，东道国资源禀赋对中国企业的 OFDI 成效具有负面影响。

关键词：区域贸易协定；条款深度；对外直接投资；营商环境

一、引言

世界正处于百年未有之大变局的历史浪潮中，保护主义、单边主义和民族主义等逆全球化思潮有抬头趋势，新冠疫情、俄乌冲突、粮食安全和能源危机等导致以 WTO 为核心的多边主义遭遇逆流，多边治理能力持续衰退，而

---

[*] 作者简介：李春顶　中国农业大学经济管理学院教授、系主任；李董林　中国农业大学经济管理学院博士研究生。

区域贸易协定（free trade agreement，FTA）[①]则因其灵活度高、覆盖面广、针对性强等突出特点而受到世界各国的广泛关注和认可，以致在世界范围内形成一股以缔结FTA持续推动经贸发展的风潮（Baier et al.，2014，2019；铁瑛等，2021）。目前全球除少数几个岛国和公国外，绝大多数国家都以不同形式不同渠道参与了至少一个FTA。中国作为全球FTA网络建设的重要参与者和经济全球化的坚定支持者，坚定不移地发展开放型世界经济，积极推动构建立足周边、辐射"一带一路"、面向全球的高标准自由贸易区域网络。中国自由贸易区服务网[②]数据显示，截至2022年7月底，中国已经建成了19项FTA，自贸伙伴涉及亚洲、大洋洲、拉丁美洲、欧洲和非洲的26个国家和地区，并正在积极推进包括全面与进步跨太平洋伙伴关系协定（Comprehensive and Progressive Agreement for Trans-Pacific Partnership，CPTPP）和《数字经济伙伴关系协定》（Digital Economy Partnership Agreement，DEPA）等在内的十余项FTA的研究和谈判工作，加快建设高质量FTA网络已经成为新时期对外开放的战略部署。FTA数量在快速增长的同时，FTA的广度和深度也得到了极大的提升，FTA条款内容逐步由边境规则向知识产权保护、资本流动、竞争政策、环保和技术开发等边境后规则纵深发展，覆盖面已经远超WTO框架范围，FTA的广度化和深度化发展为全球经济治理和经贸发展提供新的外部动力，各成员方为兑现FTA承诺和获得发展主动权而进行的制度建设、产业政策调整和法规体系完善形成了全球经济治理的重要推力。商务部数据显示，与FTA合作伙伴之间的贸易总额已经占中国外贸总额的35%左右，仅2021年中国与已经生效的FTA伙伴之间的进出口总额就达到10.8万亿元，同比增长23.6%，比同期中国外贸总体增速和与非FTA伙伴之间的贸易增速分别高出2.2和2.4个百分点，FTA已然成为拉近中国与世界的距离，共享发展红利、共建全球经济新秩序和人类命运共同体的重要载体。

---

① WTO相关的通报文件中，区域贸易协定（RTA）涵盖了双边自由贸易协定与优惠贸易协定（PTA）、关税同盟协定（CUA）、共同市场（CM）、经济同盟（EU）和政治经济一体化等内容，但事实上各类RTA都具有相对一致的自由贸易特性，为便于理解和分析，本文将各类自由贸易协定统一表述为FTA。

② 中国自由贸易区服务网 http://fta.mofcom.gov.cn。

FTA 广度化和深度化发展所产生的经济效应问题受到了理论界的广泛关注,结合本文的研究重点,笔者梳理了 FTA 条款异质性的识别与条款深度测算、影响和传导机制两支文献,其中条款异质性的识别与条款深度测算是 FTA 经济效应研究的基础性工作。在 FTA 条款异质性识别和条款深度测算方面以 Horn 等(2010)较早通过编码识别 FTA 的异质性条款为代表,根据条款覆盖内容将 FTA 条款划分为匹配 WTO 现行框架内条款的"WTO+"和超越 WTO 框架的"WTO-"两大类[①],并根据条款是否具有法律执行力而进一步区分条款的法律化水平,事实上成为该领域的开创性文献。此后 Dür 等(2014)、Orefice 和 Rocha(2014)、Kohl 等(2016)等诸多学者分别以此为基础从不同视角作了条款深度细分、深度指数测算和覆盖指数测算等一系列的研究工作,共同为 FTA 条款异质性的概念界定、识别和深度测算研究奠定了基础。2017 年世界贸易组织(WTO)发布了由 Claudia Hofmann、Alberto Osnago 和 Michele Ruta 共同搭建的贸易协定深度数据库,该数据库涵盖了 1958—2015 年间向 WTO 报备并生效的 279 个贸易协定,数据内容涉及全球 189 个经济体,是目前全球范围内跨度时间最长、内容最全的贸易协定深度数据库。而国内学者的研究中,张中元(2019)基于上述条款异质性理论基础和 FTA 深度数据库,进一步在"WTO+"条款和"WTO-"条款分类的基础上甄别了边界条款和边界后条款,并根据条款的法律强度进行了更为细致的划分,此后国内关于 FTA 条款深度的研究也普遍以此为基础展开(马淑琴等,2020;孙玉红等,2022)。关于 FTA 条款的识别和深度测算已经形成相对一致的标准和近似的观点,并取得了较为丰硕的研究成果,这也为本文实证研究中异质性条款的划分和条款深度的测度等工作奠定了有利基础。

FTA 条款异质性的分析和条款深度的测算工作都是在为 FTA 经济效应的研究作铺垫,而学术界关于 FTA 条款深度经济效应的研究也由来已久。20 世纪 90 年代开始就有学者陆续关注到 FTA 条款深度异质性对价值链、生产网络、贸易便利化等方面的影响,也有部分学者通过建模分析了 FTA 对跨境生产和跨境贸易、最终产品和中间产品、国际生产网络和区域生产网络等国际经济合

[①] "WTO+"和"WTO-"条款具体分类见后文表 1。

作关键环节和关键要素的影响问题,结论普遍认为 FTA 对贸易及经济增长具有显著的发展促进作用,但受 FTA 条款深度界定和测度标准不一致限制而未能形成更为准确的量化结果（Lawrence,1996；Baldwin,2010；Antras 和 Staiger,2012）。Horn 等（2010）对 FTA 条款异质性识别的开创性研究和 WTO 协定深度数据库的发布为近年来 FTA 条款深度的效应研究提供了相对一致的基础性标准。尤其是 2017 年贸易协定深度数据库建立起来后,相关研究得到了极大丰富,其涉及的内容就包括价值链、贸易便利化、贸易转移和贸易创造、政治关系、技术进步、制度建设等诸多方面。Mattoo 等（2017）基于贸易协定深度数据库构建了标准的引力模型分析 FTA 对贸易流动的影响问题,其结论认为 FTA 深度对贸易流动具有正向促进作用,其中 FTA 深度高的伙伴国之间的贸易增长达到 44%,同时 FTA 的水平深度提升能够产生贸易创造效应,但 FTA 这种促进效应存在至少两年的改革滞后现象。韩剑和王灿（2019）则在 FTA 条款深度的基础上,通过测算 41 个国家（地区）的 GVC 参与水平,实证分析了 FTA 深度对经济体 GVC 参与水平的影响,结论认为 FTA 数量并不能影响一国的 GVC 嵌入度,而 FTA 条款深度则能够明显提升 GVC 上游度水平,同时还指出服务贸易和知识产权相关的条款是影响 GVC 参与度的关键性因素。类似的,Laget 等（2020）、李艳秀等（2018）、童伟伟（2019）等诸多学者就 FTA 条款深度对 GVC 的影响问题进行了剖析,结论普遍认为 FTA 深度与 GVC 之间存在着紧密的正向促进关系,但同时也存在明显对象差异和内容差异。此外,围绕 FTA 深度与政治关系、贸易结构、营商环境、劳动力关系等诸多问题的研究也不断丰富（李磊等,2018；戴觅等,2019；王黎萤等,2021；等）。

进一步聚焦到本文的主题,关于 FTA 对投资影响的研究也成为学界广泛关注的焦点性议题。Davis（2011）的研究指出 FTA 能够促进外商直接投资的流入,而 Chauffour 和 Maur（2011）认为 FTA 的投资等边境后条款对全球资本及经贸流动具有更突出的正向作用,林梦瑶和张中元（2019）则研究指出 FTA 的竞争政策条款水平深度对提升双边外商直接投资流量具有显著的促进作用,其中 FTA 条款深度会通过改善东道国市场营商环境来影响外商直接投资的流量规模。杨宏恩等（2016）、李春顶等（2019）、董芳和王林彬（2021）等学者的研究同样认为深度 FTA 具有促进投资增长的显著作用,且存在明显的条款异质性,同时许多研究提出以改善东道国投资环境促进投资增长的传导路径(夏后学等,2019)。上述相关研究多指出因协定对象和条款法律强度等不同而存在明显差异,但 FTA 对投资规模和投资流量产生显著促进作用的总体趋势是一致的。总结来看,尽管以 FTA 条款异质性识别和条款深度测算为基础,围绕 GVC、增加值贸易、投资规模等问题的研究已经非常丰富,但多集中在分析条款深度对 OFDI 规模和流向变化的影响,而忽略了 FTA 条款深度对投资成效的影响问题,也即是既有研究普遍关注了 FTA 条款深度对 OFDI 过程中的"投哪去"和"投多投少"的行动问题,而对投后"成与不成"的效果状态问题考虑不足,尤其是聚焦到企业层面分析中国海外直接投资成效问题的研究还有待进一步完善。例如,FTA 不同条款深度如何影响中国企业的对外直接投资成效?又当如何理解 FTA 影响投资成效的内在机制? FTA 条款深度对不同性质投资主体和不同类别的投资形式的投资成效有哪些影响?这些都是迫切需要作出恰当的理论解释和经验总结的重要问题。

综上所述,本文聚焦 FTA 条款深度对中国企业对外直接投资成效的影响问题,采用企业层面的投资追踪数据和贸易协定深度数据库数据,构造二值选择模型重点分析 FTA 不同类型条款深度对对外直接投资成效的影响、作用机制及相关延伸性问题,并实证分析研究假定的合理性。本文可能的边际贡献主要体现在以下三个方面:(1)研究切入上,区别于既有研究侧重考虑 FTA 对投资行动和规模影响的思路,本文基于 FTA 条款异质性理论,重点关注 FTA 不同条款深度对中国大型企业 OFDI 成效的具体影响;(2)研究方法上,本文立足于前人研究基础,引入单国模型重点分析中国企业 OFDI 成效的现实问题;(3)在异质性分析中,与现有研究重点从东道国发展水平、制度水平等视角分析 FTA 深度的差异化影响不同,本文重点从中国企业的视角出发,区分企业的性质和对外直接投资的方式,从中国企业的视角分析投资成效问题,因此研究结论对中国企业走出去和发展质量提升更具有意义。

二、理论机制与研究假说

FTA 条款内容的多样性和签订执行的灵活性，带动区域经济加快融入全球价值链体系，促进区域贸易快速发展，成为带动多双边经贸交流和推进全球经济秩序建设的重要合作形式。随着 FTA 规模的快速扩张，尽管各参与方仍然将贸易自由化作为关键考量因素，但对投资自由化等更多领域关注度持续上升，包括减少资本自由流动限制、降低外国资本参与本国经济活动的门槛、提升经济自由化水平等一系列内容。资本在 FTA 成员之间流动的成本降低有助于促进更大规模的国际资本流动，也一定程度上促使更多更高水平的 FTA 达成。Cardamonehe 和 Scoppola（2012）、Medvedev（2012）的研究就指出 FTA 的条款深度对投资流动具有正向刺激效果，尤其是"深度一体化"条款对外商直接投资具有直接且显著的促进作用。不难发现，既有的研究对 FTA 的条款内容、内在机理、潜在的效用和危机等进行了十分丰富的分析，但其中聚焦到对外直接投资方面的研究主要关注 FTA 对 OFDI 的规模影响和区域分布。综上，就贸易协定对投资成效的分析仍有很大的拓展空间，尤其是 FTA 条款深度对中国企业 OFDI 成效的影响问题，这正是本文研究的重点。

（一）FTA 条款深度对中国企业 OFDI 成效的促进作用

FTA 通过对传统贸易规则的进一步优化，基于政治互信和经济互利共赢而订立的具有激励效果的协定文本，不同程度上提升了协定成员之间的贸易便利化水平，降低了相互之间的沟通成本，从而促进了资源、资本、技术、劳动力以及管理经验等各类重要生产要素的优化配置，带动协定成员内部的体制机制建设，一定程度上缩短了协定成员之间的经济和文化距离。FTA 的具体条款以 WTO 传统规则框架为基础，但又高于 WTO 体系，从传统的以边境为界限的贸易自由化向边境后的市场竞争、资本流动、技术研发和合作、知识产权保护等更高水准的层面深度发展，因此对国际资本自由流动和经济活动自由参与等环节具有十分突出的积极作用。一方面，FTA 有效降低了成员之间的整体关税水平，促进多双边的经贸往来，各成员国的企业有更大的动力通过投资渠道参与到更大范围的市场竞争中去，而在经贸合作便利化、要素流动自由化等有利因素的推动下投资成效水平有望大幅提升。

另一方面，FTA 相对传统的 WTO 框架而言，参与成员整体较少，协定成员之间多具有相对一致的发展目标，因而谈判工作更为灵活高效，条款内容的发展针对性强，更容易达成一致观点且更便于进行适时调整，特别是一些与企业投资活动高度相关的经贸规则和相关行业领域的制度体系能够更加适应成员国国情。此外一部分在 WTO 框架下长期未能得到长期制约企业投资活动的瓶颈问题能够实现较大程度的突破，对提升中国企业的 OFDI 成效具有重要意义。

假说 1：FTA 显著促进了中国企业 OFDI 的成效水平，且条款深度与投资成效水平之间呈现明显的正相关。

（二）FTA 条款深度对 OFDI 成效存在差异化影响

FTA 与 WTO 传统多边贸易体系之间的一个重要区别就体现在协定条款的内容上，WTO 成员方数量多、覆盖面广、规则普适性强，为维持 WTO 的总体稳定和有效运转，只能保留部分关键性、通用性的制度内容，难以满足不同经济主体的差异化诉求。同时由于 2008 年金融危机以来，全球经贸秩序加快转变，WTO 的多边治理能力大打折扣，规则协调难度大导致 WTO 的一些通用规则难以在 WTO 框架内得到有效落实。而 FTA 则恰好能够有效弥补 WTO 的制度缺陷和运转失效问题，因此在有效继承"WTO+"条款的基础上，各 FTA 又根据实际需求引入了内容更丰富的"WTO-"条款内容，其中包括竞争政策、知识产权保护、消费者保护、数据保护、环境治理、科技文化合作、法律制度等关系新阶段国际经贸合作的重点内容，在 WTO 传统框架基础上进一步将条款内容向边界后推进，极大地丰富了协定的整体框架体系，为深层次高水平的经贸合作奠定了基础，同时也更加适应各成员国的合作诉求，因此根据 FTA 的内容覆盖面广度、条款的可执行力度和约束能力强度对协定条款进行分类（具体分类见后文详述），各类别 FTA 条款深度对中国企业的对外直接投资成效会产生不同的影响，且向边界后深入程度越大的条款类别影响越显著。

假说 2：FTA 条款内容的差异导致不同类别的条款对中国企业 OFDI 成效的影响程度存在明显区别，超越 WTO 框架的条款和边界后条款要比 WTO 框架内的条款和边界条款对投资成效影响更突出。

（三）FTA条款深度对不同类型企业和不同投资形式产生差异化影响

如前文所述，FTA在WTO基础上进一步向边界后纵深发展，直接倒逼各成员国为谋求FTA执行带来的客观利益而进行国内营商环境的治理，其中既包括硬件环境设施的建设，也包括制度、文化、服务、理念等内容质量的全面提升。例如，RCEP协定就将投资规则分为文本规则和负面清单两部分[①]，其中投资规则部分涵盖了投资保护、投资自由化、投资促进和投资便利化四个方面，既有对传统投资规则的有效集成，也充分体现了国际投资缔约实践的新发展。RCEP对主体在投资保护和市场准入中的义务进行了相对全面而深入的规定，包括：给予RCEP成员国投资主体及投资项目以准入前阶段的国民待遇和最惠国待遇；规定了投资的公平性、流动规则、损失保护及补偿等约束要求；并纳入了高级管理人员和董事会、超过WTO水平的禁止业绩要求等条款；对投资促进、投资便利化措施、外商投资纠纷协调解决机制等内容进行了细化；设置负面清单、安全例外等特殊机制，对政府部门管理外资设置合理的权限及政策空间。RCEP投资规则是在既有投资规则基础之上的增值，条款内容进一步向边境内延伸，反映了高水平FTA的发展趋势，同时投资规则也兼顾了成员之间的发展水平差异问题和个别成员的特定关切，兼具灵活性和包容性。此外，RCEP其他条款也普遍会对投资产生影响。而针对成员之间可能存在的投资歧视性和违反协定要求的行为，各成员之间可在RCEP机制框架下解决，为对标FTA条款内容的客观要求和应对协定执行产生的潜在政治、经济和文化风险，各成员国将通过改善营商环境、提升投资自由化水平等措施以取得发展先机和规避潜在风险，一定程度上有利于提升企业对外直接投资的成效水平。

RCEP所反映出的协定条款由"WTO+"向"WTO−"、边界向边界后拓展

[①] 文本规则主要是协定第十章（投资）以及第十章的两个附件（习惯国际法和征收）。此外，应注意到协定其他章节中也有适用于投资的内容，例如第一章（初始条款和一般定义）、第十七章（一般条款和例外）、第十九章（争端解决）等。除文本规则外，RCEP协定附件三（服务和投资保留及不符措施承诺表）列出了各成员方关于投资领域的负面清单。关于RCEP投资规则的条款，可以在中国自由贸易区服务网查询RCEP协定文本。网址为：http://fta.mofcom.gov.cn/rcep/。

演变，条款覆盖面和内容深度不断深化的特征是高水平 FTA 的典型发展趋势，协定深度的变化必然引起成员国应对措施的全面升级，也必然对 OFDI 产生影响，同时不同性质的投资主体因其主体规模、业务属性、投资目的、产业领域等差异而对协定内容的敏感程度也并不一致，而不同形式的投资方式对东道国社会经济产生的效用也并不相同，因此对 FTA 的条款内容反应也存在差异。总而言之，FTA 内容深度的变化将导致成员国治理水平变化的连锁反应，而不同性质的主体和不同的投资方式的反应不尽相同。

假说 3：FTA 有助于改善东道国营商环境水平，进而提升中国对 FTA 合作对象的投资成效水平，同时 FTA 条款深度对不同类型的企业和不同形式的投资方式存在明显差异。

综上所述，区别于既有研究重点关注 FTA 条款内容及条款深度对价值链嵌入度、投资规模、投资流向等方面的影响，本文关注的重点是 FTA 条款深度对中国企业层面的 OFDI 成效影响问题，关注侧重点由"规模"向"成效"转变，并分析 FTA 对东道国营商环境质量提升的内在机制以及对不同性质的企业和不同的投资形式的影响，这对于研究中国企业走出去的质量问题和中国 FTA 建设的侧重点问题具有重要意义，关于 FTA 条款深度对投资成效的具体影响情况有待后文的进一步分析检验。

三、FTA 条款深度的识别与基本事实

（一）区域贸易协定条款深度的识别

FTA 在 WTO 框架之下进行了较为丰富的差异化延展，既兼顾了 WTO 框架中涵盖的大多数成员的核心发展愿景，这是 FTA 条款的共性部分，同时也充分考虑了 FTA 成员国的差异化利益诉求，这是 FTA 区别于 WTO 的个性化部分，也正是在这一部分个性化条款的作用下，FTA 才能够被越来越多的经济体认可。近年来，随着贸易协定谈判工作的持续深入和全球经贸发展形势的变化，数字贸易、环境保护等新的发展内容被纳入文本框架内，尤其是关于投资自由化和便利化的 FTA 条款得到强化，同时 FTA 条款的法律效力也从边界快

速向边界内纵深发展，总体而言，近年来 FTA 条款深度呈现越来越深的趋势。学术界关于 FTA 条款深度的识别主要分为同质性假定和异质性假定两大主流观点。FTA 条款同质性假定认为 FTA 通过贸易创造和贸易转移促进协定成员贸易便利化和投资自由化，而异质性假定则认为 FTA 条款内容和条款法律效力等方面的差异会产生明显不同的经济效应。FTA 条款同质性假定下，研究普遍认为签订 FTA 能够有效促进区域经贸发展和投资流量扩张，但长期来看这种贸易促进效应可能存在较大的偏差，同时也有研究认为提出 FTA 存在发展促进作用但效果并不如预期突出（Baier 和 Bergstrand，2007；李春顶等，2018），而在投资方面，条款异质性假定下，传统思路是将贸易协定划分为单边优惠贸易协定（PTA）、部分优惠贸易协定（PSA）、自由贸易协定（FTA）、关税同盟（CU）、经济联盟（CM）和共同市场（EU），这一划分标准相对简单，但事实上在贸易协定的一体化水平上也呈现明显的由浅入深趋势。本文主要是将所有贸易协定统称为 FTA 并根据不同条款的覆盖范围、法律责任、可执行程度、现实重要性等进行区分，并根据细分标准进行差异化评分，将 FTA 划分成不同的深度水平，异质性假定下对 FTA 条款深度和对条款类型的评估与划分是本文研究的重要基础。

（二）区域贸易协定条款深度的演化

通过多双边谈判重新签订 FTA 是推动深度 FTA 建设的主要方式，成员国将服务贸易、投资安排、更深刻的政治性条款、更自由充分的要素流动条款、更高水平的研发合作条款和更大幅度的贸易自由化等内容囊括到新签订或升级的 FTA 中，这种 FTA 的代际变化事实上反映了 FTA 条款深度的演化进程。作者统计发现，在全球范围内，受签订时间和效力时间等因素影响，大多数的 FTA 并没有进行过重新签订，但仍有 18.559% 的 FTA 经历过至少一次重订，其中部分完成了三次及以上的重订。研究普遍认为，FTA 条款深度的持续演变极大程度上促进了全球经济贸易的发展，FTA 条款内容的丰富和条款内容可执行力的强化，对构建全球经贸新秩序和国际经济新规则产生了深刻影响。

随着中国在全球经济中的位置由边缘向经贸中心持续转变，中国越来越多地通过与贸易伙伴达成高水平的 FTA 来推动经贸发展，这既是在 WTO 多变治理能力衰退背景下深度参与全球经贸秩序变革，顺应全球经贸格局变迁的被动发展；也是适应新的国际经济形势和新的产业发展趋势而出现的一种自我深化。中国参与 FTA 谈判和建设的时间相对较短，在深度 FTA 的建设方面，中国同样主要通过对原有 FTA 进行升级谈判并重新签订，以及增加相关的辅助性协议来提高 FTA 的整体标准和质量，进而持续扩大 FTA 的内容覆盖范围和深度水平。目前中国已经主导完成升级的 FTA 包括中国–东盟（"10+1"）升级、中国–巴基斯坦第二阶段、中国–新加坡升级、中国–智利升级、中国–新西兰升级，正在进行升级谈判和研究的则包括中国–韩国自贸协定第二阶段谈判、中国–秘鲁自贸协定升级谈判和中国–瑞士自贸协定升级联合研究，同时新达成的 RCEP 和正在推动加入的 CPTPP、DEPA 等都是目前最高水平的区域贸易协定。无论是 FTA 的升级谈判，还是加入新的高标准 FTA，都在事实上促进了中国 FTA 条款深度不断深化，推动了中国的对外贸易、国际经济合作、对外投资等方面的高质量发展。

（三）区域贸易协定条款深度的度量研究

深度 FTA 建设的根本目的是推动成员国经济发展，随着对 FTA 条款深度量化方法研究的持续深入，对 FTA 条款深度的度量研究受到广泛关注。横向测度法和纵向测度法是 FTA 条款深度度量的两大方法。其中横向测度法是指研究者对 FTA 的各具体条款进行深度赋值并进行横向的简单加总。例如，Kohl（2014）和 Mattoo（2017）分别利用"GPTAD"数据库和"CDTA"数据库构建了不同的条款深度指标，并分析了 FTA 对贸易流量和对成员国经贸发展的影响。为有效甄别 FTA 的条款异质性问题，采用横向测度方法的部分研究中还将 FTA 的不同条款根据生效界限和对象进行了区分，一类是按生效界限划分为"边界条款"和"边界后条款"，另一类是根据生效对象划分为"歧视性条款"和"非歧视性条款"，该思路对解决异质性问题具有较好的效果（Damuri, 2012）。此外，也有研究采用了主成分分析法等方法生成条款深度指数，并根据相同条款在不同 FTA 中的出现频率来衡量条款的重要性和 FTA 网络的深度水平。总结来看，横向度量的方法能够较为简便且有效地测算 FTA 的水平深度，并为开展 FTA 深度水平与价值链、贸易网络等内容相关的深度研究奠定了基础，本文也主要是借鉴横向测度方法测算 FTA 的条款深度水平，并分析其对中国企业 OFDI 的影响问题。

纵向测度法则多以 FTA 中是否出现某条款进行"0"或"1"的赋值，但事实上从条款内容的差异性和条款的法律可执行力度方面进行深入的量化和分析（李艳秀和毛艳华，2018），总体来看，采用纵向测度法来刻画 FTA 条款深度的研究相对横向测度法要明显偏少。代表性的文献例如，Soo Yeon Kim（2013）采用"UNESCAP"分类方法量化了 FTA 的深度水平并分析了生产网络问题，该方法主要是将 FTA 根据货物、服务、投资、贸易便利化、原产地规则及其他共六个大的领域进行划分，并据此细分了 58 个子项，最终以是否包含某一子项为判定标准进行打分，是则评分为"1"，否则评分为"0"，在此基础上根据协定内容作进一步分类并构建形成了"DESTA 数据库"。目前该数据库被越来越多的学者所认可。

尽管 FTA 条款深度的识别及其经济效应的研究已经得到了极大的丰富，但不难发现基于条款深度对中国企业层面 OFDI 影响的研究仍然有较大的拓展空间，尤其是从 OFDI 规模向成效转变的深度挖掘上，无论是价值意义还是可研究性上都有进一步丰富完善的必要。

四、模型设定与数据

（一）模型设定

基于现有研究基础和前述的理论假说，本文在模型的选择上参考杨连星等（2016）构建单国模型的研究思路，构造了如下 FTA 条款深度对中国对外直接投资成效影响的二值选择模型：

$$Probit(suc_{ijt}=1) = \alpha_0 + \alpha_1 HDepth_{cjt} + \alpha_2 X_{jt} + \mu_j + \varepsilon_{ijt} \quad (1)$$

其中，i 表示企业，j 表示东道国，t 表示年份，其中被解释变量 suc_{ijt} 表示中国企业 i 在 t 时间对东道国 j 开展直接投资的实际成效；核心解释变量

$HDepth_{cjt}$ 表示中国与东道国 j 在 t 年达成的 FTA 条款深度，具体的条款深度分类和计算方法见后文详细阐述。X_{jt} 为本文的控制变量，具体包括东道国 GDP 增长率（$ggdp$）、监管质量（WGI）、经济自由度（$economic\_fr$）、税率水平（tax）、资源禀赋水平（$resource$）、技术水平（$tech$）和营商便利化水平（edb），μ_j 为国家层面的固定效应，ε_{ijt} 为误差项。

（二）变量说明及数据来源

1. 被解释变量：中国对外直接投资成效

被解释变量为 suc_{ijt} 表示企业 i 在 t 年份对东道国 j 的对外投资成效，以对外投资项目的成败概率作为衡量标准。如果中国企业 i 在 t 年份对东道国 j 的对外投资项目成功，则 suc_{ijt} 表示为 1，否则即为 0。企业层面的中国对外投资数据来自美国传统基金会开展的"中国全球投资跟踪"项目数据库（China Global Investment Tracker, CGIT）[①]，追踪数据包括 2005 年至今中国所有大型企业进行的一亿美元及以上规模的对外直接投资数据，其中涵盖了投资企业的名称和性质、投资的时间和东道国（地区）、投资的模式和产业分布类型、投资成功与否等详细数据。

2. 核心解释变量：FTA 条款深度指数

本文借鉴了 Hofmann 等（2017）和张中元（2019）构建区域贸易协定数据库和测算区域贸易协定深度的思路，计算了 2005—2015 年间中国参与并仍在生效的所有区域贸易协定的条款深度。测量区域贸易协定条款深度的数据来源于世界银行的贸易协定内容数据库（Content of Deep Trade Agreements）[②]，该数据库覆盖了 1958—2015 年期间向世界银行通报的 279 分贸易协定，某具体条款在数据库中被明确提及则评分为 1，否则为 0，进一步在考虑法律效力因素时，若条款在区域贸易协定中被明确提及且具有法律强制力，则评分为 2；若满足前述条件但未被纳入争端解决程序，则评分降为 1；若符合未被明确提及或不具有法律强制力中的任何一点，则评分为 0。本文采用考虑法律效力因素的区

[①] 美国传统基金会网址为 http://www.heritage.org。

[②] 世界银行的贸易协定内容数据库网址为 https://datacatalog.worldbank.org/search/dataset/0039575。

域贸易协定条款深度指数，具体包括了"WTO+"条款深度指数（$Acdepth\_le$）、"WTO-"条款深度指数（$Xdepth\_le$）、核心深度指数（$Coredepth\_le$）、边界深度指数（$Borderdepth\_le$）和边界后深度指数（$Behinddepth\_le$）五个核心解释变量。

"WTO+"和"WTO-"深度指数：贸易协定内容数据库将所有贸易协定的内容领域划分为14项"WTO+"条款和38项"WTO-"条款（见表1），其中"WTO+"条款是指归属于现行WTO规则范围之内的政策内容，也是当前FTA建设过程中的基础性条款，"WTO-"条款则是指超出WTO现行规则范围授权的政策内容，这一部分条款是FTA区别于WTO框架的主要内容，近年来随着FTA深度的不断演变，"WTO-"条款成为反应FTA水平高低的关键。"WTO+"深度指数和"WTO-"深度指数的计算方式如下：

$$Acdepth\_le=\sum_{c=1}^{14} WTO\_Provisions_c \quad (2)$$

$$Xdepth\_le=\sum_{c=1}^{38} WTOX\_Provisions_c \quad (3)$$

式（2）和式（3）中 $WTO\_Provisions_c$ 和 $WTOX\_Provisions_c$ 是区域贸易协定中所有"WTO+"条款（14项）和"WTO-"条款（38项）的评分，"WTO+"条款深度和"WTO-"条款深度即分别表示为14项"WTO+"条款和38项"WTO-"条款的评分加总。

表1　贸易协定内容数据库对"WTO+"和"WTO-"条款的分类

WTO+ 条款	WTO−条款		
工业品关税减让	反腐败	创新政策	洗钱
农业关税减让	竞争政策	文化合作	核安全
贸易便利化	环境法律	经济政策对话	政治对话
出口税	知识产权保护	教育培训	公共治理
SPS措施	投资措施	能源	区域合作
国有企业	劳动力市场监管	金融援助	科技研发
TBT措施	资本流动	健康	中小企业
反倾销措施	消费者保护	人权	社会事务

续表

WTO+ 条款	WTO−条款		
反补贴措施	数据保护	非法移民	统计规则
政府补助	农业	毒品等非法药物	税收政策
政府采购	立法	产业合作	恐怖主义
TRIMS 措施	视听	信息社会	签证和庇护
GATS	公民保护	矿业	
TRIPS			

注：根据贸易协定内容数据库信息整理。

核心深度指数：在区域贸易协定条款内容中，受贸易协定成员国之间的产业保护和发展竞争等因素影响，各具体条款之间存在明显的政治和经济意义差异，因此部分 FTA 条款相对其他条款而言对协定双方更加重要，一般主要体现在协定成员之间谈判过程中反复磋商的议题，这一类议题往往成为决定 FTA 能否达成以及 FTA 运行效率的重要内容。例如，在 RCEP 的初始谈判成员中，印度始终高度关注市场准入原则，而日本始终关注农业领域的相关条款，因此市场准入和农业领域的规则就成为 RCEP 协定中更为重要的条款内容，印度也因市场准入规则未能达到预期效果而放弃加入 RCEP。本文参考 Baldwin（2008）和 Damuri（2012）的研究将 14 项"WTO+"条款和"WTO−"条款中的竞争政策、投资措施、资本流动、知识产权保护等共 18 项条款作为区域贸易协定的核心条款，并以此为基础计算核心深度指数（$Coredepth\_le$），上述 18 项条款构成了各协定成员有效参与并执行协定内容的关键性框架。核心深度指数的计算公式为 $Coredepth\_le = \sum_{c=1}^{18} Provisions_c$，其中 $Provisions_c$ 是 18 项核心条款的评分，核心深度指数即为 18 项核心条款的评分之和。

边界深度指数和边界后深度指数：FTA 的不同条款可以根据是否适用于边界进行进一步划分为边界和边界后措施，其中边界措施主要与贸易协定成员之间经贸往来"能不能进"相关联，例如关税、股比限制等准入问题都属于边界措施，边界措施是 WTO 框架内重点解决的壁垒问题。而边界后措施则主要是相对于边界措施概念而来的，主要关系到市场待遇问题，在边界措施不断降低的大趋势下,边界后措施成为限制自由贸易发展的主要壁垒,二者对于投资会产生差异化的影响。随着 FTA 的不断深化和价值链结构的不断调整,贸易协定对关税、反倾销反补贴、TRIMS、TRIPS、资本流动等边界措施的强化呈现出向国有企业、国家援助和采购、竞争政策、投资、知识产权保护、数据流动等边界后措施转变的趋势。边界深度指数和边界后深度指数的计算方式同上述深度指数相似,即为边界条款深度指数和边界后条款深度指数的加总。

3. 控制变量

本文选择了与企业发展和投资成效紧密相关的 7 个主要控制变量,具体包括:(1)东道国经济发展环境。本文选择了东道国 GDP 增长率来指代宏观经济的综合发展情况,东道国的宏观经济状况是企业投资过程中的考量因素之一。(2)东道国治理质量。本文采用全球治理指数数据库(Worldwide Governance Indicators,WGI)中话语权和责任(Voice and Accountability)、政治稳定性和不存在暴力(Political Stability and Absence of Violence)、政府效率(Government Effectiveness)、规制质量(Regulatory Quality)、法治(Rule of Law)和腐败控制(Control of Corruption)共六个分项指标的平均值数据。(3)东道国经济自由度。代表一国市场的自由化水平,数据来自《华尔街日报》和美国传统基金会发布的经济自由度指数。(4)东道国企业税率。税率水平是企业海外投资过程中的重要权衡因素,选择一国企业税收占商业利润的比值数据,数据来源于世界银行数据库。(5)东道国资源禀赋。东道国资源禀赋水平是影响企业投资的重要内容,本文选取世界银行数据中的矿石和金属产品出口占比数据来代表东道国的资源禀赋水平。(6)东道国市场技术水平。东道国的市场技术环境也是企业投资的重要考量因素,本文选取世界银行数据库中的东道国技术类产品出口占比数据。(7)东道国市场营商环境。市场营商环境的数据来自世界银行营商环境数据库(Doing Business)中的营商环境评分指数。表 2 是所有变量的描述性统计。

表 2　变量描述性统计

变量类型	变量	样本量	均值	标准差	最小值	最大值
因变量	OFDI 成效	3 882	0.920	0.272	0	1
核心解释变量	WTO+ 深度指数	3 882	3.111	5.955	0	26
	WTO- 深度指数	3 882	0.906	2.968	0	24
	核心深度指数	3 882	3.500	6.751	0	28
	边界深度指数	3 882	2.844	5.234	0	22
	边界后深度指数	3 882	0.700	2.149	0	12
控制变量	东道国 GDP 增长率	3 882	3.199	4.835	−62.10	43.50
	东道国治理质量	3 882	0.140	1.006	−2.100	1.900
	东道国经济自由度	3 882	62.20	15.69	0	89.40
	东道国企业税率	3 882	6.468	4.134	0	52.10
	东道国资源禀赋	3 882	9.518	15.41	0	86.40
	东道国市场技术水平	3 882	13.48	13.55	0	63.10
	东道国市场营商环境	3 882	64.60	16.13	0	87.40

五、实证结果与分析

（一）基准回归结果分析

表3呈现了FTA条款深度对中国企业OFDI成效的影响情况，其中第（1）至第（5）列是不加入控制变量的分析结果，第（6）—第（10）列是加入各控制变量后的回归结果。基准回归结果显示，无论是否加入控制变量，"WTO+"深度指标、"WTO–"深度指标、核心深度指标、边界深度指标和边界后深度指标都对中国OFDI成效产生显著的正向促进作用，这说明签订高水平的FTA是有助于推动终归对外直接投资的发展的，并能够推动对外直接投资成效水平的整体快速提升，同时也说明了中国政府提出的加快建设高水平的自贸区网络的战略思路是具有极强的现实经济意义的。值得注意的是，边界后深度指数对中国OFDI投资成效的促进作用相对于其他四类深度指数要更为突出，这也是倡导新时期建设更高水平更深层次区域贸易协定，全面推动RCEP发挥更大效用，

加快 CPTPP 和 DEPA 等高水平贸易协定的研究、对接与融入进程的重要原因。同时，"WTO+"深度和核心深度对中国企业 OFDI 成效的促进作用则要弱于其他三类条款深度指标，前者主要是因为当贸易协定成员均为 WTO 成员方时，WTO 的一般性规则在区域贸易协定达成前后其调整幅度就非常有限甚至部分并无调整，因此"WTO+"深度指数对提升投资成效的作用相对有限；而后者则主要是受中国已经达成的区域贸易协定合作伙伴综合发展质量影响，中国已经达成的 21 个自由贸易区中除韩国、新加坡和澳大利亚等少数几个发达国家外，大部分都是亚非地区的发展中国家，整体经济发展水平相对落后，核心深度指标所涉及的竞争政策、投资措施、资本流动、知识产权保护等关键性条款的整体影响力受限。核心解释变量的分析结果充分说明，建设深度 FTA 是符合中国发展历史诉求的，要高度重视高水平区域贸易协定的建设工作，尤其要加快与发达国家或以发达国家为主体的贸易协定谈判进程。

控制变量方面，东道国治理质量和东道国营商环境水平对中国的 OFDI 成效具有明显的促进作用，东道国较高的治理质量和良好的营商环境有助于促成 OFDI 的最终落地，说明东道国稳定的政治经济环境、公平的法律制度、高效且清廉的行政体系等有助于 OFDI 项目的成功，即使同样达成区域贸易协定，中国的资本也更加倾向于那些政治、经济和市场综合环境更好的地区。然而，东道国的资源禀赋水平对中国 OFDI 的投资成效并没有产生显著的正向促进作用。许多研究指出，东道国资源禀赋水平有助于吸引来自贸易协定成员国更大规模的投资，也即是东道国的资源禀赋在对来自 FTA 伙伴的资本"投与不投"的选择性问题上具有明显的正向效应（王永钦等，2014；赵云辉等，2020），但本文的研究发现东道国的资源禀赋水平对来自贸易协定成员国的投资在"成与不成"效果问题上并没有促进作用，相反可能在"资源掠夺""环境污染"等诬蔑性舆论和针对性政治因素的影响下会对中国 OFDI 的"成与不成"产生负面影响。

表3 贸易协定深度对中国对外直接投资成效影响的估计结果

变量	(1)	(2)	(3)	(4)	(5)	(6)	(7)	(8)	(9)	(10)
"WTO+"深度	0.0180*** (4.0112)									
"WTO−"深度		0.0272*** (4.1915)								
核心深度			0.0147*** (4.2754)							
边界深度				0.0205*** (4.396)						
边界后深度					0.0374*** (3.9395)					
GDP增长率						0.0177*** (3.5771)	0.0270*** (3.7101)	0.0145*** (3.7376)	0.0202*** (3.8838)	0.0366*** (3.3054)
治理质量						0.0147 (1.4135)	0.0145 (1.3989)	0.0147 (1.4098)	0.0153 (1.4133)	0.0145 (1.3964)
经济自由度						0.8186* (1.8788)	0.8256* (1.8921)	0.8205* (1.8826)	0.8189* (1.879)	0.8255* (1.8923)
企业税率						−0.0169 (−1.0554)	−0.0170 (−1.0600)	−0.0175 (−1.0541)	−0.0168 (−1.0532)	−0.0170 (−1.0565)
资源禀赋						0.0277 (1.4123)	0.0267 (1.3978)	0.0276 (1.4121)	0.0278 (1.4137)	0.0271 (1.4069)
技术水平						−0.0174** (−2.3256)	−0.0174** (−2.3156)	−0.0290** (−2.3235)	−0.0175** (−2.3305)	−0.0173** (−2.3021)
						−0.0035 (−0.3382)	−0.0037 (−0.3509)	−0.0036 (−0.3408)	−0.0036 (−0.3439)	−0.0034 (−0.3270)

续 表

变量	(1)	(2)	(3)	(4)	(5)	(6)	(7)	(8)	(9)	(10)
营商环境						0.020 8**	0.021 0**	0.020 8**	0.019 7**	0.023 2**
						(1.860 9)	(1.869 9)	(1.861 4)	(1.858 4)	(1.870 1)
常数项	0.430 7***	0.452 1***	0.400 2***	0.430 7***	0.430 1***	0.796 6**	0.801 7**	0.796 2**	0.795 4**	0.798 6**
	(6.41E+12)	(8.28E+09)	(6.54E+12)	(1.38E+13)	(8.28E+09)	(0.765 2)	(0.769 7)	(0.765 2)	(0.764 5)	(0.767 1)
控制变量	No	No	No	No	No	Yes	Yes	Yes	Yes	Yes
国家固定效应	Yes	Yes	Yes	Yes	Yes	Yes	Yes	Yes	Yes	Yes
样本量	3 334	3 334	3 334	3 334	3 334	3 334	3 334	3 334	3 334	3 334
R^2	0.074 0	0.073 8	0.073 9	0.074 0	0.073 6	0.085 4	0.085 2	0.085 3	0.085 4	0.085 0

注：*、**、*** 分别表示在 10%、5% 和 1% 的统计水平上显著，下同。

（二）稳健性检验和内生性处理

1. 稳健性检验

根据基准回归结果可知，签订 FTA 会提升中国企业 OFDI 成效水平，且 FTA 深度水平与对外直接投资成效之间存在正向效用，为了验证基准回归结果的稳健性，本文进行了一系列的稳健性检验。一方面，本文采用 Logit 回归方法替代 Probit 模型进行稳健性检验，回归结果见表 4 第（1）至第（5）列所示。另一方面，本文借鉴 Hofmann 等（2017）提出的 FTA 深度测算方法，进一步计算贸易协定总深度指数[①]并进行回归分析，回归结果如表 4 第（6）列所示。由表 4 的稳健性检验结果可知，改变回归方法和替换核心解释变量两种情况下，贸易协定条款深度对中国的 OFDI 成效都在 1% 的水平上存在显著的正向影响，与基准回归结果保持一致，因此充分说明贸易协定的深度水平会对中国的 OFDI 成效产生影响，基准回归结果是稳健的。

表 4　基准回归的稳健型检验

变量	（1） logit	（2） logit	（3） logit	（4） logit	（5） logit	（6） 总深度
"WTO+" 深度	0.030 3*** （3.513 2）					
"WTO−" 深度		0.047 4*** （3.805 3）				
核心深度			0.024 9*** （3.672 8）			
边界深度				0.034 7*** （3.846 5）		
边界后深度					0.062 8*** （3.153 6）	
总深度						0.011 0*** （3.760 6）

---

① 限于篇幅，计算方式省略。

续 表

变量	（1）logit	（2）logit	（3）logit	（4）logit	（5）logit	（6）总深度
GDP 增长率	0.029 0 (1.483 0)	0.028 8 (1.480 8)	0.028 9 (1.481 9)	0.029 0 (1.483 3)	0.028 7 (1.475 9)	0.014 6 (1.408 4)
治理质量	1.689 3** (1.938 4)	1.699 2** (1.947 2)	1.691 8** (1.940 5)	1.689 8* (1.938 2)	1.697 5** (1.946 3)	0.822 4** (1.886 3)
经济自由度	−0.030 5 (−0.939 7)	−0.030 6 (−0.942 6)	−0.030 4 (−0.938 6)	−0.030 4 (−0.937 8)	−0.030 5 (−0.940 9)	−0.016 9 (−1.056 9)
企业税率	0.050 1 (1.258 8)	0.048 2 (1.248 1)	0.050 0 (1.258 4)	0.050 3 (1.259 3)	0.048 9 (1.254 9)	0.027 3 (1.407 4)
资源禀赋	−0.034 5*** (−2.713 8)	−0.034 6*** (−2.706 8)	−0.034 5*** (−2.712 4)	−0.033 7*** (−2.716 3)	−0.034 4*** (−2.701 3)	−0.017 4** (−2.322 5)
技术水平	−0.008 8 (−0.418 1)	−0.009 2 (−0.438 8)	−0.008 9 (−0.421 3)	−0.008 9 (−0.424 1)	−0.008 7 (−0.410 0)	−0.003 6 (−0.347 6)
营商环境	0.041 8* (1.764 6)	0.042 2* (1.771 2)	0.041 9* (1.765 1)	0.041 8* (1.762 3)	0.042 2* (1.773 3)	0.020 9* (1.862 6)
常数项	1.299 8 (0.616 1)	1.302 3 (0.617 6)	1.298 3 (0.615 6)	1.298 5 (0.615 7)	1.298 2 (0.615 6)	0.799 7 (0.768 2)
国家固定效应	Yes	Yes	Yes	Yes	Yes	Yes
样本量	3 334	3 334	3 334	3 334	3 334	3 334
R^2	0.085 5	0.085 4	0.085 5	0.085 6	0.085 3	0.085 3

2. 内生性处理

区域贸易协定的研究中解决内生性问题最常见的方法是将条款深度滞后一期作为工具变量进行检验，但实际分析过程中条款深度滞后一期可能会产生序列相关问题，并不能很好地解决内生性问题，因此本文参考许亚云等（2020）的研究思路，采用除一国以外其他所有国家的区域贸易协定核心深度指数的均值作为工具变量进行检验，具体的计算公式为：

$$HDepth_{cjt}^{iv} = \frac{\sum HDepth_{jt-2}}{N_{jt-2}} \quad (4)$$

公式（4）中 $\sum HDepth_{jt-2}$ 表示在 $t-2$ 年时刻除 j 国以外其他所有国家达成的

贸易协定的条款深度之和，N_{jt-2} 则表示在 $t-2$ 年时刻除 j 国以外其他所有国家的个数。采用两阶段最小二乘法（2SLS）得出的估计结果如表5所示，整体结果与基准回归结果保持一致，因此结果不存在内生性问题。

表5 工具变量解决内生性问题检验

	1	2	3	4	5
"WTO+"深度	0.003 7*** （4.668 5）				
"WTO-"深度		0.006 3*** （4.514 4）			
核心深度			0.003 1*** （4.863 1）		
边界深度				0.004 2*** （4.893 1）	
边界后深度					0.008 9*** （4.729 4）
GDP增长率	0.002 7 （1.550 1）	0.005 1 （1.545 4）	0.005 4 （1.548 6）	0.002 3 （1.550 7）	0.016 2 （1.540 5）
治理质量	0.119 1** （2.078 1）	0.120 7** （2.105 5）	0.119 6** （2.085 1）	0.119 2** （2.079 1）	0.121 3** （2.112 4）
经济自由度	-0.002 1 （-0.848 7）	-0.001 7 （-0.849 9）	-0.001 6 （-0.846 3）	-0.001 4 （-0.845 8）	-0.002 6 （-0.844 6）
企业税率	0.001 7* （1.698 5）	0.001 4* （1.648 8）	0.002 5* （1.697 8）	0.001 1* （1.704 9）	0.001 3* （1.678 3）
资源禀赋	-0.003 4** （-2.301 8）	-0.003 4** （-2.313 5）	-0.005 7** （-2.302 5）	-0.002 9** （-2.310 5）	-0.003 0** （-2.278 4）
技术水平	-0.001 0 （-0.705 6）	-0.001 1 （-0.737 9）	-0.001 0 （-0.711 2）	-0.003 1 （-0.710 8）	-0.001 3 （-0.717 3）
营商环境	0.002 1* （1.898 4）	0.002 5* （1.914 7）	0.001 4** （1.898 4）	0.001 3** （1.892 7）	0.001 3** （1.904 1）
国家固定效应	Yes	Yes	Yes	Yes	Yes
样本量	3 882	3 882	3 882	3 882	3 882

（三）机制分析

上述研究就 FTA 的五类条款深度对中国企业的对外直接投资成效问题进行了分析，结论表明贸易协定的条款深度与中国企业的 OFDI 成效水平具有显著的正相关关系，但上述研究并未清楚地阐述条款深度与 OFDI 成效之间的内在深层次作用机制。因此本文根据既有的文献和前述研究思路，提出达成高水平的 FTA 能够有效改善协定成员国营商环境进而提升 OFDI 的成效水平。其背后的逻辑在于，高水平的 FTA 覆盖更多更丰富的边界内措施，且对条款的法律执行强度进行了较为严苛的规定，协定成员为参与协定并在其中谋求相应的利益，必然会通过优化国内市场监管环境、完善法律法规体系、建立健全自由化市场准则等措施来改善营商环境，在贸易往来和吸引投资流入等方面取得优势。鉴于此，本文参考杨连星等（2016）、董芳和王林彬（2021）等学者的做法构建了如下多方程系统：

$$Probit(suc_{ijt}=1) = \alpha_0 + \alpha_1 HDepth_{cjt} + \alpha_2 X_{jt} + \mu_j + \varepsilon_{ijt} \tag{1}$$

$$Probit(suc_{ijt}=1) = \beta_0 + \beta_1 HDepth_{cjt} + \sum_{k=1}^{k}\theta_k \rho_{jt}^k + \beta_2 X_{jt} + \mu_j + \varepsilon_{ijt} \tag{5}$$

$$\rho_{jt}^k = \gamma_0 + \gamma^k HDepth_{cjt} + \omega_j + \mu_{ijt}, \quad k=1, 2, 3 \cdots k \tag{6}$$

公式（5）和（6）中的 ρ_{jt}^k 代表本文选择的主要控制变量，k 表示纳入系统方程中的影响机制方程的序号（假设共有 k 个方程）。在公式（1）中的回归系数 α_1 代表对企业投资成效产生的总体效应，而公式（5）中的回归系数 β_1 则代表对企业投资成效的直接影响效应，理论上二者存在着 $\overline{\alpha_1} = \beta_1 + \sum_{k=1}^{k}\theta_k \rho_{jt}^k$ 的关系，也即是贸易协定的条款深度对中国 OFDI 的影响可以划分为直接效用和间接效用两部分，而 θ_k 则是变量 ρ_{jt}^k 的回归系数，而在方程（6）中 γ^k 即为贸易协定条款深度在机制分析中的系数值。基于上述模型基础，本文采用似不相关回归（Seemingly Unrelated Regression Estimation，SUR），并假定中国企业 OFDI 的成效与各影响机制间的扰动项存在同期相关。

由表 6 可知，"WTO+"深度指数、"WTO-"深度指数、核心深度指数、边界深度指数和边界后深度指数的系数都在 1% 的置信水平上显著为正，充分说明贸易协定的五类条款深度指数都有助于提升东道国的营商环境水平，FTA 通过促进东道国营商环境的持续优化进而提升中国企业 OFDI 的成效水平。在表 3 的基准回归结果中，营商环境变量的系数显著为正，营商环境对中国企业的 OFDI 成效呈现具有正向促进作用，表 6 中各条款深度指标系数同样显著为正，说明 FTA 条款深度能够刺激东道国改善国内营商环境，并传导提升中国企业在东道国的 OFDI 成效水平。

表 6　机制检验（改善营商环境）

	（1）	（2）	（3）	（4）	（5）
"WTO+"深度	0.091 9*** （2.965 9）				
"WTO−"深度		0.128 8*** （3.064 6）			
核心深度			0.077 7*** （3.032 8）		
边界深度				0.108 9*** （2.865 3）	
边界后深度					0.207 2*** （3.166）
GDP 增长率	−0.258 5*** （−3.852 5）	−0.259 5*** （−3.862 8）	−0.258 6*** （−3.853 9）	−0.258 4*** （−3.851 2）	−0.259 4*** （−3.862 0）
治理质量	11.643 6*** （2.908 2）	11.675 4*** （2.915 3）	11.655 5*** （2.910 8）	11.645 9*** （2.909）	11.693 2*** （2.916 9）
经济自由度	0.157 1** （2.545 5）	0.157 0** （2.542 9）	0.157 3** （2.547 1）	0.157 3** （2.547 5）	0.157 3** （2.547 8）
企业税率	0.215 0* （1.794 9）	0.211 4* （1.773 2）	0.214 9* （1.794 6）	0.215 6* （1.798 6）	0.213 2* （1.785）
资源禀赋	−0.062 6 （−1.027 2）	−0.063 1 （−1.035 6）	−0.062 2 （−1.026 6）	−0.062 8 （−1.030 6）	−0.061 9 （−1.015 0）
资源禀赋	0.075 3 （0.737 2）	0.075 3 （0.737）	0.075 0 （0.734 4）	0.074 9 （0.732 7）	0.075 2 （0.736 7）
常数项	39.923 6*** （10.271 2）	39.963 0*** （10.276 9）	39.926 5*** （10.270 1）	39.916 6*** （10.269 5）	39.956 9*** （10.271 3）
国家固定效应	Yes	Yes	Yes	Yes	Yes
N	3 334	3 334	3 334	3 334	3 334

（四）异质性分析

为进一步分析 FTA 对中国企业 OFDI 成效影响的异质性问题，本文进一步按投资企业的性质（民营企业和国有企业）和投资项目的形式（绿地投资和非绿地投资）两个角度进行了异质性分析和讨论，这与多数文献侧重于从东道国视角分析东道国治理水平、东道国营商环境等方面分析相区别，更加关注中国企业本身的性质和投资行为，以期为中国企业的 OFDI 提供智力支撑。中国企业性质（国有企业和民营企业）和 OFDI 的形式（绿地投资和非绿地投资）分类按照美国传统基金会"中国全球投资跟踪"数据库中的划分界定。

1. 投资企业性质分析：民营企业和国有企业的区别

本文在投资企业的分类中，设定民营企业为 1，否则为 0。由表 7 中结果可知，本文选取的五类 FTA 条款深度对国有企业的 OFDI 成效具有突出的正向效应，而民营企业的 OFDI 成效水平对 FTA 的条款深度并不敏感，同时各类贸易协定的条款深度对国有企业 OFDI 成效的影响程度强弱与基准回归结果的总体影响强弱水平一致。究其原因，尽管自 2020 年开始民营企业对外直接投资占比就已经超过国有企业，其中民营企业和国有企业占比分别为 53.7% 和 46.3%。但对 FTA 伙伴国的直接投资中国有企业仍占据着主要份额，可能有如下三方面的深层次原因，一是目前中国已经达成的 FTA 中伙伴国以亚非地区国家为主，部分投资项目带有超越一般商业合作的深层次政治属性，例如对外援助项目、合作共建项目等都与传统概念上的投资存在差别，因此国有企业势必会成为主要参与主体；二是国有企业普遍以大中型企业为主，在资金、技术、人力等要素方面和抗风险能力、可持续性等方面整体具有更大优势，因此在中国的海外投资过程中国有企业的稳定性和可持续性更强；三是能源、基建等项目的中国企业的对外直接投资中占据重要地位，目前这一类投资项目的参与主体中国有企业占比居高。综上，FTA 的条款深度对国有企业的 OFDI 成效水平具有更突出的影响，因此签订 FTA 能够为国有企业的海外投资创造更加可靠的制度、规则和舆论支撑，提升国有企业对东道国投资的整体信心和成效水平，而民营企业的 OFDI 成效受 FTA 条款深度的影响并不显著。

区域贸易协定条款深度对中国企业 OFDI 影响的实证分析

表 7 民营企业和国有企业的区分

变量	(1)	(2)	(3)	(4)	(5)	(6)	(7)	(8)	(9)	(10)
	民营企业					国有企业				
"WTO+"深度	0.0055 (0.1852)					0.0200*** (5.6335)				
"WTO-"深度		-0.0040 (-0.1062)					0.0319*** (5.6590)			
核心深度			0.0020 (0.0881)					0.0166*** (5.6907)		
边界深度				0.0037 (0.1186)					0.0225*** (5.5601)	
边界后深度					-0.0044 (-0.0827)					0.0452*** (5.6307)
GDP 增长率	0.0515 (0.8745)	0.0496 (0.8359)	0.0507 (0.8584)	0.0509 (0.8630)	0.0497 (0.8380)	0.0078 (0.7308)	0.0075 (0.7127)	0.0077 (0.7283)	0.0078 (0.7325)	0.0075 (0.7122)
治理质量	0.6078 (0.4020)	0.6027 (0.3961)	0.6076 (0.4008)	0.6079 (0.4013)	0.6035 (0.3967)	0.7426* (1.6497)	0.7513* (1.6634)	0.7449* (1.6535)	0.7416* (1.6479)	0.7547* (1.6684)
经济自由度	-0.0887 (-1.1534)	-0.0915 (-1.1859)	-0.0898 (-1.1660)	-0.0895 (-1.1623)	-0.0914 (-1.1838)	-0.0085 (-0.5484)	-0.0086 (-0.5543)	-0.0085 (-0.5467)	-0.0085 (-0.5460)	-0.0085 (-0.5488)
企业税率	-0.0101 (-0.4718)	-0.0097 (-0.4471)	-0.0099 (-0.4611)	-0.0100 (-0.4642)	-0.0097 (-0.4484)	0.0663* (1.9509)	0.0639* (1.9171)	0.0661* (1.9493)	0.0665* (1.9535)	0.0649* (1.9334)
资源禀赋	-0.0721* (-1.6544)	-0.0789* (-1.8811)	-0.0748* (-1.7415)	-0.0740* (-1.7153)	-0.0785* (-1.8667)	-0.0157** (-2.1817)	-0.0157** (-2.1741)	-0.0157** (-2.1804)	-0.0157** (-2.1860)	-0.0155** (-2.1570)

367

续 表

变量	(1)	(2)	(3)	(4)	(5)	(6)	(7)	(8)	(9)	(10)
			民营企业					国有企业		
技术水平	0.1071*	0.1111*	0.1087*	0.1082*	0.1108*	-0.0139	-0.0141	-0.0139	-0.0138	-0.0140
	(1.7629)	(1.8115)	(1.7828)	(1.7770)	(1.8087)	(-1.2345)	(-1.2578)	(-1.2379)	(-1.2315)	(-1.2481)
营商环境	0.0703	0.0728	0.0713	0.0710	0.0727	0.0197**	0.0199**	0.0197**	0.0197**	0.0198**
	(1.4868)	(1.4989)	(1.4922)	(1.4907)	(1.4983)	(1.4551)	(1.4611)	(1.4543)	(1.4536)	(1.4572)
常数项	6.1189	6.6065	6.3092	6.2526	6.5758	0.3335	0.3453	0.3344	0.3315	0.3432
	(1.0688)	(1.1725)	(1.1083)	(1.0964)	(1.1658)	(0.3131)	(0.3236)	(0.3139)	(0.3113)	(0.3219)
国家固定效应	Yes	Yes	Yes	Yes	Yes	Yes	Yes	Yes	Yes	Yes
样本量	566	566	566	566	566	2394	2394	2394	2394	2394
R^2	0.1065	0.1064	0.1064	0.1064	0.1064	0.0953	0.0953	0.0953	0.0953	0.0951

2.是否为绿地投资的分析

本文在投资项目形式的设定上，假定绿地投资赋值为1，否则为0。表8的结果显示，贸易协定的达成对非绿地投资具有显著的正向促进作用，其中边界后条款深度和"WTO-"条款深度对非绿地投资的影响程度最突出，而签订贸易协定对绿地投资并未产生明显的影响。绿地投资是完全的新建投资，这一类投资能够直接带动东道国的经济增长，促进就业、产出和社会生产能力的提升，是世界各国普遍欢迎并通过各类优惠便利措施积极引进的投资形式，因此在FTA达成前后绿地投资受到的影响要相对较弱。而非绿地投资则主要是指以兼并和收购为代表的投资方式，这一类投资方式主要通过对东道国本土企业的控制达到技术吸收、市场占领等投资目的，在国际竞争中这一类投资往往容易受到东道国政治力量和第三方势力的干涉阻碍。区域贸易协定中的边界后条款和核心条款对市场竞争、资本流动、知识产权保护等内容进行了更为规范化、法理化的制度规划，往往与贸易协定签订前相比具有明显的差异。签订FTA促进更多的投资便利化规则向东道国关境内和更为重要的领域延伸拓展，对相关投资活动产生更为积极明显的影响，也即为区域贸易协定对非绿地投资成效具有显著的推动提升作用，其中边界后条款和核心条款对绿地投资具有更为突出的促进效果，而FTA对绿地投资成效不存在明显的影响。上述结论也印证了在贸易协定谈判中越来越多的关注边境后的政策内容，越来越重视数字贸易、自由竞争、知识产权保护等WTO传统框架以外的内容的发展趋势，这也说明中国积极推进加入CPTPP和DEPA等更高水平区域贸易协定是符合发展利益诉求的。

六、结论与建议

（一）主要结论

本文基于"中国全球投资跟踪"项目数据库（CGIT）、贸易协定内容数据库和世界银行数据库，借鉴杨连星等（2016）、董芳和王林彬（2021）的研究思路，参考Hofmann等（2017）和张中元（2019）对FTA条款深度的分类和

表 8　绿地和非绿地投资的区分

变量	(1)	(2)	(3)	(4)	(5)	(6)	(7)	(8)	(9)	(10)
	绿地投资					非绿地投资				
"WTO+" 深度	0.023 7 (1.280 1)									
"WTO-" 深度		0.024 3 (1.182 3)								
核心深度			0.018 6 (1.251 4)							
边界深度				0.026 9 (1.289 0)						
边界后深度					0.037 2 (1.192 2)					
						0.016 9** (2.536 1)				
							0.032 3*** (4.312 9)			
								0.014 0*** (2.697 8)		
									0.019 0*** (2.630 1)	
										0.039 1*** (2.887 0)
GDP 增长率	0.064 7 (1.229 5)	0.061 4 (1.178 0)	0.064 1 (1.222 1)	0.064 9 (1.231 4)	0.061 8 (1.185 2)	0.011 6 (1.119 7)	0.011 5 (1.109 6)	0.011 6 (1.115 9)	0.011 6 (1.118 7)	0.011 4 (1.104 3)
治理质量	3.396 5** (2.216 4)	3.438 0** (2.236 5)	3.405 2** (2.220 8)	3.394 1** (2.215 1)	3.434 9** (2.235 0)	0.808 0* (1.903 2)	0.822 5* (1.937 1)	0.810 0* (1.907 7)	0.808 1* (1.902 9)	0.817 2* (1.925 1)
经济自由度	-0.143 8** (-2.618 8)	-0.145 8** (-2.613 7)	-0.144 0** (-2.616 6)	-0.143 7** (-2.619 5)	-0.145 4** (-2.612 8)	-0.012 6 (-0.738 3)	-0.012 6 (-0.737 7)	-0.012 6 (-0.736 8)	-0.012 6 (-0.736 4)	-0.012 6 (-0.737 7)
企业税率	0.033 2 (0.528 4)	0.034 0 (0.539 4)	0.033 3 (0.529 2)	0.033 2 (0.528 2)	0.033 8 (0.537 0)	0.026 9 (1.119 1)	0.026 2 (1.113 2)	0.026 9 (1.119 0)	0.027 0 (1.119 6)	0.026 5 (1.117 0)
资源禀赋	-0.002 4 (-0.071 2)	-0.002 2 (-0.063 1)	-0.002 4 (-0.068 1)	-0.002 5 (-0.072 1)	-0.002 2 (-0.062 1)	-0.018 9** (-2.327 3)	-0.019 0** (-2.335 3)	-0.018 9** (-2.327 3)	-0.018 9** (-2.330 2)	-0.018 8** (-2.317 2)

续 表

变量	(1)	(2)	(3)	(4)	(5)	(6)	(7)	(8)	(9)	(10)
			绿地投资					非绿地投资		
技术水平	0.0777	0.0845	0.0785	0.0776	0.0832	-0.0084	-0.0089	-0.0084	-0.0084	-0.0085
	(1.4234)	(1.4993)	(1.4291)	(1.4222)	(1.4832)	(-0.8719)	(-0.9288)	(-0.8770)	(-0.8789)	(-0.8735)
营商环境	0.0903**	0.0911**	0.0903**	0.0903**	0.0909**	0.0128**	0.0127**	0.0128**	0.0128**	0.0129**
	(2.2459)	(2.2401)	(2.2453)	(2.2461)	(2.2411)	(1.1525)	(1.1455)	(1.1529)	(1.1511)	(1.1568)
常数项	-0.7475	-0.8149	-0.7533	-0.7664	-0.7677	0.9202	0.9340	0.9201	0.9189	0.9252
	(-0.1536)	(-0.1642)	(-0.1545)	(-0.1575)	(-0.1551)	(0.8976)	(0.9118)	(0.8979)	(0.8966)	(0.9032)
国家固定效应	Yes	Yes	Yes	Yes	Yes	Yes	Yes	Yes	Yes	Yes
样本量	359	359	359	359	359	2610	2610	2610	2610	2610
R^2	0.2012	0.1992	0.2009	0.2013	0.1995	0.0842	0.0848	0.0842	0.0842	0.0842

计算方法，分析了 FTA 条款深度对 OFDI 成效的影响问题，得出了如下的主要结论：

第一，FTA 中的"WTO+"条款深度、"WTO-"条款深度、核心条款深度、边界条款深度和边界后条款深度都对中国企业的对外直接投资成效产生显著的正向促进效应，且条款深度越深，促进作用越大，其中边界后条款深度和"WTO-"条款深度对投资成效的影响程度要明显大于"WTO+"条款深度、核心条款深度和边界条款深度，这也说明了区域贸易协定对 WTO 传统经贸规则的横向拓展和对边界条款的纵向延伸是其具有重要经贸意义的关键。第二，区域贸易协定通过改善东道国营商环境质量，进而提升中国 OFDI 的成效水平，促进中国对贸易协定伙伴国的投资活动高质量发展。第三，区域贸易协定对于中国国有企业的对外直接投资具有明显促进作用，其中一定程度上是受当前与中国建立区域贸易协定关系的伙伴国宏观经济质量影响；同时，区域贸易协定对中国企业在海外的非绿地投资产生突出的正向效应，这与前述的边界后条款和"WTO-"条款，以及东道国对待非绿地投资的态度有一定关系。此外，本文的研究还发现，受政治和舆论等因素的影响，东道国资源禀赋水平在 OFDI 项目最终的"成与不成"上具有负面影响，这与既有研究提出的东道国资源禀赋水平对吸引中国 OFDI 项目"投与不投"有正向作用的结论相左，当然这二者之间是中国企业在海外的"投与不投"在前，而中国企业 OFDI 项目的"成与不成"在后，并不冲突，后续作者将作进一步的深入研究。

（二）政策建议

第一，加快构建高水平的区域贸易协定网络，加快与发达国家建设更大规模、更深层次的 FTA，促进中国企业走出去进程提速增质。当前中国的 FTA 合作伙伴以亚非地区的发展中国家为主，中国的区域贸易协定网络仍有待于进一步扩容升级，尤其是推动与美欧发达国家之间的高水平贸易协定建设。一方面要充分发挥 RCEP 等已经达成的区域贸易协定和"一带一路"倡议的积极作用，为中国企业走出去创造有利条件，积累更加丰富的海外投资经验，提升中国企业在海外投资市场的竞争力和话语权；另一方面，加快推进 CPTPP、DEPA 等高水平区域贸易协定的谈判进程,在数字贸易、知识产权保护、资本流动等关键性、战略性领域对标相关高水平贸易协定,争取更多国际话语权。

第二,关注东道国的营商环境和社会治理质量的变化,为中国企业的对外直接投资保驾护航,同时也要加强国内营商环境的优化治理,为吸引外商直接投资创造有利条件。一方面,东道国营商环境和社会形势的变化是影响中国企业 OFDI 成效的重要因素,因此建立东道国营商环境动态监测体系,为中国企业提供高效准确的投资目的地市场环境监测报告,提升中国企业对外直接投资过程中的决策水平,增强企业的抗风险能力,提高中国企业 OFDI 的整体成效水平;另一方面,要积极推动与营商环境质量高的国家建立 FTA,现阶段中国的 FTA 伙伴国以亚非地区的发展中国家为主,营商环境水平整体落后,要积极推进 CPTPP、DEPA、中日韩等高水平 FTA 的建设,加快与发达国家阵营建立更高水平的 FTA 网络关系。同时,反观国内吸引外商直接投资,亦应加强营商环境质量建设,构建高标准的投资环境,增强对国际资本的吸引能力和利用水平。

第三,重视 FTA 谈判中与不同类型企业和不同投资形式相关的条款内容,为不同类型的企业和不同类别的投资形式创造适宜的投资环境和投资条件,尤其是要关注与民营企业海外投资相关的条款内容,促进民营企业走出去。不同类型的企业和不同形式的投资方式受区域贸易协定的影响存在明显差异,要重视 FTA 谈判中的条款内容磋商,创造有利于不同类型企业共同竞争发展的良好投资环境,同时要加强贸易协定条款的深度拓展,在形成对 WTO 传统框架的有效补充的同时,也对新的历史发展阶段中的战略性领域、前瞻性领域等进行有效的规则建设。同时要积极引导民营企业利用好 FTA 探索走出去道路,长期以来欧美国家就以中国的国有企业存在不公平竞争、垄断竞争等问题为借口打压中国企业在海外的发展,因此要加快推动民营企业借助 FTA 契机开拓国际市场,提高国际竞争力,在 FTA 谈判和升级过程中要更加关注民营企业的发展问题,要积极培育民营企业在 FTA 框架下的发展能力和对外直接投资成效水平。

第四,关注中国海外投资过程中的政治斡旋和舆论引导,利用有效手段回击"资源掠夺""新时期殖民投资"等不利于中国企业走出去的负面舆论,营造良好的海外投资环境，提高中国企业海外投资的成效水平。通过外交、舆论等多种手段加强对中国企业海外投资的保护，有效规避中国企业的海外投资遭受到东道国利益集团和第三方竞争势力干扰，树立共建、共享、共同发展的海外形象，积极输出中国企业海外投资的信息，正确处理好中国企业在海外投资过程中的环境保护、劳动力雇佣、基础建设等国际社会普遍关注和长期炒作的问题，以实际行动削弱东道国利益集团对"资源掠夺"的抵触情绪，提升中国企业的海外投资成效水平。

从整体而言，本文通过构建相对可信的单国模型分析了 FTA 条款深度水平对中国企业 OFDI 成效的影响问题，得到一些有现实价值的结论，但考虑到中国企业的 OFDI 除受贸易和投资协定等经济层面因素的影响外，还将受到政治、外交、文化、国际纠纷等诸多经贸之外的复杂因素影响，相关因素对 OFDI 成效的影响机制问题尚需要在未来展开进一步深入的研究。

参考文献

[1] 戴觅, 张轶凡, 黄炜. 贸易自由化如何影响中国区域劳动力市场？[J]. 管理世界, 2019, 35（6）: 56-69.

[2] 董芳, 王林彬. 双边投资协定、区域贸易协定投资条款是否提升了我国 OFDI 成效——基于投资协定法律化水平视角 [J]. 国际经贸探索, 2021, 37（8）: 68-82.

[3] 韩剑, 王灿. 自由贸易协定与全球价值链嵌入：对 FTA 深度作用的考察 [J]. 国际贸易问题, 2019（2）: 54-67.

[4] 韩剑, 许亚云. RCEP 及亚太区域贸易协定整合——基于协定文本的量化研究 [J]. 中国工业经济, 2021（7）: 81-99.

[5] 李磊, 冼国明, 包群. "引进来"是否促进了"走出去"？——外商投资对中国企业对外直接投资的影响 [J]. 经济研究, 2018, 53（3）: 142-156.

[6] 李春顶, 陆菁, 何传添. 最优关税与全球贸易自由化的内生动力 [J]. 世界经济, 2019, 42（2）: 72-96.

[7] 李春顶, 郭志芳, 何传添. 中国大型区域贸易协定谈判的潜在经济影响 [J]. 经济研究, 2018, 53（5）: 132-145.

[8] 李艳秀, 毛艳华. 区域贸易协定深度与价值链贸易关系研究 [J]. 世界经济研究, 2018 (12): 25–36, 132.

[9] 林梦瑶, 张中元. 区域贸易协定中竞争政策对外商直接投资的影响 [J]. 中国工业经济, 2019 (8): 99–117.

[10] 马淑琴, 李敏, 邱询旻. 双边自由贸易协定深度异质性及区内全球价值链效应——基于GVC修正引力模型实证研究 [J]. 经济理论与经济管理, 2020 (5): 62–74.

[11] 孙玉红, 于美月, 尚玉. 区域贸易协定数字贸易规则对服务贸易出口的影响——来自APEC成员的证据 [J]. 南开经济研究, 2022 (3): 142–160.

[12] 童伟伟. FTA深度、灵活度与中国全球价值链分工参与程度 [J]. 国际经贸探索, 2019, 35 (12): 23–40.

[13] 铁瑛, 黄建忠, 徐美娜. 第三方效应、区域贸易协定深化与中国策略: 基于协定条款异质性的量化研究 [J]. 经济研究, 2021, 56 (1): 155–171.

[14] 王永钦, 杜巨澜, 王凯. 中国对外直接投资区位选择的决定因素: 制度、税负和资源禀赋 [J]. 经济研究, 2014, 49 (12): 126–142.

[15] 王黎萤, 高鲜鑫, 张迪, 等. FTA知识产权规则对出口贸易结构的影响研究 [J]. 科学学研究, 2021, 39 (12): 2149–2159.

[16] 夏后学, 谭清美, 白俊红. 营商环境、企业寻租与市场创新——来自中国企业营商环境调查的经验证据 [J]. 经济研究, 2019, 54 (4): 84–98.

[17] 杨连星, 刘晓光, 张杰. 双边政治关系如何影响对外直接投资——基于二元边际和投资成败视角 [J]. 中国工业经济, 2016 (11): 56–72.

[18] 杨宏恩, 孟庆强, 王晶, 等. 双边投资协定对中国对外直接投资的影响: 基于投资协定异质性的视角 [J]. 管理世界, 2016 (4): 24–36.

[19] 张中元. 区域贸易协定的水平深度对参与全球价值链的影响 [J]. 国际贸易问题, 2019 (8): 95–108.

[20] 赵云辉, 陶克涛, 李亚慧, 等. 中国企业对外直接投资区位选择——基于QCA方法的联动效应研究 [J]. 中国工业经济, 2020 (11): 118–136.

[21] Baier S L, Bergstrand J H, Mariutto R. Economic determinants of free trade agreements revisited: Distinguishing sources of interdependence[J]. Review of International Economics, 2014, 22 (1): 31–58.

[22] Baier S L, Bergstrand J H. Do free trade agreements actually increase members' international trade? [J]. Journal of international Economics, 2007, 71 (1): 72–95.

[23] Baier S L, Yotov Y V, Zylkin T. On the widely differing effects of free trade agreements: Lessons from twenty years of trade integration[J]. Journal of International Economics, 2019,

116: 206-226.

[24] Davis, G. D. Regional Trade Agreements and Foreign Direct Investment [J]. Politics & Policy, 2011, 39（3）: 401-419.

[25] Damuri Y R. 21st century regionalism and production sharing practice[R]. Graduate Institute of International and Development Studies, 2012.

[26] Dür A, Baccini L, Elsig M. The design of international trade agreements: Introducing a new dataset[J]. The Review of International Organizations, 2014, 9（3）: 353-375.

[27] Horn H, Mavroidis P C, Sapir A. Beyond the WTO? An anatomy of EU and US preferential trade agreements[J]. The World Economy, 2010, 33（11）: 1565-1588.

[28] Hofmann C, Osnago A, Ruta M. Horizontal depth: a new database on the content of preferential trade agreements[J]. World Bank Policy Research Working Paper, 2017（7981）.

[29] Kohl T. Do we really know that trade agreements increase trade? [J]. Review of World Economics, 2014, 150（3）: 443-469.

[30] Kohl T, Brakman S, Garretsen H. Do trade agreements stimulate international trade differently? Evidence from 296 trade agreements[J]. The World Economy, 2016, 39（1）: 97-131.

[31] Laget E, Osnago A, Rocha N, et al. Deep trade agreements and global value chains[J]. Review of Industrial Organization, 2020, 57（2）: 379-410.

[32] Mattoo A, Mulabdic A, Ruta M. Trade creation and trade diversion in deep agreements[J]. World Bank Policy Research Working Paper, 2017（8206）.

[33] Orefice G, Rocha N. Deep integration and production networks: an empirical analysis[J]. The World Economy, 2014, 37（1）: 106-136.

中国对非洲出口贸易效率及其影响机制

陈玮冰　郭晴[*]

摘要：基于随机前沿引力模型，分析影响中国与非洲国家进出口贸易的主要因素，并测算贸易效率、贸易潜力以及贸易拓展空间，得到如下结论：(1)中国的对非援助、中国承包工程等贸易非效率因素，对中国出口至非洲的贸易体量起到正向促进作用。(2)中国对非洲进出口贸易效率在不同地区有着较大差异，其中出口贸易效率较高的国家集中在非洲的北部及南部地区。(3)中国对非援助可以有效提升中国对非出口贸易效率。(4)非洲贸易潜力在不同产品部门间有着较大差异，出口潜力最高的为中高端工业部门。(5)非洲贸易拓展空间在不同区域间有着较大差异，其中，东非地区的贸易拓展空间最高。

关键词：中国对非洲出口；贸易效率；贸易潜力；随机前沿引力模型

一、引言

在逆全球化及全球经济增长乏力的背景下，我国创造性地提出"双循环"新发展格局理念，以应对日益复杂的全球经济环境。非洲作为发展中国家最多的大陆，拥有丰富的自然资源及快速增长的消费市场，其以资源出口为主导的外贸模式与我国呈外贸互补关系，为此非洲成为我国完成"外循环"的最佳落脚点。根据商务部的最新统计，2021年中非双边贸易额达2 542亿美元，同比增长35%，其中中国自非洲出口1 483亿美元，中国已连续13年保持非洲最

---

[*] 作者简介：陈玮冰　广东外语外贸大学非洲研究院讲师；郭晴　广东外语外贸大学经济与贸易学院副教授。

大贸易伙伴国的地位①。在 2021 年中非合作论坛第八届部长级会议上，中非双方共同制订了《中非合作2035年愿景》，其中作为首个三年规划的"九项工程"中强调，将通过投资、惠农等方面提升非洲国家的经济发展②，足可见我国对中非经贸合作的高度重视。为此，研究我国对非洲国家贸易效率及潜力问题，可为"双循环"新发展格局下的我国对非贸易政策的制定提供重要的理论依据。

当前在国际贸易领域，贸易效率以及贸易潜力的相关研究中多采用引力模型进行测度（李月娥，张吉国，2021）。但是，传统的引力模型缺乏对贸易非效率项的考察，存在对现实贸易情况解释力不足的问题，也导致缺乏对于政策层面的指导意义（Tinbergen J，1956）。因此，Meeuse（1977）等学者在此基础上，对实际贸易中不可控的非效率因素进行了充分的考虑，提出了随机前沿引力模型。Armstrong（2007）则进一步将非效率因素进行了分离，提炼出可进行量化的、人为可控的非效率因素。

近年来，学界关于影响中非贸易因素（贸易非效率项）的研究具有一定的突破，这其中不同中非合作模式对中非贸易的影响是这一领域研究最为突出的部分。首先，中国对非投资的影响，较为代表性的研究有吴凌芳等（2019）、Miao et al（2020），认为中国对非直接投资直接提升了非洲的工业化水平，提升非洲经济发展从而带动双边贸易；其次，中国对非援助的影响是讨论最为广泛的议题，一方面是为了回应西方学者对中非合作是基于"新殖民主义"的质疑（刘爱兰等，2018），另一方面可通过探讨中国对非援助的发展有效性，即从改善非洲国家贸易制度层面（顾振华等，2019）、改善治理环境层面（孙楚仁等，2020）、改善非洲国家出口结层面（孙楚仁等，2019）等多方面探讨援助促贸的议题；再次，中国承包工程的影响则多集中于探讨基础设施对于贸易的影响，如陈默等（2022）、喻春娇等（2021）认为中国对非洲的基础设施建设推动了非洲的工业化进程，加深了中非的产能合作，从而推动双边贸易。此外，诸如非洲国家治理水平（王霞，2021）、关税（杨桔等，2020）等对中非贸易的影响等研究在近年来也有诸多学者进行了深入的研究。

---

① 商务部网站：http://chinawto.mofcom.gov.cn/article/e/r/202205/20220503312200.shtml。
② 中非合作论坛官网：http://www.focac.org/chn/ttxxsy/202111/t20211129_10458625.htm。

另一主要的研究则集中于出口商品异质性的视角来探讨中非双边贸易。如刘爱兰等（2016）认为非正规经济对中非贸易商品结构有着较大的影响；孙志娜（2019）认为中国从非洲进口商品的扩展边际呈显著的正向影响，但仍然停留在进口资源产品及初级农产品的水平上。Joshua E.（2012）、朱丹丹等（2017）认为中非贸易存在强大的贸易互补性，非洲的资源产品及农产品需要中国庞大的市场，中国庞大的劳动密集型及资本密集型产业也亟需非洲来承接，但也有学者担心这种贸易发展模式会使非洲落入资源陷阱（Jeffrey Sachs et al, 2001）；但是，更多的学者倾向于认为中非这种"南南合作"式的经贸关系，是更加符合非洲国家禀赋条件的、更适合非洲现阶段的发展模式（李小云，2017）。徐俊等（2019）认为中国与非洲国家大规模贸易往来时间较短，因此贸易效率较低，但是发展空间很大。

为了更深入地阐释中非进出口贸易效率及贸易潜力问题，本文基于上述文献开展如下拓展工作：（1）根据2010—2020年中国与38个非洲国家贸易、经济、政府治理等面板数据[①]，采用frontier4.1软件进行分析，参照郭连成等（2021）的研究进行指标选取，采用含有贸易非效率项的随机前沿面板模型计算中非进出口贸易的贸易效率及贸易潜力，分析贸易非效率项对中非双边贸易的影响情况；（2）根据不同类型的贸易以及不同非洲地区，进行异质性分析，测算不同贸易类型及不同非洲地区的贸易效率及贸易潜力（详见表1）。

表1 数据的描述性统计

指标	数据来源	代码	观测量	均值	标准差	最小值	最大值
出口	UNcomtradeStat	EX	418	20.06	1.79	14.69	23.56
国家经济规模	worldbank	GDP	418	23.29	1.56	19.1	27.03
中国经济规模	worldbank	GDP-chn	418	29.98	0.26	29.44	30.29

---

① 根据数据的完整性及可获得性，本文选取了38个非洲国家进行考察，其中北非地区（3）选取：阿尔及利亚、埃及、突尼斯；东非地区（8）选取：布隆迪、埃塞俄比亚、肯尼亚、卢旺达、苏丹、塞舌尔、坦桑尼亚、乌干达；南非地区（11）选取：安哥拉、博茨瓦纳、科摩罗、莫桑比克、毛里求斯、马拉维、纳米比亚、史瓦蒂尼、南非、赞比亚、津巴布韦；西非地区（13）选取：贝宁、布基纳法索、科特迪瓦、佛得角、加纳、冈比亚、利比里亚、毛里塔尼亚、尼格尔、尼日利亚、塞内加尔、塞拉利昂、多哥；中非地区（3）选取：中非共和国、喀麦隆、刚果（布）。

续 表

指标	数据来源	代码	观测量	均值	标准差	最小值	最大值
国家人口规模	worldbank	POP	418	15.96	1.58	11.38	19.14
中国人口规模	worldbank	POP-chn	418	21.03	0.01	21.01	21.06
中非国家距离	CEPII	DIS	418	5.10	1.05	2.08	6.39
是否内陆国	CEPII	landlock	418	0.27	0.45	0	1
是否使用英语	CEPII	language	418	0.33	0.47	0	1
中国援助	AidData	aid	418	3.53	1.52	0	8.66
中国承包项目	贸易外经统计年鉴	project	418	10.25	2.25	1.1	14.39
经济自由度	美国传统基金会	IEF	418	4.02	0.17	3.06	4.48
关税水平	worldbank	TA	418	2.36	0.46	0.17	2.96
治理腐败能力	worldbank	CC	418	−0.65	0.64	−1.91	1.23
监管质量	worldbank	RQ	418	−0.74	0.64	−2.39	1.13

注：除是否"一带一路"、是否加入WTO外，其余均变量作自然对数处理。

二、中国对非洲出口贸易增长分解

根据联合国贸易数据库的相关数据，本文首先将采用扩展的恒定市场份额模型（Constant Market Share Model，简称CMS模型）对2010—2020年中国对非洲国家出口贸易的增长进行分解，探索中国对非洲出口贸易增长的具体推动因素，并将非洲市场视为单一的整体市场，对影响中国对非洲出口贸易的主要因素进行研究（卫迎春、张梅梅，2016），具体模型设定如下：

$$\Delta q = \sum_i S_i^0 \Delta Q_i + \sum_i \Delta S_i Q_i^0 + \sum_i \Delta S_i \Delta Q_i \tag{1}$$
（结构效应）（竞争效应）（交叉效应）

其中 Δq 表示我国对非洲产品口额的变化，S 代表我国对非洲出口占非洲国家总进口的比重，S_i 表示我国第 i 类部门商品出口总额占该类产品非洲国家总进口额的比重，Q 表示非洲国家进口总值，Q_i 表示第 i 类产品的进口总值。初始年份为2010年，用0表示，考察期共包含三个部分：其中2010—2013年出口大幅增加期，2014—2017年，震荡增长期，2018—2020年稳步提升期；Δ 表示中国对非出口产品在终止年份和初始年份之间的差额。i 代表产品类别，本文以国家统计局《国民经济行业分类和代码》为划分依据，将联合国 SITC 指标划分为四个不同的大类别，分别为农业部门、资源部门、初级工业部门以及中高级工业部门。其中农业部门选取 SITC0（食品和活畜）、SITC1（饮料及烟草）、SITC21（生皮）、SITC22（油籽及含油果实）、SITC29（其他动物及动物原料）、SITC4（动植物油、脂和蜡）；资源类部门选取 SITC23（生胶）、SITC24（软木）、SITC25（纸浆）、SITC26（纺织纤维）、SITC27（粗肥料）、SITC28（金属矿及金属屑）、SITC3（矿物燃料、润滑油等）。低端工业品部门选取 SITC5（未另列明的化学品和有关产品）、SITC6（主要按原料分类的制成品）、SITC81（预制建筑物；未另列明的卫生、水道、供暖）、SITC82（照明设备及配件）、SITC83（家具及零件；床上用品等）、SITC84（旅行用具、手提包及类似容器）、SITC85（鞋类），中高端工业品部门选取 SITC7（机械及运输设备）、SITC87（未另列明的专业、科学及控制用仪器和装置）、SITC88（未另列明的摄影仪器、设备和材料以及光学产品）、SITC89（未另列明的杂项制品）。

根据联合国贸易数据库，本文将对 2010—2020 年中国对非洲出口贸易的结构效应、竞争力效应和交叉效应进行分解（详见表 2）。

表 2　2010—2020 年中国对 38 个非洲国家出口变动的 CMS 分解

（百万美元）

影响因素	出口额变化	结构效应	竞争力效应	交叉效应
2010—2013	488.86	3.45	191.40	306.15
2014—2017	110.58	−339.51	806.40	−344.36
2018—2020	272.63	−16.99	273.69	15.38

2010 年至 2013 年，中国对非洲出口逐年增加，总出口额增加 4.88 亿美元，这是结构效应、竞争力效应和交叉效应共同推进的结果。其中，结构效应增加 3.45 亿美元，竞争力效应增加 191.4 亿美元，交叉效应增加 3.06 亿美元。这一时期我国处于"一带一路"倡议的预备时期，中国对非出口贸易得到了空前的发展。其中，我国主要出口到非洲的农产品多为鱼及甲壳类活体动物、食用蔬菜及水果、茶以及谷物；我国出口到非洲的资源类产品十分少，主要有石油产品、贵金属等。在工业门类的产品中，体量最为庞大的是电机及电气设备，其

中南非、埃及、尼日利亚是我国此类产品最大的市场,在低端工业品部门当中,我国出口最多的为针织衣及非针织的服装、家具以及塑料制品,此类商品非洲各国均有涉及,但是最大的市场依旧为南非、尼日利亚和埃及。

2014年至2017年是中国对非出口震荡较大的一段时期,一方面"一带一路"倡议的落地在2014年得到"催化剂"效应,样本国家共增长2.13亿美元,但随后的2015年至2016年由于世界范围内的经济危机,使中国对非出口出现了较为剧烈的波动,也导致这一时期的中国对非出口额仅增加1.1亿美元,其中中国对非出口竞争力效应为8.06亿美元,但是由于受到世界经济危机的影响抑制了非洲国家的经济发展,这一时期的结构效应为–3.3亿美元,也间接带动了交叉影响为–3.44亿美元。

2018年至2020年间,受到2018年中非合作论坛北京峰会的影响,中国对非出口得到了大幅的提升,其中中国出口非洲产品竞争力效应为2.73亿美元,非洲国家经济规模所带来的结构性效应,–0.16亿美元,交叉效应为0.15亿美元。而非洲国家结构效应在近年来依旧存在较大问题,一方面是由于非洲虽然多数国家工业化水平较低,导致其创收部门仅能依赖未经加工的农产品以及资源来产品,此外基础设施的不足直接导致其相关农业及资源类产品产量、储存、运输等方面均受到较大限制;另一方面,非洲国家的政府治理水平还处于较低的均衡水平,政府效率的低下导致产品进关、交付、结算等方面均受到较大程度的影响,也抑制了贸易额的快速提升乃至经济的高速发展。

为此,从这一部门可以发现,我国对非出口贸易的增加主要源于我国出口产品的竞争力效应,而进一步的贸易额提升则需要依靠结构效应。因此,为了进一步探索中国对非出口的影响因素,本文将进一步考察影响中非出口贸易的因素,并计算总体及各部门的贸易效率及贸易潜力的情况。

三、模型的设定及估计

(一)实证模型

贸易效率测算难点是将贸易非效率项从随机误差项中分离量化。传统引力模型简单估计的平均拟合值，会因变量的遗漏问题等出现偏误结果，而嵌入随机前沿模型的传统引力模型，可优化得出"前沿面"的贸易效率值。因此，随机前沿引力模型不仅能测算贸易潜力和贸易非效率项，还能分析贸易效率影响因素，这是目前贸易效率测算的最优方法之一，其基本设定如下：

$$Y_{ijt} = f(X_{ijt}, \beta)\exp(v_{ijt} - u_{ijt}) \quad (2)$$

$$Y_{ijt}^* = f(X_{ijt}, \beta)\exp(v_{ijt}) \quad (3)$$

$$TE_{ijt} = \frac{Y_{ijt}}{Y_{ijt}^*} = \exp(-u_{ijt}) \quad (4)$$

$$u_{ijt} = \{\exp[-\eta(t-T)]\}u_{ij} \quad (5)$$

其中，被解释变量 Y_{ijt} 为实际贸易额；Y_{ijt}^* 则为与之对应的贸易潜力值，是不存在贸易非效率的最优前沿的情况；X_{ijt} 为影响贸易的核心变量，v_{ijt} 为服从正态分布的随机误差项，u_{ijt} 为可以观测出的随机误差项，即贸易非效率项。TE_{ijt} 为两国 t 时期的贸易效率，为实际贸易值与最优前沿的比值。公式（5）为时变的非效率函数，η 为待估参数。当 $\eta=0$ 时，非效率项不随时间改变，反之则为时变。为了方便后文构建计量模型，本文将公式（2）两边取对数，得到随机前沿引力模型的线性形式，具体如公式（6）：

$$\ln Y_{ijt} = \ln f(X_{ijt}, \beta) + v_{ijt} - u_{ijt}, \quad u_{ijt} \geq 0 \quad (6)$$

本文主要探究中国与非洲国家进出口贸易效率和贸易潜力进行研究，在刘京星等（2019）的基础上，将不随时间改变的国家禀赋条件纳入模型之中，将促进或阻碍贸易的人为社会因素等作为非效率模型的解释变量。根据公式（6）可得到如下模型：

$$\ln T_{it} = \beta_0 + \beta_1 \ln GDP_{it} + \beta_2 \ln GDPchn_t + \beta_3 \ln POP_{it} + \beta_4 \ln POPchn_t + \beta_5 \ln DIS_{it} + \beta_6 X_{it} + v_{it} - u_{it} \quad (7)$$

其中，T_{it} 为中国与非洲各国的出口额；GDP_{it} 和 $GDPchn_t$ 为非洲国家和中国的国内生产总值，通常认为双边国家经济规模与双边贸易呈正相关；POP_{it} 和 $POPchn_{it}$ 为人口总量，通常认为双边国际市场规模与贸易呈正相关；DIS_{it} 为中国与非洲各国首都之间的距离，通常认为与贸易成负相关；X_{it} 为控制变量，包括是否使用英语为官方语言、是否为内陆国。

为验证随机前沿引力模型的可行性,采用似然比进行适用性和时变性的假设检验,以确保后续结果稳健性,5项检验结果见表3：

表3 随机前沿引力模型的4项假设检验结果

原假设	约束模型值	无约束模型值	LR统计量值	1%临界值	自由度	检验结论
不存在贸易非效率项	−443.68	−202.09	483.18	5.412	1	拒绝
贸易非效率项不变化	−1 017.07	−202.09	1 629.96	10.50	2	拒绝

由表3可知：(1)适用性检验中,如果不存在贸易非效率项,则检验$u_{ijt}=0$,研究适用于传统引力模型,但该项LR统计值483.18大于临界值5.142,拒绝原假设,说明双边贸易存在非效率项,本研究更适用于随机前沿引力模型。(2)时变性(贸易非效率项不变化)检验中,LR统计值1 629.96大于临界值10.50,拒绝原假设,说明本研究的贸易效率具有时变性,适合运用随机前沿引力模型。基于此模型,本文采用2010—2020年中国与非洲38个国家的面板数据进行了初步的估计,结果如表4：

表4 基础回归结果

自变量	变量系数	t值
常数	−102.333***	−102.422
GDP	0.613***	3.725
GDP-chn	0.294*	1.771
POP	0.511***	5.205
POP-chn	4.404***	26.329
DIS	−0.116	−0.466
landlock	−0.978***	−4.412
language	0.295	0.712
σ^2	1.342***	4.091
γ	0.933***	63.385
μ	0.095***	8.382
η	−0.012***	−1.586

注：***、**、*表示在1%、5%、10%显著水平下显著,下表同。

表 4 考察了不加入贸易非效率项的传统引力模型，其中出口模型的 γ 值分别为 0.933 且显著，说明双边实际贸易额与贸易潜力存在较大的差距，且这种巨大的差异源自贸易非效率项。μ 值不为 0 且显著，说明双边贸易中存在非效率因素。η 值大于 0 且显著，表明模型具有时变性，且贸易阻力随着时间的变化而递减，贸易环境得到有效改善。

其次，从模型的核心变量来看，非洲国家的 GDP 均在 1% 置信区间为正且显著，说明中国对非出口的增加主要取决于非洲国家 GDP 的增长；中国 GDP 的增加对非洲进出口额均显著为正，说明随着中国经济的发展对非洲国家的出口有着较大的提升；其次，人口变量上，非洲人口与中国人口规模的增加使中国对非出口均在 1% 的置信区间显著为正，说明随着双边人口规模的扩大，提高了市场的规模，收入的增加会提升中非双边贸易的体量。再次，距离 DIS 变量系数为负但不显著，但系数不显著说明运输成本并不会造成中非之间进出口贸易量的显著差异。而是否为内陆国 landlock 系数为负且显著，说明中国对非出口更加偏向于具有港口的国家；language 变量为是否运用英语作为官方语言中出口模型为正，但不显著，说明中非经贸合作对于整个非洲大陆并未有语言选择上的差异。上述三个变量可以说明中国与非洲国家进口贸易并不会由于其距离我国的远近及语言的差异而进行差异性选择，一方面是由于非洲大陆与我国相距较远，因此距离并不会对双方贸易产生影响；另一方面，非洲大陆所普遍使用的语言与汉语均差距甚远，因此语言的差异也不会对双方贸易造成影响。而是否为内陆国对我国对其出口有着较大影响，这也符合经济学的一般规律，即具有港口的国家，其对外贸易的活力及体量都会比没有港口的国家要高。

（二）贸易非效率模型及估计

为进一步探索贸易非效率项对中国对非出口贸易的影响因素，本文将非效率项设定为公式（8），将公式（8）代入到公式（6）得到公式（9）：

$$u_{it} = \alpha Z_{it} + \varepsilon_{it} \tag{8}$$

$$\ln Y_{it} = f(X_{it}, \beta) + v_{it} - (\alpha Z_{it} + \varepsilon_{it}) \tag{9}$$

其中，Z_{ijt}为影响贸易效率的非效率因素。采用一步法对公式（9）进行回归分析，得到u_{ijt}项估计值。基于公式（9），设定影响中国对非出口贸易的非效率模型为模型（10）：

$$u_{it} = \alpha_0 + \alpha_1 aid_{it} + \alpha_2 project_{it} + \alpha_3 TA_{it} + \alpha_4 IEF_{it} + \alpha_5 RQ_{it} + \alpha_6 CC_{it} + \varepsilon_{it} \quad (10)$$

基于公式（9），将公式（10）代入公式（7），得到贸易非效率估计模型，用一步法对其进行估计，其中公式（10）中的变量在公式（7）中的符号为负，则变量估计结果系数为负则说明对T_{it}的影响为正，估计结果详见表5：

表5 贸易非效率模型

随机前沿函数		贸易非效率函数	
自变量	出口	自变量	出口
常数	−103.037*** （−103.165）	常数	−2.205 （−1.103）
GDP	0.612*** （12.159）	Aid	−0.152* （−1.825）
GDP-chn	0.219* （1.713）	Project	−0.211*** （−3.703）
POP	0.374*** （7.696）	TA	1.085** （2.242）
POP-chn	4.594*** （24.159）	IEF	0.321 （0.961）
DIS	−0.037 （−0.828）	RQ	−0.303 （−0.826）
landlock	−0.586*** （−7.106）	CC	−0.376 （−1.153）
language	0.209** （2.883）		
对数似然值	−443.679	LR统计量	21.143

注：***、**、*表示在1%、5%、10%显著水平下显著，下表同。

表5所展示的为加入了贸易非效率项的引力模型，其中随机前沿函数部分系数估计部分，符号以及显著性与一般回归基本一致，仅语言一项由不显著变为显著，说明采用英语作为主要通用语言的非洲国家更加接受我国的出口产品，其余项在此不做过多赘述；在贸易非效率项部分中，首先观察代表中非经

贸合作的变量。其中，aid 变量为中国对非援助的数据，在出口模型中显著为负，说明中国对非援助更加有利于中国进口非洲国家的产品；project 变量代表中国参与非洲国家基础设施水平建设情况，该项显著为负，说明中国参与基础设施建设越多则中国对该国出口贸易效率提升的便越多。其次，考察贸易非效率函数中代表非洲国家经济发展条件的指标。其中，TA 所代表平均关税水平显著为正，说明非洲国家的关税水平越高则中国出口额便越低，这符合一般的经济规律。此外，IEF 所代表的经济自由度，CC 所代表的政府治理腐败的能力，以及 RQ 所代表的政府监管的能力均不显著，说明这些变量并不能够显著影响中国对非的出口贸易。

（三）贸易效率测算结果

为了探索中国对非洲国家出口贸易的效率问题，本文依据吴天博（2021）的贸易效率测算方法，基于贸易非效率模型，并采用一步法进行回归分析得到2010—2020 年中国与非洲国家的出口贸易效率值，所得贸易效率取值在 0～1 之间，其中数值越大表明贸易效率越高。此外，为了更进一步地探索不同地区以及不同部门的出口贸易效率，本文将分别计算出五个地区的农业、资源、低端工业及中高工业品的出口贸易效率。

表 6　中国对非洲国家 2010—2020 平均出口贸易效率表

排名	国家	出口	排名	国家	出口
1	毛里求斯	0.946 0	20	马拉维	0.837 0
2	南非	0.908 8	21	突尼斯	0.832 5
3	塞舌尔	0.908 3	22	坦桑尼亚	0.830 1
4	利比里亚	0.897 1	23	乌干达	0.824 0
5	阿尔及利亚	0.889 3	24	尼日利亚	0.819 6
6	赞比亚	0.886 6	25	科特迪瓦	0.819 0
7	纳米比亚	0.885 8	26	多哥	0.818 7
8	博茨瓦纳	0.884 6	27	苏丹	0.785 2
9	史瓦蒂尼	0.883 6	28	津巴布韦	0.782 7
10	卢旺达	0.881 4	29	贝宁	0.765 6

续 表

排名	国家	出口	排名	国家	出口
11	加纳	0.880 0	30	毛里塔尼亚	0.762 6
12	莫桑比克	0.879 2	31	塞拉利昂	0.752 7
13	安哥拉	0.876 2	32	喀麦隆	0.752 4
14	埃塞俄比亚	0.873 0	33	布基纳法索	0.725 4
15	埃及	0.865 7	34	佛得角	0.707 4
16	肯尼亚	0.862 4	35	布隆迪	0.697 1
17	塞内加尔	0.847 9	36	科摩罗	0.694 5
18	刚果（布）	0.840 6	37	冈比亚	0.557 4
19	尼格尔	0.946 0	38	中非共和国	0.472 3

表6展示了中国对非洲国家出口贸易效率2010—2020年的平均情况。从表中可以非常直观地发现，中国对非出口贸易效率在非各国家中具有显著差异。其中贸易效率最高的国家多为南部非洲的国家，如毛里求斯、南非、赞比亚、博茨瓦纳。其中南非为非洲国家中与我国贸易往来体量最为庞大的国家，也是非洲工业化水平最高的国家之一。在贸易效率较高的国家之中，埃及是非洲地区和阿拉伯国家中第一个承认新中国合法地位的国家，对于中国而言其重要性不言而喻，自古以来与中国保持着密切的经贸合作贸易效率较为稳定；其次，我国出于国内政治因素的考虑，十分重视与安哥拉、利比里亚等国的经贸合作，近十年随着双边政治关系趋于稳定，中国对其出口也在逐步扩大，贸易效率逐步平稳。其中利比里亚虽为世界最不发达的国家之一，但是承接了中国大量的货物出口，其中船舶、石化、机器是其需求最为旺盛的中国产品。再次，国家诸如安哥拉、埃塞俄比亚、刚果（布）、加纳、塞内加尔为接收我国对外援助最高的几个国家，其贸易效率也位居前列，说明我国对外援助可以有效提升我国出口的贸易效率。

（四）地区与部门贸易效率测算

为了更进一步地探讨，不同地区以及不同贸易部门之间的差异，本文计算了中国对非洲五个地区四个部门的平均贸易效率，具体详见表8。

表 8　2010—2020 年中国对非洲五个地区四部门进出口平均效率表

	北非	东非	南非	西非	中非
总出口	0.861 7	0.830 7	0.846 0	0.771 5	0.679 0
农业	0.393 5	0.358 3	0.349 3	0.296 4	0.267 3
资源	0.062 4	0.028 8	0.035 2	0.023 2	0.025 0
低端工业	0.470 6	0.447 6	0.426 8	0.426 8	0.416 8
中高端工业	0.423 4	0.388 1	0.381 3	0.378 9	0.368 0

总体来看，非洲五个地区中北非地区贸易效率高于南非地区，其次是东非地区、西非地区以及中非地区。从部门来看，首先，从农业部门出口贸易效率最高的地区为北非，其中埃及、摩洛哥是我国茶叶、水果及谷物等出口最多的国家，其他地区诸如南非、尼日利亚等均为我国其他类农产品的重点出口对象。其次，从资源部门来看，我国资源类产品出口体量并不大，因此这一部门的出口贸易效率要远低于其他部门，其中贱金属是我国最主要出口非洲的产品，出口贸易效率最高的依旧为北非，特别是埃及对于我国铜、镍等金属的需求十分的巨大。再次，从工业部门来看，低端工业部门我国的出口贸易效率是高于进口贸易效率。其中纺织产品是我国出口非洲产品中体量最为庞大的产品，而且在非洲各个地区的分布较为均匀；而高端工业品北非及东非地区的贸易效率最高，这与该地区的工业化水平在非洲地区较高有直接关系。由此可见，中国对非洲国家的出口贸易，在不同部门以及不同地区均有着较为显著的差异。

（五）贸易效率影响机制分析

为了更进一步地探讨影响贸易效率的具体因素，本文根据模型（10），将上一部分计算的贸易非效率项，其中贸易效率（TE_{it}）作为被解释变量，探讨贸易非效率项对贸易效率的影响情况，并构建模型（11），具体回归结果如表 5。

$$TE_{it} = z_0 + z_1 aid_{it} + z_2 project_{it} + z_3 TA_{it} + z_4 IEF_{it} + z_5 RQ_{it} + z_6 CC_{it} + \lambda_{it} \quad (11)$$

表7 贸易效率影响机制分析

	混合回归（OLS）	固定效应回归（FE）	系统广义矩估计（SYS-GMM）
Aid	0.017 6***	0.015 2***	0.017 4***
	（8.76）	（12.39）	（7.00）
Project	0.039 6***	0.034 2***	0.037 0***
	（26.63）	（23.55）	（6.63）
TA	−0.092 0***	−0.060 1***	−0.087 5***
	（−13.24）	（−7.02）	（−3.62）
IEF	−0.061***	−0.025 8*	−0.028 7*
	（−3.06）	（−1.8）	（−1.93）
RQ	0.008 7	0.014 7	0.005 3
	（0.97）	（1.18）	（0.28）
CC	0.079 8***	0.070 1***	0.073 1***
	（10.79）	（8.84）	（5.37）
常数	0.827 6***	0.672 8***	0.689 4***
	（9.88）	（10.41）	（5.82）
R^2	0.768 2	0.779 7	
AR（1）			0.000
AR（2）			0.334
Hansen J P-value			0.993

注：***，**，*分别代表在1%，5%和10%水平下显著，括号内为t值。固定效应模型涵盖国家－时间固定效应。

表7展示了贸易非效率项对于贸易效率影响的具体机制。其中前两种方法分别为基本的混合回归（POLS）方法以及固定效应面板回归（FE）方法，其中固定效应回归考虑到面板数据的特点，将时间与国家同时进行固定。此外，为了使模型更加稳健，本文采用了系统广义矩估计（SYS-GMM）以消除变量之间的内生性问题。通过结果显示，三种模型所有估计变量符号、显著性均一致，且混合回归及固定效应回归 R^2 均超过0.75，说明模型拟合程度较高。系统广义矩估计当中AR（1）为0，且AR（2）不为0残差项的差分不存在二阶自相关，Hansen J检验P值大于0.1，因此不能拒绝工具变量有效的原假设，

因此动态回归模型的设定是有效的。

以系统广义矩估计的结果为例。本文主要考察的变量 Aid 在 1% 的置信区间上显著为正，说明中国对非援助可以有效提升对非出口贸易效率。一方面，中国对非援助三个涉及一揽子工程承包的部门——经济型基础设施部门、社会型基础设施部门、生产型部门（农业援助、工业援助），均以提供各类基础设施为主导，而中国对非援助与西方援助存在着较大的区别，即其同时兼顾了援助的公共产品属性以及经济属性（黛博拉，2009），为此在基础设施可以为经济发展提供内生性动力之外，也可以提升中国企业在非洲的经济活力，提升中国货物出口至非洲国家的贸易效率。另一方面，中国对非援助所基于的"南南合作"框架，不干涉他国内政的模式，以"授人以渔"的模式潜移默化地影响着非洲国家的政府治理水平（黄振乾，2022），特别是加强了其与世界贸易体系的联系，同样可以提升中国至非洲出口的贸易效率。

四、中国对非进出口贸易潜力及拓展空间

为了进一步测算非洲地区的贸易潜力值及拓展空间的发展程度，本文采用曹安等（2018）的方法，通过实际贸易额及贸易效率测算出了中国对非洲五个地区及四个部门的出口贸易潜力及拓展空间，其中具体结果详见表8，具体测算方法如公式（12）（13）。

$$贸易潜力值 = \frac{实际贸易额}{贸易效率} \quad (12)$$

$$贸易拓展空间 = \left(\frac{贸易潜力}{实际贸易额} - 1\right) \times 100\% \quad (13)$$

表 9　中国对非五地区四部门的贸易潜力值与贸易拓展空间

部门	贸易潜力				
	北非	东非	南非	西非	中非
农业	680	148	328	3 848	325
资源	11 441	10 192	19 086	6 140	21 030
低工业	5 558	2 950	6 105	2 789	671

续 表

贸易潜力
部门	北非	东非	南非	西非	中非
中高工业	16 257	127 571	19 012	19 006	1 765

贸易拓展空间
部门	北非	东非	南非	西非	中非
农业	367%	427%	785%	7 489%	1 049%
资源	75 111%	65 671%	62 478%	56 749%	67 776%
低工业	173%	747%	4 656%	2 472%	193%
中高工业	331%	11 896%	4 204%	5 273%	318%

表9展示了2010—2020年中国对非洲五个地区的四个部门进口贸易潜力值及贸易拓展空间。首先从部门差异上可以发现，我国对非洲的出口贸易潜力最大的部门为中高工业部门，其中东非地区的贸易潜力最高，超过了1 000亿美元，这是由于东非地区的经济发展速度是非洲国家最快的地区之一，其快速壮大的中产阶级对于中高端工业品的消费也在逐年攀升，对于我国中高端产品的需求日益提升。其次，贸易潜力第二高的为资源类部门，其中中非地区与南非地区是我国进口矿石类产品最多的地区，同样由于资源出口的单一性问题，缺乏其他类别的资源类产业；而西非与北非是世界上油气资源储备量十分庞大的地区，但却不是我国主要的油气资源进口国，西非及北非油气资源的开采成本要高于西亚地区，由于工业化程度的问题，出品的油气产品质量也不足以使我国进行大规模的引进，但是随着我国中石油、中石化等公司在西北非的投资，其油气产品的质量将会有较大程度的改善。再次，我国出口至非洲的农产品与其他部门有较大的差距，这是由于农产品是非洲大多数国家最主要创汇的产品，而且对于进口农产品往往具有诸多限制以及较高的关税，非洲国家的领导人更希望的是引进中国农业企业在非洲进行投资，对直接进口我国农产品的需求并不大。最后，在低端工业品方面，我国在五个地区的出口不及中高端工业品以及资源类产品，一方面，随着我国产业转型，我国出口的产品越来越多地转型为中高端的工业品，并且大量的劳动密集型企业已经转移至东南亚以及非洲地区，非洲地区低端工业品的出口会逐渐提升；另一方面，从我国出口低端

工业品至非洲地区的潜力也可以看到我国产能合作的区位潜力，其中南非地区潜力最大，其成长的空间也最为广阔。

为了更进一步地挖掘各地区各个产业的成长空间，本文又探索2010—2020年中国与非洲各地区以及四个部门的贸易拓展空间。从整体上可以看出，我国对非洲地区的出口贸易拓展空间整体十分巨大，特别是资源类产品在五个地区均超过了 50 000% 的巨大拓展空间。从地区差异上可以发现我国对东非地区的出口贸易拓展空间最大，其中出口贸易拓展空间高达 78 741%，其次为北非、南非、西非以及中非，说明东非地区是我国未重点开发的地区，有着巨大的发展空间；从部门差异上可以发现，我国对非洲国家资源类产品的出口贸易效率最高，其次为中高端工业类产品、低端工业类产品以及农产品。

五、结论与建议

非洲作为我国实践"双循环"新发展格局的最佳场域是我国推动非洲国家区域经济一体化，共同构建"中非命运共同体"的现实基础和重要内容，探究中国与非洲国家的贸易效率及贸易潜力将会为我国制定地区级经贸合作政策提供理论依据。为此，本文采用嵌入非效率项的随机前沿引力模型对非洲38个国家进行实证分析，并得出如下结论：

第一，将随机前沿模型加入到了传统引力模型之中，其中中国援助、中国工程承包以及关税水平、贸易开放度、政府治理腐败的能力以及政府管控的能力作为贸易非效率因素中，发现中国对外援助以及中国工程承包可以有效提升中国对非的出口贸易效率，关税水平则显著降低中国对非出口贸易效率，其余变量均不显著。

第二，通过分别对中国与非洲国家进出口贸易效率的测算中可以发现，我国出口贸易效率国家最高的集中于北非以及南非地区的国家，贸易效率最高的部门为低端工业部门以及中高端工业部门，资源类部门的贸易效率最低。

第三，通过探索影响贸易效率的因素可以发现，中国对外援助可以有效地提升中国对非出口贸易效率，一方面是基于对非援助可以提升其基础设施水平，另一方面可以通过改善其政府治理能力来提升贸易效率。

第四，通过对非洲国家与中国出口贸易潜力值与贸易拓展空间的情况考察可以发现，我国对非洲不同地区以及不同类型产品的贸易潜力以及贸易拓展空间有着巨大的差异，我国对非洲国家在工业品特别是中高端工业品方面的出口潜力巨大；东非地区是与我国出口贸易拓展空间最高的地区。

根据上述结论，提出如下建议：

第一，加强中非产能合作。在"双循环"新发展格局下，我国应继续扩展中非产能合作的深度与广度，在有利于非洲农业产业化、工业化的领域加大对非洲的投资力度。目前我国在非洲地区所倡导的工业园模式，以及拓展的自贸区模式，取得了良好的成绩。中国对非援助也应适当加强对工业领域的投入，积极投入在非工业园的建设及运营当中，使我国在非洲的产能合作项目走可持续地运营路线。

第二，顺应贸易结构调整。随着非洲工业化的不断推进，以及我国产业结构调整的浪潮下，我国中高端工业品越来越受到非洲国家的欢迎，我国出口产品最多的部门已逐步由低端工业品转为高端工业品。对非出口的工业品增加，一方面需要我国逐步将劳动密集型制造业转移至非洲，提升非洲地区的收入水平，扩大其对于我国中高端工业品的市场；另一方面，随着非洲人民收入的增加，对于中高端工业产品的要求也逐步增多，我国中高端工业品应继续深入非洲市场，生产符合非洲人民需求的产品。

第三，差异化的区域贸易政策。不同的非洲区域在对我国出口贸易效率方面有着较为显著的异质性。为此，我国需要针对不同非洲地区制定有差异性的关税政策，如针对东非地区的出口可进行一定的政策性引导，对出口东非地区某些特定商品可以进行一定的补贴。这样一方面可以减少非洲不同地区经济发展不同步的现象，另一方面可以加强区域一体化。

参考文献

[1] 曹安, 汪晶晶, 恍如梦. 中国与"一带一路"沿线国家农产品出口贸易效率及潜力测算 [J]. 统计与决策, 2018 (10): 113-117.

[2] 陈默, 李荣林, 冯凯. 中国对非基础设施建设能否推动中非产能合作——基于贸易增加值的视角 [J]. 国际贸易问题, 2022.3: 51-67.

[3] 董婉璐, 杨军, 张海森. 中国对非洲国家减让进口关税的经济影响分析 [J]. 国际贸易问题, 2014, 8: 68-78.

[4] [美] 黛博拉·布罗蒂加姆. 沈晓雷等译. 龙的礼物: 中国在非洲的真实故事 [M]. 北京: 社会科学文献出版社, 2009.

[5] 顾振华, 高翔. 中国对非援助能否减少非洲对华贸易限制? 基于53个非洲国家数据的理论与实证研究 [J]. 世界经济研究, 2019.8: 73-87, 135-136.

[6] 郭连成, 左云. 中国与欧亚经济联盟国家的贸易效率及潜力研究——基于随机前沿引力模型的分析 [J]. 国际经贸探索, 2021, 3: 100-110.

[7] 黄振乾. 中国援助与受援国绩效合法性——基于地理信息数据的实证考察 [J]. 世界经济与政治, 2022, 3: 30-58, 157.

[8] 李荣林, 熊燕, 倪何永乐. 中国对非援助的出口贸易效应——基于出口增加值的视角 [J]. 南方经济, 2022, 2: 38-54.

[9] 李小云, 张悦, 刘文勇. 知识和技术的嵌入与遭遇: 中国援助实践叙事 [J]. 西南民族大学学报 (人文社会科学版), 2017 (11): 1-8.

[10] 李月娥, 张古国. 中国农产品贸易效率及潜力研究 [J]. 统计与决策, 2021, 11: 112 116.

[11] 刘爱兰, 王智烜, 黄梅波. 新常态下中国对非洲出口贸易商品结构的影响因素研究——基于非正规经济的视角 [J]. 国际贸易问题, 2016.2: 122-133.

[12] 刘爱兰, 王智烜, 黄梅波. 中国对非援助是"新殖民主义"吗——来自中国和欧盟对非援助贸易效应对比的经验证据 [J]. 国际贸易问题, 2018.3: 163-174.

[13] 刘京星, 刘天琦. 随机前沿引力模型下中国与"一带一路"国家钢铁产能合作潜力及区位差异研究 [J]. 湖南科技大学学报 (社会科学版), 2019, 22 (5): 63-73.

[14] 孙楚仁, 梁晶晶, 徐锦强, 黄蕾. 对非援助与中国产品出口二元边际 [J]. 世界经济研究, 2020, 2: 4-18.

[15] 孙楚仁, 徐锦强, 梁晶晶. 中国对非援助与受援国出口结构转换 [J]. 财贸经济, 2019, 7 (40): 82-84.

[16] 孙志娜. 中非合作论坛框架下中国对非实施零关税产生的贸易效应——基于进口二元边

际视角评估[J].国际商务,2019,2:37-49.

[17] 王霞.非洲国家治理水平对中国制造业企业对非出口的影响[J].国际经贸探索,2021, 37（10）:99-112.

[18] 卫迎春,张梅梅.我国环境产品出口贸易影响因素动态分析——基于CMS模型测算[J]. 国际贸易问题,2016,4:107-116.

[19] 吴凌芳,戴金平.中国对非援助、直接投资与非洲在全球价值链的地位提升[J].上海对外经贸大学学报,2019,26（4）:27-37.

[20] 吴天博.中国与"丝绸之路经济带"沿线国家木质林产品进口贸易效率及潜力研究[J]. 西南大学学报（自然科学版）,2021,43（6）:101-112.

[21] 徐俊,李金叶.我国与"一带一路"沿线国家贸易效率及其门槛效应——基于随机前沿模型和面板门槛模型[J].中国流通经济,2019,33（5）:22-59.

[22] 喻春娇.中国对外承包工程促进了钢铁产品出口吗?——基于"一带一路"沿线国家基础设施质量中介效应的研究[J].湖北大学学报（哲学社会科学版）,2021,48（2）: 144-153.

[23] 朱丹丹,黄梅波.中国对外援助能够促进受援国的贸易发展吗?——基于非洲16个受援国面板数据的实证分析.[J]广东社会科学,2017（1）:19-28.

[24] Armstrong S. Measuring Trade and Trade Potential:A survey[Z].Asia Pacific Economic Papers,No.368,2007.

[25] Jeffrey S.,Andrew M. W..The Curse of Natural Resources[J].European Economic Review, 2001,（45）:827-838.

[26] Joshua E..China-Africa Trade Patterns:Causes and Consequences[J].Journal of Contemporary China,2012,21（77）:793-810.

[27] Meeusen W.,Van D. Broeck J..Efficiency Estimation from Cobb-Douglas Production Fuctions with Composed Error [J].International Economic Review,1977,18（2）:435-444.

[28] Miao,M.,Q. Lang,D. G. Borojo,Y. Jiang,X. Zhang. The Imapcts of Chinese FDI and China-Africa Trade on Economic Growth of African Countries:The Role of Institutional Quality[J].Economics,2020,8（53）:1-20.

[29] Tinbergen J..International Economic Integration[M].Amsterdam:Elsevier Press,1956.

"伙伴外交"能促进中国出口吗？

孙楚仁 刘雅莹[*]

摘要：积极的外交策略是中国贸易快速增长的原因之一。通过收集整理外交部官方网站信息，构建"中国伙伴关系数据库"，并在此基础上考察1995—2018年期间"伙伴外交"能否以及如何影响中国出口。实证结果表明："伙伴外交"对中国出口存在显著的正向影响。使用滞后期和联合国大会投票数据作为工具变量解决内生性问题后，"伙伴外交"对中国出口的促进作用依旧稳健。机制检验显示，"伙伴外交"对中国出口的促进作用遵循比较优势原则。通过降低双边贸易成本，"伙伴外交"对出口的促进主要集中在中国具有比较优势的行业上，如"机械和电子设备""纺织品及其制品"等。异质性分析发现，"伙伴外交"的出口促进作用主要体现在发展中国家，以及非洲和美洲国家。由此可见，"伙伴外交"可以弥合伙伴国家间的意识形态差异、促使其追求共同的经济利益，在双边经贸往来中发挥积极作用。

关键词：伙伴外交；双边政治关系；中国出口；比较优势

一、引言

自 2001 年加入 WTO 以来，中国贸易急剧增长，成为全球最大的出口国（Wei, 2010；Chen et al., 2020；Amiti et al., 2020）。如图 1 所示，中国的出口总额由 2001 年的 2 995.2 亿美元增长至 2018 年的 2.22 万亿美元。具体而言，2001—2018 年间，中国对亚洲国家的出口由 1 016.4 亿美元增长至 8 400.7 亿美元，对欧洲国家的出口由 746.3 亿美元增长至 5 145.2 亿美元，对非洲国家的出口由 59.2 亿美元增长至 861.9 亿美元，对美洲国家的出口由 1 111.3 亿美元

---

[*] 作者简介：孙楚仁　广东外语外贸大学教授；刘雅莹　西南财经大学博士研究生。

增长至7 159.5亿美元，对大洋洲国家的出口由62.0亿美元增长至619.5亿美元。已有文献对中国贸易急剧增长的原因进行了大量探讨。影响中国贸易的因素包括积极的贸易政策和关税削减（Feng et al., 2017；Crowley et al., 2018）、汇率（Li et al., 2015；Fatum et al., 2018）、融资约束（Feenstra et al., 2014；Manova et al., 2015）、制度（Feenstra et al., 2013）、基础设施（Fan et al., 2021）、劳动力成本（Gan et al., 2016）等。双边政治关系和冲突同样在中国贸易中发挥着作用。例如，2005年的新历史教科书事件和2010年的钓鱼岛事件损害了中日双方的经贸往来（Fisman et al., 2014）。二战时期日本对中国的入侵对中日双方的投资和贸易存在长期的负面影响（Che et al., 2015）。接受达赖喇嘛访问的国家在对中国出口方面将受到严重损失（Fuchs & Klann, 2013；Lin et al., 2019）。一定程度上，一国是否对外开放是该国政府的政治决定（Acemoglu & Yared, 2010）。近年来，中美贸易战也受到学界的关注（Benguria et al., 2022；Itakura, 2020）。

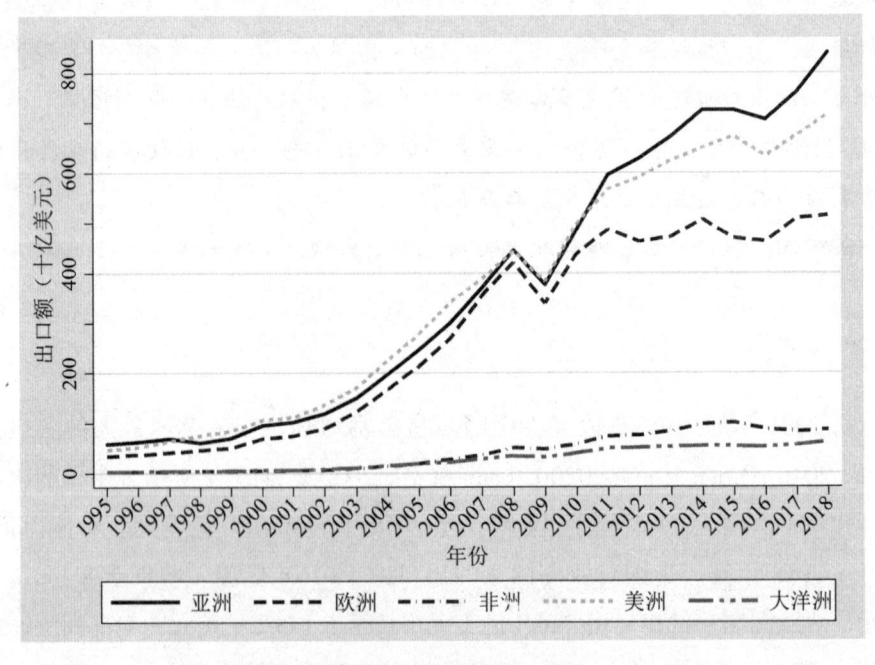

图1　1995—2018年期间中国出口总额（分五大洲）

来源：根据BACI全球双边贸易数据整理得到。

一些文献声称双边政治关系的微小变动并不会对经贸关系造成影响（Davis & Meunier, 2011；Ashenfelter, 2007）。因为，在原有经贸关系下存在较高的经济依存度和沉没成本，在这样的情形下消费者、生产者和政府都不愿意因为双边政治关系的微小变动而调整自己的经济行为。当然，绝大部分的研究表明权利和政治关系也是决定国际贸易的影响因素（Blomberg et al., 2006；Berger et al., 2013；Crozet & Hinz, 2020）。在经贸往来中，一国政府可以使用贸易为工具对贸易伙伴国进行奖励或惩罚。例如，战争和军事冲突对贸易存在着显著且持续的负面影响（Glick & Taylor, 2010；Che et al., 2015）。战争甚至会对未直接参与冲突的邻国的贸易造成负面影响（Qureshi, 2013）。接受达赖喇嘛的访问（Fuchs & Klann, 2013；Lin et al., 2019）、中日钓鱼岛事件（Fisman et al., 2014；Heilmann, 2016）、在伊拉克战争问题上的美国与法国的争端等负面事件同样会伤害双边经贸关系（Michaels & Zhi, 2010；Pandya & Venkatesan, 2016）。双边政治关系的恶化也往往会给双边经贸关系带来不确定性进而造成负面影响（Du et al., 2017；Davis et al., 2019；Gupta & Yu, 2007）。同时，部分研究探讨了外交活动对贸易的影响。例如，非洲政治领袖对中国的访问会促进中国对相应非洲国家的出口，尤其是资本密集型的制造业产品（Lin et al., 2017）。德国、法国、美国的国事访问会加强其与贸易伙伴国的经贸往来（Nitsch, 2007）。加拿大政府派出的常规性的贸易代表团创造了数百亿美元的新商业交易（Rose, 2007）。大使馆和领事馆提供的外事服务可以帮助建立贸易关系（Head & Ries, 2010）。

尽管存在大量文献探讨了双边政治关系与双边贸易之间的关系，并且其中部分文献肯定了积极的外交活动对经贸往来的促进作用，但关于"伙伴外交"经贸效应的研究仍属空白。当两国双边政治关系在蜜月期时，它们会更倾向于建立或升级伙伴关系。在本文中，将建立全球伙伴关系网络的行为定义为"伙伴外交"。"伙伴外交"是后冷战时代的重要外交策略（Sun & Liu, 2019；Strüver, 2017），反映了一个国家对全球政治、经济、军事形势的总体判断和战略规划，体现了一个国家对其他国家的信任程度以及利益共享、风险共担的意愿。因此，"伙伴外交"是国家间长期稳定的友好双边政治关系的体现。

1993年，中国与巴西建立第一对伙伴关系"中巴战略合作伙伴关系"。此后，1995—2018年间，中国共计与全球99个国家建立过143对不同的伙伴关系。其中，50对伙伴关系与33个亚洲国家、33对伙伴关系与24个欧洲国家、29对伙伴关系与23个非洲国家、21对伙伴关系与12个美洲国家、10对伙伴关系与8个大洋洲国家。党的十八大以来，中国"伙伴外交"进入了新的发展阶段。2013—2018年间，中国新建立或升级的伙伴关系为78对，占比超过全部伙伴关系的半数。十九大报告指出的"中国积极发展全球伙伴关系，扩大同各国的利益交汇点，推进大国协调和合作，构建总体稳定、均衡发展的大国关系框架"进一步确定了"伙伴外交"的重要性。有理由相信，在争夺国际社会话语权、重塑全球政治经济新秩序、构建人类命运共同体等方面，伙伴关系外交战略与2013年以来提出的"一带一路"倡议相互呼应共同构成了新时代我国外交顶层设计的重要支撑，也是习近平新时代中国特色社会主义外交思想的应有之义。近年来，无论是中国"伙伴外交"还是出口都呈现出蓬勃发展之势。如图2所示，1995—2018年间，中国伙伴关系和出口的地理分布存在较大的相似性。由此，可合理推测，"伙伴外交"在中国出口中发挥着积极作用。

尽管一些研究探讨了"一带一路"倡议和RCEP等的经贸效应，但仍然鲜有关于探讨"伙伴外交"能否以及如何影响中国出口的研究，本文研究旨在填补这一空白。本文结论如下：（1）"伙伴外交"能够促进中国出口；（2）通过降低双边贸易成本，"伙伴外交"对中国出口的促进作用主要体现在那些中国具备比较优势的产品行业上，例如"机械与电子设备""纺织品及其制品"等。

本文至少有以下3方面贡献：（1）对"伙伴外交"进行了量化工作。根据外交部官方网站信息，本文构建了"中国伙伴关系数据库"。该数据库是迄今为止关于中国"伙伴外交"最为完整和最为系统的梳理，其量化工作亦属首次。该数据库是深入理解中国"伙伴外交"，以及对其进行效果评估的基础数据。（2）为双边政治关系能够影响贸易提供了更多经验证据。从国际关系视角，实证检验了能够反映国家间长期稳定的友好双边政治关系的"伙伴外交"对中国出口存在促进作用。（3）实证论证了中国"伙伴外交"是对贸易存在积极作用的经济外交。一方面，"伙伴外交"能够促进中国出口。这意味着"伙伴外交"能够带来实际经济利益，而不仅仅是停留在象征性意义上。另一方面，"伙伴外交"的出口促进作用遵循比较优势原则。具体而言,"伙伴外交"对中国出口的促进作用主要体现在那些中国具有比较优势的产品和行业上。这意味着"伙伴外交"对中国出口的促进作用是通过降低双边贸易成本实现的,即是通过经济手段而非通过市场干预等行政手段实现的。本研究对理解"伙伴外交"的经济效应具有启示意义。"伙伴外交"可以通过弥合伙伴国家之间的政治意识形态差异,进而促使其追求共同的经济利益。具体而言,通过签订双边贸易协定、构建自由贸易区、鼓励使用当地货币、加强金融合作、加强区域间通达性等降低双边贸易成本,进而在双边经贸往来中发挥着积极作用。

本文余下内容安排如下。第2部分介绍中国外交政策演变和"伙伴外交",以及"中国伙伴关系数据库"。第3部分呈现典型事实并提出假说。第4部分报告基准回归结果和机制检验,并作实证分析。第5部分展示稳健性检验,并讨论内生性问题。第6部分为异质性分析。第7部分总结并提出政策建议。

二、制度背景

(一)中国外交政策演变与"伙伴外交"

自1949年新中国成立以来,中国外交从冷战时期的"结盟"政策调整为后冷战时期的"不结盟"政策。冷战时期,以苏联为首的社会主义阵营和以美国为首的资本主义阵营长期存在激烈的意识形态冲突和军事冲突。在这一时期,为了维护主权独立和国家安全,中国先后经历了20世纪50年代的"一边倒"外交政策、20世纪60年代的"两个拳头打人"外交政策和20世纪70年代的"一条线、一大片"外交政策。"一边倒"外交政策是指坚决地站在以苏联为首的社会主义阵营一边,反对以美国为首的资本主义阵营。"两个拳头打人"外交政策是指依靠广大亚非拉国家,同时反对以美国为首的帝国主义和以苏联为首的修正主义。"一条线、一大片"外交政策是指尽可能地争取最广大的力量反对苏联。在这一时期,中国和美国的外交开始向正常化发展。由于意识形态和国家安全是冷战时期最主要的问题,为适应国际社会斗争形势,中国当时的外交政策在一定程度上都带有"结盟"性质。到了20世纪80年代,中国逐步放弃了原来的"结盟"政策而采取"不结盟"政策，以独立于华约和北约的斗争之外。伴随着1989年东欧剧变和1991年苏联解体，冷战时期结束。和平与发展成为时代的主题。随后，为了争取和平的外部环境以求经济发展，中国开始构建全球伙伴关系网络，开启了"伙伴外交"时代。1993年11月，中国与巴西建立了第一对伙伴关系"中巴战略合作伙伴关系"。此后，中国于1996年与俄罗斯、巴基斯坦、尼泊尔建立伙伴关系，于1997年与法国和加拿大建立伙伴关系，于1998年与英国和韩国建立伙伴关系。截至2018年年底，中国共计与全球99个国家建立过143对伙伴关系。

"伙伴外交"是"不结盟"外交政策的继承、创新与发展。基于对全球政治、经济、军事形势的总体判断和战略规划，"伙伴外交"体现了一个国家对其他国家的信任程度，以及利益共享、风险共担的意愿，可以反映长期稳定的友好双边政治关系。随着中国综合实力的增强和国际形势的深刻变化，"伙伴外交"能否带来实质的经济利益以及在多大程度上带来这种利益成为越来越重要的议题。其具体理由如下：首先，自改革开放以来中国经济发展势头迅猛，综合实力大增，作为世界第二大经济体的中国更加看重自己的大国地位、更加积极地策略性地寻求自己的全球利益，自然也包括经济利益；其次，后金融危机时代，美国复苏乏力、欧洲深陷债务危机泥潭、各新兴发展中国家缺少新的经济增长点而经济发展受阻，此时无论是欧美发达国家还是作为发展中国家的新兴经济体都更加看重国际合作带来的经济机遇，在此背景下伙伴关系较之以往更有可能带来实质上的经济利益；再则，随着全球经济局势的复杂化、固有经济格局和经济秩序面临更多的挑战、各国外交合作愈加频繁，外交伙伴关系不再停留在原来的象征意义上，而更多地落实在实质的经济合作上。

（二）中国伙伴关系数据库

根据外交部官方网站信息，本文构建了"中国伙伴关系数据库"。如表1所示，根据"全面"和"战略"两个关键词，18种不同具体名称的伙伴关系被归为4大类：局部性一般伙伴关系（赋值为1）、全局性一般伙伴关系（赋值为2）、局部性战略伙伴关系（赋值为3）、全局性战略伙伴关系（赋值为4）。例如，全面战略伙伴关系、全方位战略伙伴关系、全面战略合作伙伴关系、面向

21世纪全球全面战略伙伴关系、全天候战略合作伙伴关系、全面战略协作伙伴关系等6种具体名称的伙伴关系均被归类为赋值为4的全局性战略伙伴关系。在本文中，刻画"伙伴外交"的类别变量被标记为 $partner_{CHN,jt}$。$partner_{CHN,jt}$ 表示中国与国家 j 在第 t 年的伙伴关系层级。赋值越高表明伙伴关系层级越高，国家间的政治信任程度越高、双边政治关系越紧密。我们以南非为例说明变量 $partner_{CHN,jt}$ 的构建（如表2所示）。在2000年之前，中国与南非不存在任何形式的伙伴关系，此时 $partner_{CHN,jt}$ 取值为0。2000年，中国与南非建立伙伴关系，自此 $partner_{CHN,jt}$ 取值为1。2004年，中国与南非建立战略伙伴关系，自此 $partner_{CHN,jt}$ 取值为3。2010年，中国与南非建立全面战略伙伴关系，自此 $partner_{CHN,jt}$ 取值为4。"中国伙伴关系数据库"是关于中国"伙伴外交"的首份量化数据，是对中国"伙伴外交"进行政策评估的数据基础。

表 1 伙伴关系的层级分类

一类层级	二类层级	层级编号	"伙伴关系"具体名称
一般伙伴关系	局部性一般伙伴关系	1	友好伙伴关系
			新型合作伙伴关系
	全局性一般伙伴关系	2	创新全面伙伴关系
			全面合作伙伴关系
			全面友好合作伙伴关系
			全方位合作伙伴关系
			全方位友好合作伙伴关系
战略伙伴关系	局部性战略伙伴关系	3	战略伙伴关系
			创新战略伙伴关系
			互惠战略伙伴关系
			友好战略伙伴关系
			战略合作伙伴关系
	全局性战略伙伴关系	4	全面战略伙伴关系
			全方位战略伙伴关系
			全面战略合作伙伴关系
			面向21世纪全球全面战略伙伴关系
			全天候战略合作伙伴关系
			全面战略协作伙伴关系

来源：根据外交部官方网站信息整理得到（https://www.fmprc.gov.cn/）。

表2 中国伙伴关系数据库构建：以南非共和国为例

国家	年份	伙伴关系层级	事件
南非	1995	0	
南非	1996	0	
南非	1997	0	
南非	1998	0	
南非	1999	0	
南非	2000	1	2000年4月，中国与南非建立伙伴关系
南非	2001	1	
南非	2002	1	
南非	2003	1	
南非	2004	3	2004年6月，中国与南非建立战略伙伴关系
南非	2005	3	
南非	2006	3	
南非	2007	3	
南非	2008	3	
南非	2009	3	
南非	2010	4	2010年8月，中国与南非建立全面战略伙伴关系
南非	2011	4	
南非	2012	4	
南非	2013	4	
南非	2014	4	
南非	2015	4	
南非	2016	4	
南非	2017	4	
南非	2018	4	

来源：根据外交部官方网站信息整理得到（https://www.fmprc.gov.cn/）。

三、典型事实与提出假说

（一）"伙伴外交"与中国出口

冲突与紧张的双边政治关系会损害贸易（Fuchs & Klann, 2013; Heilmann, 2016），与此同时，友好的双边政治关系和频繁的外交往来能促进贸易，例如领导人访问（Lin et al., 2017; Nitsch, 2007）和贸易代表团访问（Head & Ries, 2010）。当正式建立伙伴关系时，两国会发布一份联合声明。通过收集整理相关信息，发现"贸易""出口""投资"等为这些联合声明中的高频词，由此观之经贸合作是其重要内容。一些联合声明甚至会给出具体的贸易期望，例如"双方应根据各自发展战略扩大经贸合作，实现2017年双边贸易额达到1 600亿美元的目标"[①]和"双方应继续善用中蒙政府间合作机制，落实中蒙经贸合作中期计划，实现2020年双边贸易额达到100亿美元的目标"[②]。显而易见的是，"伙伴外交"为经济利益驱动的而非政治意识形态驱动。更进一步的，利用"中国伙伴关系数据库"计算出1995—2018年间各国与中国存在伙伴关系的年份占整个时期年份的比重，并结合BACI全球贸易数据中的中国出口数据得出关系：与中国存在伙伴关系的年份占比与中国总出口之间存在明显的正向关联。这意味着中国更倾向于向那些已经与之建立伙伴关系的国家出口。也就是说，"伙伴外交"在中国出口中可能扮演着积极的角色。基于以上分析，提出假说1。

假说1："伙伴外交"能够促进中国向其伙伴国出口。

（二）比较优势原则

冲突和恶化的双边政治关系会提高贸易壁垒、带来不确定性、阻碍贸易（Pollins, 1989; Li & Sacko, 2002; Martin et al., 2008a; Martin et al., 2008b）。

[①] 信息来源：https://www.fmprc.gov.cn/mfa_eng/gjhdq_665435/2675_665437/2732_663468/2734_663472/201310/t20131006_517425.html。

[②] 信息来源：https://www.fmprc.gov.cn/mfa_eng/gjhdq_665435/2675_665437/2742_663488/2744_663492/201408/t20140825_518223.html。

相反，长期稳定的双边政治关系有利于降低双边贸易成本。通过浏览关于建立伙伴关系的联合声明，发现其中提出许多具体的政策措施以降低双边贸易成本、加强伙伴国家之间的经济往来。例如，2013年中国和马来西亚建立全面战略伙伴关系的联合声明提出："鼓励中国企业参与马来西亚北部的开发和吉隆坡—新加坡高速铁路的建设，以促进该地区的连通性；加强金融合作，扩大当地货币在贸易和投资中的使用……"① 2014年，中国和蒙古建立全面战略伙伴关系的联合声明提出："扩大双边货币互换规模，尽快启动双边贸易协定谈判签署等筹备工作，积极推动建立跨境经济合作区……"② 2015年，中国和巴基斯坦建立全天候战略合作伙伴关系的联合声明提出："双方应统筹规划中巴经济走廊沿线的工业园区建设，尽早完成中巴自由贸易区谈判，引领中国与南亚国家自由贸易区建设……"③ 通过签订双边贸易协定、构建自由贸易区、扩大当地货币使用、加强金融合作、增强地区通达性等具体措施和经济合作，中国与其伙伴国共同努力以降低双边贸易成本、扩大开放。比较优势原则是从李嘉图到Melitz（2003）标准贸易理论中的基本原则。随着双边贸易成本降低，一个国家会更加集中地生产和出口其在生产中具有比较优势的产品，而进口其在生产中不具备比较优势的产品。根据比较优势原则，如果中国的出口扩展是因为双边贸易成本降低导致的，那么出口的增加会主要集中在中国具有比较优势的产品上。也就是说，在生产中生产率越高、竞争力越强的产品，"伙伴外交"对其出口的促进作用越强。基于以上分析，提出假说2。

假说2："伙伴外交"对中国出口的促进作用是通过降低双边贸易成本实现的。具体表现为出口的增长主要集中在中国具有比较优势的产品和行业上。

---

① 信息来源：https://www.fmprc.gov.cn/mfa_eng/gjhdq_665435/2675_665437/2732_663468/2734_663472/201310/t20131006_517425.html。

② 信息来源：https://www.fmprc.gov.cn/mfa_eng/gjhdq_665435/2675_665437/2742_663488/2744_663492/201408/t20140825_518223.html。

③ 信息来源：https://www.fmprc.gov.cn/mfa_eng/gjhdq_665435/2675_665437/2757_663518/2759_663522/201504/t20150422_520318.html。

四、实证分析

（一）计量模型设定

为检验假说1，本文基于引力模型（Anderson & Van Wincoop，2003）估计"伙伴外交"能否以及在多大程度上能够促进中国出口。引力模型假定双边贸易流量与贸易国的经济规模成正比、与贸易国之间的地理距离成反比，该模型被广泛地应用于关于贸易流量的实证研究中。本文的基准计量模型设定如下：

$$\ln EXP_{CHN,jkt} = \beta_1 partner_{CHN,jt} + X_{jt}'\gamma + \delta_j + \eta_{kt} + \varepsilon_{CHN,jkt} \qquad (1)$$

其中，下脚步 CHN、j、k、t 分别表示中国、出口目的国（伙伴国）、产品、年份。被解释变量 $EXP_{CHN,jkt}$ 表示第 t 年中国出口到国家 j 的产品 k 的贸易金额。被解释变量 $EXP_{CHN,jkt}$ 取自然对数。中国出口数据从 BACI 全球双边贸易数据[①]中得到。核心解释变量 $partner_{CHN,jt}$ 表示第 t 年中国与国家 j 的伙伴关系层级，取值范围为 0～4。根据假说1，核心解释变量 $partner_{CHN,jt}$ 的估计系数 β_1 预计显著为正，即"伙伴外交"对中国出口存在显著的正向影响。X_{jt}' 为国家层面控制变量，包括国内生产总值 gdp_{jt}、人口 $population_{jt}$、消费者价格指数 cpi_{jt}、目的国进口倾向 $openness_{jt}$、国外直接投资净流入占 GDP 的比重 $bop\_percentage_{jt}$、城镇人口占总人口的比重 $urbanization_{jt}$、通电率 $electricity_{jt}$、每 100 人中移动电话订阅数 $mobile\_100_{jt}$。控制变量从世界发展指数（World Development Indicators，WDI）[②]中得到。同时，控制国家固定效应 δ_j 和产品-年份固定效应 η_{kt}。国家固定效应 δ_j 控制住了所有非时变的国家层面影响因素。在控制了国家固定效应 δ_j 的情形下，与中国的地理距离、是否与中国接壤、是否享有相同的法律体系等引力模型通常考虑的因素已经被考虑，不需要再作为控制变量进入回归。产品-年份固定效应 η_{kt} 控制住所有产品-年份层面影响因素，不需要再考虑产品-年份层面特征。同时，在控制了更高维度的产品-年份固定效应的情形下，不需要再单独控制产品固定效应和年份固定效应。产品固定

---

① 数据来源：http://www.cepii.fr/CEPII/en/bdd_modele/bdd_modele_item.asp?id=37。
② 数据来源：https://databank.worldbank.org/source/world-development-indicators。

效应，控制住了所有非时变的产品层面影响因素，即非时变的产品特征。年份固定效应控制住了所有仅与时间相关的影响因素，例如经济周期、重大经济事件冲击等。$\varepsilon_{CHN,jkt}$为随机扰动项。考虑到一国内部行业之间、产品之间存在竞争、互补等相互联系，故而在国家层面进行聚类，以减轻异方差和序列自相关等潜在问题。

为检验假说2，将交互项$partner_{CHN,jt} \times RCA_{CHN,kt}$加入公式（1），以检验"伙伴外交"对中国出口的促进作用是否更多地体现在中国具有比较优势的产品和行业上。本文的机制检验计量模型设定如下：

$$\ln EXP_{CHN,jkt} = \beta_2 partner_{CHN,jt} + \beta_3 partner_{CHN,jt} \times RCA_{CHN,kt} + X'_{jt}\gamma + \delta_j + \eta_{kt} + \varepsilon_{CHN,jkt} \quad (2)$$

"伙伴外交"与中国出口之间的关系由比较优势$RCA_{CHN,kt}$进行调节，即"伙伴外交"对中国出口的促进作用受到显示性比较优势$RCA_{CHN,kt}$的影响。该计量模型设定与公式（1）一致同样包括国家固定效应δ_j和产品-年份固定效应η_{kt}。值得注意的是单独项$RCA_{CHN,kt}$被产品-年份固定效应η_{kt}吸收。使用显示性比较优势指标$RCA_{CHN,kt}$来刻画中国产品的出口竞争力，其测算公式如下：

$$RCA_{CHN,kt} = \frac{\sum_j EXP_{CHN,jkt}}{\sum_j \sum_k EXP_{CHN,jkt}} \Big/ \frac{\sum_i \sum_j EXP_{ijkt}}{\sum_i \sum_j \sum_k EXP_{ijkt}}$$

其中，EXP_{ijkt}表示在第t年国家i对国家j出口产品k的金额。显示性比较优势$RCA_{CHN,kt}$为在第t年在中国出口中产品k的占比与在全球出口中产品k的占比的比例关系，取值范围为$0-+\infty$。具体而言，在后文的实证中，采用$\ln RCA\_hs6_{CHN,kt}$，$RSCA\_hs6_{CHN,kt}$，and $d\_RCA\_hs6_{CHN,kt}$来刻画hs6产品层面的比较优势，采用$\ln RCA\_hs2_{CHN,kt}$，$RSCA\_hs2_{CHN,kt}$，and $d\_RCA\_hs2_{CHN,kt}$来刻画hs2行业层面的比较优势。$\ln RCA\_hs6_{CHN,kt}$和$\ln RCA\_hs2_{CHN,kt}$分别是$RCA\_hs6_{CHN,kt}$和$RCA\_hs2_{CHN,kt}$的自然对数，取值范围为$-\infty - +\infty$。$RSCA\_hs6_{CHN,kt}$的计算公式为$\frac{RCA\_hs6_{CHN,kt}-1}{RCA\_hs6_{CHN,kt}+1}$，同时$RSCA\_hs2_{CHN,kt}$的计算公式为$\frac{RCA\_hs2_{CHN,kt}-1}{RCA\_hs2_{CHN,kt}+1}$，二者的取值范围均为-1-1。如果$RCA\_hs6_{CHN,kt} > 1$，hs6

层面的产品 k 具有比较优势，则 $d\_RCA\_hs6_{CHN,kt}$ 取值为 1，否则为 0。同理，如果 $RCA\_hs2_{CHN,kt} > 1$，$hs2$ 层面的行业 k 具有比较优势，则 $d\_RCA\_hs2_{CHN,kt}$ 取值为 1，否则为 0。

在公式（2）中，"伙伴外交"对中国出口的促进作用随着中国在不同产品或行业上比较优势程度的不同而不同。根据比较优势原则，如果"伙伴外交"对中国出口的促进作用是通过降低双边贸易成本实现的，那么 β_3 预期显著为正。即比较优势越大，"伙伴外交"的出口促进作用越大。"伙伴外交"对出口的促进作用主要体现在中国生产率高、竞争力强的产品和行业上。

（二）基准实证结果

表 3 为基准回归结果，检验了假说 1 "'伙伴外交'能否促进中国出口"。第（1）列直接用"伙伴外交" $partner_{CHN,jt}$ 对中国出口 $EXP_{CHN,jkt}$ 进行回归，"伙伴外交"的估计系数为 0.440 9 且在 1% 的水平上显著为正。第（2）列加入内生产总值 gdp_{jt}、人口 $population_{jt}$、CPI cpi_{jt}、目的国进口倾向 $openness_{jt}$、国外直接投资净流入占 GDP 的比重 $bop\_percentage_{jt}$、城镇人口占总人口的比重 $urbanization_{jt}$、通电率 $electricity_{jt}$、每 100 人中移动电话订阅数 $mobile\_100_{jt}$ 等控制变量，"伙伴外交"的估计系数降至 0.098 0 但仍然在 1% 的水平上显著为正。第（3）列分别加入国家固定效应、产品固定效应、年份固定效应，"伙伴外交"的估计系数为 0.058 2 且显著为正。第（4）列用产品－年份固定效应替代第（3）列中的产品固定效应和年份固定效应。对于面板数据而言，产品－年份固定效应能够吸收产品固定效应和年份固定效应。作为更加高维的固定效应，产品－年份固定效应能够同时控制所有的随时间变化的产品特征、非时变产品特征以及时间特征。"伙伴外交"对中国出口依旧存在显著的正向影响，估计系数为 0.070 3。R^2 为 0.543 表明中国出口变化中的 54.3% 能够被我们的模型设定解释。第（1）—（4）列中"伙伴外交"估计系数和 R^2 的变化可以说明加入一系列控制变量和固定效应的必要性。在第（5）列中，考虑到一国内部行业之间、产品之间存在竞争、互补等相互联系，故而在国家层面进行聚类，以减轻异方差和序列自相关等潜在问题。与第（4）列比较，第（5）列

"伙伴外交"的估计系数和 R^2 保持不变，但所有的 t 统计量均下降。例如，"伙伴外交"的 t 统计量由 87.03 下降至 5.02，但仍然在 1% 的水平上显著。需要说明的是，第（5）列为本文的基准计量模型设定。在后文的实证分析中，均采用在国家层面聚类的固定效应模型进行回归。由此观之，"伙伴外交"的估计系数最终确定为 0.070 3。也就是说，平均意义上，伙伴关系每上升一个层级，中国出口增加 7.03%。估计结果支持假说 1，"伙伴外交"能够促进中国对伙伴国家进行出口。

表 3 基准回归："伙伴外交"与中国出口

	（1）	（2）	（3）	（4）	（5）
	OLS	OLS	FE	FE	FE
partner	0.440 9*** （737.33）	0.098 0*** （138.07）	0.058 2*** （70.41）	0.070 3*** （87.03）	0.070 3*** （5.02）
lnGDP		0.344 0*** （265.08）	1.025 0*** （132.49）	1.072 2*** （142.08）	1.072 2*** （6.05）
lnpopulation		0.257 7*** （194.21）	−0.375 9*** （−34.35）	−0.518 2*** （−48.51）	−0.518 2** （−2.56）
CPI		−0.001 7*** （−29.29）	−0.000 9*** （−19.13）	−0.000 8*** （−16.82）	−0.000 8* （−1.75）
openness		0.008 2*** （166.35）	0.001 1*** （13.88）	0.001 2*** （15.73）	0.001 2 （1.03）
bop_percentage		−0.000 6*** （−9.01）	−0.000 8*** （−14.06）	−0.000 7*** （−12.96）	−0.000 7 （−1.11）
urbanization		0.002 3*** （32.40）	0.017 1*** （38.21）	0.016 3*** （37.37）	0.016 3* （1.95）
electricity		0.000 0 （0.28）	−0.000 5*** （−2.99）	−0.003 1*** （−19.31）	−0.003 1 （−0.99）
mobile_100		0.007 8*** （312.33）	0.002 9*** （67.29）	0.002 8*** （67.64）	0.002 8*** （3.70）
国家固定效应	No	No	Yes	Yes	Yes
产品-年份固定效应	No	No	No	Yes	Yes
产品固定效应	No	No	Yes	No	No
年份固定效应	No	No	Yes	No	No

续 表

	（1）	（2）	（3）	（4）	（5）
	OLS	OLS	FE	FE	FE
国家层面聚类	No	No	No	No	Yes
国家数	166	153	153	153	153
观测值数	6 875 172	6 138 986	6 138 980	6 135 664	6 135 664
R^2	0.073	0.210	0.503	0.543	0.543

注：括号中的为 t 统计量。***、**、* 分别代表在 1%、5%、10% 的水平上显著。

（三）机制检验

为检验假说 2 及更好地理解"伙伴外交"是如何影响中国出口的，表 4 报告了公式（2）的估计结果。在公式（2）中加入了交互项 $partner_{CHN,jt} \times RCA_{CHN,kt}$ 以检验"伙伴外交"对出口的促进作用是否主要体现在中国具有比较优势的产品和行业上。如果中国出口更多的自身具有比较优势产品，则说明中国与伙伴国家通过共同努力降低双边贸易成本进而加强了经贸往来。第（1）—（3）列分别使用 $\ln RCA\_hs6_{CHN,kt}$、$RSCA\_hs6_{CHN,kt}$ 和 $d\_RCA\_hs6_{CHN,kt}$ 作为 hs6 行业层面比较优势的代理变量，第（4）—（6）列分别使用 $\ln RCA\_hs2_{CHN,kt}$、$RSCA\_hs2_{CHN,kt}$ 和 $d\_RCA\_hs2_{CHN,kt}$ 作为 hs2 行业层面比较优势的代理变量。如表 4 所示，第（1）—（6）列中所有的交互项 $partner_{CHN,jt} \times RCA_{CHN,kt}$ 都在 1% 的水平上显著为正。同时，除第（3）列"伙伴外交"的估计系数为正但不显著外，所有的"伙伴外交"单独项 $partner_{CHN,jt}$ 也都在 1% 的水平上显著为正。回归结果表明，当比较优势越明显时"伙伴外交"对中国出口的促进作用越大，这意味着出口的增长主要集中在那些中国原本具有比较优势的产品和行业上。根据比较优势原则，"伙伴外交"引致的中国出口扩张是通过降低贸易成本和在高生产率产品和行业上进一步专业分工实现的。具体而言，伙伴国家之间可以通过签订双边贸易协定、构建自由贸易区、扩大当地货币使用、加强金融合作、增强地区通达性等具体措施降低双边贸易成本。

表4 机制检验：降低双边贸易成本

	（1）	（2）	（3）	（4）	（5）	（6）
	hs6	hs6	hs6	hs2	hs2	hs2
partner	0.068 2*** （4.80）	0.062 8*** （4.41）	0.009 7 （0.44）	0.065 4*** （4.64）	0.064 6*** （4.57）	0.040 8*** （2.63）
c.partner#c.lnRCA_hs6	0.057 4*** （4.48）					
c.partner#c.RSCA_hs6		0.147 6*** （4.01）				
c.partner#c.d_RCA_hs6			0.103 6*** （3.57）			
c.partner#c.lnRCA_hs2				0.035 2*** （3.55）		
c.partner#c.RSCA_hs2					0.079 6*** （3.50）	
c.partner#c.d_RCA_hs2						0.050 2*** （4.33）
ln GDP	1.073 0*** （6.05）	1.073 1*** （6.05）	1.073 4*** （6.06）	1.072 3*** （6.04）	1.072 3*** （6.04）	1.072 0*** （6.05）
ln population	−0.523 7*** （−2.61）	−0.521 7*** （−2.60）	−0.519 4** （−2.58）	−0.520 7** （−2.57）	−0.520 0** （−2.57）	−0.516 9** （−2.56）
CPI	−0.000 8* （−1.73）	−0.000 8* （−1.74）	−0.000 8* （−1.74）	−0.000 8* （−1.74）	−0.000 8* （−1.74）	−0.000 8* （−1.75）
openness	0.001 3 （1.05）	0.001 3 （1.06）	0.001 3 （1.06）	0.001 3 （1.04）	0.001 3 （1.05）	0.001 3 （1.05）
bop_percentage	−0.000 7 （−1.12）	−0.000 7 （−1.13）	−0.000 7 （−1.13）	−0.000 7 （−1.12）	−0.000 7 （−1.12）	−0.000 7 （−1.13）
urbanization	0.016 7** （2.00）	0.016 6** （1.99）	0.016 5** （1.98）	0.016 4* （1.97）	0.016 4* （1.97）	0.016 4* （1.97）
electricity	−0.003 1 （−0.99）	−0.003 1 （−0.99）	−0.003 1 （−0.99）	−0.003 1 （−0.99）	−0.003 1 （−0.99）	−0.003 1 （−0.99）

续　表

	（1）	（2）	（3）	（4）	（5）	（6）
	hs6	hs6	hs6	hs2	hs2	hs2
mobile_100	0.002 9***	0.002 9***	0.002 9***	0.002 8***	0.002 8***	0.002 8***
	（3.74）	（3.74）	（3.74）	（3.70）	（3.71）	（3.72）
国家固定效应	Yes	Yes	Yes	Yes	Yes	Yes
产品－年份固定效应	Yes	Yes	Yes	Yes	Yes	Yes
国家层面聚类	Yes	Yes	Yes	Yes	Yes	Yes
国家数	153	153	153	153	153	153
观测值数	6 135 664	6 135 664	6 135 664	6 135 664	6 135 664	6 135 664
R^2	0.544	0.544	0.544	0.543	0.543	0.543

注：括号中的为 t 统计量。***、**、* 分别代表在 1%、5%、10% 的水平上显著。标准误在国家层面聚类。

五、稳健性与内生性

（一）稳健性检验

表 5 报告稳健性检验的回归结果。在第（1）列中，将被解释变量 $EXP_{CHN,jkt}$ 由 hs6 产品层面加总到 hs2 行业层面。"伙伴外交"的估计系数为正，在 10% 的水平上显著。这说明，在将被解释变量中国出口加总到 hs2 行业层面后，"伙伴外交"对中国出口仍然存在显著正向影响。在第（2）列中，用出口量代替原来基准回归中的出口金额作为被解释变量中国出口 $EXP_{CHN,jkt}$ 的代理变量。"伙伴外交"的估计系数与表 3 第（5）列中的基准回归估计系数较为相近，且在 1% 的水平上显著。在第（3）列中，加入美国和日本的样本进行回归。"伙伴外交"的估计系数为 0.064 9，小于表 3 第（5）列中基准回归估计系数 0.070 3。这说明了，将美国和日本的样本包括进来会在一定程度上低估"伙伴外交"对中国出口的促进作用。考虑到"伙伴外交"是在已经建交的基础上进行的正式外交行为，只有在两国已经存在正式外交关系的前提下才有可能建立伙伴关系。

为保证正式外交关系在样本期内的存续性,在第(4)列和第(5)列中分别剔除了 1995—2018 年与中国新建立或恢复正式外交关系的国家。第(4)列报告的是剔除 1995—2018 年与中国新建立正式外交关系的国家样本后的回归结果。1995—2018 年与中国新建立正式外交关系的共计有 16 个国家,包括摩纳哥、波黑、巴哈马、库克群岛、南非、汤加、东帝汶、多米尼克、黑山、哥斯达黎加、纽埃、马拉维、南苏丹、巴拿马、多米尼加、萨尔瓦多。例如,中国与多米尼加共和国直至 2018 年 5 月才建立正式外交关系。第(5)列报告的是剔除 1995—2018 年与中国恢复正式外交关系的国家样本后的回归结果。1995—2018 年与中国恢复正式外交关系的共计有 12 个国家,包括尼日尔、中非、几内亚比绍、北马其顿、利比里亚、格林纳达、塞内加尔、乍得、冈比亚、圣多美和普林西比、布基纳法索、基里巴斯。例如,中国和布基纳法索于 1994 年因台湾问题中断正式外交关系,于 2018 年 5 月恢复正式外交关系。第(4)列和第(5)列中"伙伴外交"的估计系数均为正,且在 % 的水平上显著。考虑到潜在的异常值问题,在第(6)列中剔除被解释变量 $EXP_{CHN,jkt}$ 前 1% 和后 1% 的样本,在第(7)列中剔除被解释变量 $EXP_{CHN,jkt}$ 前 5% 和后 5% 的样本。第(6)列和第(7)列检验了处理异常值后回归结果的稳健性,"伙伴外交"对中国仍然存在显著的正向影响。第(8)列和第(9)列分时间段检验回归结果的稳健性。对于中国贸易而言,2001 年加入 WTO 是一个标志性的事件。2001 年加入 WTO 后,中国开始拥抱开放,逐步成为全球最大的贸易国,在全球贸易中发挥着越来越重要的作用。因此,将回归样本分为 2001 年之前和 2001 年及之后。第(8)列报告的是 1995—2000 年样本的回归结果。"伙伴外交"的估计系数为 –0.000 3,在经济学意义和统计学意义上均不显著。1995—2000 年,"伙伴外交"对中国出口不存在促进作用,主要出于以下 3 个原因。第一,加入 WTO 之前,中国出于相对封闭的状态,出口额相对较少。根据 BACI 全球贸易数据统计显示,1995—2000 年,中国出口额仅占 1995—2018 年中国出口总额的 3.02%。第二,2001 年以前,中国建立的伙伴关系较少,彼时仅与 9 个国家建立了伙伴关系。它们是巴西、巴基斯坦、俄罗斯、尼泊尔、法国、加拿大、韩国、英国、南非。第三,中国是在 2001 年之后才开始在全球拥有一定的政治和经济影响力。因此，在1995—2000年，"伙伴外交"对中国出口的作用并不具备代表性。第（9）列报告的是2001—2018年样本的回归结果。"伙伴外交"的估计系数为0.0539，为正且在1%的水平上显著。中国于2001年加入WTO后，破除行政壁垒，开始全面融入全球生产。这一时期，中国经济和贸易得到高速发展，并深刻改变着全球生产格局。这时在"伙伴外交"的框架下，中国与伙伴国家通过共同努力、致力于降低双边贸易成本，进而对双边贸易流起到了促进作用。因此，2001—2018年，"伙伴外交"能够显著促进中国出口。第（8）列和第（9）列的实证结果说明，只有在"开放"这一基本前提下，"伙伴外交"对贸易的作用才是有效的。综上所述，"伙伴外交"对中国出口的促进作用是稳健的。

（二）解决内生性问题

本文至少采取了两种策略减轻潜在的内生性问题。首先，为了得到"伙伴外交"的无偏估计，我们尽可能地控制所有能够同时影响中国出口和"伙伴外交"的因素。在考虑国家层面控制变量的同时，还控制了国家固定效应和产品-年份固定效应，以捕捉随时间变化和不随时间变化的国家特征、随时间变化和不随时间变化的产品特征、年份特征。其次，采用2SLS回归以减轻中国出口和"伙伴外交"之间存在的逆向因果关系可能带来的内生性问题。一方面，假设"伙伴外交"能够促使中国向其伙伴国出口；另一方面，密切的经贸往来使得贸易双方更倾向于保持友好的双边政治关系（Barbieri，1996；Polachek，1997；Barbieri & Levy，1999；Li et al.，2018）。本文在内生性问题方面最主要的担忧在于伙伴国的选择偏误问题，即中国更倾向于向那些与之存在大量经贸往来的国家建立伙伴关系。为此，采用2SLS回归。对于2SLS回归而言，最关键的步骤在于选择一个合适的工具变量，这个工具变量可以充分解释内生变量 $partner_{CHN,jt}$ 但与第二阶段回归的随机误差项并不相关。这个合适的工具变量同时需要满足排他性限制，即该工具变量不能直接影响被解释变量 $EXP_{CHN,jkt}$，仅能通过内生变量 $partner_{CHN,jt}$ 进而影响被解释变量 $EXP_{CHN,jkt}$。据此，本文使用"伙伴外交"的滞后期和联合国大会投票数据（United Nations General Assembly，

表 5 稳健性检验

	(1) hs2	(2) quantity	(3) include	(4) diplomacy1	(5) diplomacy2	(6) winsor1	(7) winsor2	(8) 1995—2000	(9) 2001—2018
partner	0.020 0* (1.72)	0.068 4*** (4.83)	0.064 9*** (4.64)	0.062 8*** (4.49)	0.066 3*** (4.68)	0.057 0*** (4.39)	0.042 1*** (3.78)	-0.000 3 (-0.01)	0.053 9*** (5.18)
ln GDP	1.143 6*** (12.96)	0.874 9*** (4.24)	1.037 7*** (6.00)	1.085 5*** (6.02)	1.040 0*** (5.84)	0.987 1*** (6.30)	0.854 8*** (6.64)	0.814 1*** (3.41)	1.038 0*** (6.18)
ln population	0.156 1 (1.24)	-0.247 5 (-1.16)	-0.525 7*** (-2.66)	-0.580 0*** (-2.83)	-0.453 8** (-2.19)	-0.409 4** (-2.26)	-0.282 2* (-1.88)	-1.062 9* (-1.89)	-0.427 3** (-2.19)
CPI	-0.001 1*** (-2.93)	-0.000 5 (-0.86)	-0.000 8* (-1.74)	-0.000 8* (-1.73)	-0.000 8* (-1.74)	-0.000 9* (-1.97)	-0.001 0** (-2.28)	-0.000 2** (-1.99)	-0.000 8 (-0.51)
openness	0.005 3*** (6.01)	0.001 7 (1.17)	0.001 1 (0.92)	0.000 4 (0.32)	0.001 5 (0.94)	0.001 2 (1.11)	0.001 3 (1.37)	0.010 2*** (2.94)	0.002 1* (1.91)
bop_percentage	-0.001 5** (-2.21)	-0.000 1 (-0.13)	-0.000 7 (-1.13)	-0.000 7 (-1.05)	-0.000 7 (-1.12)	-0.000 8 (-1.20)	-0.000 7 (-1.16)	0.001 6 (0.70)	0.000 1 (0.11)
urbanization	-0.000 3 (-0.06)	0.016 6* (1.93)	0.016 3** (2.11)	0.018 3* (1.95)	0.017 9** (2.11)	0.014 8* (1.97)	0.012 7** (2.01)	-0.002 7 (-0.19)	0.018 8** (2.17)
electricity	0.004 7** (2.52)	-0.000 4 (-0.13)	-0.003 5 (-1.13)	-0.003 1 (-0.93)	-0.002 7 (-0.84)	-0.001 0 (-0.35)	-0.000 3 (-0.11)	-0.007 3 (-1.28)	-0.001 4 (-0.46)
mobile_100	0.001 8*** (3.29)	0.002 2*** (2.82)	0.002 9*** (3.84)	0.003 3*** (4.28)	0.002 9*** (3.65)	0.003 0*** (4.22)	0.002 7*** (4.65)	0.001 7 (1.36)	0.002 7*** (3.89)

续 表

	（1）	（2）	（3）	（4）	（5）	（6）	（7）	（8）	（9）
	hs2	quantity	include	diplomacy1	diplomacy2	winsor1	winsor2	1995—2000	2001—2018
国家固定效应	Yes	Yes	Yes	Yes	Yes	Yes	Yes	Yes	Yes
产品-年份固定效应	No	No	No	No	No	No	No	No	No
年份固定效应	No	Yes	Yes	Yes	Yes	Yes	Yes	Yes	Yes
国家层面聚类	153	153	155	141	141	153	153	122	153
国家数	62 389	6 127 468	6 328 372	5 786 381	5 964 467	6 011 132	5 506 460	719 178	5 416 486
观测值数	0.448	0.545	0.557	0.544	0.544	0.518	0.450	0.444	0.550
R^2									

注：括号中的为 t 统计量。***、**、* 分别代表在 1%、5%、10% 的水平上显著。

UNGA）[①]作为工具变量进行 2SLS 回归。

分别将"伙伴关系"滞后 1 期、滞后 2 期、滞后 3 期得到变量 $partner_{CHN,jt\text{-}1}$、$partner_{CHN,jt\text{-}2}$、$partner_{CHN,jt\text{-}3}$。滞后期是当期"伙伴外交" $partner_{CHN,jt}$ 的合理工具变量。就相关性而言，由于时间惯性，滞后期的"伙伴外交"能够充分解释当期的"伙伴外交"。就外生性而言，滞后期的"伙伴外交"与中国出口之间不存在直接关系。这一工具变量同时满足排他性要求，滞后期的"伙伴外交"仅能通过当期的"伙伴外交"进而影响中国出口。表 6 第（1）—（3）列报告的是"伙伴外交"滞后 1 期、滞后 2 期、滞后 3 期的 2SLS 回归结果。"伙伴外交"的估计系数分别为 0.087 1、0.106 6、0.133 5，为正且均在 1% 的水平上显著。以上回归结果均通过了识别不足检验和弱工具变量检验。第（4）列报告以联合国投票数据作为工具变量进行 2SLS 回归的估计结果。对于内生变量"伙伴外交"而言，联合国大会投票数据是一个令人满意的工具变量。自1946 年成立起，联合国大会每年就国际重大事务进行多轮投票。投票行为能够反映各国在国际重大事务上的政治立场和政治态度（Signorino & Ritter, 1999；Voeten, 2012；Bailey et al., 2017）。因此，两个国家投票行为的相似性能够反映两国在政治立场和政治态度上的相似性，以及政治上是处于相对友好状态还是相对敌对状态。具体来说，选择联合国大会投票数据中的投票相似度指数 $agree_{CHN,jt}$ 作为我们的工具变量。投票相似度指标可以通过投票行为一致的次数除以投票总次数。对于该指数的分子而言，当投票行为一致时标记为1，不一致时标记为 0，弃权时标记为 0.5。就相关性而言，投票相似度指数 $agree_{CHN,jt}$ 越高，其与中国在重大国际问题上的政治倾向越相近，在国际社会上更有可能享有更多的利益汇合点，也就更有可能建立或升级伙伴关系。就外生性而言，联合国大会投票行为和中国出口没有直接关系。一方面，一个国家在联合国大会上的投票行为难以影响中国产品层面的出口。另一方面，投票相似度指数是一个关于国家间联合国大会投票的综合指数。联合国大会投票并非一次性投票而是一年多轮投票，并非是针对单一问题的投票而是涉及巴以冲

[①] 数据来源：https://dataverse.harvard.edu/dataset.xhtml?persistentId=hdl：1902.1/12379#。

突（占联合国大会投票议题的19%）、核武器使用（13%）、裁军（16%）、殖民（18%）、人权（17%）和发展（9%）。和经济事务相关的发展问题仅占联合国大会投票议题总数的9%。投票相似度指标同样满足排他性要求。联合国大会投票行为仅能通过影响"伙伴外交"进而影响中国出口。第（4）列报告的"伙伴外交"的估计系数为0.239 8，为正且在1%的水平上显著。同时通过了识别不足检验（Anderson LM statistic=1 740.281）和弱工具变量检验（Cragg-Donald Wald F statistic=1 740.724）。整体而言，第（1）—（4）列2SLS回归中内生变量"伙伴外交"的估计系数均大于表3第（5）列的基准设定。在处理了内生性问题后，"伙伴外交"对中国出口的促进作用依旧稳健。

表6　2SLS回归：以滞后期和联合国大会投票数据作为工具变量

	（1）	（2）	（3）	（4）
	l1_partner	l2_partner	l3_partner	agree
partner	0.087 1***	0.106 6***	0.133 5***	0.239 8***
	(66.62)	(62.26)	(56.18)	(3.94)
ln GDP	0.895 6***	0.894 0***	0.874 3***	0.858 5***
	(92.32)	(90.65)	(86.64)	(62.80)
ln population	−0.455 3***	−0.440 7***	−0.414 6***	−0.297 1***
	(−33.19)	(−31.61)	(−29.20)	(−5.07)
CPI	−0.000 4***	−0.000 3***	−0.000 8***	−0.000 4***
	(−6.84)	(−5.33)	(−6.33)	(−1.23)
openness	−0.000 7***	−0.000 5***	−0.000 3***	0.000 1
	(−6.83)	(−5.25)	(−3.16)	(0.28)
bop_percentage	−0.000 4***	−0.000 4***	−0.000 3***	0.000 3***
	(−5.65)	(−5.03)	(−4.44)	(−2.99)
urbanization	0.017 8***	0.016 9***	0.015 4***	0.009 7***
	(31.48)	(29.07)	(25.82)	(3.15)
electricity	−0.001 8***	−0.002 0***	−0.002 0***	−0.002 1***
	(−8.97)	(−9.39)	(−9.55)	(−7.48)
mobile_100	0.002 8***	0.002 7***	0.002 7***	0.002 4***
	(51.11)	(49.73)	(49.17)	(17.45)
国家固定效应	Yes	Yes	Yes	Yes

续 表

	（1）	（2）	（3）	（4）
	l1_partner	l2_partner	l3_partner	agree
年份固定效应	Yes	Yes	Yes	Yes
国家数	153	153	153	153
观测值数	6 069 545	5 993 277	5 906 755	6 122 171
R^2	0.004	0.004	0.003	−0.000

注：括号中的为 t 统计量。***、**、* 分别代表在 1%、5%、10% 的水平上显著。标准误在国家层面聚类。

六、异质性分析

（一）发达国家 vs. 发展中国家

发达国家和发展中国家在经济社会发展水平上存在较大差异，有必要对"伙伴外交"对中国出口的促进作用在发达国家和发展中国家的异质性影响进行检验。由于薄弱的基础设施水平、不完善的制度体系、较低的经济发展水平，发展中国家在融入全球生产的过程中似乎更加受困于贸易壁垒的阻碍。有理由相信"伙伴外交"对中国出口的促进作用在发展中国家发挥着更为重要的作用。表 7 第（1）列和第（2）列以人类发展指数（Human Development Index，HDI）[①]为标准划分发达国家和发展中国家。HDI 是由联合国发展项目编制的主要从知识渊博、生活体面、健康长寿 3 个方面衡量有利于个人发展的国家潜力指标。当 HDI>0.8 时，该国对于个人发展具有较高潜力，被定义为发达国家；其余国家被定义发展中国家。在第（2）列中，发展中国家"伙伴外交"的估计系数较大，为 0.093 0，且在 1% 的水平上显著。在第（1）列中，发达国家"伙伴外交"的估计系数为 0.038 1，小于发展中国家，且仅在 5% 的水平上显著。第（3）列和第（4）列以是否为经济合作与发展组织（Organization for Economic Co-operation and Development，OECD）成员国为标准划分发达国家和发展中国家。若为 OECD 成员国则被定义为发达国家，若不 OECD 成员国则

[①] 数据来源：https://hdr.undp.org/data-center/human-development-index#/indicies/HDI%20。

被定义为发展中国家。得到的回归结果与第（1）列和第（2）列类似。由此可知，"伙伴外交"对中国出口的促进作用更多地体现在发展中国家。

表7 异质性分析：发达国家 vs. 发展中国家

	（1）发达国家	（2）发展中国家	（3）发达国家	（4）发展中国家
partner	0.038 1** (2.22)	0.093 0*** (5.06)	0.031 5** (2.29)	0.081 9*** (5.00)
ln GDP	1.038 5*** (3.33)	1.041 9*** (4.36)	0.991 2*** (3.71)	1.111 9*** (5.29)
ln population	−0.586 9* (−1.69)	−0.606 0* (−1.82)	0.863 7 (1.52)	−0.584 9** (−2.56)
CPI	−0.003 9*** (−2.81)	−0.000 4 (−1.22)	−0.010 6 (−1.44)	−0.000 6 (−1.49)
openness	−0.003 0 (−0.68)	0.001 8 (1.34)	0.002 0 (0.54)	0.001 5 (1.18)
bop_percentage	−0.001 4** (−2.43)	0.004 5 (1.51)	0.000 7 (0.65)	−0.000 8 (−1.14)
urbanization	0.007 5 (0.50)	0.022 2* (1.97)	−0.004 9 (−0.38)	0.023 6** (2.19)
electricity	0.025 4 (0.53)	−0.002 2 (−0.67)	0.147 0* (2.03)	−0.001 4 (−0.43)
mobile_100	0.003 7** (2.29)	0.001 6 (1.59)	0.001 3 (1.06)	0.003 3*** (3.54)
国家固定效应	Yes	Yes	Yes	Yes
产品–年份固定效应	Yes	Yes	Yes	Yes
国家层面聚类	Yes	Yes	Yes	Yes
国家数	41	112	30	123
观测值数	2 433 362	3 695 259	1 887 603	4 241 028
R^2	0.644	0.538	0.678	0.536

注：括号中的为 t 统计量。***、**、* 分别代表在1%、5%、10%的水平上显著。标准误在国家层面聚类。

（二）分不同大洲

根据外交部官方网站上的标准[①]，将样本[②]按五大洲进行分类，包括40个亚洲国家、35个欧洲国家、47个非洲国家、22个美洲国家和9个大洋洲国家。在这153个样本国家中，其中91个已经与中国建立了伙伴关系，其中包括30个亚洲国家、21个欧洲国家、22个非洲国家、10个美洲国家和8个大洋洲国家。由此可见，中国构建全球伙伴关系网络的重点主要在亚洲、欧洲和非洲。根据BACI全球贸易数据统计，1995—2018年，中国对亚洲、非洲、欧洲、美洲和大洋洲的出口占比分别为36.43%、40.05%、5.75%、13.69%和4.07%。由此可见，亚洲和欧洲是中国出口的主要目的地，二者出口占比达76.48%。综上所述，无论是中国的"伙伴外交"还是出口在大洲间的分布都是不平衡的，因此有必要分大洲对"伙伴外交"的出口促进作用进行异质性分析。如表8所示，"伙伴外交"的估计系数仅在大洋洲为负但不显著。亚洲、欧洲、非洲、美洲的"伙伴外交"的估计系数均显著，但显著水平不同。非洲在1%水平上显著，欧洲和美洲在5%水平上显著，亚洲在10%水平上显著。同时，亚洲、欧洲、非洲、美洲的"伙伴外交"的估计系数分别为0.042 6、0.045 1、0.114 7和0.117 0。非洲和美洲"伙伴关系"的估计系数最大。平均意义上而言，伙伴关系每上升一个层级，中国对非洲国家的出口增加11.47%、对美洲国家的出口增加11.70%。"伙伴外交"对出口的促进作用主要体现在与中国地理距离较远的非洲和美洲。

表8 异质性分析：不同大洲

	（1）亚洲	（2）欧洲	（3）非洲	（4）美洲	（5）大洋洲
partner	0.042 6* (1.78)	0.045 1** (2.22)	0.114 7*** (5.52)	0.117 0** (2.41)	−0.022 0 (−0.78)
lngdp	0.661 7** (2.04)	1.056 0*** (3.36)	1.129 6*** (7.45)	0.870 0* (1.76)	2.127 4*** (7.48)

[①] 信息来源：https://www.mfa.gov.cn/web/gjhdq_676201/gj_676203/yz_676205/。
[②] 不包括美国和日本。

续 表

	（1）亚洲	（2）欧洲	（3）非洲	（4）美洲	（5）大洋洲
lnpopulation	−0.873 2*** （−3.28）	−1.128 6 （−1.25）	−0.498 2 （−0.83）	2.490 9* （1.80）	1.149 9 （1.22）
cpi	0.001 2 （0.36）	−0.000 8** （−2.23）	−0.001 1 （−1.28）	−0.005 6* （−2.07）	−0.000 1 （−0.02）
openness	0.003 7 （1.10）	−0.002 3 （−0.42）	0.001 2* （1.86）	0.006 5 （1.19）	0.002 9 （0.89）
bop_percentage	0.005 6 （1.16）	−0.001 2** （−2.52）	0.000 2 （0.11）	0.008 2 （0.99）	−0.010 2** （−2.77）
urbanization	0.027 2* （1.79）	−0.006 3 （−0.40）	0.009 6 （0.67）	0.032 0 （1.45）	0.043 1 （1.67）
electricity	−0.002 4 （−0.51）	−0.028 3 （−1.57）	0.003 5 （0.61）	−0.011 6 （−0.92）	−0.015 6*** （−4.93）
mobile_100	0.001 9 （1.61）	0.004 4* （1.94）	0.002 6 （1.43）	−0.001 7 （−1.06）	0.001 1 （0.79）
国家固定效应	Yes	Yes	Yes	Yes	Yes
产品−年份固定效应	Yes	Yes	Yes	Yes	Yes
国家层面聚类	Yes	Yes	Yes	Yes	Yes
国家数	40	35	47	22	9
观测值数	1 794 873	1 876 055	1 301 443	885 358	225 360
R^2	0.561	0.662	0.548	0.643	0.777

注：括号中的为 t 统计量。***、**、* 分别代表在 1%、5%、10% 的水平上显著。标准误在国家层面聚类。

（三）行业异质性

双边政治关系对出口的影响存在行业异质性（Fuchs & Klann，2013；Lin et al.，2017；Lin et al.，2019）。正如假说 2 提出，"伙伴外交"对出口的促进作用主要体现在中国具有比较优势的产品和行业上。根据 hs2 行业标准，将样本分为 21 个组别①进行回归。如表 9 所示，1995—2018 年，中国出口主要集中在

---

① BACI 全球贸易数据中没有关于第 22 个行业"文物制品及其他特殊商品"的出口记录。

以下行业：机械和电子设备（占1995—2018年，中国总出口的43.17%）、纺织品及其制品（12.11%）、贱金属及其制品（9.05%）、化工或相关工业的产品（6.53%）和运输设备（5.55%）。除"贵金属及其制品"外，"伙伴外交"对几乎所有行业的出口都存在显著的促进作用。"贵金属及其制品"的估计系数为−0.009 5，但不显著。"伙伴外交"对出口的促进作用主要体现在以下行业：鞋靴、伞、头盔等轻工业产品（$\beta=0.095\,7$）、纺织品及其制品（$\beta=0.089\,0$）、武器、弹药及其零件（$\beta=0.085\,6$）、塑料、橡胶及其制品（$\beta=0.081\,3$）、石材、陶瓷和玻璃制品（$\beta=0.080\,1$）和机械和电子设备（$\beta=0.071\,5$）。同时，这6个行业加总的出口额在1995—2018年间占中国总出口金额的63.99%。"伙伴外交"估计系数最大的行业为鞋靴、伞、头盔等轻工业产品，估计系数为0.095 7。也就是说，伙伴关系每上升一个层级，鞋靴、伞、头盔等轻工业产品的出口平均增加9.57%。对于另外两个最为重要的行业，1995—2018年，对于占中国出口总额43.17%的机械和电子设备以及占中国出口总额12.11%的纺织品及其制品而言，"伙伴关系"的估计系数分别为0.071 5和0.089 0。"伙伴外交"对机械和电子设备以及纺织品及其制品两个行业出口的促进作用相对比较明显。平均意义上而言，伙伴关系每上升一个层级，机械和电子设备以及纺织品及其制品的出口额分别增加7.15%和8.90%。行业异质性分析的实证结果在一定程度上支持了假说2，"伙伴外交"对出口的促进作用主要体现在中国具有比较优势的行业上，例如机械与电子设备以及纺织品及其制品。这在一定程度上佐证了，"伙伴外交"对中国出口的促进作用符合比较优势原则、遵循市场规律，是通过降低贸易成本进而促进出口增长的。

表9 异质性分析：不同行业

HS2	Industry	HS6	share	beta	se	t	p
1	动物产品	01—05	0.64%	0.044 4**	0.021 6	2.06	0.041
2	植物产品	06—14	1.14%	0.058 8***	0.015 5	3.80	0.000
3	动植物油脂及其制品	15	0.04%	0.062 4***	0.021 8	2.87	0.005
4	食品、饮料、烟草	16—24	0.93%	0.047 0***	0.014 9	3.15	0.002
5	矿产品	25—27	1.72%	0.056 8***	0.015 0	3.78	0.000

续 表

HS2	Industry	HS6	share	beta	se	t	p
6	化工或相关工业的产品	28—38	5.55%	0.062 2***	0.014 8	4.21	0.000
7	塑料、橡胶及其制品	39—40	3.82%	0.081 3***	0.017 1	4.75	0.000
8	生皮、皮革、毛皮及其制品	41—43	1.54%	0.042 3**	0.019 7	2.14	0.034
9	木材及其制品	44—46	0.70%	0.058 0***	0.017 0	3.42	0.001
10	纤维素浆、纸张及其制品	47—49	0.95%	0.058 6***	0.014 4	4.06	0.000
11	纺织品及其制品	50—63	12.11%	0.089 0***	0.017 4	5.12	0.000
12	鞋靴、伞、头盔等轻工业产品	64—67	2.87%	0.095 7***	0.018 9	5.08	0.000
13	石材、陶瓷和玻璃制品	68—70	2.00%	0.080 1***	0.016 1	4.98	0.000
14	贵金属及其制品	71	0.42%	−0.009 5	0.017 6	−0.54	0.591
15	贱金属及其制品	72—83	9.05%	0.066 7***	0.016 5	4.03	0.000
16	机械和电子设备	84—85	43.17%	0.071 5***	0.016 9	4.22	0.000
17	运输设备	86—89	3.89%	0.069 5***	0.017 3	4.03	0.000
18	光学、测量、手表及其零件	90—92	2.90%	0.056 0***	0.016 5	3.39	0.001
19	武器、弹药及其零件	93	0.02%	0.085 6**	0.037 8	2.26	0.025
20	杂项制品	94—96	6.53%	0.053 3***	0.017 5	3.05	0.003
21	艺术品、收藏品及古董	97	0.02%	0.068 1**	0.027 0	2.52	0.013
22	文物制品及其他特殊商品	98	—	—	—	—	—

注：括号中的为 t 统计量。***、**、* 分别代表在 1%、5%、10%的水平上显著。标准误在国家层面聚类。share 表示 1995—2018 年间各行业出口在中国总出口额中的占比。

七、结论

积极的外交策略是中国贸易快速增长的原因之一。新时期，在平等互利的基础上，中国积极构建全球伙伴关系网络，维持与各国长期稳定的友好双边政治关系。本文检验了"伙伴外交"对中国出口的影响。根据外交部官方网站信息，本文构建了"中国伙伴关系数据库"。基于该数据库，实际论证了"伙伴外交"能够促进中国出口。伙伴关系每上升一个层级，中国出口平均增加 7.03%。在使用滞后期和联合国大会投票数据作为工具变量解决内生性问题后,"伙伴外交"对中国出口的促进作用依旧稳健。同时,还采取了多种策略检验这一实证结果的稳健性:将出口数据加总到hs2行业层面、用出口量替代出口金额、在样本中加入美国和日本、剔除1995—2018年间与中国新建交或恢复正式外交的国家样本、剔除样本异常值、将样本分为1995—2000年和2001—2018年两个时间段等。异质性分析表明,"伙伴外交"对中国出口的促进作用主要体现在发展中国家和非洲及美洲国家。更重要的是,机制检验显示,"伙伴外交"对出口的促进作用主要体现在中国具有比较优势的产品和行业上。根据比较优势原则,这说明"伙伴外交"对中国出口的促进作用是通过降低双边贸易成本实现的。行业异质性分析中,"伙伴外交"对重要行业机械与电子设备(占1995—2018年间中国出口总额的43.17%)以及纺织品及其制品(12.11%)的出口促进作用较大,也佐证了"降低双边贸易成本"这一影响渠道。在新时期,"伙伴外交"由经济利益驱动,而非政治意识形态驱动,在中国对外贸易中发挥着积极作用。

  本文具有以下政策启示。第一,应当继续坚持"伙伴外交",积极构建全球伙伴关系网络。实证发现"伙伴外交"能够有效加强国家间的贸易联系,给伙伴国家各方带来实质经济利益。随着当下贸易摩擦和意识形态冲突的日益增加以及中国逐渐成为国际经济政治秩序中的新势力,"伙伴外交"将在弥合政治意识形态差异、加强政府间沟通与协调等方面发挥更加积极的作用。第二,坚持以经济手段而非行政手段发挥"伙伴外交"在促进经贸往来方面的积极作用。实证论证了"伙伴外交"对中国出口的促进作用是通过降低双边贸易成本、扩大开放实现的。在"伙伴外交"的框架下,应当继续坚持通过签订双边贸易协定、构建自由贸易区、鼓励使用当地货币、加强金融合作、加强区域间通达性等具体措施和经济合作,降低双边贸易成本、加强经贸往来。

参考文献

[1] Wei, Shang-Jin, ed. China's growing role in world trade. University of Chicago Press, 2010. https://doi.org/10.7208/9780226239729

[2] Chen, Shuai, et al. "WTO accession, trade expansion, and air pollution: Evidence from China's county - level panel data." Review of International Economics 28.4（2020）: 1020-1045. https://doi.org/10.1111/roie.12480

[3] Amiti, Mary, et al. "How did China's WTO entry affect US prices?." Journal of International Economics 126（2020）: 103339. https://doi.org/10.1016/j.jinteco.2020.103339

[4] Feng, Ling, Zhiyuan Li, and Deborah L. Swenson. "Trade policy uncertainty and exports: Evidence from China's WTO accession." Journal of International Economics 106（2017）: 20-36. https://doi.org/10.1016/j.jinteco.2016.12.009

[5] Crowley, Meredith, Ning Meng, and Huasheng Song. "Tariff scares: Trade policy uncertainty and foreign market entry by Chinese firms." Journal of International Economics 114（2018）: 96-115. https://doi.org/10.1016/j.jinteco.2018.05.003

[6] Tian, Wei, et al. "China's Free Trade Ports: Effective Action Against the Threat of De - globalization." China & World Economy 26.4（2018）: 62-81. https://doi.org/10.1111/cwe.12249

[7] Li, Hongbin, Hong Ma, and Yuan Xu. "How do exchange rate movements affect Chinese exports?—A firm-level investigation." Journal of International Economics 97.1（2015）: 148-161. https://doi.org/10.1016/j.jinteco.2015.04.006

[8] Fatum, Rasmus, et al. "Beggar thy neighbor or beggar thy domestic firms? Evidence from 2000 to 2011 Chinese customs data." Journal of International Economics 115（2018）: 16-29. https://doi.org/10.1016/j.jinteco.2018.07.007

[9] Feenstra, Robert C., Zhiyuan Li, and Miaojie Yu. "Exports and credit constraints under incomplete information: Theory and evidence from China." Review of Economics and Statistics 96.4（2014）: 729-744. https://doi.org/10.1162/REST_a_00405

[10] Manova, Kalina, Shang-Jin Wei, and Zhiwei Zhang. "Firm exports and multinational activity under credit constraints." Review of Economics and Statistics 97.3（2015）: 574-588. https://doi.org/10.1162/REST_a_00480

[11] Feenstra, Robert C., et al. "Contractual versus non-contractual trade: The role of institutions in China." Journal of Economic Behavior & Organization 94（2013）: 281-294. https://doi.

org/10.1016/j.jebo.2013.08.009

[12] Fan, Jingting, Yi Lu, and Wenlan Luo. "Valuing domestic transport infrastructure: a view from the route choice of exporters." The Review of Economics and Statistics (2021): 1–46. https://doi.org/10.1162/rest_a_01084

[13] Gan, Li, Manuel A. Hernandez, and Shuang Ma. "The higher costs of doing business in China: Minimum wages and firms' export behavior." Journal of International Economics 100 (2016): 81–94. https://doi.org/10.1016/j.jinteco.2016.02.007

[14] Fisman, Raymond, Yasushi Hamao, and Yongxiang Wang. "Nationalism and economic exchange: Evidence from shocks to sino-japanese relations." The Review of Financial Studies 27.9 (2014): 2626–2660. https://doi.org/10.1093/rfs/hhu017

[15] Che, Yi, et al. "Once an enemy, forever an enemy? The long-run impact of the Japanese invasion of China from 1937 to 1945 on trade and investment." Journal of International Economics 96.1 (2015): 182–198. https://doi.org/10.1016/j.jinteco.2015.01.001

[16] Fuchs, Andreas, and Nils-Hendrik Klann. "Paying a visit: The Dalai Lama effect on international trade." Journal of International Economics 91.1 (2013): 164–177. https://doi.org/10.1016/j.jinteco.2013.04.007

[17] Lin, Faqin, Cui Hu, and Andreas Fuchs. "How do firms respond to political tensions? The heterogeneity of the Dalai Lama effect on trade." China Economic Review 54 (2019): 73–93. https://doi.org/10.1016/j.chieco.2018.10.009

[18] Acemoglu, Daron, and Pierre Yared. "Political limits to globalization." American Economic Review 100.2 (2010): 83–88. https://doi.org/10.1257/aer.100.2.83

[19] Benguria, Felipe, et al. "Anxiety or pain? The impact of tariffs and uncertainty on Chinese firms in the trade war." Journal of International Economics 137 (2022): 103608. https://doi.org/10.1016/j.jinteco.2022.103608

[20] Itakura, Ken. "Evaluating the impact of the US–China trade war." Asian Economic Policy Review 15.1 (2020): 77–93. https://doi.org/10.1111/aepr.12286

[21] Davis, Christina L., and Sophie Meunier. "Business as usual? Economic responses to political tensions." American Journal of Political Science 55.3 (2011): 628–646. https://doi.org/10.1111/j.1540-5907.2010.00507.x

[22] Ashenfelter, Orley, Stephen Ciccarella, and Howard J. Shatz. "French wine and the US boycott of 2003: Does politics really affect commerce?." Journal of Wine Economics 2.1 (2007): 55–74. https://doi.org/10.1017/S1931436100000298

[23] Blomberg, S. Brock, and Gregory D. Hess. "How much does violence tax trade?." The

Review of Economics and Statistics 88.4（2006）：599-612. https://doi.org/10.1162/rest.88.4.599

[24] Berger, Daniel, et al. "Commercial imperialism? Political influence and trade during the Cold War." American Economic Review 103.2（2013）：863-96. https://doi.org/10.1257/aer.103.2.863

[25] Crozet, Matthieu, and Julian Hinz. "Friendly fire: The trade impact of the Russia sanctions and counter-sanctions." Economic Policy 35.101（2020）：97-146. https://doi.org/10.1093/epolic/eiaa006

[26] Glick, Reuven, and Alan M. Taylor. "Collateral damage: Trade disruption and the economic impact of war." The Review of Economics and Statistics 92.1（2010）：102-127. https://doi.org/10.1162/rest.2009.12023

[27] Qureshi, Mahvash Saeed. "Trade and thy neighbor's war." Journal of Development Economics 105（2013）：178-195. https://doi.org/10.1016/j.jdeveco.2013.07.009

[28] Heilmann, Kilian. "Does political conflict hurt trade? Evidence from consumer boycotts." Journal of International Economics 99（2016）：179-191. https://doi.org/10.1016/j.jinteco.2015.11.008

[29] Michaels, Guy, and Xiaojia Zhi. "Freedom fries." American Economic Journal: Applied Economics 2.3（2010）：256-81. https://doi.org/10.1257/app.2.3.256

[30] Pandya, Sonal S., and Rajkumar Venkatesan. "French roast: consumer response to international conflict—evidence from supermarket scanner data." Review of Economics and Statistics 98.1（2016）：42-56. https://doi.org/10.1162/REST_a_00526

[31] Du, Yingxin, et al. "Bilateral trade and shocks in political relations: Evidence from China and some of its major trading partners, 1990-2013." Journal of International Economics 108（2017）：211-225. https://doi.org/10.1016/j.jinteco.2017.07.002

[32] Davis, Christina L., Andreas Fuchs, and Kristina Johnson. "State control and the effects of foreign relations on bilateral trade." Journal of Conflict Resolution 63.2（2019）：405-438. https://doi.org/10.1177/0022002717739087

[33] Gupta, Nandini, and Xiaoyun Yu. "Does money follow the flag?." Available at SSRN 1316364（2007）. http://dx.doi.org/10.2139/ssrn.1316364

[34] Lin, Faqin, Wenshou Yan, and Xiaosong Wang. "The impact of Africa - China's diplomatic visits on bilateral trade." Scottish journal of political economy 64.3（2017）：310-326. https://doi.org/10.1111/sjpe.12128

[35] Nitsch, Volker. "State visits and international trade." World Economy 30.12（2007）：1797-1816. https://doi.org/10.1111/j.1467-9701.2007.01062.x

[36] Rose, Andrew K. "The foreign service and foreign trade: embassies as export promotion." World Economy 30.1 (2007): 22–38. https://doi.org/10.1111/j.1467-9701.2007.00870.x

[37] Head, Keith, and John Ries. "Do trade missions increase trade?." Canadian Journal of Economics 43.3 (2010): 754–775. https://doi.org/10.1111/j.1540-5982.2010.01593.x

[38] Sun, Churen, and Yaying Liu. "Can China's diplomatic partnership strategy benefit outward foreign direct investment?." China & World Economy 27.5 (2019): 108–134. https://doi.org/10.1111/cwe.12289

[39] Strüver, Georg. "China's partnership diplomacy: International alignment based on interests or ideology." The Chinese Journal of International Politics 10.1 (2017): 31–65. https://doi.org/10.1093/cjip/pow015

[40] Pollins, Brian M. "Does trade still follow the flag?." American Political Science Review 83.2 (1989): 465–480. https://doi.org/10.2307/1962400

[41] Li, Quan, and David H. Sacko. "The (ir) relevance of militarized interstate disputes for international trade." International Studies Quarterly 46.1 (2002): 11–43.

[42] Martin, Philippe, Thierry Mayer, and Mathias Thoenig. "Civil wars and international trade." Journal of the European Economic Association 6.2-3 (2008): 541–550. https://doi.org/10.1162/JEEA.2008.6.2-3.541

[43] Martin, Philippe, Thierry Mayer, and Mathias Thoenig. "Make trade not war?." The Review of Economic Studies 75.3 (2008): 865–900. https://doi.org/10.1111/j.1467-937X.2008.00492.x

[44] Melitz, Marc J. "The impact of trade on intra - industry reallocations and aggregate industry productivity." econometrica 71.6 (2003): 1695–1725. https://doi.org/10.1111/1468-0262.00467

[45] Anderson, James E., and Eric Van Wincoop. "Gravity with gravitas: A solution to the border puzzle." American economic review 93.1 (2003): 170–192. https://doi.org/10.1257/000282803321455214

[46] Balassa, Bela. "Trade liberalisation and "revealed" comparative advantage 1." The manchester school 33.2 (1965): 99–123. https://doi.org/10.1111/j.1467-9957.1965.tb00050.x

[47] Barbieri, Katherine. "Economic interdependence: A path to peace or a source of interstate conflict?." Journal of Peace Research 33.1 (1996): 29–49. https://doi.org/10.1177/0022343396033001003

[48] Polachek, Solomon W. "Why democracies cooperate more and fight less: the relationship between international trade and cooperation." Review of International Economics 5.3 (1997): 295–309. https://doi.org/10.1111/1467-9396.00058

[49] Barbieri, Katherine, and Jack S. Levy. "Sleeping with the enemy: The impact of war on trade." Journal of peace research 36.4(1999): 463–479. https://doi.org/10.1177/0022343399036004005

[50] Li, Yuhua, Ze Jian, and Faqin Lin. "Trade asymmetry and political conflicts: geographic distance and political regime matter." Available at SSRN 3115896(2018). http://dx.doi.org/10.2139/ssrn.3115896

[51] Signorino, Curtis S., and Jeffrey M. Ritter. "Tau-b or not tau-b: Measuring the similarity of foreign policy positions." International Studies Quarterly 43.1(1999): 115–144. https://doi.org/10.1111/0020-8833.00113

[52] Voeten, Erik. "Data and analyses of voting in the UN General Assembly." Available at SSRN 2111149(2012). http://dx.doi.org/10.2139/ssrn.2111149

[53] Bailey, Michael A., Anton Strezhnev, and Erik Voeten. "Estimating dynamic state preferences from United Nations voting data." Journal of Conflict Resolution 61.2(2017): 430–456. https://doi.org/10.1177/0022002715595700

WTO《贸易便利化协定》在我国实施的现状、问题与对策

——基于企业感受的调研

宋海川　顾凡　贾越[*]

摘要：2020年1月，中方向WTO通报中国已全部实施《贸易便利化协定》（TFA）各项措施。为分析《贸易便利化协定》实际实施过程中的问题，寻找解决对策，本文对271家企业进行问卷调研，从企业感受出发，探究新冠疫情对WTO《贸易便利化协定》实施的影响。调查发现，我国海关仍有少部分信息获取便捷度不足；在关检融合、海关事务担保等问题上企业仍面临较大压力；电子支付和线上申报有待进一步拓展和深化。

关键词：海关管理；贸易便利化协定；口岸营商环境；企业调研

一、引言

于2017年正式生效的世界贸易组织《贸易便利化协定》从透明度、通关手续、通关时间和电子化程度四个方面规定了各国政府在口岸营商环境和贸易便利化方面应达到的各项标准，我国在2020年1月份通报中国已全部实施TFA所有条款。研究从协定的受众对象企业出发，通过问卷调研271家外贸企业对《贸易便利化协定》实施的情况，探究协定在我国实施的问题并提出对策。

---

[*] 作者简介：宋海川　上海海关学院本科生；顾凡　上海海关学院本科生；贾越　上海海关学院本科生。

二、我国WTO《贸易便利化协定》的实施现状

（一）我国《贸易便利化协定》履行情况

协定实施以来，政府改善信息公开工作，继续加大信息公开的范围和力度，海关总署的门户网站在保持内容组织结构和信息公开渠道稳定性的同时，优化信息公开的细节工作，提升信息更新的准确性、及时性；扩大信息公开的覆盖范围，将某些关乎企业切身利益的政策调整信息从内部通知转变为公开发布。

我国进出口通关时间不断压缩。2021年6月，中国海关进出口整体通关时间分别为36.7小时和1.8小时，分别较2017年压缩62.3%和85.2%。此外，我国海关通关信息化水平提高。中国海关全面实施自动化通关系统，舱单以及进出口货物报关单证均可以电子方式提交，提升进出口环节无纸化水平和联网程度。在智能审图、远程监管、网上办理业务、单证电子化签发和自助打印、中国国际贸易单一窗口标准版完善与推广等方面都有具体的实效举措推出，为受到疫情影响的企业业务开展提供了切实的便利。

（二）有关贸易便利化的改革和行动的开展

自我国签署《贸易便利化协定》以来，我国政府积极优化口岸营商环境，促进贸易便利化。2019年，我国海关全面推进"全国通关一体化"改革，压缩进出口通关时间；2020年和2021年，分别启动了两次促进跨境贸易便利化专项行动，取得了突出成效。

1. 优化通关全链条全流程

海关总署以推进海关业务一体化改革，进一步优化进出口货物通关模式。提高出口便利化水平，优化出口环节服务。支持海外仓建设，完善跨境电商出口退货政策。通过探索推进京津冀等重点区域跨境贸易货物物流运输一体化。完善粤港澳大湾区"组合港"等改革措施，实现外贸货物在支线港口完成通关等手续。海关总署、交通运输部及相关地区人民政府共同助力全国区域物流的一体化监管。

2. 降低进出口环节费用，优化收费服务模式

《贸易便利化协定》实施以来，我国政府部门进一步规范口岸收费，发展改革委和海关总署等部门共同负责修订《港口收费计费办法》，进一步降低航运物流成本。我国政府鼓励市场经营主体公平竞争，对属于政府职责且适合通过市场化方式提供的服务项目，推进政府购买服务，同时，进一步营造良好的进出口贸易环境。

（三）中国贸易便利化的国际表现

最早于20世纪50年代提出的贸易便利化对贸易的促进作用在国际上已经得到了普遍的认可，各个国际组织对贸易便利化作出了各自的内涵界定与评价标准。虽然各方对于贸易便利化没有一个统一的定义，但其基本精神却在很多方面基本一致，即通过过境程序和手续的简化、法律法规的协调与基础设施的标准化，为货物的跨境流动创造可预期、协调、透明的贸易环境，提升口岸的便利化水平。

表1 各国际组织对于贸易便利化的内涵界定

组织机构	内涵界定
世界贸易组织	对国际贸易货物流动过程中所涉及的行为、惯例及手续进行简化与协调
世界海关组织	海关程序的简化及标准化，同时将平衡贸易便利化和贸易安全二者的关系
世界银行	减少与货物运输、国际供应链服务相关的费用
经合组织	货物跨境移动以及买卖双方交易所需要的信息流以及相关流程的简化与规范
亚太经合组织	使用新的技术和其他措施，简化和理顺阻碍、延迟跨境货物流动的程序和行政障碍，降低货物流通成本

OECD指出，尽管面临着新冠疫情带来的挑战，中国自2019年以来在贸易便利化领域的进步已经超过其在2017年至2019年两年间的进步，在贸易界的参与、预裁决、上诉程序、边境流程的自动化、程序的简化、公正性等领域绩效改善，其他领域保持稳定。同时，OECD提出了扩大文件副本的接受程度、提升有关信息技术基础设施质量，以及持续提升清关手续效率三项改进建议。

OECD通过TFI（Trade Facilitation Index）对160多个经济体的贸易便利化

政策环境进行了结构化概述，构建了与 WTO《贸易便利化协定》密切相关的指标，11 个具体的指标共包括 155 项具体措施。OECD 官方数据库显示，相比于 OECD 国家，我国在边境机构合作、海关手续和自动化等方面存在明显的欠缺。因此，基于外贸企业需求调研我国贸易便利化现状具有十分重要的现实意义。

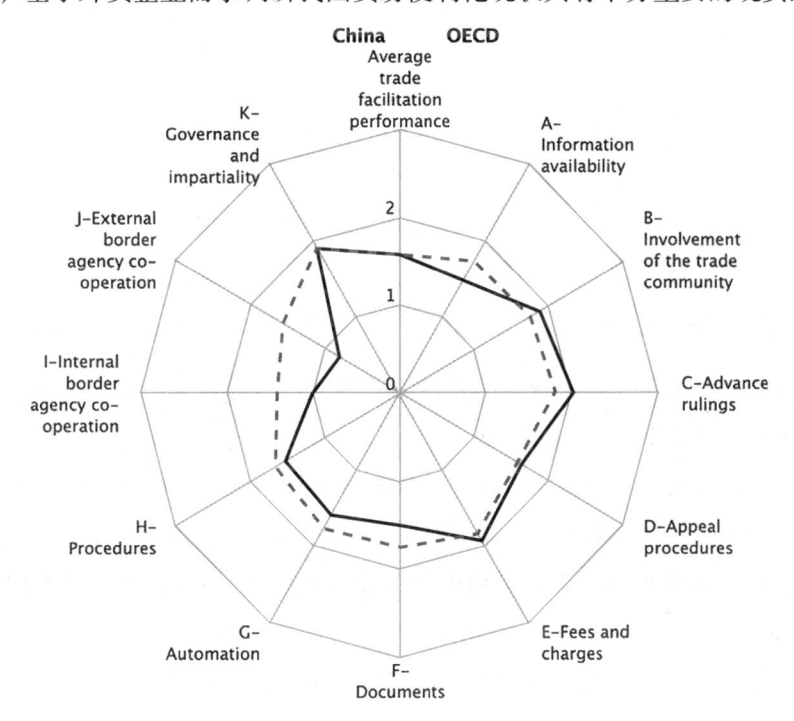

图 1 中国与经合组织国家贸易便利化指数对比

三、《贸易便利化协定》实施的现存问题

（一）透明度部分

在对海关透明度部分的调研中，问卷设计了信息获取度与信息获取便捷程度，以及法律法规实施前调整时间等问题。其中，在海关信息获取程度问题方面，调查所涉及的 68.27% 的企业可以完全获取海关相关信息，只有 31.73% 企业（86 家）仅可获取部分信息。其中，53.49% 的企业无法获取到"行政复议、上诉及申诉程序的相关信息"，分别有 45.35% 和 43.02% 的企业无法获取"进

出口违法违规行为的惩罚信息"和"进出境禁止或限制类货物相关信息"。

在对企业获取信息便捷程度的调研中，超过85%的被调查企业认为从海关网站获取相关信息较为便捷，仅有不超过3%的企业认为不便捷，10%左右的企业认为网站信息获取便捷度一般。

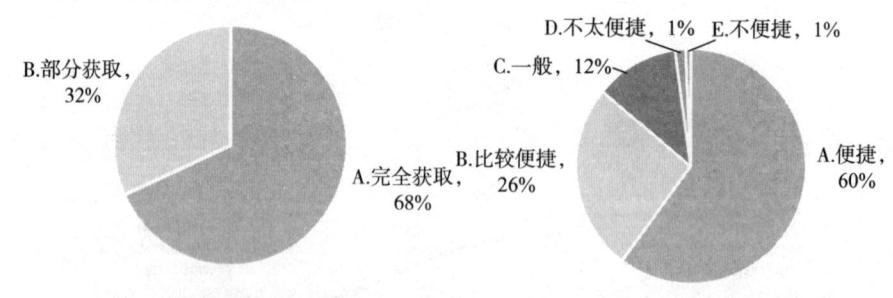

图2 海关信息获取程度

图3 获取海关信息的便捷程度

在对企业针对海关口岸执法满意度的调研中，问卷显示：超过90%的企业认为海关在口岸的执法做到了合法、公平、透明，低于1%的企业对海关口岸执法活动持质疑态度。可见，中国海关在口岸的执法环节坚持公平合法公开。

在针对海关法律调整的企业调研中：80.44%的企业认为进出境相关的法律法规从公布发布生效前企业的调整时间基本充足。有4.8%的企业认为时间不足，14.76%的企业并不了解相关情况。由此可见，相关法律的调整给予企业的适应时间尚可为大部分企业所接受，但仍然存在部分企业需要更长的时间来了解与适应新的法规与政策，此处海关应给予应有的重视。

在针对新冠疫情应急通关措施的网上信息公开的企业调研中：在新冠疫情应对方面，海关针对相关进出口企业的应急通关措施有78.6%的企业可以获取相关信息，6.27%的企业表示没有获取相关信息，15.13%的企业不了解相关情况。大部分企业对于抗疫相关的应急通关措施能从海关网站渠道取得一定了解，但部分企业表示无法获取或并不了解，因而近四分之一的企业存在对政策不知情的问题，可能会因此与海关的特殊政策"失之交臂"，需要海关引起重视。

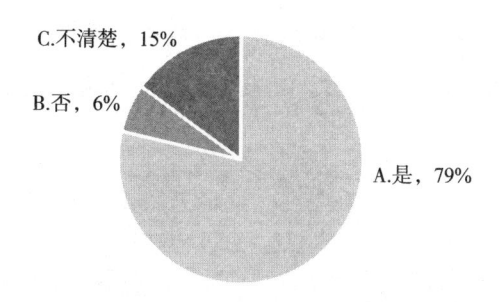

图 4 疫情有关的应急通关措施获取程度

综上所述,在透明度方面,海关针对企业的政策与信息透明度方面基本达到 TFA 的要求与自我评估中的结论基本一致,但仍然存在部分企业认为海关的政策与信息公开力度不够,不够便捷,虽然达到了 TFA 协定的透明度基本条款的要求,但是,服务型海关至少在信息公开与透明便捷度方面依然存在较大的进步空间。具体而言,中国海关门户网站"政府信息公开"和"互动交流"栏目提供了固定和相对集中的信息获取渠道,信息获取便利性有了较为明显的提升。但与此同时,有些具体内容公布和更新仍不够及时,进而导致了企业反馈并未完全呈现正向反馈。同时,疫情对于海关信息透明度的影响总体较低,但紧急政策的公开仍然在与企业的对接方面存在瑕疵。

(二)通关手续和通关时间部分

1. 片面追求提前申报率,或将增加企业负担

"提前申报"在通关程序中可以显著减少通关时间。WTO TFA 第 7.1.1 条明确规定:各成员都应建立相应制度,允许必要信息的提交以加快放行。我国进出口货物申报管理规定也明确指出,随着出口货物提前申报的实施范围不断扩大,提前申报模式的环节(如主动披露和容错机制等)不断完善。随着海关"五项改革"措施出台,从 2020 年 1 月 1 日起,"两步申报"模式在全国推广开来,这使得进口商在没有获得完整的申报信息时,就可以提前申报概要信息,并且,提前申报修改报关单信息不会记录报关差错,让企业可以尽量放心地提前申报。基于前期问卷调研,自 2017 年 2 月 WTO《贸易便利化协定》生效以来,79.2% 的企业最大感受是单证提交更加便捷,85.4% 的企业感受到通

关时效提高，还有36.86%的企业感受到贸易成本的降低，只有5.11%的企业觉得无明显改善，说明海关在单证、通关时效与降低贸易成本方面取得了较大进步。

然而，随着"提前申报"模式的常态化，在各地海关的绩效考核中，进出口的提前申报率成为海关KPI考核指标。提前申报是企业根据自身情况和贸易情况而自主选择进行申报的，一些海关为了提高提前申报率，对企业因为客观原因而不能提前申报的情况退单或不允许在当地申报等处理，甚至要求货物退运，这与推进贸易便利化的目标相违背，并且会影响政府公信力、提高企业成本，反而使得通关流程更加复杂。同时，运输工具申报进境时，如果税率和汇率发生变化，企业还面临需要根据实际情况办理退补税的复杂操作。对此，海关总署应该及时认识到这一问题，并且制定明确的规定和申明。

2. 全国范围内高级认证企业免除税款担保推进缓慢

海关总署于2021年3月在全国推出5大类22条认证企业管理措施。其中第三条"降低通关成本类措施"第十二款的规定首次公开明确了高级认证企业免担保的情形。但该文并非海关正式公告，各地海关在免担保方面实际执行情况不一。有的地区海关颁布了相关政策又废除，造成政策不明朗，程序不统一的现象，总的原因是海关总署没有进行正式的政策公告。

3. 疫情之下促进关检深度融合迫在眉睫

首先，疫情给海关查验造成资源压力。自机构改革之后，原出入境检验检疫的职能（如动植物卫生检疫，进出口货物检验，进出口食品安全监管等）划入海关，这对海关风险管理能力的管理体系来说是一个很大的挑战。

自新冠疫情暴发以来，口岸登临检疫业务量急剧增加，布控率显著增高，给口岸海关的人员和设备资源造成巨大的压力；同时也给进出口贸易带来冲击，目的地检查企业排队等待的平均时间达到两周以上，查验时间过长给企业对商品的使用或销售带来不便，可能造成企业损失。

在针对疫情之下通关时效的企业调查中：79.7%的被调查企业认为海关的紧急贸易便利化措施发挥了作用，10.3%的企业认为其相关紧急措施对其正常通关没有影响。在针对企业受口岸疫情防控的影响调查中，口岸防疫措施影响到了 44.28% 的被调查企业，43.91% 的企业认为有一定的影响，仍有 11.81% 的企业认为相关措施对其进口货物没有影响。此种结果表明中国海关在应对疫情与贸易便利化方面做到了兼顾，但仍有改善空间。

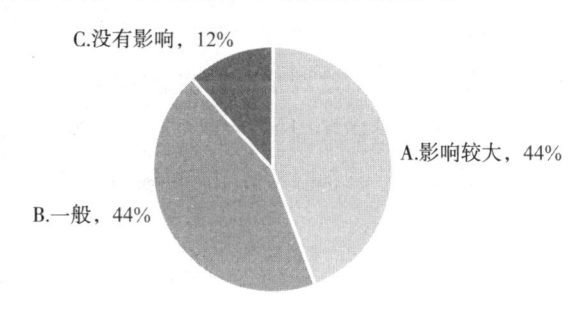

图 5　企业进出口受口岸疫情防控的影响程度

查验比例的增高与近年来尤其是疫情暴发以来海关总署调整风险参数，加大查验力度与安全风险检测有关。此外，原检验检疫系统对于一些风险的管控不够科学合理，通过参数设置来进行风险管理的意识和能力相对欠缺，如何将原海关系统与检验检疫系统进行衔接互纳，进行制度调整，促进关检深度融合，是目前仍然存在的问题。

其次，疫情下进口冻品通关进一步从严管控原先海关查验冻品货物，是在监管区外冷库对进口冻肉进行查验，很少出现冻品货物因为查验积压的情况。后来部分口岸停止使用口岸监管区外查验作业场地，试行监管区内冷库查验，但因为口岸监管区内的冷链查验平台数量有限，一旦货物增多，或者遇到疫情等特殊情况，就容易发生进口易腐货物积压的情况。

2020 年新冠疫情暴发以来，多个口岸在进口冷链食品中检测出阳性病毒，从而加大了对进口冷链食品的查验力度，如此一来货物平均通关时间显著增加。如何更好地完善相关业务流程，实施科学合理的管控制度，兼顾安全、便利、效率，达到《海关全面深化业务改革 2020 框架方案》中提出的"准予销售或使用，发现问题需及时召回"目标，还需要进行进一步的创新与改革。

4. 取样化验时间和部门协调对通关时间影响突出

企业认为影响货物查验通关时间的最主要因素有检验取样化验时间（156 家）和港务部门排计划、拖箱、掏箱不及时（142 家），占比数均超过一半；其次是货主和查验代理人之间沟通不畅（91家）和查验不符货物的查验结果录入及照片拍摄、上传等时间较长（71家），分别占比33.58%和26.2%，三分之一左右；最少认可的因素为查验信息通知不及时、海关关员查验效率低、其他占比为十分之一左右。企业认为影响货物查验通关时间的主要因素有化验时间港务部门排计划、拖箱、掏箱不及时这两项，说明这两项业务在货物查验通关时比较受企业关注，也是未来推进通关时间改善的重点业务所在。查验信息通知不及时、海关关员查验效率低、其他较少被认为是影响货物查验通关时间的因素。

（三）电子化程度

《贸易便利化协定》中的电子化程度主要分为海关税费的电子化支付和线上申报。

1. 电子支付范围有待进一步覆盖

企业在支付海关进出口收取的关税、国内税、规费等费用时，选择全部以电子方式支付的企业占196家，比重为72.32%；有一半以上用电子支付的有57家，占比21.03%；一半及一半以下的企业只有18家，占比较小。基本所有企业都会采取电子支付方式，全部使用电子支付方式的企业占大多数，九成以上的企业使用电子支付占到一半以上。

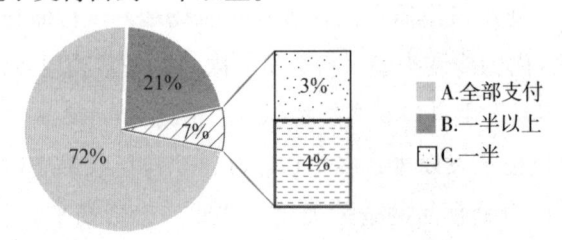

图6 企业税费电子支付的比重

企业对海关电子支付系统的满意程度为满意的企业有214家，占比78.97%；比较满意的有45家，占比16.61%；一般、不太满意或者不满意的共有12家，占小部分。超过95%的企业对海关电子支付系统都较为满意，说明海关电子支付系统极大地便利了企业，能够很好地满足企业需求。个别企业不满意,说明电子支付系统的个别问题偶然会发生,海关税费缴纳的电子系统仍有待完善提升。

2. 线上办理的海关业务有待进一步拓展

在更倾向于线上办理的企业中,普遍倾向的企业有货物申报(232家)、原产地证(184家)、舱单申报(163家)、税费支付(159家)、企业资质办理(142家),占比均超过一半;其次是许可证件类(133家)、出口退税办理(118家)、加贸保税业务(101家)、运输工具(99家),占比均超过三分之一;较少倾向的有跨境电商(65家)、金融保险服务(57家)和其他(15家)。海关业务办理的电子化程度有待提高。海关业务的电子化程度部分主要分为电子格式提交单证与电子支付。《贸易便利化协定》规定,每一成员应规定以电子格式提交单证,以便在货物抵达前处理此类单证。但根据问卷结果,在运输工具、跨境电商和金融保险服务三项业务中,企业在线上办理的比重分别只有36.53%、23.99%与21.03%。在电子支付部分,196家企业选择电子支付的比重为全部,占比78.32%,比重有待进一步提升。

四、进一步促进我国贸易便利化的相关建议

(一)透明度部分

海关公布的进口、出口和过境程序信息,分为运输工具、卫生检疫、货物通关等十几个模块,相互缺乏关联性,容易形成信息孤岛,缺乏客户导向。海关应坚持用户体验优先,按照贸易流程、贸易方式、运输方式、商品种类等属性对现有的通关程序按时间、空间流程进行分类,逐项提供详尽、直观的解析甚至图解。

商务部门、海关各对外服务窗口、官方网站、12360海关服务热线等渠道均可接受公众的咨询。但有关咨询服务的水平有待提高,突出表现在涉及专业性较强的业务,答复较为笼统、原则,指导性不强。海关对需要由进出口企业填制、使用的表格、单据进行汇总梳理,统一在网上公布并提供下载功能。另外,检验检疫涉及业务领域较为复杂(商检、动植检、卫检、食品),技术专

业性知识较强，建议提升"12360"系统话务员关于检验检疫类业务的综合专业技术水平和能力，增设专家热线。

（二）通关手续和通关时间部分

1. 进一步完善通关制度

我国海关目前没有统一的易腐货物通关制度标准，包括疫情以来各地的紧急贸易便利化措施，各地海关具体政策有所差别，这可能给企业造成不熟悉或不知晓当地政策而延误通关的现象。

同时，退运货物方面，对责令退运但企业未按要求办理退运手续的货物，海关没有作出明确规定，海关查扣的禁止进境货物的处理规则（如固体废物和不符合卫生标准的肉品等）不明确。

2. 深度促进关检融合

首先，对进口冷链食品、进境食用品、进境动植物、进境鲜活产品、血液等特殊物品相应查验作业区的设备规范进行科学充分的评估，完善基础设施建设。在保证安全和风险可控的前提下，继续使用原监管区外的查验作业场地，避免资源重建和浪费，提高查验效率。

其次，培养专业技术人才，成立人才库和专家库，完善专家咨询制度，为疫情下如何快速组织研究疫情情况及防控措施建言献策，完善应急管理制度，保证海关政策决策科学有效。

同时，充分合理地利用人力资源。关检合并后原检验检疫部分专业技术人员出现人员调动，单证审核人员不足造成通关检疫审核有时出现延误，一定程度上拉低了通关时效和效率。而且目前的检验检疫审单还基本处于人工审核的水平，审核效率及执法尺度不一，掺杂主观因素，由此而造成通关延误，同时带来了廉政风险。各地海关应在队伍建设平稳有序的前提下保持专业技术岗位人员的稳定性和连续性，避免不必要的人员调动，保证岗位作业水准和效率。

3. 并联发展做好通关保障，推动模式升级打造新型绿色通道

巩固压缩进出口货物整体通关时间作为进一步提升通关效率和跨境贸易便利化水平的切入点和着力点，在充分调研的基础上研究制定了一揽子措施并统

筹督办落实。大力实施顺势监管,即尽量减少作业环节,改"串联"为"并联",加强与口岸、边检等部门及机场、物流、航油企业配合,做好通关保障。

一线海关应强化电子平台搭好通关支点,依托地区独特资源,通过运行电子货运平台系统,成为提升空港口岸营商环境便利化、信息化、智能化水平的重要支点。将车辆备案、提货交货预约、车货绑定、查验预约、货物申报等空港物流通关环节实现"一网通办",促进货物通关"秒放"。

(三)电子化程度

1. 拓展电子支付覆盖范围和支付渠道

目前我国海关实现电子支付的税费种类有:进出口关税、进出口环节代征税、反倾销税、反补贴税、缓税利息、滞纳金、船舶吨税和滞报金等。自2018年投入应用的新一代电子支付系统实现了海关、国库和银行的直接联系。基于此,我国海关应依托单一窗口等线上平台,进一步拓展电子支付的方式和渠道,优化作业流程,提升电子支付的便捷性和支付效率。

2. 进一步完善单一窗口配套功能

高效的电子化通关依赖于配套完善的电子化平台。作为国际上广泛推行的信息化平台,国际贸易单一窗口在我国发展逐渐取得良好效果,但是,在国际贸易单一窗口的发展中,数据互联程度和相关功能仍有待进一步增强。当前,我国国际贸易单一窗口"业务应用"分为标准版应用、金融服务和航空物流三大类。相比于标准版应用,后两者功能偏少,金融保险服务等有关功能有待补充,单一窗口所办理的业务类型应进一步细化和具体。

3. 加强跨部门合作,共同推进贸易便利化

进出口通关涉及范围广,牵动链条长,不只有海关一家机构,还涉及边防部门、海事部门和口岸部门等等;类似的,我国海关业务办理电子化程度的提高也依赖于银行保险等金融机构、金融管理部门和市场监管部门的协调与配合。《贸易便利化协定》第23条第2款规定:"每一成员应设立国家贸易便利化委员会或指定一现有机制以促进国内协调和协定条款的实施。"在我国,国务院贸易便利化工作部际联席会议制度负责统筹和部署贸易便利化工作,但在实

际工作中，该机制并未显现出明显有效的作用，对我国贸易便利化工作影响有限。相比之下，在大多数经合组织（OECD）经济体中，此类协调平台至少表现出以下三个特征：既定的职权范围和工作程序、常设的秘书机构、在专门网页上公布的决定和建议、设立有专门监督决定执行情况的指导委员会，以及包含百分之六十以上的相关机构。因此，我国应建立更为有效的边境机构协调机制，进而通过此类机制，进行风险管理，共享查验结果以及基础设施。

参考文献

[1] 史亚茹，于津平，毕朝辉.贸易便利化与企业技术升级[J].国际经贸探索，2022，38（7）：72–85.DOI：10.13687/j.cnki.gjjmts.2022.07.003.

[2] 赵忠秀，李泽鑫.贸易便利化与中国企业创新：从国内研发到专利出海[J].经济评论，2022（3）：3–21.DOI：10.19361/j.er.2022.03.01.

[3] 马欣员.贸易便利化指标测算及其国际贸易效应研究[J].统计与决策，2022，38（8）：144–148.DOI：10.13546/j.cnki.tjyjc.2022.08.029.

[4] 杨逢珉，田洋洋."一带一路"沿线国家贸易便利化对我国农产品出口质量影响研究[J].暨南学报（哲学社会科学版），2021，43（10）：96–106.

[5] 刘主光，李佳晓，段艳.贸易便利化：国外研究综述与展望[J].商业经济研究，2021（16）：158–162.

[6] 江小平.WTO《贸易便利化协定》在中国的实施及展望[J].国际经济合作，2021（2）：18–21.

[7] OECD. Trade facilitation reforms worldwide：State of play in 2022[R] OECD，2022.

中国国际贸易学会
2022年"中国外经贸发展与改革"征文获奖名单

一等奖（两篇）

1.《监管政策异质性对双边价值链关联的影响——基于数字服务行业的实证研究》

作者：天津财经大学经济学院，齐俊妍教授、副院长，李月辉博士研究生

2.《中美经贸摩擦下全球芯片供应链调整的新动向及中国应对》

作者：北京邮电大学，李宏兵副教授、系主任，中国农业大学，赵路犇博士研究生，北京邮电大学，翟瑞瑞讲师

二等奖（六篇）

1.《跨境电商与出口企业供应链风险平抑：理论与经验》

作者：北京工业大学，张鹏杨副教授，刘蕙嘉硕士研究生

2.《介于TPP和CPTPP之间的印太经济框架——美国的另起炉灶、日本的追随与中国的应对》

作者：国家发展和改革委员会国际合作中心华夏研究院国际交流研究所，王卓所长、研究员、博士

3.《技术规制、中间品进口与出口企业市场势力》

作者：广东外语外贸大学经济贸易学院，田云华副教授、硕导、副博导，周燕萍，深圳北理莫斯科大学经济系，陈珏任

4.《数字化投入对制造业全球价值链复杂参与度的影响研究》

作者：天津财经大学，王岚教授，解鸣研究生，邓朋研究生

5.《数字贸易通道建设展望：跨境电商服务生态体系新趋势》

作者：对外经济贸易大学，诸子怡博士研究生，王健教授

6.《新发展格局下中国产业链高质量发展面临的困境及对策》

作者：中央财经大学商学院，刘阳，浙江财经大学经济学院，冯阔讲师，

北京科技大学经济管理学院，俞峰讲师

三等奖（二十一篇）

1.《数字服务贸易政策、产业数字化与出口技术复杂度》

作者：天津财经大学经济学院，崔馨月本科生，齐俊妍教授、副院长，张梦佳本科生

2.《中国加快服务贸易数字化进程分析》

作者：中国商务出版社，郭舒怡编辑（中级）

3.《产业政策对企业出口国内附加值率的影响——基于五年规划分析》

作者：天津财经大学，李宏教授，贺家帅硕士研究生

4.《从全球供应链发展趋势探讨全球贸易治理路径》

作者：海关总署研究中心宏观经济研究部，王燕主任，邵欣楠研究实习员，江门海关，陈锡亮科长

5.《数字服务贸易壁垒对服务贸易进口的影响分析》

作者：天津财经大学，王维薇讲师，傅宇轩学生

6.《数字经济保障我国产业链安全的体系构建与对策研究》

作者：江西财经大学，裘莹副院长、副教授，晏晨景硕士研究生，中国商务出版社，郭周明社长（编审）

7.《国内市场一体化有助于完全出口企业转内销吗？——来自中国微观企业的证据》

作者：首都经济贸易大学、邢台学院，徐灵博士研究生、讲师，邢台学院，陈肖副教授

8.《基于规则文本深度测算的RCEP与DEPA数字贸易规则比较分析与应对策略》

作者：厦门工学院商学院、福建师范大学经济学院，陈伟雄副教授，福建师范大学经济学院，卓友嵩研究生

9.《后疫情时代我国维护供应链安全性研究》

作者：上海海关学院，韩晓梅讲师

10.《区域贸易协定条款深度对中国企业 OFDI 影响的实证分析》

作者：中国农业大学经济管理学院，李春顶教授、系主任，李董林博士研究生

11.《中国对非出口贸易效率及其影响机制研究》

作者：广东外语外贸大学非洲研究院，陈玮冰讲师，广东外语外贸大学经济与贸易学院，郭晴副教授

12.《"伙伴外交"能促进中国出口吗？》

作者：广东外语外贸大学，孙楚仁教授，西南财经大学，刘雅莹博士研究生

13.《东亚区域价值链重构与地区产业升级》

作者：对外经济贸易大学，丁靖童硕士研究生

14.《专利共有制度改革对中国外贸企业合作专利行为的影响——以专利法第三次修订为准自然试验》

作者：天津财经大学经济学院，杨珍增副教授，史琳研究生

15.《"双循环"新格局下加工贸易高质量发展路径——基于广东加工贸易发展问题分析》

作者：广东外语外贸大学，陈万灵教授，陈金源博士研究生，温可仪博士研究生

16.《全球价值链视角下 RCEP 国家贸易竞争性和互补性再评价》

作者：邢台学院，王军英副教授，陈肖副教授

17.《中国数字交付服务贸易的本地市场效应及其作用机制——基于数字基建与 DSTRI 视角》

作者：北京林业大学，万璐副教授、教务处副处长，王蕊研究生，付亦重教授、国际处副处长

18.《中欧班列开通是否有利于稳外贸？——企业出口持续时间视角的证据》

作者：中央财经大学国际经济与贸易学院，闵悦博士研究生

19.《提升我国边境经济合作区发展水平研究》

作者：绥芬河市战略研究中心，张成立副主任、研究员，申延林主任，绥芬河市边境经济合作区事业发展中心，张永利主任、高级工程师

20.《破解企业走出去"四难"打造境外投资服务矩阵》

作者：浙江省经济信息中心，赵枫高级经济师

21.《关于 RCEP 与提升我国边疆地区开放合作水平的研究》

作者：广西国际经贸学会，高歌副会长、教授

优秀奖（四十二篇）

1.《全球经济体对外开放度的空间非均衡性及其分布动态演进》

作者：上海海关学院，谢晶讲师、硕士生导师，上海建桥学院，李迪讲师

2.《区域贸易协定视角下知识产权保护中国 OFDI 的影响研究》

作者：天津财经大学经济学院，刘珅讲师，崔可孟学生

3.《中国低碳贸易发展水平及门槛效应研究》

作者：贵州财经大学，胡剑波教授，王楷文硕士研究生

4.《机器人使用与中国企业出口生存——基于 PSM-Cox 模型的分析》

作者：波士顿大学，王佳，天津财经大学，王小霞讲师（共同第一作者）

5.《区域数字贸易规则深化对亚太数字价值链合作的影响研究》

作者：广东外语外贸大学经济贸易学院，张志明副教授，林琳硕士研究生，周艳平硕士研究生

6.《合资伙伴多样性、股权配置与中外合资企业生存》

作者：天津财经大学经济学院，梁贺讲师（中级），郁海杰博士研究生

7.《区域贸易协定深化如何影响了美国的亚太价值链控制力？》

作者：广东外语外贸大学经济贸易学院，尹齐硕士研究生，张志明副教授，陈嘉铭硕士研究生

8.《贸易战、疫情冲击及美国自中国进口制成品供应链转移》

作者：大连民族大学，刘岩系主任、副教授

9.《畅通横贯欧亚、纵连南北的国际陆海通道，打造黑龙江省向北开放合作新高地》

作者：黑龙江汇智电子商务研究院，顾晓滨院长、正高级国际商务师，黑龙江工程学院人文学院，卢元昕副院长、教授，黑龙江汇智电子商务研究院，张家瑞助理研究员

10.《"一带一路"倡议的资源再配置效应》

作者：海南大学经济学院，郭庆宾教授，曾德源研究生

11.《法律化水平、制度质量与区域贸易协定的投资效应》

作者：广东外语外贸大学经济贸易学院，肖奎喜博士、经济学教授、副院长，李潇研究生

12.《中国纺织企业海外投资路径网络及"一带一路"沿线国家的投资地位分析》

作者：武汉纺织大学，周辉副教授，广西财经学院，刘桂东副教授，武汉纺织大学，刘红玲讲师

13.《中国参与全球价值链重构与固链强链》

作者：天津科技大学，赵雅玲副教授

14.《进口贸易、数字赋能与居民消费升级》

作者：北方民族大学经济学院，王瑛教授，杨航硕士研究生，张晓雯硕士研究生

15.《农产品国际贸易对中国农村贫困的影响》

作者：福建工程学院，陈绿禄、陈燕翎讲师

16.《RCEP实施以来的效果反馈——来自对企业的调查》

作者：对外经济贸易大学，牛旭霞讲师，王健教授

17.《投入数字化质量对制造业企业出口国内附加值率的影响研究》

作者：北京工业大学经济与管理学院，刘会政副教授，张洋洋硕士研究生

18.《贸易摩擦、风险暴露与企业现金持有》

作者：广东外语外贸大学，谭杨柳学生

19.《中美贸易摩擦及疫情对我国稳外资的影响及对策建议》

作者：商务部国际贸易经济合作研究院，聂平香研究员

20.《历史痕迹、信任偏好与最优贸易伙伴区位》

作者：上海海关学院，邓敏讲师，浙江工商大学，程玲讲师，广东外语外贸大学，李建成讲师

21.《加入中国元素能提高外国电影在华票房吗——文化产品突破国际贸易中本土偏好的机制和影响分析》

作者：北京科技大学经济管理学院，俞峰讲师，李宁，纪斑副教授

22.《数字化转型、出口开放与产业结构升级——基于中介效应的实证检验》

作者：安徽财经大学国际经济贸易学院，高新副教授、博士，方敏婕硕士研究生

23.《疫情背景下内陆自贸试验区的功能及制度调适》

作者：九江学院，张敏教师、讲师

24.《数字贸易领域滥用免责例外的情形及中国因应》

作者：厦门大学法学院，朱明婷博士研究生、网络空间国际法研究中心研究助理

25.《中国企业创新强度对其嵌入全球价值链的影响研究》

作者：北京工业大学，乔小勇校聘教授、博导，陈雪硕士研究生，付舒本科生

26.《完善 RCEP 框架下我国企业海外投资的法律保障路径》

作者：湘潭大学法学院，蔡高强国际法学博士学位点负责人、教授，孙雅兰研究生

27.《RCEP 国有企业竞争中性条款升级分析》

作者：广东外语外贸大学，王聪讲师

28.《高水平开放型经济下 FDI 对中国汽车行业转型升级的影响研究——以上海引进特斯拉公司为例》

作者：九江学院经济学院，刘冰烽，张明勇讲师

29.《企业国际化、政治关联与绿色创新绩效提升》

作者：天津财经大学，石丽静讲师，景敏燕硕士研究生

30.《穷则思变还是墨守成规：业绩期望落差与国际化速度》

作者：华侨大学工商管理学院，衣长军教授，赵晓阳博士研究生，颜春硕士研究生

31.《WTO〈贸易便利化协定〉在我国实施的现状、问题与对策——基于企业感受的调研》

作者：上海海关学院，宋海川本科生，顾凡本科生，贾越本科生

32.《美欧促进数字贸易发展经验与我国启示》

作者：商务部国际贸易经济合作研究院，王拓副研究员

33.《出口对商标海外布局影响研究》

作者：天津财经大学，胡子瑜研究生

34.《卫生与动植物检疫措施对农产品出口贸易的影响机理研究》

作者：成都海关，余华，崔鹏博，董伟，重庆海关，王昱，铜仁学院，田文勇，四川旅游学院，段丽丽，云南财经大学，于伟咏，四川农业大学，邹立扣

35.《粤港澳大湾区自由贸易组合港建设研究》

作者：资本市场学院，温演驰高级经济师，深圳市福田区发展和改革局，沈煜恺经济师

36.《内陆开放型经济试验区背景下江西打造中部对外开放高地探讨》

作者：武汉纺织大学外经贸学院，袁永友教授，王玉婷助教，湖北医药学院附属襄阳市第一人民医院，李美林主任

37.《中国加入CPTPP的"轮辐"效应研究——基于GTAP模型的实证分析》

作者：山东社会科学院，钱进助理研究员，山东财经大学，王庭东教授

38.《辽宁省装备制造业出口贸易转型升级对策研究》

作者：辽宁对外经贸学院，李耀波讲师

39.《沿边地区制度型开放的思路研究》

作者：云南省国际贸易学会，李韬助理研究员，徐艺翀助理研究员，郭琛研究人员

40.《全球油气供需失衡中的美国角色》

作者：中国石油国际勘探开发公司，刘贵洲高级经济师，外经贸大学，蒋庆哲教授，中国石油国际事业公司，黄浩凯经济师

41.《问题与对策：厦门开放发展的多维思考》

作者：泉州师范学院商学院，杜朝运教授

42.《大连市装备制造业出口问题及对策分析》

作者：辽宁对外经贸学院，马坤教授

组 织 奖

1. 天津财经大学
2. 商务部国际贸易经济合作研究院
3. 广东外语外贸大学
4. 辽宁对外经贸学院
5. 北京第二外国语学院
6. 云南省国际贸易学会
7. 北京工业大学
8. 武汉纺织大学
9. 上海海关学院
10. 九江学院

2022 年征文评审委员会
2022 年 10 月 31 日